近代イギリスの歴史

16世紀から現代まで

木畑洋一/秋田 茂 編著

ミネルヴァ書房

はしがき

本書は、一六世紀以降、二一世紀初頭の現在に至るまでのイギリスの歴史を通観することを目的として編まれている。したがって、厳密にいえば、本書は『近現代イギリスの歴史』ということになるが、タイトルとしての便宜上、また同じミネルヴァ書房から出版されている『近代ドイツの歴史』『近代フランスの歴史』との統一性からも、『近代イギリスの歴史』をタイトルとした。

近代イギリスの歴史が、世界史のなかできわめて重要な位置を占めたこと、またそれが日本の近代にとっても非常に大きな意味をもったことは、改めて指摘するまでもないであろう。とりわけ、一九世紀から二〇世紀の前半、第二次世界大戦期頃まで、イギリスは最大の帝国を支配しつつ世界に君臨する覇権国として、強い力をふるい続けた。一九世紀中葉、「開国」によって日本が参入した世界は、まさにイギリスが覇権を握っていた国際社会であり、イギリスの姿は、さまざまな形で日本に影響を及ぼした。明治初期には、近代国家として日本を作り上げようとした人々にとって、イギリスは有力な引照基準となったし、二〇世紀への世紀転換期頃から日本がアジアにおける帝国支配国として台頭しはじめると、イギリスは帝国統治の方法を考える上での素材を提供したばかりでなく、日英同盟の形成によって、そのような日本を具体的に支える力となった。その後、イギリスは、第二次世界大戦では日本が戦う相手となったものの、戦後は日本社会の近代化のモデルと目されることも多かった。

日本での近代イギリスの研究がもっとも盛んであったのは、この第二次世界大戦後の二〇年間ほどであったといってよい。その後、日本が高度経済成長を経て世界の経済大国となる一方、帝国を失ったイギリスが世界で存在感を相対的に薄めていくなかで、日本におけるイギリス史研究、とりわけイギリス近代史研究の勢いは衰えていった。研究の内容面で、戦後の近代化のモデルとしてのイギリス史研究を牽引していた大塚史学のイギリス近代論への根本的な疑問が、柴田三千雄・松浦高嶺編『近代イギリス史の再検討』（御茶ノ水書房、一九七二年）によって突き付けられたことは、そのような時代状況を反映していた。

とはいえ、その後も近代イギリスについての学問的な関心が日本で微弱になってしまったというわけではない。前近代から近代への移行期に関心が集中していた状況から、扱われる時代も、また検討の対象となる問題も、さまざまな広がりをみせる状況に変化してくるなかで、近代イギリスの研究は日本の歴史学における太い柱の一つであり続けている。しかし、そのような日本におけるイギリス近代史研究の成果を、通史的性格をもたせながらコンパクトな形で示すという試みは、あまりなされてきていない。そういった意味でも貴重な本が、村岡健次・川北稔編著『イギリス近代史——宗教改革から現代まで』（ミネルヴァ書房、一九八六年〔改訂版、二〇〇三年〕）である。この本は非常にすぐれた概説書であり、広く読まれてきたが、改訂版が出されたとはいえ基本的には初版の出版当時の研究状況を示している。そこで、同じミネルヴァ書房から、最新の研究動向の上に立った新たなイギリス近代史を出すことになり、秋田茂氏と私が編集の責を負った。

本書の執筆者は、最先端の研究によく通じている中堅の研究者たちであり、いずれの章も新しい研究動向を意識した叙述となっている。また、『イギリス近代史』でも着目していた近代イギリスの帝国的性格という点には、本書においてもとくに重点をおいた。

本書は二部から成り、第Ⅰ部ではクロノロジカルにイギリス史を追う。「イギリスとは何か」という問いからはじまって、近代イギリスの前提となる前近代イギリス史の構造を描き出す第一章は、本書全体の序章といってもよい位置を占める。それにつづいて、第二章から近代イギリスを対象とする部分となるが、本書で近代イギリスの起点としたのは、宗教改革前夜のイギリス、すなわち一六世紀初めからである。それは『イギリス近代史』の場合と同じであるが、『イギリス近代史』に比べて、本書では第一次世界大戦以降の現代史にはるかに重い比重がおかれている。

第Ⅱ部では、イギリス近現代史に関わる重要なトピックが扱われている。各トピックについての最適の専門家に、それぞれの切り口から近代イギリス史の特色を縦横に論じていただくという形をとった。

また、本文で記述しきれなかった話題についてのコラム欄も設けた。これは、第Ⅰ部では各章に、第Ⅱ部ではふたつの章におかれている。

先に述べたような、近代化のモデルとしてイギリス史に熱い視線が注がれた時代と異なり、現在、イギリスの歴史的経験から私たちが直接学ぶということは少なくなっているかもしれないが、それでも近現代のイギリスの歴史は興味のつきない中身を豊富にもっている。本書を読むことを通して、イギリス史に少しでも関心をもっていただければ、と考えている。

二〇一〇年九月

木畑洋一

近代イギリスの歴史

——一六世紀から現代まで——

目次

第Ⅱ部　テーマから探るイギリス近現代史

第Ⅰ部

近現代イギリスの軌跡

第一章　前近代のイギリス

鶴島博和

エドワード１世のペニー貨
左：表 EDWR（dus）R（ex）ANGL（iae）DNS Hyb
エドワード イングランドの王にしてアイルランドの支配者。

右：裏 ロング・クロス（1279年以降）で CIVITAS CANTOR（カンタベリー市）で打造されたもの。

前55,54	ローマの将カエサル来攻
前43	皇帝クラウディウス来攻。ローマによる支配着手
122	皇帝ハドリアヌスのブリテン訪問。長城建設着手
142	現在のスコットランド中央部にアントニウスの長城が建設される（～144頃）
160	アントニウスの長城の放棄（～163頃）
367	スコット人，ピクト人，サクソン人が共謀してローマ支配への攻撃を行う（～369）
409	ローマ軍団ブリタニアから撤退
5世紀前半	このあたりからゲルマン系民集団の来攻と定住が継続的にはじまる
431	パラディウスがアイルランドの司教として派遣される
449	ベーダによる，アングル人とサクソン人の定説的来寇の時期（～455）
450	パトリックによるアイルランドでの布教（～500）
500頃	バドン山の戦いで，ブリトン人のゲルマン系民集団との一時的勢力均衡がなる
540頃	ギルダスが『ブリテンの荒廃について』を執筆
555	コヴガルによるバンガー修道院の創建。コルンバのピクト人への布教が開始される
563	コルンバによるアイオナ創建
6世紀後半	ゲルマン系民集団による部族国家の出現
596	ローマ教皇グレゴリウス，アウグスティヌスをイングランド人に布教するために派遣。翌597年一行はケントに到着
614	ケント王エセルベルトの法が公布（～616頃）
664	ウィットビー教会会議。ローマ典礼の優位が確立
678	アーマーがローマ式の復活祭に転向。『天使の書』がこの変更の直後に書かれた（～687頃）
688	ウエスト・サクソン人の王イネによる法典の公布（～694）
695頃	ムルフーが『聖パトリック伝』を執筆
697	アダムナーンによるバーでの教会会議。『罪のない人々の法』（『アダムナーン法』）を公布
716	アイオナの修道士がローマ式の復活祭とローマ式剃髪を採用（～718）
731	ベーダが『イングランド人の教会史』を完成
735	ベーダ死去。ヨーク大司教座の新設
768	ウェールズのブリトン人がローマ式復活祭を採用
793	このころから北の民（ヴァイキング，デーン人）の来寇が記録される（～796）
796	マーシア人の王オッファ死去。マーシア支配体制の解体
825	ウエスト・サクソン人の王エグバート，イングランド南部の支配を確立（～829）
841頃	ケニス・マカルピンがピクト人の支配を確立
841	ダブリンの建設（～842）
865	デーン人の「大軍隊」がイースト・アングリに到着。以後，ヨーク，マーシアへ移動（～867）

876	ヴァイキング・ヨークの誕生
880	「大軍隊」の一部はイースト・アングリに定住
904頃	ヒュエル・ダダがダヴェッド（ウェールズ南西部）の王となる。942年グウィネッズの王となり，一時的にウェールズの広い領域を支配する
920	五都市（five burhs）がサクソン人とアングル人の王エドワードに服属
937	イングランド人の王エセルスタン，ブルナンブルフの戦いに勝利しイングランド人の統合王権の基礎を確立する
973	イングランド人の王エドガーの戴冠式。このころ幣制改革，ベネディクト会修道院改革が断行される
1005	ブライアン・ボルマがアーマーのアイルランド人の教会への首位権を承認し，自らはアイルランド人の皇帝を名乗る。マルコム２世がスコット人の王となる
1016	デーン人のクヌートがイングランド人の王となる
1066	ヘイスティングズの戦いでノルマンディー公ウィリアムが勝利し，イングランド人の王となる（ノルマン・コンクゥエスト）。
1070頃	カンタベリー大司教ランフランクによる司教座組織の整備改革が進む。この頃からイングランド人の聖俗の大貴族は放逐され，イングランド社会の「フランク化」が進む
1086	ウィリアム１世の命による州への審問がほぼ全イングランドで行われた。その報告書は後に『ドゥームズディ・ブック』と呼ばれた
1093	ノルマン系イングランド人の南ウェールズへの侵攻。スコット人の王エドガーと連合して，ノルウェー王マグヌスは北部ウェールズでイングランド人を撃破する（～98）。
1095	グリフィス・アプ・キナン，グウィネッズを中心に北部ウェールズの覇権を確立する（～1137）
1100	ヘンリー１世即位。スコットランドのエディス（マティルダ）と結婚する
1124	デイヴィッド１世，スコット人の王に即位
1135	スティーブン，イングランド人の王に即位。デイヴィッド１世，北部イングランドに侵攻。1157年までカンブリアとティー川以北のノーサンブリアを占拠
1136	デイヴィッド１世，カンバーランドの銀を使って初めて通貨を打造する
1139	イングランドの内乱（～53）
1149	デイヴィッド１世，将来のヘンリー２世をカーライルで騎士に叙任
1152	ケルズ＝メリフォントの宗教会議。教皇特使を通してアイルランドに４つの司教座が認められる。カンベリの裁治権は実現しなかった
1154	ヘンリー２世即位
1155	ヘンリー２世に教皇によるアイルランド支配の承認（～56）
1166	ヘンリー２世の法制改革が始まる
1169	南イングランドからアイルランドへのイングランド人貴族の侵攻が始まる（～70）
1170	トマス・ベケットの殺害とシェリフの審問
1171	ヘンリー２世アイルランドへ。ほとんどの王が彼に服属。レンスターはストロングボーへ，ミーズはヒュー・ド・レーシーへ与えられる（～72）
1173	トマス・ベケットの列聖

1175	ヘンリー２世とアイルランドの上王ルオーリ・ウア・コンコバールとの間でウィンザー条約が結ばれる
1180	ショート・クロス通貨の打造
1192	教皇クレスティヌス３世スコットランドの教会をヨーク大司教の裁治権から独立させることを裁定する
1190年代	オックスフォードにおいて神学と教会法が教授される
1195	スコットランドでのショート・クロス通貨の打造
1196	王の造幣所がアイルランドのウォーターフォードとリムリックにできる（～96頃）
1204	ジョン王，フランス王フィリップ２世と争い，ノルマンディーを失う
1208	イングランドでの聖務執行停止（～13）
1215	マグナ・カルタ公布
1216	ヘンリー３世即位
1258	サルエリン・アプ・グリフィズ，「ウェールズ君公」を名乗る。オックスフォード議会において，バロンによる改革が始まる
1259	パリ条約。ヘンリー３世は1204年の大陸領喪失を認める。ルイ９世に臣従を行い，ガスコーニュを封土として領有する
1264	シモン・ド・モンフォールの率いる貴族による内乱（～65）
1272	エドワード１世，イングランド王に即位。
1277	エドワード１世，サルエリン・アプ・グリフィズと戦闘状態に入る。イングランド王権は，ウェールズへの侵攻を開始し，暫時ウェールズの支配を確立していく（～82）
1286	スコットランド王アレクサンダー３世死去。孫娘ノルウェーの乙女マーガレット即位。以後エドワード１世が王位継承に干渉
1295	「模範議会」召集
1296	エドワード１世，スコットランドへの侵攻開始。「スクーン」の石をウェストミンスターに持ち帰る
1307	エドワード１世死去。息子エドワード２世即位
1314	ロバート・ブルース，バノックバーンにてエドワード２世を撃破する
1315	エドワード・ブルースのアイルランド侵攻
1317	ブルース支持のドナル・オニールを指導者とするアイルランドの王や貴顕たちが，イングランド支配を訴えた書簡をアヴィニヨン教皇ヨハネス22世に送る
1320	アーブロース宣言（スコットランドの独立とローバート・ブルースの王位の正当性を主張した教皇ヨハネス22世宛の書簡）
1327	エドワード２世廃位。息子エドワード３世即位
1328	エディンバラ条約で，エドワード３世はスコットランド人との間に和平を樹立。ノーサンプトン条約でスコットランドの独立とロバート・ブルースの王位を承認
1337	フランスとの間の百年戦争開始（～1453）
1340	エドワード３世，イングランド王とフランス王を称す
1344	イングランドで最初のノーブル金貨の打造
1348	黒死病（ペスト）大流行（～49）

1353	上訴禁止法
1366	イングランドからの入植者のゲール化を阻止するためキルケニー法を公布。「ゲールの復活」が進む
1381	ワット・タイラーを指導者とする農民反乱
1400	ウェールズでイングランドによる支配に反対するオーウェン・グリンドゥルの反乱（～15）
1404	グリンドゥル，マヒンレスにて「議会」開催
1413	セント・アンドルーズ大学創建
1420	トロワ条約にてヘンリー5世フランス王位継承権を獲得。この頃からゲールの勢力のアイルランド東部のイングランド人定住地への攻撃が激しくなる
1453	イングランド軍，カスティヨンにてフランス軍に大敗。ガスコーニュを失う
1455	ランカスター家とヨーク家の対立によるばら戦争開始（～85）
1469	オークニー諸島とシェトランドがスコットランド領となる
1472	セント・アンドルーズ，大司教座となる
1485	ヘンリー7世の即位により，テューダー朝開始
1493	スコットランド，島嶼を併合

1　イギリスとは何か

いつからイギリス史をはじめるか

イギリスというのは日本人の作った造語である。わたしたちは、この言葉に、イングランド、ウェールズ、スコットランド、北アイルランドからなる連合王国、あるいはアイルランドを含めたブリテン諸島をかさねる。しかし、中世においては、これらの地域は完結した政治体であったわけではない。長い時間のなかでみると、一貫したイギリス史は存在しない。それにもかかわらず、ブリテン諸島の各地域は、大陸の諸地域とも関連性をもちながら、運命共同体ともいうべき強固な関係を築きつつあった。いわば、島嶼の歴史、支配者（王朝）の歴史、そして民の歴史が、イギリス史としての起点を作り上げた時期、それが中世である。

民の歴史としてのイギリス史をいつからはじめるか。これはきわめて困難な問題である。しかし、近代という射程から考えると、ヨーロッパ世界が確立し、イギリスのなかに、近代のイギリスの核となる公式王国イングランド（後述）が誕生した時期から考えるべきであろう。そこで生まれた構造が、他地域との強固な関係性を築き、それがもはや戻ることなく、近代へつながっていったからである。その時期は九六〇年頃から一一三〇年頃までの「長い一一世紀」にある。

イングランドのフランク的中核地帯（後述）との近似値的な政治・文化・社会構造を主張することで、イングランド以外のいわゆる「ケルト」と呼ばれる地域の、ある時期までの政治的自立性や、固有の文化的価値を否定するものではない。しかし、文化的固有性をもった「ケルト」は、近代になって、いわばイングランドとの対抗関係のなかで作り出され続けてきた分析概念である。ここで強調したいのは、結果的にイングランドを覇権王国としていった政治体（帝国）における構造と地域間の歴史的関係性であり、「大西洋ケルト」はその関係性においてのみエスニックな存在たりえたということである。本章では、ブリテン諸島という言葉を、アイルランドを含めて使用する。

地理的環境と人口

イギリスは、どれくらいの広さなのか。イギリスは、イングランド（面積一三万三九五平方キロメートル：北海道の一・五倍）とスコットランド（面積七万八七七二平方キロメートル：〇・九四倍）という二つの王国とウェールズ（二万七六一平方キロメートル：〇・二九倍）とアイルランド（七万二八八二平方キロメートル：〇・八四倍）からなり、日本の約八〇パーセント程度の面積をもつ。ブリテン諸島は、ほぼ北緯五〇～六〇度の高緯度にある（日本は北緯二〇～四五度）が、暖流の北大西洋海流の影響で比較的温暖で、気温差も大きくはない。一一～一三世紀は温暖な気候が続いたといわれるが、一四世紀以降寒冷化が進んだ。

中世のブリテン諸島の人口規模はどの程度のものであったろうか。一一世紀のイングランドでは、一二五万～二二五万人、一三世紀後半には五〇〇万～七〇〇万人に増加したと推定されている。飢饉や疫病によって一四世紀後半に人口はピーク時の半分までに減少した。一五二二～二四年の人口は、イングランドで一八〇万～二三〇万人、ウェールズで二五万人、スコットランドで七〇万人、アイルランドで一〇〇万人程度、ブリテン全体で四〇〇万人前後と推定される。一八世紀になるまで大きな人口増加はなかった。本章が対象とする空間規模はこの程度のものである。

2　ヨーロッパにおけるイギリスの位置

ヨーロッパ文明＝ラテン的キリスト教会世界の誕生と公式王国

一一世紀を経てヨーロッパは一つの文明圏として確立した。それ以前においては、ローマ司教は、ペテロの後継者という聖書的権威は別として、依然としてローカルな存在であったことは否定できない。たしかに八世紀に、ベーダの意識のなかにローマを中心として北辺の孤島を周辺とする地理感覚が生まれていた。しかし、フランク王国がその版図を広げていたにもかかわらず、ヨーロッパは多極構造的であった。勢力均衡体制などという政治理念は存在していなかった。

それが、一一世紀を通してローマ司教座教会は、人事権と財政の掌握を通じて行政幹部として西方教会ヒエラルキーの頂点に立ったのである。ギリシア的な東方正教会とは区別される、ラテン的キリスト教世界が誕生した。これは、ローマ教皇庁の首位権を認める司教座をその細胞とした有機的教会組織であり、ラテン語を「真実語（聖書と神の言葉）」とし、ラテン典礼で祭儀を行う世界であった。ヨーロッパ文明圏とは、ラテン典礼を執行する司教座の広がる範囲であった。その内部では、人々は同じミサや説教を受け、同じ鐘の音を聞いて暮らすようになったのである。

一〇世紀には、フランク王権が最終的に解体し、権力の分散化が進み、封建制社会が出現した。旧フランク的中核地帯の外側に、新しい王権が誕生したのもこの時代である。イングランドの統合王権は、長い戦いの後、エドガー王の治世（九五九〜九七五年）に定礎された。「長い一一世紀」以降に新しく生まれたポーランド、ハンガリー、アラゴン、両シチリア王国、ポルトガルなどの諸王国は、建国に際して教皇庁から何らかの承認を必要とした。教会、とくに大司教による塗油と戴冠がラテン的キリスト教世界における国王即位の正式儀式となった。本章ではその王の統治する国を公式王国とよぶ。ヨーロッパにおいては、帝国も王国も同じ公式王国なのである。基本的には大司教座のない王国は存在しない。このことは、なぜポルトガルが王国となりアイスランドがならなかったかを説明してくれる。イングランドの圧力で大司教座の設置が遅れたスコットランドの王国の教会は、教皇の「特別の娘」として王権を支えた。

ヨーロッパの構造化＝フランク的中核と周辺

多極的で流動的なまとまりであったヨーロッパに、ローマ教会という枠組みが形成され、ライン―ロワール川間、ないしはパリ―ローマ枢軸ともいうべき「フランク的中核」が姿を現した。この中核地帯では、程度に地域差はあるものの、封建制による権力のモザイク化が進行していた。しかし中核地帯の諸制度は、「長い一一世紀」にその周囲へと浸透していった。フランク的中核の縁に存在したノルマンディーやフランドルは、その拡大の一大震源地となった。諸制度は、中核の人々による征服、移住、交易によって周囲に拡大し、その深度、速度などに地域差を伴いながら、それぞれの在地の諸制度と反発・融合し、周辺の特異な地帯構造を作り上げていったのである。ヨーロッパ全体が、中核と周辺の関係に構造化されていった。

ここに形成された中核＝周辺というヨーロッパ文明システム（諸制度の連関係）が、経済（所領、荘園、都市、労働力編成）、社会（家、共同体、教区組織、パトロネイジ）、国家、文化において、特有の構造をもって展開していったのである。「長い一一世紀」の世紀の後半からは、特定地域が半周辺的な役割を担っていった。一部に中核的な構造を有しながらそれを周辺に広げていく役割を担った地域、それがフランク王国の外側にありながら早くから国家建設の進んだイングランドであった。

統合王権イングランドの誕生

九世紀末にブリテン島南部に展開する部族的諸王国を統合したのは、テムズ川の南に本拠地をおいたサクソン人系のウェセックス王国のアルフレッド王（在位八七一～八九九）であった。その子エドワード王（在位八九九～九二四）は、デーン人系の勢力に圧迫されていた状況を打開して北進し、アングル人のマーシア王国を併合しつつ統合王権の端緒を開いた。ウェセックスとマーシアの連合王国の王は、「アングル人とサクソン人の王」と称した。ここに初めて「アングロ・サクソン」という言葉が誕生した。しかし「アングロ・サクソン」は、人口に膾炙しているような五～一一世紀までの時期を指し示す過剰な使用に耐える用語ではなく、王の称号として、アルフレッドからその孫であるエセルスタンまで使用された経過的な言葉であった。換言すれば、擬制的ではあれ、部族制を国家形成の原理としていた二つの王国が融合する過程で使用された言葉であった。

統合は、エドワードの子エセルスタン王（在位九二四～九三九）の時に、政治的にはほぼ完成した。エセルスタンは、彼の先祖来の部族名であるサクソン人の王ではなく「アングル人」の王という称号を採用した。ここでの「アングル人」は、部族的なアングル人の意味ではなく、ベーダが、ローマ教皇の指導のもとにありとした教会の民であり、英語を母語とするイングランド人の意味である（ラテン語はいずれもアングルス）。以来、教会を統合原理とした「イングランド人の王」が治める統合王国が誕生した。

九七三年のカンタベリー大司教ダンスタンによるエドガー王の戴冠式は、このイングランド人の王国が、フランク王国や神聖ローマ帝国と同列にある、ヨーロッパの公式王国であることの宣言であった。大陸の影響を受けたその式次第は、その後の戴冠式のモデルとなった。王は公式の国王となった。王国内では王という称号は「彼」一人のものとなり、下位王は消滅し、公といった貴族になった。エアルドールマンやアールやセインといった国王に勤務する代償として特権を有する貴顕としての貴族が誕生したのもこの時期である。

半周辺＝周辺構造

一〇六六年のノルマンディー公ウィリアムによるいわゆるノルマン征服（ノルマン・コンクウェスト）によって、イングランド人の聖俗貴族はほぼ一掃され、大陸から入植した騎士たちが王国の貴族となった。しかし、在地の小貴族は存続し、ノルマン系の人々は彼らと融合して、一一三〇年代までには新しいイングランド人が誕生した。ノルマン征服から一世紀の後には、英仏海峡を跨いで両側に生活圏をもつイングランド人や大陸の貴族あるいは商人が、ウェールズ、スコットランド、アイルランドに、征服や入植によってヨーロッパ中核地帯の政治的・経済的文化システムをもちこんだのである。ウェールズやスコットランドでは南部が、アイルランドでは東部海岸部が、このイングランド的フランク化の拠点となった。

一二世紀のイングランドは、いわばこの拡大の前線基地であった。「フランク化」したイングランドは、今度はその周辺を「フランク化」の渦に巻き込むことで、ブリテン諸島をヨーロッパ文明の半周辺＝周辺構造のなかに位置づけていったのである。「大西洋ケルト地帯」をその後背地とする「西海の小帝国」イングランドは、ヨーロッパにおける半周辺地帯として軍事・経済大国となった。

3　王権と統治構造

国の民（ネイション）

イングランド人の王国がもはや部族を統合原理としない限り、血統、適格性あるいは指名されたという継承条件を満たせば、クヌート（在位一〇一六～三五）やウィリアム（在位一〇六六～八七）のような海外の権力者も、イングランド人の王となり得たのである。イングランド人は「国の民」（ネイション）であった。人のネイションを決めたのは、言語などのエスニックな要素よりも所属する教会と権力＝支配集団であった。北海から到来したデーン人も、キリスト教徒となりイングランド人の王の臣民となれば、イングランド人であった。アルフレッドとグスルムの協定によって確定したといわれてきたデーンロー（北東イングランド）は、「長い一一世紀」に創造された概念で、地域的な政治文化の個性を表わしてはいるものの、それ自体は民族性による特異な社会的文化構造を有していたわけではない。ノルマン征服によってカンタベリー大司教となったイタリア出身のランフランクは、自らを新しきイングランド人と称していた。

イングランド人の王が支配する王国と、イングランド人が居住する地域空間として当時の人々に認識されていたイングランドは、かならずしも同一ではなかった。しかしそれにもかかわらず、イングランドにおいては、司教座管区と教区制度が、「長い一一世紀」の後半までに確立し、イングランドとイングランド人の王の王国はほぼ重なっていた。これに対してスコットランドは、一三世紀まではスコット人の王の支配領域の一部をなすに過ぎなかった。エディンバラ周辺が王国の中心であったにもかかわらず、スコットランドとは、フォース湾の北、アーガイルの東、マリの南の領域を意味していた。トウィード川の流域はイングランドであったし、グラスゴーの司教座管区は北ウェールズと認識されていた。ギャロウェーは依然として自立的な地域であったし、その司教はヨーク大司教に属していた。島嶼は依然としてノルウェー王の勢力下にあった。一三世紀以降、先行する公式王国イングランドの「帝国主義的」な拡大への抵抗として、王の支配領域の臣下がスコットランド人としての意識を共有した時、国の民としてのスコットランド人が作り出されたのである。スコットランドの王が、詩人によって頌誦される戴冠の儀式的伝統を離れ、フランク的な戴冠式を行うのは、ヨハネス二二世の教皇勅書による高位聖職者が司式する塗油と戴冠が認められた一四世紀のことであった。ウェールズとアイルランドは、イングランドの支配もあって、ヨーロッパ世界で承認される王国を作り出すことはできなかった。彼らの国の民としての帰属意識は、その独自の法と言語に求められたのである。

人的結合国家から制度的領域国家へ

スコットランドでは、イングランドと歩調を合わせるように王国建設がすすんだ。とくにデイヴィッド一世（在位一一二四〜五三）は、フランスやイングランドからの騎士を招き、封建制度を一つの歯車とするイングランド的統治組織を導入した。また初めて独自の銀貨を造幣し、都市を建設して経済政策を行い、教会の刷新と修道院の建設などを行った。アイルランド海やスコットランドの島嶼では、中世末までノルウェー王の影響力が残ってはいたが、スコットランド王国は一五世紀までに漸次それを排除していった。

一二世紀後半から一三世紀に、イングランドという領域の国王という概念が発生した。大陸に近く、領邦を統合していったフランス王権との政治的競合関係も、イングランドを一足先に制度的領域国家へと変えていった要因だろう。イングランドの領域化は、スコットランド、ウェールズ、そしてアイルランドの領域化に大きく作用していった。

海峡の両側に利害関係を有するイングランドの大貴族の社会は、大陸との運命共同体を作り上げていた。しかし、「長い一一世紀」には中核地帯では解体した地域共同体組織である小貴族の社会は、ノルマン人の定住による変容を被りながらも、イングランドでは根を張り続けていた。州共同体は途切れることなく存続し、一三世紀の終わりまでには地域行政組織へと発展していったのである。この小貴族を中心とした州共同体の連続的存在こそが、王国の屋台骨を支えると同時に、イングランドに中核地帯とは異なった半周辺的な個性を与えたのである。

審問から議会へ

「長い一一世紀」にイングランド王国は、一つの重要な統治システムを作り上げた。それは徴税や紛争解決の場として地域統治組織である州と、州に発給された王の命令の下達手段としての令状である。これによって、王権（移動する中央）は「地方」への問いかけを行った。審問のはじまりである。王権による要求は、税、軍事奉仕、諸役に関する統治一般に及んだ。審問はそのために不可欠な装置となった。しかし州は王権の要求に応える限りにおいて、王国の統治組織として現れたのである。審問もアドホックなものであった。「長い一一世紀」でもっとも有名で最大の審問が一〇八六年のドゥームズディ審問である。

ヘンリー二世（在位一一五四～八九）の一一六六年の巡察制度の創設は、王権による問いかけに常設的な装置を与えた。州のなかに移動してくる国王裁判所が出現したのである。宮廷の慣習法が、書物のレベルをこえて、手続のレベルでコモンローとして王国に広がっていく下地ができたのである。州は統治組織として宮廷と強い鎖で結ばれた。

王の問いかけが日常化することで、臣民からの問いかけも日常化していく機会を得た。国王と臣民の話し合いの場が誕生したのである。議会《パーラメント》（語源は「話をする」）である。その萌芽は一三世紀中頃にあるが、制度化していくのは一四世紀中頃といえる。議会という話し合いの場の形成によって、統治の行政化が進展したことになる。これはミニマムな官僚制国家イングランドにおける行政の特色である。議会の制度化によって、王国全体の制度としての審問（国王から臣民への一方的問いかけ）は消滅していった。

「長い一一世紀」に一組の男女を核とする単婚小家族制度が確立したイングランドと違い、氏族制度が存続した「ケルト」地域においては、自立的に地域共同体が形成される下地はなかった。スコットランドの議会は司教と伯の宮廷顧問会議から発展し、その機能が確立したのは一四世紀のことである。貴族と庶民の集会の場も分かれておらず、三つの身分（聖職者、貴族そしてバラの代表）が同じ会堂に集まった。イングランドと同じく、スコットランドでも王国共同体という理念は誕生したが、ジェントリーに相当する中小領主は、議会貴族から区別されていた。地域共同体を母体とする統治組織は未発達で、中小領主からなる独自の庶民院が形成されていく条件は整わなかったのである。

ジェントリーの出現

州を中央権力につなぐ名望家がジェントリーである。ジェントリーは一四世紀に誕生したというのが通説である。それはジェントリーが勃興期の議会で、大貴族による貴族集会とは区別された庶民集会を構成したからである。彼らは小貴族として地方統治を担ったのである。その協働の場が州であった。彼らの代表は、州の名で国王から発給された集団名宛の令状によって議会に召集された。これに対して、大貴族（後に一六世紀までには爵位貴族として整序されてくる階層）は、個人名宛の令状で召集された。イングランドにおける貴族とは、まずもって議会に出席し、二種類の招集令状によって差別化された集団であるが、けしてカーストではなく流動的で開放的な階層であった。

もっとも、「長い一一世紀」の時代から、「よき人」あるいは「よりよき人」とよばれたセイン（古英語で「使える者」の意味）や、「適法的な」騎士とよばれた州の小貴族が、王権の地方統治を無給で担ってきたわけで、そこからかれらの存在をジェントリーの勃興とする「アングロ・サクソン」ジェントリー論や、ヘンリー二世期の一二世紀ジェントリー論も近年有力になってきている。

小貴族たちは、領主であると同時に大貴族との間にパトロネイジ関係を結んでいた。したがって彼らが中心となる州の裁判集会において、大貴族の意向が反映されたり、自由人たちの存在が無視されることは、日常的であった。にもかかわらず、決定が州の名においてなされたことが重要なのである。

4　教会の構造

教　区

複数の共住聖職者や修道士が広い領域の司牧を担うミンスター制度あるいは修道院教区制度が解体し、司教座―教区制度が最初に確立したのはイングランドであった。それでも、ノルマン征服直後、大司教ランフランクは、村落的性格を有していた一部の司教座所在地を都市的集落に移し、司教座管区の再編成を行う必要があった。南のウェセックス王国によって統合されたこともあり、イングランドには南のカンタベリーと北のヨークの二つの大司教座が存在していた。両者は互いに王国内での首位権を主張した。カンタベリーの首位性はランフランクの時に一応の解決をみたが、最終的には一四世紀後半のイノセント四世による裁定まで解決しなかった。

カンタベリーとヨークはブリテン諸島での首位権も主張した。ウェールズのセント・デイヴィッド大司教座構想は頓挫し、四つの司教座はエドワード一世（在位一二七二〜一三〇七）の時にカンタベリーの管区に入った。アイルランドは、カンタベリーの圧力を受けながらも教会改革を行い、一一五二年に四つの大司教座、二三の司教座が教皇によって承認された。しかしアーマーとダブリンの間の首位権は確定しなかったし、一三世紀のイングランドでさえ、二つの大司教座と、カンタベリーに一三、ヨークに二つの司教座しか属していなかったことを考えると、全体としてその規模はヨーロッパの水準からすると小さなものであった。これはウェールズも同じで、バンガーの司教座教会を訪問したあとに、グレート・ヤーマスの教区教会を訪問してみると、その違いは歴然としている。

一方で、教皇ハドリアヌス四世は、教皇勅書によってヘンリー二世のアイルランド統治権を承認したため、大司教座はあってもアイルランド内部から戴冠する王が現れる条件は消滅してしまった。スコットランドは、ヨーク大司教座の影響を排除しつつ一一九二年に「教皇の特別の娘」として九つの司教座が教皇の直属管区となり、一五世紀後半にセント・アンドルーズとグラスゴーが大司教座に昇格するまで共同裁治体制をしいた。教区も複雑で、保護者となる大領主の勢力圏との関係で、飛び地が多かった。一般的に、「ケルト的周辺」では、十分の一税が賦課されず、教区教会は未発達であった。

修道会

「長い一一世紀」の初め、イングランドではエドガー王が、司教座整備の一環としてベネディクト修道会士を導入して南部の王修道院を改革し、司教人材養成機関とした。またいくつかの司教座教会に附属修道院を設置し、ベネディクト修道会士を参事会員として、それまで子弟を参事会に送りこんでいた地域の貴顕・有力者の教会とその財産への介入を極力排除し、司教座教会を王権の統治機関としたのである。

一二世紀になると新しい修道会がブリテン諸島に入ってきた。シトー会は汎ヨーロッパ的なネットワークをもっていたし、アウグスティヌス会のように観想と司牧を行う律修修道会は教区の発達していない地域では貴重であった。都市部を中心にフランシスコ会やドミニコ会のような托鉢修道会が活動し、説教の水準をあげていった。イングランドでは一四世紀のアヴィニヨン教皇庁やシスマの時代になると、教皇に支払うための課税は行われなくなり、司教任命も王が手中にした。一五世紀には任命された司教の大多数がイングランド人であった。一五世紀には、すでにイングランド国教会への道は整えられていたのである。

5　経済構造

陸の論理と海の論理

ブリテン諸島の経済を陸の論理だけで考察することは不十分である。内陸部の農村経済においてさえ漁業の果たした役割は小さくないし、海岸部においてはなおさらである。荘園の誕生において必ず議論されるタイデナム（一二三頁参照）は、漁村の性格をもっていたことはあまり注目されてこなかった。これまでの研究は、いわば「海の論理」からの接近が不十分であったといえる。漁業史のまとまった著作がないのがそれを証明している。

ブリテン諸島は、スコットランド北西部と北部ウェールズを除くと高地がなく、西岸海洋性気候の影響もあって、河川の水量も一定している。こうした地理条件からブリテン諸島は河川交通が盛んであり、内陸部であれ主要諸都市は水路によって海上交易路と結ばれていた。陸の論理から構築された「局地的市場圏」は、河川・海上交通を無視することで成立している。水路のコストは陸路の一〇分の一以下だったし、一度の輸送量は比較にならないくらい大きい。したがって、局地的市場圏のモデルは、たとえば半径七マイルといった円形ないしは六角形ではなく、等高線によって表現されねばならないであろう。

荘園と農業生産

貢納と地代が未分化な時代の所領と、一三世紀以降の荘園領主が作成した地代帳によって農民一人ひとりが個別に支配された時代の経営体を、同じマナという言葉で表現することは不可能である。古典荘園とは、賦役による市場向け穀物生産を通して一三世紀において慣習的農民経済が局地的市場圏に領主主導で組み込まれた、長くかつ多様な形態差をともなう荘園経済の歴史におけるもっとも集約的な体制であった。それゆえに都市経済と密接な関連をもっていた。賦役が国制として隷属身分の象徴とされたのもこの時代である。

農業生産は、温暖な気候のせいもあって堅調であったが、一四世紀になると、寒冷化や耕作地拡大の限界などもあり穀物生産は逓減した。しかしそれでも荘園は活発な市場へ穀物供給を続けた。小麦価格は上昇したが賃金は低く抑えられたままであった。人口のかなりの部分が飢餓と慢性的な栄養失調に苦しむようになった。増加する都市人口と不衛生な環境状態とも相まって、一三四八年のペストは人口の三分の一以上を死に追いやったのである。疫病はその後も断続的に発生し、社会の構造転換をもたらす土壌となった。

人口減少により労働の価値があがり、貨幣経済が農民経済そのものを巻き込むことで、賦役労働と荘園経済は解体しはじめ、農民層に大きな経済格差が生まれた。貧困が社会化したが、死亡率の高さがそれを覆い隠していた。一六世紀になって、修道院や共同体などの貧困救済のセーフティネットが壊れたとき、貧困と救済は、国政上の問題として一挙に浮上してくるのである。

都市と交易

「長い一二世紀」においてブリテン諸島の都市の大半は、ヨークからグロスターまで引いた線のイングランド南東部に集中していた。都市人口はペスト前のロンドンの八万を別格として、ヨークなどの大都市でも一万人程度であった。

一三〇〇年までに、都市化の波は三つの形で進んだ。一つは、既存の都市の人口、規模、機能の拡大、二つは、新都市建設、そして三つは、市場集落の増大である。ブリストルは、アイルランド、ガスコーニュ、イベリア半島との、穀物、ワイン、塩、毛織物などの交易とアイルランド戦略の拠点となり、一四世紀にはヨークに次ぐ王国第三の都市に成長していた。人口もノルマン征服の時期から八倍に増大していた。

一二・一三世紀には約一四〇の都市が建設された。とくに交易の拡大によって輸送量が増大し、それにともない、船舶も大型化した。その結果、新建設都市のなかでも、内陸の河川港よりも、大型船の碇泊が可能な水深のある北海に面した、あるいは隣接するボストン、キングズ・リン、ハルなどの成長がめざましかった。一二世紀になると、スコットランド、ウェールズ、アイルランドにも都市化の波が及んだ。しかしそれでも、一三〇〇年頃のイングランドでは、都市住民は全人口の一五パーセントから二〇パーセントを数えたのに対して、スコットランドでは三〜四パーセント程度しかなく、それも東部と南部に集中していた。北西部では集落も極端にまばらな広大な荒蕪地が展開していた。

イングランドの都市は周辺の農村領域にまでその支配が及ばなかった。したがって、荘園領主は、王からの特許状を獲得して農村集落に市場を開設することができた。一一九八年から一四八三年までに約二四〇〇の開設権が授与された。こうした市場集落は局地的市場圏を活性化し、貨幣経済を推し進めていった。しかしウェールズやスコットランドでは、交易は周辺領域まで都市が独占していたために、農村市場は展開しなかった。それでも、一五世紀までに貨幣経済の波はブリテン諸島に確実に浸透していったのである。

羊毛と毛織物生産

ブリテン諸島は、一三世紀までは原料供給地であった。その基幹的な産業は羊毛生産で輸出の八〇〜九〇パーセントを占めていた。イングランド羊毛輸出のピークは、一三〇〇〜一〇年であった。一三三〇年代からの羊毛輸出に対する高関税政策とフランドル毛織物産業の衰退の結果、イングランド内の毛織物産業は成長期をむかえた。水車という技術革新は毛織物の生産コストを下げ、水をもとめて生産拠点も都市から地方へと移動した。イングランドは中流品や上質のブロードクロースの先端的大生産地となった。商品を求めて、イングランド人商人のみならずイタリア人商人やドイツ人商人も市場に参入し、販路も東ヨーロッパから地中世界にまで広がったのである。

毛織物産業は、現代の自動車産業のような複雑な工程を伴い、さまざまな場所でのさまざまな人による一種の組み立て作業で、その成長によって資本、材料、人の集約度の高い産業構造への転換が可能となったのである。一四五〇～八〇年に羊毛と毛織物の輸出量は逆転した。スコットランドの羊毛輸出はイングランドのほぼ五分の一程度で一三七三年と七四年をピークに減少傾向に転じた。結局、イングランドのみが良質の毛織物生産地としての地位を確立し、一六世紀以降の世界的拡大のための戦略産業を得たのである。

6　帝国的構造

「長い一一世紀」に誕生してから、イングランドは常に西海の小帝国であった。エドガー王は、神聖ローマ皇帝への対抗心もあってか、「ブリテンの皇帝」という称号を好んで用いた。クヌートやウィリアムという海外からの王の支配を受けてから、国王の支配領域は、常に海の彼方にある複数の属領を含むものであった。そのイングランドが縮小したのが一五世紀という危機の時代であった。人口でも財政収入の面でもイングランドはフランスに大きく遅れをとった。一四世紀の劇的な人口減少は回復せず、一五〇〇年にはフランスの人口は一六四〇万人に達したのに対して、イングランドはその八分の一程度であった。財政収入をみても、一五二〇年代のフランシス一世（在位一五一五～四七）の宮廷収入八〇万ポンドに対して、ヘンリー八世（在位一五〇九～四七）のそれは八万ポンドから多くて一七万ポンドの水準であった。エドワード一世の時期に最高潮に達した帝国主義的拡大路線は、ウェールズの領邦化には成功したものの、スコットランドに王国確立への道を準備した。そのスコットランドはアイルランドのゲール系権力者とともに、フランス王と同盟を結んでイングランド包囲網を敷いた。そしてフランスやスコットランドとの戦争は、ブリテン諸島における「血と言語」で区別された国民（ネイション）意識を鮮明なものにしていった。アイルランドにおいて「ゲールの復興」と後の歴史家がよぶ現象がおこったのもこの時期である。しかし、一五世紀以降にはイングランドとスコットランドとの関係は改善され、一五〇二年の「永久平和条約」は、長期的にはステュアート体制に道を拓いたといえる。一四・一五世紀の「危機の時代」の制度改革や経済構造の変化は、次の時代の大西洋帝国的拡大のスプリングボードとなったのである。

参考文献

近藤和彦編『イギリス史研究入門』山川出版社、二〇一〇年、第二章、第三章。

Wendy Davies (ed.), *From the Vikings to the Normans*, The Short Oxford History of the British Isles, Vol. 3, Oxford, Oxford University Press, 2003.

Barbara Harvey (ed.), *The Twelfth and Thirteenth Centuries 1066-c. 1280*, The Short Oxford History of the British Isles, Vol. 4, Oxford, Oxford University Press, 2001.

Ralph Griffiths (ed.), *The Fourteenth and Fifteenth Centuries*, The Short Oxford History of the British Isles, Vol. 5, Oxford, Oxford University Press, 2003.（ラルフ・グリフィズ編、北野かほる監訳『一四・一五世紀』慶應義塾大学出版会、二〇〇九年。）

扉図出典：筆者所蔵。

コラムI

海からの中世イギリス史

鶴島博和

イギリスは日本と同じく島国であるが漁業史の研究が遅れている。『ドゥームズデイ・ブック』に出てくる魚種は鮭、鰊、鰻の三種類で、鰻は地域差がないが、鮭はデヴォン、グロスターシャー、ヘレフォードシャーそしてチェシャーの西部海岸地域に、鰊はノフォーク、サフォーク、ロンドン、ケント、サセックスの南東部に偏在して記録されている。イングランドではイースト・アングリアの沖合からサセックスの海岸までが、鰊の主たる漁場であったからこの偏在は理解できるとして、鮭はこれらの地域だけで捕獲されたわけではないが、それでも西の鮭、東の鰊という、食材文化圏を想定できる。

セヴァーン川とワイ川が交流するところに前述（一五頁）のタイデナムが位置している。紀元一〇〇〇年頃ここにプッチャーとよばれるバスケット型の簗が一〇七基、ハックル式簗が一七基設置されていた。前者は鮭漁、後者は鰻漁の罠である。プッチャーは、河の流れに直角に柱を等間隔で沖に立て、そこに三段の横柱を括り付けて、木で編んだ巨大なコーン状の籠を多数設置した巨大な構造物で、最近まで同じ構造のものが使用されていた。荘園の自由民や農奴たちは中世を通して農業者であると同時に、簗に権利をもつ漁撈者でもあった。古い文書によると、鮭と鰻以外の魚で「価値のある珍しい魚や、チョウザメやイルカ、鰊や海の魚は領主に属し、領主が荘園に滞在しているときは、いかなるものであれ、領主に知らせることなくその魚を売ってはなら」なかった（領主家政の自家消費分としての生産物地代。領主不在の際は市場流通分）。紀元一〇〇〇年頃にすでに魚の交易が存在し、南西部において鰊は高級魚であった。

『ドゥームズデイ・ブック』は、いわば陸の論理が貫徹した記録である。さまざまな生業に従事する人々が、村民、零細民、小屋住者、奴隷といった担税という観点からの単純な範疇に分類され、多様な環境に適応して営まれた社会経済生活を反映してはいない。漁師という記述は、一〇州に現れるだけで、これでは三方を海に囲まれたケントには一人の漁師もいないことになる。

海や川に面した荘園や都市は、水面へのさまざまな権利を有していた。それは漂流物や漂着物の取得権から、ある一定水域への漁業権や領有権にまで至った。一一世紀、満潮時に浮かぶ船から、小さな斧を投げて届くところまでの海域、あるいは「干潮の際に、背丈の高さの深さから竿を伸ばして届く範囲」は所領の権利が及ぶ地先権に属していた。鮭のプッチャーのような、干潮のとき籠をはずすことができる常設型の簗は、地先権の水域に設置された。水域も含めて荘園や都市は構成されていたのである。

一〇〇七年、サンドウィッチに集結した国王艦隊は、ウルフノースなるものが率いるわずか二〇隻の船団によって蹴散された。このウルフノースこそゴドウィン家の祖である。一〇五一年、エドワード王はゴドウィン伯にドーヴァーの住民への懲罰を命じた。伯はこれを拒否しフランドルへ、息子のハロルドはアイルランドへ逃亡した。翌一〇五二年、伯とハロルドは権力を取り戻した。『アングロ・サクソン年代記』によると「ケントとヘイスティングズとその沿岸のすべての地域からきた海の民はゴドウィンとともに死ぬことを宣言した……」とある。一方、ハロルドは「アイルランドから、ペベンシー、ダンジェネス、ロムニー、ヒース、フォークストンと、行く先ざきで海民を集めながら進み、サンドウィッチへ来たときは大艦隊となっていた」という。ここにあがった港は、すべて後に国王の海事に従事する代わりに鰊漁の権利を与えられたシンクポートの構成員である。一一世紀において彼らは鰊漁を生業とする海民であり、ゴドウイン家の庇護民だった。だからこそ、伯は自らの軍事力の源であるドーヴァーの住民への懲罰を拒否したのである。

一一世紀当時「鰊の季節」という言葉があり、英仏海峡から北海の海民に共通の暦があった。征服後、ドーヴァーの人々は、国王に二一人の水夫からなる二〇隻の船による水夫役を負っていた。その代わりに王は、セント・ミカエルの祭り（九月二九日）からセント・アンドルーの祭り（一一月三〇日）まで、ドーヴァーを「王の平和」のもとにおいた。この二カ月間こそ鰊漁期であった。九月二九日は、グレート・ヤーマスでの鰊市の開始日であった。海民はこの期間、王権の保護のもとに操業できたのである。この権利に対して彼らは王に平時でも一隻が三〇〇日、戦時で最大一五日間奉仕できる二〇隻の軍船による海軍奉仕を負った。王権は、海峡での鰊漁を制度化し、その船団をシンクポートという海軍組織に組み込んだのである。

「鰊の暦」の存在は、海民の間の協働関係を示唆している。鰊は大群をなして季節に回遊してくる。安定した漁を継続するためには、流し網などの技術と船団編制などの漁撈者の組織化が必要だった。それ故に鰊漁は地域の荘園あるいは港の住民間の協力によってのみ可能となる協定型漁撈だった。この魚の生態系に規定された漁撈法こそが、鰊船団を当時最強の海軍に仕立て上げたのである。一〇六六年九月二九日、ノルマンディー公ウィリアムは、大船団を率いて夜間に海峡を渡りペベンシーに上陸した。ハロルド王が頼みの綱とした海民は鰊漁に出立し、海峡の防衛は無抜けの空であった。

参考文献

Hirokazu Tsurushima, "The Eleventh Century in England through Fish-Eyes", *Anglo-Norman Studies*, Vol. 29, Woodbridge, Boydell & Brewer, 2007.

第二章　近代イギリスの出発

西川杉子

「ブリテンの王家の樫」（作者不詳，1649年）
クロムウェルに命ぜられた議会派兵士が君主政と政治的安定を象徴する樫の木を切り倒そうとしている。クロムウェルの足元には地獄を示すモチーフが見える。

1485	8.22. ボズワースの戦い。ヘンリー7世が王位につきテューダー朝成立
1509	4. ヘンリー8世即位。6.11. ヘンリー8世，キャサリン・オヴ・アラゴンと結婚
1516	2.18. 王妃キャサリン，メアリー（のちのメアリー1世）を出産
1533	1. ヘンリー8世，アン・ブーリンと結婚。2. 上訴禁止法。5. カンタベリー大主教トマス・クランマ，ヘンリー8世とキャサリンとの結婚を無効と宣言。9.7. 王妃アン，エリザベス（のちのエリザベス1世）を出産
1534	11. 国王至上法。カトリック教会から分離およびイングランド国教会の成立
1536	5.19. 王妃アン，処刑される。5.30. ヘンリー8世，ジェーン・シーモアと結婚
1537	10.12. 王妃ジェーン，エドワード（のちのエドワード6世）を出産
1547	1.28. ヘンリー8世没，エドワード6世即位
1553	7.6. エドワード6世没。7.6～9. プロテスタントのジェーン・グレイ，女王として擁立される。7.19. メアリー1世即位
1554	7.25. メアリー1世，スペイン王太子フェリペ（のちのフェリペ2世）と結婚。11.～翌年1. イングランド，カトリック教会に復帰
1558	1.7. ヨーロッパ大陸における最後の領土カレーを喪失。11.17. メアリー1世没，エリザベス1世即位
1559	1.～5. イングランド国教会，再確立される
1568	5.16. スコットランド女王メアリー・ステュアート，イングランドに亡命
1569	11.～12. カトリック貴族による「北部の反乱」
1570	2.25. ローマ教皇ピウス5世，エリザベス1世を破門
1580	9.26. フランシス・ドレイクによる世界周航の達成（1577年出発）
1585	2.「女王の身辺の安全保障に関する法律」制定。9. エリザベス1世，オランダへの軍事支援を開始，カトリック勢力との対立姿勢を明らかにする
1587	2.8. メアリー・ステュアート，フォザリンゲー城にて処刑される
1588	7.～8. スペイン無敵艦隊の来襲。
1600	12.31. イングランド東インド会社設立
1603	3.24. エリザベス1世没，スコットランド国王ジェームズ6世，ジェームズ1世として即位。ステュアート朝成立
1605	11.5. カトリック教徒による火薬陰謀事件
1607	5.14. 北アメリカ入植の拠点となるヴァージニア植民地ジェームズタウンを建設
1609	イングランドとスコットランドのプロテスタントによる北アイルランド・アルスター入植本格化
1613	2.14. 王女エリザベス，ヨーロッパ・プロテスタント陣営の盟主とみなされたプファルツ選帝侯フリードリヒ5世と結婚
1625	3.27. ジェームズ1世没，チャールズ1世即位。5.11. チャールズ1世，フランス王女ヘンリエッタ・マライアと結婚
1628	5.28. 議会，「権利の請願」を提出。6. チャールズ1世，受理
1629	3.10. チャールズ1世，議会を解散し，親政を開始
1637	アルミニウス主義的共通祈禱書の導入を契機にチャールズ1世のスコットランド統治崩壊。スコットランドと二度にわたる主教戦争が起きる（～40）
1640	11.3. 長期議会の召集

1641	10. アイルランドでカトリック反乱勃発
1642	8. 22. チャールズ１世，ノッティンガムで挙兵，内乱開始
1649	1. 30. チャールズ１世処刑される。5. 19. イングランド共和国宣言。8. クロムウェルのアイルランド征服（～50）
1652	5. 29. 前年の航海条例を契機に，断続的に三回の英蘭戦争が起きる（～74）
1653	12. 16. クロムウェル，護国卿に就任（～58. 9. 3）
1660	4. 4. ブレダの宣言。5. 29. チャールズ２世即位（王政復古）
1665	イングランドにおける最後のペスト大流行
1666	9. 2. ロンドン大火（～9. 5）
1677	11. 4. 公女メアリー（のちのメアリー２世），オランダ総督オラニエ公ウィレム３世（のちのウィリアム３世）と結婚
1678	法王教徒陰謀事件をきっかけに全国で反法王教ヒステリー旋風が広まる（～81）
1678	王弟ジェームズ（のちのジェームズ２世）の王位継承排除法案をめぐる政治危機（～81）。ホイッグとトーリーの出現
1685	2. 6. チャールズ２世没，ジェームズ２世即位。これに対して，5. モンマス公の反乱が起こる（～7. 6）
1688	11. 5. オラニエ公ウィレム３世，トーベイ上陸。名誉革命開始。12. 23. ジェームズ２世，フランスへ亡命
1689	2. 13. 権利宣言を受け入れ，ウィリアム３世とメアリー２世，共同統治者として即位
1689	5. 18. フランスに宣戦布告。プファルツ継承戦争（９年戦争）に参戦（～97. 9. 20）
1692	7. 1. ボイン川の戦い。
1694	7. 27. イングランド銀行創立
1701	6. 1. 王位継承法。ステュアート朝断絶後の王位継承をハノーファー選帝侯候妃ゾフィーとそのプロテスタントの直系卑属に限定する
1701	9. 16. ジェームズ２世，フランスで没。ルイ14世，ジェームズの嫡子ジェームズ・エドワードをジェームズ３世（老王位僭称者）として承認
1702	3. 8. ウィリアム３世没，アン女王即位。5. スペイン王位継承戦争に参戦
1707	5. 1. イングランドとスコットランドの合同，グレートブリテン王国の成立
1713	4. 11. ユトレヒトの和約
1714	8. 1. アン女王没，ハノーファー選帝侯ゲオルク・ルートヴィヒ，ジョージ１世として即位。ハノーヴァー朝成立
1715	10. 6. ジャコバイトの反乱勃発（～16. 2. 4.）

＊　暦について：16世紀後半までヨーロッパ全域で用いられていた暦はユリウス暦（旧暦）であったが，閏年の置き方が精密ではないために実際の季節（太陽年）とのずれが大きくなっていた。1582年，ローマ教皇グレゴリウス13世の教皇勅書によって，暦法を改善したグレゴリオ暦（新暦）が導入されることとなったが，プロテスタント諸侯や東方正教会は教皇に従うことを嫌い，新暦を即座には採用しなかった。イングランドでは依然として旧暦が用いられたうえに，一年の始まりは「聖母の日」（３月25日）とされていた。1752年，イングランドは同年９月から新暦を採用すると同時に，一年の始まりを１月１日に変更した。旧暦と新暦はその時点で11日のずれがあった。本年表では，一年の始まりを１月１日とし，またイングランドでの出来事は旧暦の日付で表示し，ヨーロッパ大陸での出来事は新暦の日付で表示している。

1　宗教改革前夜のイングランド

モアバスの人々

一六世紀初頭のイングランドは、先の世紀の黒死病による人口減少の痛手からいまだ回復しておらず、ヨーロッパ大陸諸国と比較すると過疎化が広がっていた。当時のイングランド人口はウェールズとあわせても二〇〇万人を少し越えた程度とされているが、ヨーロッパ的な基準で都市とよべるのは、約四、五万人が住むロンドンのみであり、それすらもパリの人口の半分に満たなかったのである。イングランドは一口にいえば農村社会であった。ここでまず、ケンブリッジ大学の歴史家イーモン・ダッフィが紹介する南イングランド・デヴォン州のモアバス教区を例にとりあげてみよう。

モアバス教区は、当時の農村部におけるごくありふれた教区《パリッシュ》の一つであったといえる。エクスムーアという広大な荒野の南裾に位置しており、雨や雪になるとすぐに道路が寸断されて周辺の村や市場町からは孤立した。マナー領主はバーリンチという年収一〇〇ポンドにも満たない小修道院であり、世帯数は一五三一年の時点で三三、住民は散在する農場に住み牧羊を営んでいた。共同体の中心となったのは教区教会である聖ジョージ教会で、ここで住民たちは、家族が病気になると聖母マリアに祈り、自分たちの家畜が病気になると聖アントニウスに回復を願った。また最寄りの司教座都市エクスタの守護聖人・聖シドウェルが地元の聖者として崇敬を集めており、死者の魂の平安のために宝物であるロザリオを聖シドウェルに特定して寄進する女性たちもいた。人々の信心は日々の物質的な必要性と不可分に結びついていたが、そのため教会堂のなかには数多くの聖者像が飾られており、教会堂の維持はもちろんのこと、聖者への献燈や聖者像の維持は共同体の重要な義務とみなされていた。これらの維持費を捻出するために、各世帯が最低一頭の「教会の羊」の飼育を行ったほどである。日曜日ごとに教会に集った会衆の前で、教区司祭によって羊毛やエールの売り上げの収支決済が報告されるのは、モアバス共同体の結束を確認しあう重要な儀式であった。

このような農村社会の敬神と共同体の結束の現れはモアバスに限らない。一六世紀初頭前後にイングランド経済が上向きになったことは知られているが、そこから生じたゆとりは、まずイングランド各地において教会堂の尖塔や側廊、礼拝堂などの増築・改修に向けられた。また、聖体拝領祭や聖ジョージ祝日といった宗教祭日も祝われるようになり、教区の基金集めに利用されるようになっている。

拡大する世界

このようなモアバスの営みは一見中世から変わりなく続いてきたように思われるが、しかし羊毛生産で利潤をあげようという経済観念は、当時のイングランドをとりまく世界の変化を反映していたといえるだろう。

イングランドの羊毛の売買及びそれを用いた毛織物産業は、一五世紀末に急速に成長して、一六世紀には農業と並ぶ主要産業となっていた。それまで羊毛や毛織物の大半は国内で消費されていたが、この時期にヨーロッパ低地地方、すなわちネーデルラントの南部に位置する港湾都市アントウェルペン（英名アントワープ）に新たな市場をみいだしたのである。イングランドから同都市への未加工の羊毛製品を中心とした輸出は、イングランドの総輸出品の大半を占めるようになったが、輸出量自体も一五〇五～五〇年の間に倍増したとされている。一五六〇年代後半までのイングランドの貿易はアントウェルペンとの結びつきを基軸にして展開していた。

一六世紀初頭、ハプスブルク家が支配するアントウェルペンは、ヨーロッパの穀倉地帯・バルト海地方との貿易とイベリア半島との貿易の中継地として繁栄しており、イングランド商人にとっては、羊毛・毛織物関連の取引を行うだけでなく、染色の原料や高級織物、タペストリーといった奢侈品をはじめとして広く海外の物産や情報を手にいれるのに格好の場所であった。一五一五年にポルトガル商館がアントウェルペンに設置されると、喜望峰経由でヨーロッパに運ばれた胡椒をはじめとする香辛料などもアントウェルペンで販売されるようになった。ポルトガルは一四九八年にインドへの航海を成功させて以来、当時のヨーロッパではもっとも貴重な奢侈品であった高級香辛料をほぼ独占的に扱っていたのである。この時期のイングランドには、ヨーロッパ外の世界へ商人を送り出せる能力はなかったが、ポルトガルとスペインが相次いで「新世界」の富を獲得し世界強国に変貌していく様を、主にアントウェルペン経由で窺知したは

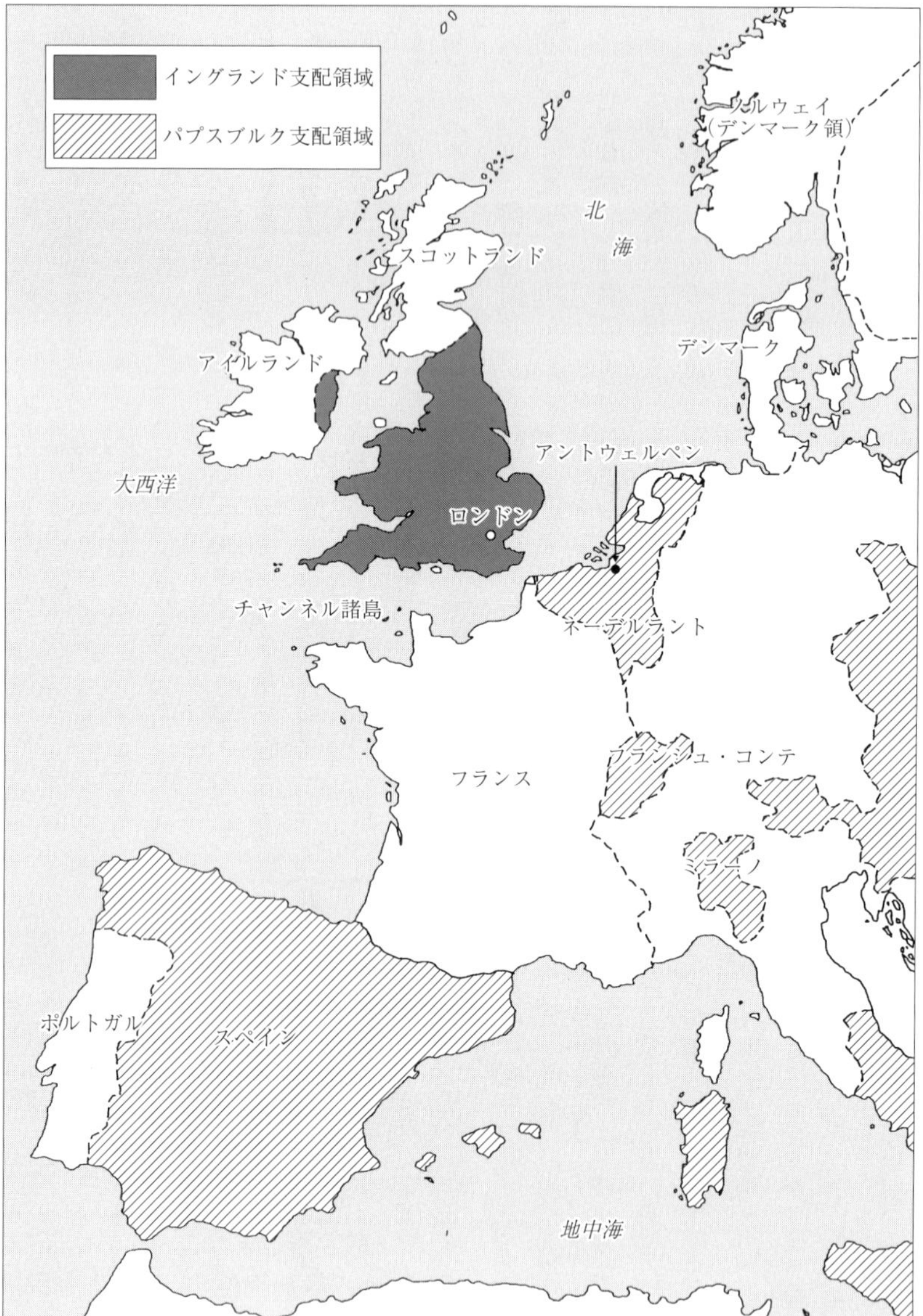

図2－1　1550年頃の西ヨーロッパ

出典：Susan Doran. *England and Europe, 1485-1603,* Longman, 1996, p. ix より作成: reproduced by kind permission of the publisher.

ずである。

このアントウェルペンの繁栄からロンドンは大きな恩恵を受けていた。一五〇五年、ロンドン・マーチャント＝アドヴェンチャラーズ会社はイングランドの毛織物輸出を独占する勅許を獲得し、アントウェルペンとの貿易を掌握するようになった。ノリッジなど地方都市の商人が商品を輸出する際には、マーチャント＝アドヴェンチャラーズ会社に輸出許可の料金を支払わなくてはならなかった。一六世紀半ば、ロンドン港からのアントウェルペンへの毛織物輸出は急成長する全イングランドの輸出の八〇パーセント以上を占め、さらにロンドン港の貿易量はイングランド全体の海外貿易の約七五パーセントに達したであろうと推定されている。いまやロンドン・シティの正規市民《フリーメン》の半数近くが毛織物産業に何らかの利害をもつギルドのメンバーであった。そしてロンドンは商業的中心地としてブリテン中から移住民を引きつけ、着実に成長していったのである。

初期テューダー朝の課題

政治の世界に眼を転ずると、この時期のイングランドは三〇年続いた有力貴族間の闘争（ばら戦争）が終結し、新しい王朝が開かれたところであった。一四八五年、ランカスター家のリッチモンド伯ヘンリー・テューダーがボズワースの戦いにおいてヨーク家出身の国王リチャード三世に勝利し、ヘンリー七世として即位したのである。しかしヘンリー七世に対抗する王位僭称者が後を絶たずに出現し、新生のテューダー王朝は依然として政治的に安定しているとはいい難い状況であった。したがってヘンリー七世の最大の課題は、自らの王位の正統性を国内的にも国際的にも認めさせ、かつ王朝の権威を高めることであった。王太子アーサーの妃として、大国スペインを支配するカトリック両王、すなわちカスティーリャ女王イサベルとアラゴン国王フェルナンドの末娘キャサリン・オヴ・アラゴン（スペイン名カタリーナ）を迎えたのは、ヘンリー七世にとって大きな外交上の勝利であった。アーサーが跡継ぎのないままに早世すると、教会法が兄弟の妻との婚姻を近親相姦として禁じていたにもかかわらず、ローマ教皇から特別な許可を得て、次男ヘンリー（後のヘンリー八世）とキャサリンの婚姻契約を取り結んだ。スペインとの同盟とキャサリンの持参金はテューダー朝の脆弱さを補強するために手放すことのできないものだったのである。

一五〇九年に王位を継承したヘンリー八世は、自らについて「ヨーロッパの隅に位置する王国の小さな君主」と述べたが、祖先のヘンリー五世を模範として軍事的栄光に憧れ、強国の君主たちと肩を並べることを夢みていた。フランス国王がローマ教皇と対立すると、ヘンリー八世は教皇と神聖同盟を結び、一五一三年、フランスに侵攻してトゥルネなど二都市を占領して、ヨーロッパ外交の表舞台に躍りでた。この際にフランスと同盟を結んだスコットランド国王ジェームズ四世がイングランドに侵攻したが、イングランド軍はフローデンの戦いでジェームズを敗死させている。一五一八年には大法官トマス・ウルジの尽力によって、オスマン帝国の脅威からキリスト教共同体を防衛するという名目のもと、ローマ教皇、フランスやスペインの国王、神聖ローマ帝国皇帝も参加した相互不可侵条約が成立して、ウルジの主人であるヘンリー八世の威信はいちだんと高まった。勢いづいたヘンリー八世は翌年、神聖ローマ帝国皇帝位が空位になると、ヴァロワ朝フランス国王フランソワ一世と同様、有力候補のハプスブルク朝スペイン国王カルロス一世への対抗馬として、皇帝の選挙に名乗りをあげている。さらに一五一七年、マルティン・ルターによって宗教改革が開始され、ドイツ地域を中心にその影響が広まると、一五二一年、ヘンリー八世はルターを批判する文書『七秘跡弁護論』を公にして、同年にローマ教皇レオ一〇世から「信仰の擁護者」という称号が与えられた。

しかしこのような華やかなルネサンス外交は、ヘンリー八世に実質的な利益をもたらさなかったばかりか、王室財政を破綻の危機にさらすこととなった。さらにヘンリーには将来を託せる男子の王位継承者がいなかった。王妃キャサリンは少なくとも六回妊娠したが、流産や死産を繰り返し、成長した子供はメアリー一人であったのである。一五二〇年代半ばまでにヘンリーは、王朝が存続の危機にあることを認識していたであろう。

2　宗教改革の衝撃

イングランドは「インパイア」である

イングランド宗教改革はヘンリー八世の「離婚問題」からはじまったとされる。男子の世継ぎの渇望と、それが得られないのは兄嫁と結婚したためという罪の呵責、そのうえ女官アン・ブーリンとの恋愛という契機が重なって、一五二七年からヘンリー八世は、時のローマ教皇クレメンス七世にキャサリン・オヴ・アラゴンとの結婚の無効（＝離婚）を訴えるようになったが、教皇の承認は得られなかった。ヘンリーの離婚に手を貸して、キャサリンの甥にあたるハプスブルク家の神聖ローマ帝国皇帝カール五世（スペイン国王カルロス一世）の不興を招くことを教皇は恐れたのである。そこでヘンリー八世が次にとった手段が、イングランド議会と結託して、ローマ教皇が統括するラテン・キリスト教共同体からの分離《シスマ》を進めることであった。

一五三三年二月、イングランド王国の領域を、「至上の長にして国王」によって統治された「インパイア（impire）」であると宣言する議会制定法、すなわち「上訴禁止法」が成立した。その前月に、ヘンリー八世はキャサリンとの結婚は無効であるという前提で、アン・ブーリンと密かに結婚していた。ヘンリー八世の側近トマス・クロムウェルによって起草された上訴禁止法の直接の目的は、ヘンリー八世の結婚をキャサリンや彼女の支持者が教皇に上訴するのを禁じたものであった。その根拠として、イングランドを「至上の長にして国王」によって統治された「インパイア」とする法文には、イングランドにおける聖俗両面にわたる最高の主権は国王にあることを承認させ、ローマ教皇や神聖ローマ帝国皇帝といった国外の権威を拒絶する強固な意志が表れている。つまりこの議会制定法は、ローマ教皇を地上における「神の代理人」とする超国家的なキリスト教共同体からの、主権国家イングランドの独立宣言とみなすことができるだろう。

翌年には改めて、国王を「イングランド教会の地上における唯一最高の長」とする議会制定法、すなわち「国王至上法」が成立し、イングランドの教会のローマ教皇からの独立が確定した。

図２−２　「ヘンリー８世に押さえこまれた教皇」（1570年）
エリザベス１世の治世に盛んに読まれたジョン・フォックス『殉教者の書』の挿絵。中央に描かれたヘンリー８世は，教皇クレメンス７世を踏みつけながら，左側のクランマ大主教に聖書を渡している。
出典：Susan Doran (ed.), *Henry VIII : Man & Monarch Henry VIII,* London, British Library, 2009, p. 271.

さらにこの独立が議会制定法にもとづいて行われたことは、それまで国王の諮問機関にすぎなかった議会の地位を、著しく高めることとなった。ヘンリー八世の「宗教改革議会」以来、イングランド国家の意思決定は「議会における国王」によってなされるという主権概念が、紆余曲折を経ながらも定着していくのである。

「議会における国王」の支配権は、ウェールズ公国とアイルランド王国にも拡張された。ウェールズは一五三六年と四三年の二回にわたって制定された「合同法」によってイングランド王国の一部に編入された。アイルランドに対しては、一五四一年、議会制定法によって単一の王国であることが改めて宣言された上で、イングランド国王がアイルランド国王を兼ねることが定められたのである。もっともアイルランドにおいては実質的には王権の統治が及んだ範囲はダブリンとその周辺のみで、事実上群雄割拠が続いていた。

プロテスタント化の促進

イングランド国教会を創設したヘンリー八世は、その後も議会との連携によってイングランドの約五分の一から四分の一の土地を所有していた修道院領の没収を行うなど、王権の統一的支配を推し進めたが、教義など国教会の内実の問題は、クロムウェルおよびカンタベリー大主教トマス・クランマたち側近やその後の世代に委ねられることになった。クロムウェルもクランマもヨーロッパ大陸で進行中のプロテスタント宗教改革の影響を受けており、その結果、聖像崇拝が否定され、英訳された聖書がすべての教区教会に備えられるなど、イングランド国教会のプロテスタント化が徐々に進められた。ただし、ヘンリー八世自身は、新しいイングランドの教会について、基本的には「教皇抜きのカトリック教会」で是認していたのである。

ヘンリー八世はアン・ブーリンとの間には、結局女子エリザベスのみしか恵まれなかったが、アンを姦通罪で処刑した後、再婚したジェーン・シーモアとの間に待望の嫡男エドワードが生まれた。そして一五四四年、議会制定法によって王位継承の順位は、第一に王太子エドワード、第二にキャサリン・オヴ・アラゴンとの子メアリー、第三はアン・ブーリンとの子エリザベスに確定された。

一五四七年、わずか九歳でエドワード六世が即位すると、大主教クランマや新国王の伯父で摂政となったサマセット公爵エドワード・シーモアによって国教会の急速なプロテスタント化が進められた。とくにクランマの尽力によって、教会の儀式や礼拝を定めた「礼拝統一法」が制定され、ラテン語の典礼に代わって英語の『共通祈禱書』が導入された。これによってプロテスタントとしてのイングランド国教会の大枠が作られたといっても差し支えないだろう。これらのプロテスタント改革には当時イングランドに亡命してきたマルティン・ブツァーを含む大陸の指導的宗教改革者の影響が大きいことも指摘されている。エドワード治世期イングランドは「プロテスタントの避難所」と称されるほど多くの亡命者が渡英して、イングランドの改革派と大陸の宗教改革運動との連帯を深めた。一五五〇年にはエドワード六世は、増加する大陸からのプロテスタント移民のために、イングランド国教会から独立した礼拝を認める「異邦人教会《ストレンジャーズ・チャーチ》」の創設を許可している。

血まみれのメアリー

病弱のエドワードの治世は長く続かず、一五五三年にメアリーが即位した。母と同様に強固なカトリック信仰の持ち主であったメアリーは、一五五四年、国内の反対を押し切って神聖ローマ帝国皇帝カール五世の嫡男であるスペイン王太子フェリペ（後のフェリペ二世）と結婚し、さらにイングランドの教会を再びローマ教皇の統括するカトリック教会に復帰させた。イングランド議会は教皇への服従を誓い、教会財産の取得者の所有権を保証することを条件に、ヘンリー八世治世下に制定・施行した宗教改革関連法を撤廃した。そしてクランマをはじめ宗教改革者たちは、少なくとも二八七名が異端者として火刑に処せられ、また八〇〇名以上がジュネーヴなど大陸諸都市へ亡命したとされる。

メアリーの即位当初、イングランド商人の間では、メアリーとフェリペの結婚は、イングランドの主な貿易相手であるハプスブルク領ネーデルラントとの関係強化をもたらすだろうという期待感があったが、その後それは、ハプスブルク朝スペインとヴァロワ朝フランスの対立にイングランドが巻き込まれたことに対する憤慨に変わっていった。一五五八年、イングランドの大陸における最後の領土カレーがフランス軍によって陥落すると、メアリーへの支持は急速に失墜した。失意のメアリーは同年一一月に病死し、異母妹エリザベスが王位を継承した。

イングランド国教会の再確立

ローマ教皇の権威を否定した婚姻によって生まれたエリザベス一世は、その存在自体が宗教改革の賜物であった。したがって、エリザベス即位の翌年には「国王至上法」と「礼拝統一法」が制定され、ローマから独立したイングランド国教会が再確立されたのも当然といえよう。地上においては国王を「唯一最高の統括者」とする教会と、国家の有機的結合「教会＝国家体制」が再構築されて、国民の信従が求められた。ただし、宗教改革開始以降の政治と宗教のめまぐるしい転変とそれがもたらした混乱を体験したエリザベスは、政治的配慮を優先する中道政策を採ることで、教会＝国家体制の安定を模索していた。「イングランドのプロテスタント教会」のありかたにおいても、一五七一年にイングランド国教会の公式教義として議会で法制化された「三九箇条」によると、信仰義認の認定、煉獄の否定、正餐に関する化体説の否定など明確にプロテスタント路線をとったが、教会の統治機構や礼拝の慣行においてはカトリック的要素を残すことで、より広い合意を得ようとしたのである。

しかしイングランドの民衆はどこまでプロテスタントの国教会に信従したのであろうか。エリザベス即位当初は、ロンドンとその近郊州を除いては、カトリック信仰をもつ者が多かったといわれる。しかし近年の宗教史研究の成果が示すのは、政府からの指令に迅速に対応しようとする教区教会の姿である。本章第一節で紹介したモアバス教区においても、すでにエドワード六世の治世に、伝統的信仰にとって大打撃となったはずの聖像の撤去や献燈の禁止の指令に対して、教区民たちは素早く従っていた。また設置が義務づけられた英訳聖書も乏しい財源をやりくりして購入している。次から次に降りてくる中央からの宗教指令に応じるために、教区は「教会の羊」を手放し教会の備品まで売却して対応した。しかしながら、その従順さをそのまま国教会への信従の証として理解することができるだろうか。歴史家ダッフィによると、一五四九年にイングランド西部諸州において「共通祈禱書」の導入に反対する反乱が勃発すると、モアバス教区は若者五人を武装させて、反乱軍に加勢させていた。それは傷つけられた敬神の精一杯の抵抗の現れだったのかもしれない。また、メアリー女王によって聖人崇敬の復活がうながされると、モアバスはさっそくエクスタの守護聖人聖シドウェルの祭壇を再建している。それでもエリザベス一世の治世になると、モアバス教区は国王至上権に賛同し、共通祈禱書を受け入れ、再び聖像を撤去したのであった。

3　エリザベスの治世

メアリー・ステュアート問題

エリザベス一世治世下のプロテスタント・イングランドにおいて最大の危機要因となった人物が、スコットランド女王で元フランス王妃メアリー・ステュアート（フランソワ二世妃）であった。カトリック信仰を保持する彼女は、一五六八年、プロテスタントのスコットランド貴族たちにより息子ジェームズへの譲位を強要されて、イングランドに亡命したのである。メアリーはヘンリー八世の妹でスコットランド王ジェームズ四世に嫁いだマーガレットの孫にあたり、イングランド王位の最有力継承候補者であった。そしてカトリックの信仰のみを正統とみなす立場からすれば、エリザベスは不当な結婚から生まれた庶子であり、メアリーこそが正統なイングランド女王の資格をもちあわせていたのである。一五五八年のメアリー・テューダーの死以来、メアリー・ステュアートはこの主張を続け、ヨーロッパの多くのカトリック君主がそれを是認していた。メアリーの亡命の翌年に、イングランド北部のカトリック貴族たちが反乱を起こし孤立無援のまま鎮圧されたが、一五七〇年にローマ教皇ピウス五世がエリザベスを破門したことによって、事態は急速に変化した。

教皇による破門はエリザベスの廃位もしくは抹殺を命じたことに等しく、七〇年以降、スペインをはじめとする海外勢力の支援を受け、イングランドにおけるカトリックの復権を目指した陰謀や暗殺未遂事件が続発するようになった。また一五六八年、スペイン・ハプスブルク領ネーデルラントの都市ドゥエ（現在は北フランス）にイングランドのカトリック子弟を教育する中等教育機関「イングランド学院」が設立され、ブリテン諸島の再カトリック化を促す基地となった。七五年以降になると、イングランドに潜入したドゥエ出身者やイエズス会士による伝道活動が行われるようになった。

しかしこの破門はイングランドの体制内に留まろうとしていたカトリック教徒たちを苦しい立場に追い込むことになった。即位当初のエリザベス一世は比較的穏健な宗教政策をとり、イングランド国内のカトリック教徒に対しても、国法を遵守する限りは国教会の教義を画一的に強制することはなかったが、国際的な宗教対立の激化の影響を受けて、強硬路線へ転換したのであった。イングランド議会はエリザベスに対して教会分裂的もしくは正統な女王ではないと主張したものは大逆罪に処するという法を制定した。さらに一五八一年以降、議会は立て続けに反カトリック的な刑罰法を制定し、イングランド国教会の礼拝を拒否する者に対し多額の罰金を課すことで礼拝参加を強要し、さらにカトリック伝道活動に関わった者を死罪に処している。世紀末までにカトリック教徒の数は三万五〇〇〇人から四万人程度に減少したとされている。

国際的カトリックの脅威

イングランドを取り巻く国際情勢も緊迫化していた。人びとの魂をめぐるプロテスタントとカトリックの闘争は、ヨーロッパ各地で一六世紀後半になっていちだんと苛烈さを増しており、フランスでは一五六七年以降宗教戦争（ユグノー戦争）が続くなかで、一五七二年、「聖バルテルミの虐殺事件」が起こり、パリ市内だけで約二一～三〇〇〇人のユグノー（フランスのカルヴァン派プロテスタント）がカトリック暴徒に惨殺され、その他の複数の地方都市でもユグノーに対する同様の攻撃が行われた。またイングランド商業と結びつきの深いネーデルラントでは、スペイン・ハプスブルク支配に対する不満が高じていたが、一五六七年にスペインから派遣されたアルバ公爵がカルヴァン派大弾圧を行ったのが引き金となって、独立戦争とも称される大規模な反乱が起こった。

この時期から、イングランドの政治エリートは、カトリック復権の大義をかかげたスペイン「無敵艦隊《アルマダ》」の襲来を予期するようになった。同時代人たちは、ネーデルラントの反乱者たちとイングランドのいずれが先に制圧されるかという議論をしたといわれている。一五八四年七月、ネーデルラント反乱の指導者オラニエ公ウィレム一世がカトリックの狂信者によって暗殺されると、エリザベス一世はネーデルラントに軍隊を派遣することによって反乱への支持を明らかにした。一方、イングランド議会は、一五八五年「女王の身辺の安全保障に関する法律」を制定し、エリザベス一世に対する暗殺計画への同意は反逆罪にあたると定めた。これはプロテスタント・イングランドにとって災いの源といえるメアリー・ステュアートを排除するための準備であり、一五八六年、新たなカトリック陰謀事件が「発覚」した時点で、メアリーの運命は決まったといえよう。八七年二月、メアリーが処刑され、八八年七〜八月にはスペイン無敵艦隊のイングランド侵攻が失敗したことにより、エリザベスは最大の危機を乗り切ったのである。

一五八八年のスペイン無敵艦隊との海戦以降もイングランド国内には、ヨーロッパ規模での宗教戦争が連綿として継続しているという認識があった。スペイン艦隊再来を恐れて軍備増強がなされ、またネーデルラントとフランスへの資金援助は一五九五年まで続けられた。その後もイングランドは、事あるごとにヨーロッパのプロテスタント諸勢力への連帯を表明している。このような宗教戦争の認識は、イングランド王国の臣民の間にプロテスタンティズムと結びついた国民共同体意識を育てることとなった。

海にのりだすイングランド

一六世紀前半を通して、初期テューダー朝の君主たちの外交政策には商業的利害への配慮はさほどなく、基本的にア

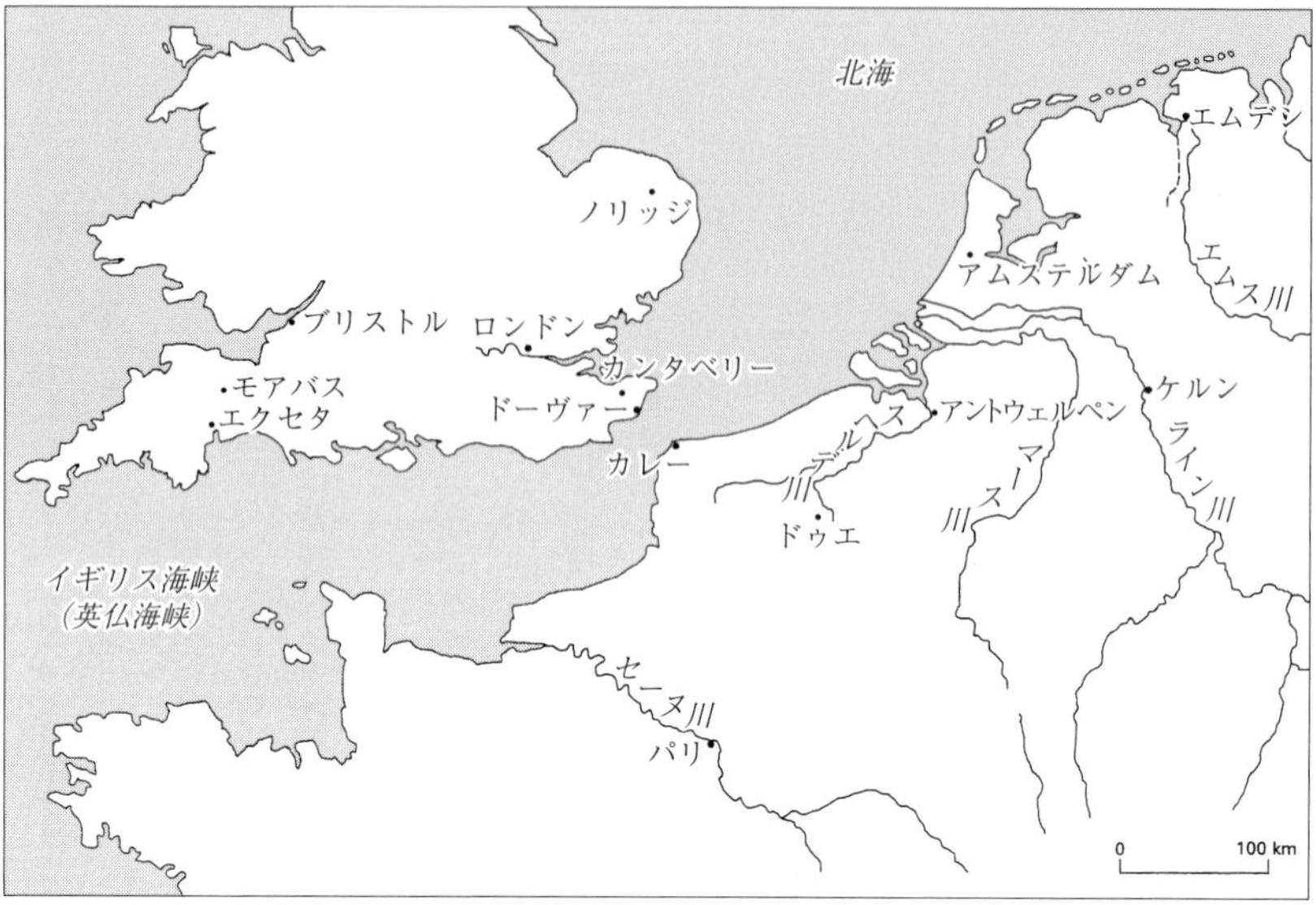

図2-3　ヨーロッパ北西部

出典：Susan Doran, *England and Europe, 1485-1603,* Longman, 1996, p. x より作成; reproduced by kind permission of the publisher.

ントウェルペンに依存した貿易構造に変化はなかった。ようやく一五六〇年代後半になって、アントウェルペンとの貿易が一時的に停滞したのを契機に、イングランドは貿易の多角化とヨーロッパ海域外への進出を試みるようになった。また、エリザベス一世の宮廷では、スペインやポルトガルの制海権に挑戦する「帝国的」な世界進出の野望を語るジョン・ディーのような人物も現れた。一五七〇年代には、豊かなアジア市場やアメリカを目指してスペイン勢力の手薄な北洋に新たな航路開拓を試みたが、好ましい成果はなかった。それだけに一五七七年から八〇年にかけてのフランシス・ドレイクによる世界周航の達成は、さだめしイングランドの輝かしい勝利とみなされたことだろう。

しかしイングランドの船乗りたちの活動は、「日の沈まぬ」広大な帝国を支配するフェリペ二世を苛立たせたものの、大西洋におけるスペインの優位は変わらなかった。エリザベスの時代に開始された北アメリカにおける「植民」も、一六〇七年のヴァージニアのジェームズタウンの建設をもって初めて成功したのである。

そしてなにより同時代のヨーロッパ諸国がもっとも

羨望したアジアとの貿易においては、イングランドは出遅れていた上に、新たな競争国としてオランダ（ネーデルラント北部七州）が登場した。ネーデルラント反乱のさなか、一五八五年、アントウェルペンが陥落すると、同市の裕福な商人や貿易業者の多くは、スペインに対する抵抗を続けるネーデルラント北部、すなわちオランダ連邦共和国の中心都市となるアムステルダムに移住した。このようにして経済力を増したオランダは、イングランドと同様に、新しい市場を求めてアジアや西アフリカ、カリブ海域、地中海への進出を図っている。一五九五年にはオランダは東インドとの直接貿易に成功し、さらに利益の高い高級香辛料貿易の独占を目指して一六〇二年には東インド会社を設立した。そして、一六〇九年までにオランダは、ヨーロッパ海域内での貿易のみならず、東インド貿易、ロシア貿易、西アフリカ貿易においても主導権を握るようになったのである。オランダ貿易の飛躍的成長に対して、イングランドも追行を試みた。一六〇〇年には、ロンドン商人が中心となって東インド会社を設立したものの、海運や資金の面で後発のオランダ東インド会社に及ばず、特に東アジアや東南アジア地域においては武力をもって排斥された。エリザベス一世の時代にイングランドの政治エリートは帝国への野心を抱くようになったが、帝国の形成にはまだ長い道程があった。

4　ブリテンの宗教戦争

ステュアート朝の三王国

一六〇三年三月エリザベス一世が死去し、ステュアート家のスコットランド国王ジェームズ六世がジェームズ一世としてイングランド国王（兼アイルランド国王）の座についたことによって、ブリテン諸島には、同一の君主の下で三つの王国が併立することとなった。ジェームズは「グレートブリテン王」の下にひとつの政治的・宗教的・経済的統一が誕生することを希望していたが、イングランドとスコットランドの臣民はそれぞれ個別の王国の維持を断固として求めた。そしてステュアート期を通じて、宗教分裂がこの三王国の安定を揺るがしかねない要因として、影響を及ぼしていた。すなわち、ブリテン三王国は宗教的にはプロテスタントの国家とされたが、まずスコットランドにおいてはカルヴァン派に属する長老教会が、イングランドにおいては国王を頂点とする主教制《エピスコパシ》に基づくプロテスタント教会、すなわちイングランド国教会が体制教会となっていた。そしてアイルランドにおいては、体制教会としてはイングランド国教会と内容を同じくするアイルランド国教会が存在していたが、地元民の大多数はカトリック教徒であって、支配者側の宗教と被支配者層の宗教が異なっていたといえる。

国王と三つの信仰

このような三つの体制教会のあり方は、まずジェームズのイングランド国王即位直後に、二方向からの挑戦を受けることになる。一方はカトリック教徒からであるが、彼らは、ルター派からカトリック教徒に改宗した王妃アン・オヴ・デンマーク（アンナ）の影響を受けて、ジェームズが同宗派に対して寛容策をとることを期待していた。しかしそれが望めないと判明したため、一六〇五年、一部の少数派がジェームズ暗殺およびイングランド議事堂爆破を狙った陰謀を企てた（一一月五日火薬陰謀事件）。この陰謀は未遂に終わったが、事件の衝撃は、メアリー・テューダー治世期のプロテスタント迫害やスペイン無敵艦隊襲来の記憶をよびおこして、カトリック諸勢力を残忍で好戦的な仮想敵とみなす反法王教感情（anti-popery）を、プロテスタントの間により強固に根づかせる結果となった。ジェームズ治世期教会体制へのもう一方の挑戦は、大陸のカルヴァン派をモデルに宗教改革を押し進めようとするピューリタン諸派からのものである。彼らはジェームズによってイングランド国教会がスコットランド体制教会の長老教会に近づくことを期待していたが、「主教なくして国王なし」と主張して主教制を擁護する国王に失望する結果となった。ジェームズ自身は、三王国の奉ずる宗教が統一されることを望んではいたが、それ以上に、諸教会の調停者としての立場を維持しようとしたのである。失望したピューリタン諸派は、宗教改革運動のさらなる推進をめざして、巡回説教や教理問答をはじめとする教区レヴェルでの司牧に力を注ぐようになった。また、新天地を求めて北アメリカ植民地に渡る者も増えていった。

諸教会の調停者としてのジェームズの姿勢は彼の外交政策にも及んだ。ヨーロッパ・プロテスタント陣営の盟主とみなされたプファルツ選帝侯との姻戚関係を有することから、ジェームズは三〇年戦争に参加することを期待されていたが、彼はついに三〇年戦争に本格的に介入することはしなかった。その結果、ジェームズの治世は当時のヨーロッパ諸国のなかでも例外的に安定したものになったといえる。

しかし一六二五年に王位を継承したチャールズ一世は、あくまでもイングランド国教会の主教制を中心にして、ブリテン諸島における教会統一を試みるようになった。その上、彼のこの合同計画はまた、アルミニウス主義に基づいた教会改革を伴っていた。アルミニウス主義は、ピューリタン諸派が「カトリック遺制」とみなす宗教的儀式を重視し、教会のもつ秘跡の効力を広範に認めるなど、チャールズの立場からいえば国教会体制の強化に適した神学理論であった。しかし、ヨーロッパ大陸でプロテスタント陣営とカトリック陣営が全面戦争を展開している最中の、アルミニウス主義的教会改革は、ピューリタン諸派はもとより、イングランド国教会信徒の間からも、チャールズや彼の腹心のカンタベリー大主教ウィリアム・ロードは「法王教《ポウパリ》」――カトリック教会のことを邪教とみなしてプロテスタントはこのようによんだ――と結びついているのではないかという疑念を抱かせた。さらにチャールズの王妃ヘンリエッタ・マライア（仏名アンリエット・マリ）がフランス王家出身のカトリック教徒であることも、国王の「法王教」疑惑を強める要因の一つとなった。

三王国の戦争

ブリテンの宗教戦争は、一六三七年、チャールズ一世がアルミニウス主義的な祈禱書をスコットランド体制教会に強要したことに端を発した。まずスコットランドでは、貴族の過半数、牧師や政治的エリートの大部分が国王の教会政策に反対する「国民契約」に署名して抵抗したために、チャールズの宗教的・政治的権威は失墜することとなる。彼は三王国の軍を動員して「契約派」の粉砕を目論むが、逆にスコットランド軍によるイングランド北東部占領を招く結果になった。チャールズはさらに、スコットランドとの戦争遂行に必要な戦費調達のためにイングランド議会を召集したが、かえって国王に対するイングランド議会の不満が顕著になり、ロード大主教を筆頭とする国王側近たちへの弾劾が行われた。また、四一年後半には、アイルランド北部アルスタ地方においてカトリック教徒の反乱が勃発し、多くのプロテスタント住民が虐殺された。この反乱の原因として当時の経済的不況があげられるが、その長期的背景としてはジェームズ一世の治世期に促進されたイングランド及びスコットランドからのプロテスタント植民に対する地元のカトリック教徒の反発があった。同時にまた、スコットランドの長老教会が教会統治から国王の介入を排除し得たことも、アイルランドでのカトリック教会の復権をめざす地元民を勢いづけた一因であることは明らかである。スコットランド長老派がアイルランドの制圧に乗り出し、イングランド議会でも鎮圧軍派遣と軍事費支出の検討が行われ、誰が軍隊の指揮をとるかが問題化し、当然に国王大権のあり方まで問い直されることとなった。このようにチャールズ一世が三王国に対する統治力を喪失していった結果、いわゆる「ピューリタン革命」がはじまったのである。

理想の国家建設を求めて

当時、宗教問題は国政と表裏一体であったが、一六四二年にイングランド内乱が勃発した際に去就を決めかねた者も少なくなく、かならずしも宗教のみが対立軸になったわけではなかった。しかし、国王支持を表明した者の多くは主教制に基づいた国教会の支持者であり、議会派にまわった者のうちピューリタン諸派はチャールズのアルミニウス主義的教会を打倒して、真の改革派教会を確立することを望んでいた。従来の教会制度の崩壊のなかで、宗教改革運動は理想の社会を夢みる種々の政治運動と結びついて高揚していった。一六四〇年後半から検閲制度が機能不全に陥ったことも、活発な出版・言論活動の展開に拍車をかけた。すぐに議会派は、新しい国家教会のあり方をめぐって、スコットランドと同じ長老教会の統治構造の採用を主張する長老派と、より緩やかな統治を望む独立派に分裂するが、やがて軍隊に一層強固な支持基盤をもつ後者が、議会内の権力を掌握することとなった。その独立派も、政治参加を求める一般兵士を中心とした平等派《レヴェラーズ》（水平派）の抵抗を招き、平等派を弾圧することとなった。一六四九年一月には独立派は国王を処刑し、彼らが中心となった残部議会の統治を経てオリヴァー・クロムウェルの主導のもとに神権政治が開始された。しかし、強い選民意識をもったクロムウェルらも宗教的統制を実現することはできず、「神の王国」の到来を待ち望む、より急進的な教派《セクト》が多数出現した。

この時期に誕生したセクトのなかには、共有地を開墾して共産主義的コミューン建設を目指したディガーズ、「内なる光」を重んじて既存の道徳的価値観を否定するランターズなどがあげられるが、もっとも影響力をもった集団が、真理は聖書や信条などではなく魂に直接語りかける神の声によると主張したクウェーカーである。「見えざる教会」のみを真の教会として既存の教会の存在を否定したクウェーカーは、一七世紀後半を通して次第に平和主義を信条とする教団に変化していき、プロテスタントの主要な一派として現在に至るまで存続することになる。

また、大陸の三〇年戦争を逃れて、イングランドで理想社会の建設を夢見たプロテスタントもいた。一七世紀の科学革命に影響を及ぼした「ハートリブ・サークル」は、サミュエル・ハートリブ（ドイツ名　ザムエル・ハルトリープ）やボヘミア兄弟団のヤン・アモス・コメニウスら中央ヨーロッパ出身の亡命知識人らが中心となって構築された情報ネットワークで、宗教的和解や、教育及び科学・技術の重要性を説き、汎ヨーロッパ的な広がりをもつに至った。

ブリテン諸島の宗教戦争は、理想のプロテスタント教会建設をめぐって、プロテスタント諸派の間で争われた。それは、ヨーロッパ大陸でプロテスタント陣営とカトリック陣営の全面戦争、三〇年戦争が展開した時期と重なっており、ブリテンのプロテスタントたちの多くは、チャールズ一世の教会改革とアイルランド反乱に国際的なカトリック勢力との連関をみいだしたため、ブリテン諸島の動乱もより激化したといえよう。一六四九年の共和政樹立直後、クロムウェルは依然として「法王教」がはびこるアイルランドへ軍事遠征を行い、プロテスタントの絶対的優位な体制を築くことになる。都市ドロヘダやウェクスフォードにおいて、守備隊のみならず一般住民まで巻きこんだ虐殺を引き起こしたこのアイルランド征服は、クロムウェルにとって、ブリテン諸島における神の平和の実現のために必須のことであった。

英蘭戦争

宗教戦争の間にも、イングランド商人たちは貿易拡大のための努力を重ねていた。とくに同じプロテスタントであるはずのオランダとは、経済の次元では競合関係にあり、世界各地でしばしば武力を伴った対立が起こっていた。一六二三年にモルッカ諸島アンボイナ（アンボン）島において、オランダ東インド会社の要塞乗っ取りを企んだという理由でイングランド東インド会社の社員らが処刑された事件が起こったが、これ以降、イングランド東インド会社は東南アジア地域から撤退し、インド亜大陸に進出することとなった。

クロムウェルは一六四九年イングランド共和国が成立すると、同じプロテスタントの共和国としてイングランドとオランダの連邦形成を提案することにより、貿易をめぐる対立を解消しようとした。しかしこれはオランダ議会によって拒絶されたので、かえって両国関係を悪化させた。そして一六五一年、イングランド議会はオランダ商人による中継貿易の排除を目的とした航海法を発布した。またこの頃から、オランダ船舶に対するイングランドの私掠船活動が活発化して、一六五一年にカリブ海及び北海やドーヴァー海峡周辺でイングランド船に拿捕されたオランダ船は、一四〇隻にものぼったとされている。これらの事件を契機に、イングランドとオランダは、一六五二年から一六七四年にかけて三度の戦争を行ったが（英蘭戦争）、結局、いずれも決定的な勝利は得られなかった。イングランド艦隊は近海の戦闘では勝利を重ね、最終的にはニーウアムステルダム（現在のニューヨーク）を獲得したものの、オランダの世界貿易における優位を打破するには至らなかった。

しかし、一六七〇年代から八〇年代にかけてフランス国王ルイ一四世のとった勢力拡張政策は、イングランドとオランダの関係にも影響を及ぼした。ルイ一四世のネーデルラントに対する領土的野心を、オランダにとっての最大の脅威と受けとめたオランダ総督オラニエ公ウィレム三世は、イングランドとの関係改善・強化に努めた。その結果、一六七七年、チャールズ二世の姪で当時イングランド王位継承順位二位にあったメアリーが、ウィレムに嫁ぐこととなった。

5　名誉革命

王政復古

オリヴァー・クロムウェルの死後、一六六〇年にイングランド議会は、チャールズ一世の遺児チャールズ（二世）を迎えて君主政と主教制に基づいた国教会を復活させ、ブリテン諸島の宗教騒乱を終結させた。

チャールズ二世即位直後のイングランド議会では、共和政期への反動で、地方自治体の公職を国教徒に限定する「地方自治体法」、聖職者に国教会の共通祈禱書への信従を求める「礼拝統一法」、セクト取締りを目的とした「秘密礼拝禁止法」など、「クラレンドン法典」とよばれる一連の非国教徒抑圧法が制定された。しかしその一方で、宗教戦争の反省から、国教会とかつてのピューリタン多数派であった長老派の双方に、長老派など特定のプロテスタント非国教徒《ディセンタ》を国教会に取り込むことで国教会体制を強化しようとする動きがあった。結局、チャールズ二世治世期の国教会はプロテスタント非国教徒の「寛容」を模索しながら、それが果たせないままに終わったといえよう。

一六七〇年代になると、ステュアート王家とカトリック信仰の結びつきが再び取沙汰されるようになったが、とくに一六七八年には、カトリック教徒による国家転覆の話がまことしやかに流布され（法王教徒陰謀事件）、ロンドンを中心にヒステリックなまでに反法王教感情が高まった。議会においては、カトリック教徒の王弟ヨーク公ジェームズの王位継承排除が論じられるようになった。ジェームズの継承権剝奪を主張するシャフツベリー伯爵の党派はホイッグとよばれ、それに対して王権神授説を根拠に国王への受動的服従を説いた反対派はトーリーとよばれるようになった。この時点では、チャールズ二世は巧みに王弟を擁護したため、シャフツベリー伯爵らはオランダに亡命した。

チャールズ二世の治世は、イングランドの商業空間が大きく拡大した時期でもあった。チャールズは一六六二年に、ポルトガル王女キャサリン・オヴ・ブラガンザ（カタリーナ・デ・ブラガンサ）と結婚し、持参金として北アフリカのタンジールとインド西岸のボンベイ（現在のムンバイ）を獲得した。地中海進出を企図したタンジールの開発は、一六八〇年代に挫折したが、ボンベイは徐々に成長し、一七世紀末以降、イングランド東インド会社のインド洋世界における影響力拡張の一大拠点となった。また本国とアフリカ、西インド諸島を結ぶ大西洋三角貿易も大きく進展した。国内的には一六六六年にロンドン大火に見舞われ、首都中心部の大半が焼失したが、復興後のロンドンはパリおよびコンスタンティノープル（イスタンブル）と並んで人口の多い、ヨーロッパの商業的中心地となった。

プロテスタント王位継承

一六八五年に王位を継承したジェームズ二世は率先して非国教徒に対する宗教的寛容策を進めたが、これがカトリックの復権を意図した陰謀ではないかという疑惑がプロテスタント諸派の間に高まっていく。同年五月には、チャールズ二世の庶子モンマス公がプロテスタンティズムの擁護を掲げて反乱をおこしたが鎮圧された。しかし、反乱参加者への厳しい処罰はイングランド人に大きな衝撃を与えていた（血の巡回裁判）。折しもフランスでは国王ルイ一四世が大規模なユグノー（フランス・カルヴァン派）の弾圧を行っていたが、多くの人が同様の迫害がブリテン諸島でも行われるのではないかと恐れるようになっていた。一六八八年六月、ジェームズ二世に嫡男が誕生しカトリックの洗礼を受けると、プロテスタントたちの危機感は一層強まり、「法王教の脅威と専制支配」を取り除くべく聖俗界有力者七名がオランダ総督オラニエ公ウィレム三世に宛てて「招請状」を送った。これに応じる形で、一六八八年一一月、オランダの「無敵艦隊《アルマダ》」によるイングランドへの襲来、すなわちプロテスタンティズムと自由の擁護を掲げた名誉革命が遂行されたのである。翌年二月には、フランスに亡命したジェームズ二世にかわって、ウィレム三世（イングランド国王としてはウィリアム三世）が妻メアリーとともにイングランド王位についた。その際に、二人はイングランド議会の提出した「権利宣言」を承認したので、名誉革命は議会主権にむけて進む大きな画期になったとされている。

特に一六八九年に議会が制定した三つの法は、名誉革命体制の枠組みを定めることとなった。まず「権利章典」においては、「議会における国王」に最高の主権が存するという立憲君主制の原則が確認された。「軍罰法」は、常備軍の維持を議会の統制下におくこととした。そして「寛容法」は、イングランド国教会以外のプロテスタント諸派（ただし反三位一体派は排除された）にも礼拝の自由を認めることにより、国教会と国家の一体性を否定しながらも、新体制におけるプロテスタント優越を強固なものにしたのである。これらの法は聖俗両面における国王権力に大きな制約を課したが、同時に国王と議会が協力して、新体制を防衛し発展させることを可能にしたといえよう。

従来、名誉革命の見方では、ジェームズの専制支配を恐れたイングランドの政治的エリートの団結によって、スムーズに運ばれた無血の国王交代劇という側面が強調されてきた。しかし実際は、民衆の反法王教暴動もイングランド各地で広範に発生した上に、アイルランドとスコットランドでは多くの血が流された。さらにウィレム三世の遠征には、オランダ軍のみならずユグノーの亡命部隊、プロテスタントのスカンディナヴィアやドイツ諸邦の軍隊も参加した。この大規模な「プロテスタント」軍の遠征をカトリックのスペイン国王と神聖ローマ帝国皇帝も承認し、さらにローマ教皇まで祝福していた。つまり名誉革命の背後には、ジェームズ二世とルイ一四世の結託及びフランスの勢力拡張を恐れたヨーロッパ規模での国際勢力が働いたのである。廃位されたジェームズとその男子子孫の王位継承を支援する人々はジャコバイトとよばれたが、彼らにはルイ一四世の強力な支援があり、世襲君主政の原則を掲げてブリテンの新体制に抵抗し続けたのである。

プロテスタントの国王と議会は名誉革命体制を防衛するために、プファルツ継承戦争（九年戦争、一六八八～九七年）とスペイン王位継承戦争（一七〇二～一三・一四年）という二つの対フランス戦争に参戦した。さらに一七〇七年、スコットランドと合同して単一のグレートブリテン王国を成立させ、ブリテン島における名誉革命体制の一体性を強化した。一七一四年には、ステュアート朝は断絶するが、プロテスタント・ドイツからハノーファー選帝侯ゲオルク・ルートヴィヒを新国王ジョージ一世として迎え、プロテスタント王位継承を守っている。しかし一七四〇年代まで、ジャコバイトの脅威はブリテンの政治と宗教に大きな影響を及ぼしたのであった。

参考文献

今井宏編『世界歴史大系　イギリス史二』山川出版社、一九九〇年。

J・ウァーモールド著、西川杉子監訳『オックスフォード　ブリテン諸島の歴史』（第七巻――一七世紀）慶應義塾大学出版会、二〇一五年。

小泉徹『宗教改革とその時代』山川出版社、一九九六年。

P・コリンスン著、井内太郎監訳『オックスフォード　ブリテン諸島の歴史』（第六巻――一六世紀）慶應義塾大学出版会、二〇一〇年。

近藤和彦編『長い一八世紀のイギリス　その政治社会』山川出版社、二〇〇二年。

西川杉子『ヴァルド派の谷へ――近代ヨーロッパを生き抜いた異端者たち』山川出版社、二〇〇三年。

西川杉子「継続する宗教改革運動」、高柳俊一・松本宣郎編『キリスト教の歴史　二』山川出版社、二〇〇九年。

羽田正『東インド会社とアジアの海』講談社、二〇〇七年。

A・フレイザー著、加藤弘和訳『信仰とテロリズム――一六〇五年火薬陰謀事件』慶應義塾大学出版会、二〇〇三年。

松浦高嶺『イギリス近代史を彩る人びと』刀水書房、二〇〇二年。

松浦高嶺『イギリス近代史論集』山川出版社、二〇〇五年。

J・モリル著、富田理恵訳「一七世紀ブリテンの革命再考」『思想』九六四号　岩波書店、二〇〇四年。

山本信太郎『イングランド宗教改革の社会史』立教大学出版会、二〇〇九年。

富田理恵・山本信太郎「ブリテンにおける一五三四年と一五六〇年――二つの宗教改革による新たな連携と断絶」森田安一編『ヨーロッパ宗教改革の連携と断絶』教文館、二〇〇九年。

Stewart J. Brown and Timothy Tackett (eds.), *Enlightenment, Reawakening and Revolution 1660-1815, The Cambridge History of Christianity*, 9 vols, vol. 7, Cambridge, Cambridge University Press, 2006.

Susan Doran, *England and Europe in the Sixteenth Century*, Basingstoke, Palgrave Macmillan, 1999.

Eamon Duffy, *The Voices of Morebath : Reformation & Rebellion in an English Village*, New Haven and London, Yale University Press, 2001.

Robin Gwynn, *Huguenot Heritage : The History and Contribution of the Huguenots in Britain*, 2nd rev. edn., Brighton, Sussex Academic Press, 2001.

Clare Jackson, *Devil-Land : England under Siege 1588-1688*, London: Penguin Books, 2021.

Jonathan I. Israel, (ed.), *The Anglo-Dutch Moment : Essays on the Glorious Revolution and its World Impact*, Cambridge, Cambridge University Press, 1991.

Diarmaid MacCulloch, *Reformation : Europe's House Divided 1490-1700*, London, Allen Lane, 2003.

John Morrill, *Stuart Britain : A very short Introduction*, Oxford, Oxford University Press, 2000.

扉図出典：'The Royal Oake of Brittayne', circa 1649, National Portrait Gallery, London, NPG D1322.

コラムⅡ

ユグノー・ディアスポラとイングランド

西川杉子

一六八〇年代、フランス国王ルイ一四世はサヴォイア公国ピエモンテなども含めた自らの勢力圏で、大規模なプロテスタント迫害を開始した。その頂点となったのが、一六八五年十月に発布されたフォンテンブロ王令によるナント王令の廃止で、これによってユグノー（フランス・カルヴァン派）の信仰は非合法化されて、当時約八五万のユグノー人口のうち約二〇万がフランス国外に亡命したといわれる。

イングランドは、オランダ、スイス、ブランデンブルクとともに、ユグノー亡命者の主な受け入れ先となった。さらにイングランド経由でアイルランド、北アメリカ植民地、ケープ植民地へ渡った者も少なくない。そのうち五万人程度がロンドンの他、イングランド南西部の諸都市に定住したと推定される。

フランス脱出に成功したユグノーには聖職者や学者、法律家などの知識人、貿易商人や金・銀細工商《ゴールドスミス・シルバースミス》を含めた金融業者、産業家や手工業者が多数おり、受け入れ先に優れた頭脳、技術、資本をもたらしたという評価を受けている。彼らは宗教的紐帯をたよりに離散していったが、数世代に及んで親族・血族の絆を保持して、国境をこえたコスモポリタンな情報網や事業網を形成・拡大

図Ⅱ-1　ヤン・ライケン「フランスからのユグノーの逃亡」(1696)

出典：Albert de Lange, *Die Waldenser : Geschichte einer europäischen Glaubensbewegung in Bildern,* Karlsruhe, Staatsanzeiger für Baden-Würtemberg, 2000, p. 86.

させていった。

イングランドも国際的ネットワークをもつユグノーから大きな利益を得たといえるだろう。とくに、一六八九〜一七一三年までの対ルイ一四世戦争における彼らの役割は無視できない。一六九四年、戦費調達のための国債受け入れ及び発券銀行としてイングランド銀行が創設された際には、初代総裁サー・ジョン・ウブロンも含めて二四人の理事のうち七人がユグノーもしくはワロン系であり、また全資金一二〇万ポンドのうち一〇万四〇〇〇ポンドはユグノーと特定することができる一二三人が投資していた。金融界におけるユグノーの影響力の大きさは、当時、「ユグノーの血潮の一滴は一〇〇〇ポンドに値する」とまで言いはやされたほどであった。

さらに、コネクションや情報収集能力を生かしてウィリアム三世を支持した外交やプロパガンダに携わったユグノーも少なくないが、彼らはまた、揺籃期にあったイングランド・ジャーナリズムの発展を促進する役目を果たした。一六九五年、イングランド出版界を質量ともに規制してきた出版認可法が失効すると、ロンドンを中心に続々と新しい定期刊行物が登場した。しかし当時は情報収集システムが未整備であったため、多くの新聞がその紙面を埋めるために海外の新聞からの抜き書きや、場合によっては丸写しを行っていたのである。ユグノーは情報収集や翻訳、編集等の作業にあつらえむきの人材であり、三大紙『ポスト・ボーイ』『フライング・ポスト』『ポスト・マン』をはじめとして、重用された。

しかしこのような大量の亡命者の出現が、受け入れ先で問題をおこさなかったわけではない。技術をもったユグノーの職人が地元産業の脅威になるとみなされて攻撃された例も少なくない。また多くの亡命者が経済的に困窮していたので、さまざまな教会組織による救済が必要であった。それでもユグノーは比較的順調にイングランド社会に同化していったといえよう。ユグノーの子孫で二〇世紀を代表する俳優となったローレンス・オリヴィエが、決して自らの名を英語風によばせなかったように、現代においてもユグノーの子孫はその出自に誇りをもっているのである。

第三章　名誉革命体制と帝国の再編

坂下　史

「平和維持のための軍を支えるイギリス人」
ボロを着て巨大な軍事費負担に喘ぐイギリス国民の生活状態を諷刺したチャールズ・ウィリアムズ作の版画（1816年）。

「議会の終わりに」
新税を記す法律の山に押しつぶされて喘ぐ牛（イギリス国民）の尻から，首相のピットらが自ら食卓を満たすパンや魚を引き出している。重税に苦しむ国民と腐敗した政治家の関係を諷刺したウィリアム・デント作の版画（1786年）。

1713	4.11. フランスとの講和が成立（ユトレヒト条約）。スペイン継承戦争終結へ
1714	8.1. アン女王没。ジョージ1世即位（～27.6.11.）
1715	9.6. スコットランドで老僭称者を擁するジャコバイト反乱始まる（～16.2.10.）
1716	5. 七年議会法成立
1720	10.～11. 南海会社の株式暴落。12. ウォルポールによる事後処理の開始
1721	4.4. ウォルポール第一大蔵卿に就任。長期政権の誕生（～42.2.11.）
1727	6.11. ジョージ2世即位（～60.10.25.）
1733	3.～4. ウォルポールの消費税計画をめぐる政治危機
1739	10.19. ジェンキンズの耳戦争開始。翌年からオーストリア継承戦争と合流（～48.10.18.）
1745	7.23. スコットランドで若僭称者を擁するジャコバイト反乱始まる（～46.9.）
1748	10.18. アーヘンの和約により，オーストリア継承戦争終わる
1754	5.28. フレンチ・アンド・インディアン戦争開始。56年から七年戦争と合流（～63.2.10.）
1756	12.4. 大ピット，国務大臣として政権に参加して戦争を指導
1760	10.25. ジョージ3世即位（～1820）
1763	2.10. パリ条約により七年戦争終わる。4.23. ウィルクス事件始まる
1765	3.22. 十三植民地に対する印紙法の可決。8.12. 東インド会社，ベンガルの徴税権を獲得
1770	1.28. ノース卿，首相に就任（～82）
1772	4.13. ヘイスティングス，初代インド総督に就任
1773	4.27. 十三植民地に対する茶税法可決。12.16. ボストン茶会事件
1774	6.22. ケベック法可決
1775	4.19. アメリカ独立戦争開始（～83.9.3.）
1776	7.4. アメリカ独立宣言
1780	1.～4. ヨークシャー運動が展開。6.2. ロンドンでゴードン暴動勃発
1782	7.28. アイルランドでグランタンを指導者に自治権を持つ議会が始まる（～1801.8.）
1783	9.3. パリ条約により十三植民地の独立を承認。12.26. 小ピット，首相に就任（～1801.2.）
1784	3. ピット派が総選挙で大勝。8.13. インド法成立
1788	1. ニューサウスウェールズ植民地の建設始まる
1789	7.14. パリでフランス革命始まる
1790	11. バークの『フランス革命の省察』が出版され，論争が巻き起こる
1791	7.14.～16. バーミンガム暴動でプリーストリ宅が襲撃される。12.26. カナダ法により上カナダと下カナダを分割
1793	1.21. ルイ16世の処刑。2.1. フランスによる宣戦布告と対仏戦争の開始（～1802.3.25.）
1798	5.～10. アイルランド各地で革命派が蜂起して内戦状態になるが，イギリスによって鎮圧
1801	1.1. イギリス・アイルランド合同法が発効。2.3. 小ピット，首相を辞任
1802	3.27. イギリス・フランスのあいだでアミアンの和約が成立
1803	5. 対仏戦争の再開
1805	10.21. ネルソンがトラファルガーの海戦でフランス・スペイン連合軍を破る
1807	3.25. イギリス帝国内の奴隷貿易の禁止
1815	6.9. ウィーン条約調印。マルタ，モーリシャス，トリニダード，トバゴ，セイロン，喜望峰などがイギリスの勢力圏に。6.18. ウェリントンがワーテルローでナポレオン軍を破る。11.20. パリ条約により対仏講和

1　革命防衛と大西洋世界

同君連合と安定化

一七〇一年、跡継ぎのいないスペイン王カルロス二世がフランスのルイ一四世の孫アンジュー公フィリップを王位継承者に指名すると、フランスの勢力拡大を嫌うイギリスは、オランダ、オーストリアと結んでこれを阻止しようとした。各国を巻き込んで十年以上にわたって続くことになるスペイン継承戦争の開始である。

一七一三年四月一一日、最大の交戦国フランスとのあいだにユトレヒト条約が成立したことで、戦争はようやく終結へ向けて最後の段階に入った。フランスはこの戦争でヨーロッパにおける領土を失うことはなかったが、ブルボン家の下でのスペインとの合同を禁じられ、ルイ一四世の大陸制圧の意図は挫折した。一方、イギリスはハドソン湾、アカディア（ノヴァ・スコティア）、ニューファンドランドをフランスから得て北米における勢力をたしかなものとしただけでなく、スペイン植民地に対する貿易特権（アシエント）を得て中南米への進出の足がかりとした。また、戦略上要衝にあるジブラルタルとミノルカをスペインから得たことで、地中海における勢力も伸張させた。新たな植民地と通商上の利権を確保し、大西洋世界を中心とする帝国形成に向かって大きな一歩が踏み出されたといえよう。しかし、後の「成功」への道はいまだ自明でなく、一八世紀前半のイギリスは、混乱と衰退への不安や恐怖のなかで革命体制の防衛という焦眉の課題に取り組むことになる。

アン女王の死（一七一四年八月一日）によってステュアート朝のプロテスタント系統は断絶した。ユトレヒト条約で敵国フランスも承認した王位継承法（一七〇一年）を踏まえて、ハノーファー選帝侯ゲオルク・ルートヴィヒはただちにイギリス国王を宣言し、九月一八日にグリニッジに上陸して一〇月二〇日には戴冠してジョージ一世となった。これを阻止しようとした一部の動きは実を結ばず、血統原則よりも議会王政と信教国家の維持を優先して君主を外国から受け入れる「第二の名誉革命」がここに達成された。イギリス王政復古の年に生まれ、一六九八年に選帝侯位を継承したゲオルク（ジョージ）は、反フランスの立場でスペイン継承戦争に参戦し、北方戦争の動向を睨みながら北欧の国際関係にも関心を寄せてきたヨーロッパの君主であった。五〇歳を過ぎて国王となった彼が英語を話さずイギリス政治に大きな関心を抱かなかった結果、国政は大臣たちに任されて、責任内閣制が定着したという説があるが、これにはかなりの誇張が含まれている。この時期、議会による国王選択を是認するホイッグと、なお血統原則にこだわりをみせるトーリーの両派のあいだに政治的、思想的な対立は確かにあった。しかし、戦争や外交が王権の範疇にあることは双方にとって前提であった。そもそもフランス語がエリートの共通語であった時代において、国王と大臣の意思疎通に問題があったとは考えにくい。

ハノーヴァー朝下のイギリスが直面した最初の危機はジャコバイト反乱（一七一五年）であった。ジェームズ二世の子ジェイムズ・フランシス・エドワード（「老僭称者」）を擁立するこの反乱にはさまざまな立場のものが関わっていた。しかし、それらが一枚岩となることはなく、ステュアート家の故地スコットランドに上陸して機を窺っていたジェイムズ・フランシス・エドワードは、翌年のはじめには亡命の地フランスに戻った。カトリック信仰を捨てない彼のもとには、トーリーのあいだでも広範な支持は集まらなかったのである。それにもかかわらず、この反乱以降、トーリーはすべからくジャコバイト嫌疑をかけられて政権や地方統治の要職から追われた。その一方、一五年の選挙で勝利していたホイッグは七年議会法（一七一六年）を成立させて選挙を先送りし、その権力基盤の確立に精励した。こうしてトーリーとホイッグが対抗する「最初の政党時代」は終わった。

「ホイッグ優位」時代を代表する政治家ロバート・ウォルポールは南海泡沫事件（一七二〇年）の処理で頭角を現して権力を握り、一七四二年に第一大蔵卿の地位を退くまで二〇年以上にわたって実質的な首相として政権を担当した。南海会社とは、一七一一年にスペイン領南アメリカとの貿易を目的に設立された投資会社で、ユトレヒト条約ではアシエントの独占権を得ていた。一七二〇年四月にこの会社による国債引受けが立法化されると、投機的な株式ブームが起こって株価は急上昇した。しかし、一〇～一一月にかけて株価は暴落した。王家を含む多くの投資者が資産を失うなかで、政府関係者のあいだに会社関連の汚職が露見して政治危機となった。こうしたなか、ウォルポールは幅広い人脈や官職推挙権（パトロネジ）を駆使した議会運営と政敵の排除によって権力を固め、国王の信任も獲得して金融危機に翻弄された社会の安定化を図った。その基本政策は、対外的には戦争を避けることで財政負担を軽減し、国内的には国教会優位の下で非国教徒の活動を寛容に黙認して宗派や党派の対立を鎮めるというもので、これによって内外に安定がもたらされた（「ウォルポールの平和」）。

長期政権を実現したウォルポールであったが、名誉革命体制下の支配層である地主の利害を優先して土地税を抑制して、これに代わる財源を消費税の拡大に求めようとしてつまずいた。一七三三年に彼が導入を目指した消費税計画は、世論の反対で撤回に追い込まれた。この時点ではまだ政権は維持されたが、三九年に再び世論を抑えられずに対スペイン戦争（ジェンキンズの耳戦争）に踏み切ったことで、平和による財政安定という基本政策の維持はもはや不可能となった。ウォルポールは四二年にオーフォード伯となって事実上引退した。

ウォルポール期に内閣政治の発展をみる見解があるが、一八世紀イギリスの国王権力は、制限されていたとはいえ実体として存在し、議会や政府を構成する政治家たちはそれを当然として受け入れていた点に注意を向ける必要がある。名誉革命後のイギリスは国教会体制下にある信教国家であり、その頂点に位置する国王は、イデオロギーの上でも実際の政策決定の場面でも無視することはできない存在であった。

第二次英仏百年戦争と財政軍事国家

ウォルポール政権において典型的にみられたように、一八世紀イギリスでは、対外戦争の行方と国債や税に関わる政策が、政治と世論の動向に多大な影響を与えた。その背景には、一八世紀ヨーロッパ国際関係の基調をなす英仏の対立があった。長期にわたって英仏が対立したのは、宗教問題に加えて、海外植民地の争奪が激化したことにその要因がある。九年戦争からナポレオン戦争まで続いた英仏抗争（第二次英仏百年戦争）では、世界各地での戦いを遂行するために大量の人員と膨大な戦費の確保が必要であった。イギリスは、議会主導の国政運営と徴税機構の整備によってこの状況に対応した。財政軍事国家の形成と運営である。

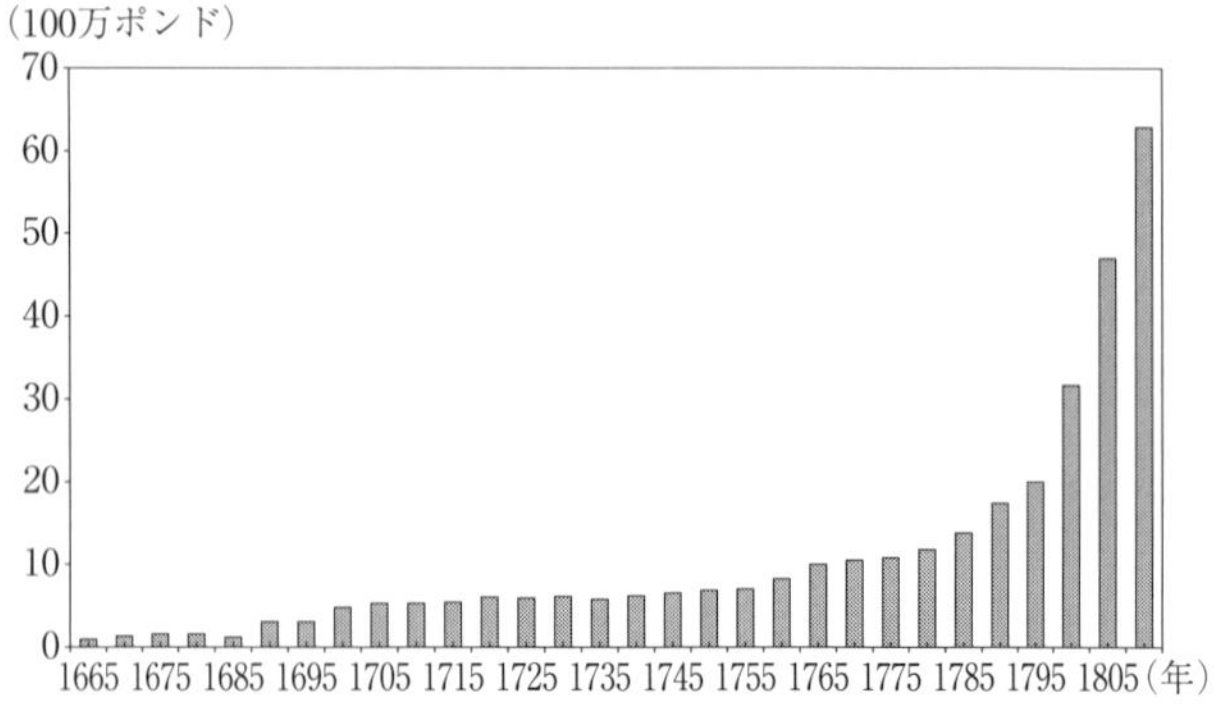

図３－１　税収の増加 1665-1805

出典：R. Floud and P. Jhonson (eds.), *The Cambridge Economic History of Britain, vol. I,* Cambridge UP, 2004, p. 215.

一八世紀には戦争の規模が拡大し、九年戦争時に約一〇万であった軍は、アメリカ独立戦争時には約二〇万人に、ナポレオン戦争期には約五〇万へと増大した。戦争継続のための費用の捻出においては、間接税収入が重要であった。ウォルポールの消費税計画は挫折したが、一八世紀を通じて、税収の主たる部分は直接税（土地税）から間接税（関税と消費税）へと転換された。また、官僚機構の充実が図られた結果、有能な徴税官によって業務が効率的に遂行されるようになった。間接税と並んで国家財政を支えたのは国債で、戦時の短期的資金需要に応えるという点では後者がより重要であった。信用があって購買者に事欠かない国債の大量発行は、その発行を引き受けるイングランド銀行の設立という制度的な整備（「財政革命」）に加えて、国王の恣意的な財務運営の制限や特定の税を財源とする債権の登場によって可能になった。

集められた資金は植民地争奪戦争を闘うための船舶と人員の確保に向けられ、その規模は敵国であるフランスを圧倒していた。海外貿易の維持拡大と市場の獲得は経済発展のための重要な要素であったが、その背景には一七世紀後半から一八世紀半ばにかけてイギリスが経験した貿易構造の変化があった。この変化を「イギリス商業革命」とよんでその社会経済的な意義を強調する立場がある。こうした研究によると、一八世紀初めから一七七〇頃までの時期を通じてイギリスの貿易は、輸出入がそれぞれ倍あるいはそれ以上の伸びを示すという顕著な拡大がみられた。また、貿易相手にも変化があり、西ヨーロッパとの貿易の比重が低下する一方で、アメリカやアジアをはじめとする非ヨーロッパ世界との取引が重要度を増していった。さらに、貿易商品という点でも、未完成毛織物の輸出のみに頼る不安定な経済構造から、多様な工業をもつ、より安定した経済構造への移行という転換がみられた。

商業革命は、奴隷貿易を通じて労働力を確保したプランテーションで生産される砂糖やタバコなどの「世界商品」の本国への輸入とヨーロッパへの再輸出、そしてヨーロッパでは売れない雑工業品の植民地への輸出によって、相互に結びつけられた環大西洋経済圏を成立させた。こうした貿易関係の拡大と変化は、やがて本国及び植民地における消費の増大をもたらし、後に続く経済発展の基礎を作り出した。イギリスが財政軍事国家の下で海外での戦争に従事し続けた理由の一部はここにある。

対仏戦争の再開

イギリス人によるスペイン領アメリカでの密貿易をめぐる対立から一七三九年にはじまった対スペイン戦争は、翌四〇年にはヨーロッパではじまったオーストリア継承戦争に飲み込まれていった。イギリスは反フランスの立場とハノーファー防衛の必要からオーストリア側に立って参戦した。戦闘はスペインとのあいだでは主にカリブ海域で、フランスとはヨーロッパ、北米、インドなど世界各地で繰り広げられた。

戦争は再び名誉革命体制への挑戦の機会を生み出した。一七四五年七月、ジェームズ二世の孫でフランスの支援を受けたチャールズ・エドワード（「若僭称者」）がスコットランドに上陸し、二度目のジャコバイト反乱が発生した。軍を大陸に送って十分な防衛力が無く、民兵の準備も整わないなかで、ロンドンはパニック状態となった。大陸から軍の一部を呼び戻している間にジャコバイト軍は一時イングランド中部のダービーまで進んだが、フランスからの十分な支援はなく、また今回もイギリス内での支持は十分に広がらなかった。反乱軍は翌年には敗退し、チャールズ・エドワードは大陸に逃れた。その後、この反乱に関与したものにはヒステリックなまでに厳しい措置がとられ、反乱の温床とみられたスコットランド・ハイランド地方では伝統的な氏族制が解体された。

英仏の衝突は世界の各地で続いていたが、四六年以降、ヨーロッパでの戦局は手詰まりとなってアーヘンの和約（一七四八年）によって戦争は終結した。イギリスはフランスからマドラスを取り戻し、ルイスバーグを返還した。また、ハノーファー選帝侯家がイギリスの王位継承権をもつことがあらためて認められて、名誉革命体制の正当性についての確認がなされた。この戦争の初期には、ニューカースル公とヘンリー・ペラムの兄弟を中心とするホイッグ政治家と国王ジョージ二世との関係は必ずしも良好でなかったが、ジャコバイト反乱下で国王が譲歩したことで政局は安定した。戦争はイギリスに財政的な負担をまねいたが、革命体制の防衛と政治的安定の達成という結果をもたらしたといえよう。

2　大西洋帝国と議会王政

七年戦争とその含意

一七四七年以降、国内及びヨーロッパでは当面の安定が実現されたが、非ヨーロッパ世界における英仏の衝突は継続していた。インドでは英仏の東インド会社が対決姿勢を強め、カリブ海域では砂糖植民地をめぐって双方の勢力が対立した。抗争はまもなく北米植民地において本格化し、一七五四年からは戦争状態となった（フレンチ・アンド・インディアン戦争）。北米東海岸から内陸に開拓を進めるイギリスと、セント・ローレンス川から五大湖、ミシシッピ川経由でニュー・オーリンズに至る経路の支配を目指すフランスがぶつかったのであった。先住民を巻き込んだ戦争は、五六年以降はヨーロッパ大陸の七年戦争と合流し、第二次英仏百年戦争に転換点をもたらすことになった。

ヨーロッパでは、失地回復を目指すマリア・テレジアが、フランスとロシアの支援を受けてプロイセンと対決する構図ができていた。イギリスはフランスとの対抗上、またハノーファー防衛という立場から、プロイセンと同盟関係にあった。戦争の過程で双方の陣営が勝利と敗北を経験したが、最終的にフリードリヒ二世のプロイセンがオーストリアの意図をくじいた。この戦争が英仏の力関係に与えた影響は小さくなかった。一七六三年二月一〇日に結ばれたパリ条約で、フランスはカナダとミシシッピ川以東のルイジアナをイギリスに割譲し、インドではシャンデルナゴルとポンディシェリ以外の勢力圏を失った。さらにイギリスはスペインからフロリダを獲得し、スペインはフランスからミシシッピ川以西のルイジアナを得た。この結果、大西洋世界におけるフランスの勢力は激減し、イギリスのインドでの優位がは

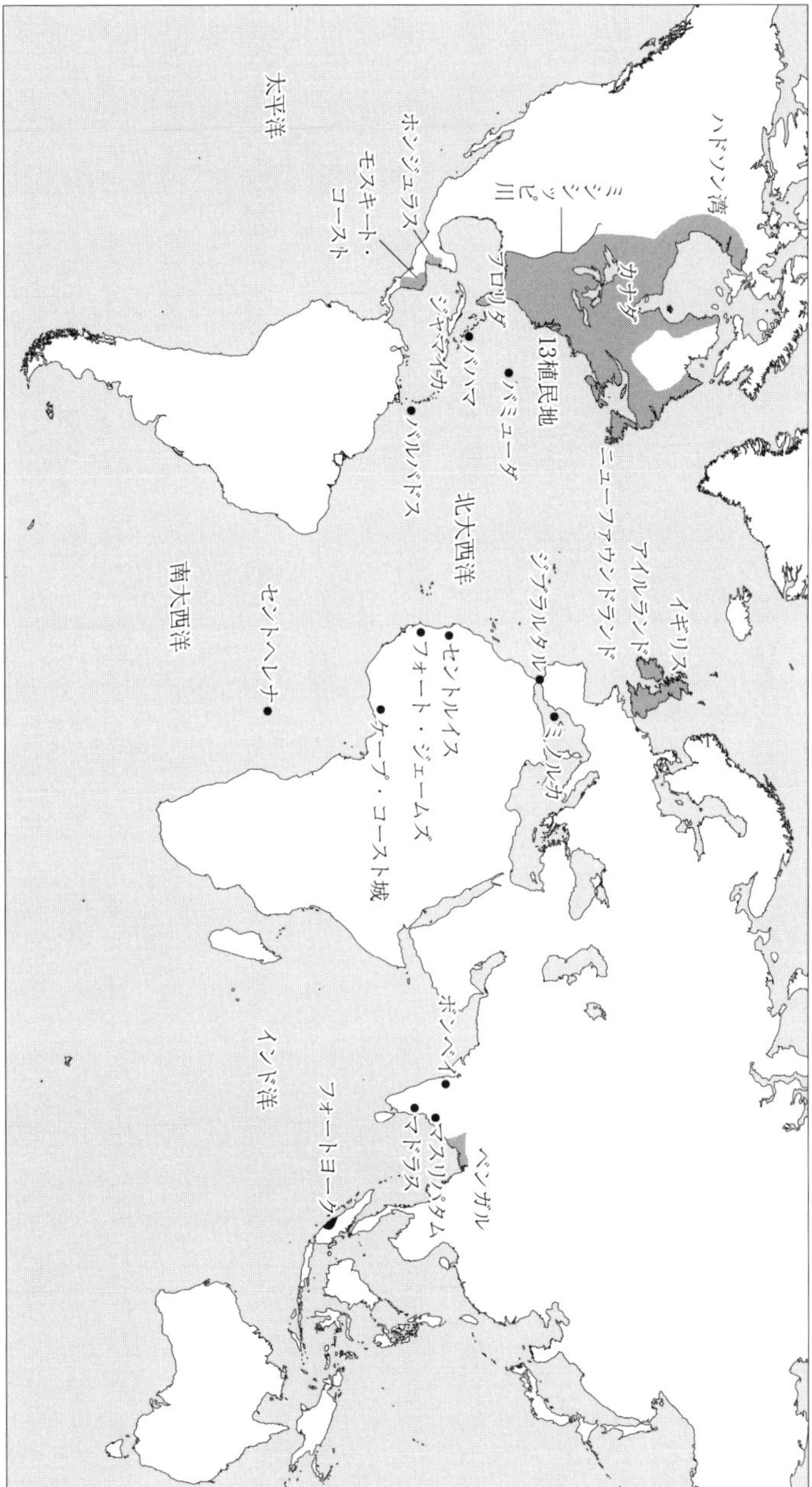

図3-2　1763年のイギリス帝国

出典：M. Gilbert, *The Routledge Atlas of British History*, 4th edn., Routledge, 2007, p. 71.

っきりした。イギリスは、帝国の拡大を通じ、政治外交上でフランスに対抗する存在として確固たる地位を確立した。

戦時のイギリスを実質的に率いたのはウィリアム・ピット（「大ピット」）だった。彼はジョージ二世のハノーファー重視を批判する「愛国派」として知られ、元来は国王から嫌われていた。しかし、世論の支持を背景に五六年に国務大臣となると、政権担当者として七年戦争を勝利に導いた。政権に就いた後のピットは、国王の立場に配慮してヨーロッパ戦線に力を注ぐだけでなく、植民地での対仏戦争でイギリス利害を意識的に追求した。ピットが政治家、戦争指導者としてとりわけ有能であったかどうかは議論の余地がある。しかし、ヨーロッパと同等ないし時にはそれ以上に帝国を重視するイギリスの姿勢が、彼の政権において明確化したことは指摘できよう。

「愛国王」の登場と「ウィルクスと自由」運動

ジョージ三世の即位はイギリスの政治史における転機だといわれることがある。イギリス生まれの国王は側近を重用し、長く政権から排除されてきたトーリーも含めて親政を展開して「ホイッグ優位」の時代を終わらせた。だが、国政に積極的に関与したジョージ三世の行動を専制的として批判する立場は、ウォルポール時代を内閣制度の起源として過度に強調する見解と同じく、現在では主流とはいえない。ジョージ三世の行動は国制上に認められていた範囲のものであり、トーリーの中央政治復帰への道は、ピットが政権に就く過程ですでに準備されていた。ジョージ三世については、アンシャンレジーム下に登場した啓蒙君主の一人として、そしてその政治的な活動は、同時代のヨーロッパの君主のそれと同じ文脈のなかで理解する必要があるだろう。

ジョージ三世の治世前半には国制の根幹に関わる問題が噴出した。イギリスは、国内では「ウィルクス運動」によって名誉革命体制下の有産者支配が孕む問題があぶりだされ、海外では一三植民地の離反に直面した。下院議員であったジョン・ウィルクスは、『ノース・ブリトン』紙上で国王の寵臣ビュートによる「秘密の影響力」を批判してきたが、一七六三年に同紙四五号で講和条約を賞賛した国王の勅語を非難したために逮捕された。いったんは釈放されたが、身の危険を感じたウィルクスは大陸に亡命して下院からは除名された。しかし、ウィルクスが六八年に帰国して選挙に出ると、民衆を含む広範な支持によってミドルセックス州から議員として選出された。政府側はこれを認めず、三回にわたって補欠選挙が実施されたが、その都度ウィルクスが選出された。こうした過程で、政府の対応は自由への侵害であり、有権者の選択を無視するものだとして批判の対象になった。「ウィルクスと自由」のスローガンは首都を越え、部分的にはアメリカ植民地の改革派の動きとも つながりをもちながら、名誉革命体制の根幹をなす議会の改革を求める声と重なっていった。ウィルクス運動はただちに国制の変革をもたらすことはなかったが、地主貴族を中心とする少数のエリートによる政治支配に異議を唱える声が無視し得ないものであることを明らかにし、やがて急進主義とよばれる八〇年代以降の改革を求める流れを準備した。

帝国の東と西

七年戦争がもたらしたインドでの優位のもと、東インド会社の影響力は拡大した。一七六五年にはベンガルにおける徴税権を獲得して、会社はインドにおける政治的支配権を確立していった。この頃から、会社関係の利権に乗じて短期間に巨大な富を得てインドから戻る成金社員や軍人が「ネイボッブ」とよばれて本国で注目されるようになった。その一部は、豊富な資金で議席を買って政界に進出してさらなる批判の対象になることもあった。急速な富裕化という点では、彼らは成功した西インド商人や、レヴァント商人、あるいはロンドンの金融業者と同じであった。しかし、高まるインドへの好奇心がその存在を際立たせ、富を生み出す回路としての東インド会社は、腐敗と不正の温床とみなされた。こうした状況を受けて政府は、独占会社である東インド会社の勅許状更新の機会をとらえて、何度か会社に対する干渉の度合いを強めようとした（一七七三年の規正法、一七八四年のインド法）。だが、問題は先送りされる傾向にあった。

インドを中心として形成されたアジアにおける帝国は、現地住民が提供する労働力や技術、そして商業活動によって支えられていた。しかし、彼らは本国における議会のような代表機関も無いままに統治され、そこでは課税同意は問題になり得なかった。インドはインドに適した方法で支配されるべきと考えられており、そこにイギリス人の生来の権利としての「自由」が適用されることはなかった。このような権威主義的な統治体制下におかれたインドと、「自由なイギリス人」の住む大西洋世界は、同じ帝国の一部とはいっても相当に異なる存在であった。こうした問題が先鋭的なかたちで現れ、イギリスにとって衝撃的な結末を迎えることになったのが北米の一三植民地のケースであった。

ジョージ三世の治世の初期は、政治的に不安定で大臣の更迭が続いた。しかし、七〇年にノース卿が首相になると、国内の政局は相対的に安定した。ところがこの安定政権下で、財政軍事国家は海外において手痛い敗北を経験することになった。その直接の原因は、フランス勢力の脅威が去ったことで一三植民地では本国への武力依存は低下していたにもかかわらず、七年戦争後の財政危機に対処するために植民地への課税強化に向かったことにある。政府は植民地の住民を軽視していたわけではないが、大西洋の向こう側で二五〇万の人口を擁する植民地の感情と潜在力を十分に理解しようとせず、一七六五年の印紙法導入をきっかけに高まった「代表無くして課税無し」の主張を受け止めなかった。反発を受けた印紙税法は翌年に撤廃されたが、七三年の茶税導入をめぐって関係はさらに悪化し、七六年には独立宣言と戦争開始に至った。アメリカを帝国内に留めておくことが、おそらく経済的にはそれほど重要でなかったことは、アダム・スミスが指摘し、またその後の歴史にも明らかである。しかし、本国にとって植民地の反抗は、「議会における国王」、そして課税を議決する議会の至上権への挑戦と映った。それは議会王政を信条とする名誉革命体制護持のために決して譲ることのできない一線だった。他方、植民地側は一七世紀半ばのハムデンの船舶税反対と同じ論理で恣意的な課税は認められないと主張し、一八世紀イギリスの議会主義や重商主義帝国の論理と衝突した。一七八三年九月三日、イギリスは一三植民地の完全独立を承認し、アメリカはイギリスの手から永久に失われた。

大西洋帝国では、人々は市民権を有し、本国の中央政府からの干渉をほとんど受けない植民地議会が行財政上の管理運営を行い、世界最強の海軍の庇護のもとで独自に商業取引を行っていた。また、世紀半ばまでは航海法体制のもとで本国議会の関心はほぼ貿易関連に限られたので、統治をめぐって植民地との政治的対立が表面化することはまれであった。しかし、一七六〇年代以降、「有益なる怠慢」は終わり、議会は自らの至高権にもとづいて植民地の直接的な利害にかかわる問題に干渉しはじめた。だが、それは名誉革命体制の核を成す議会王政の限界を露呈させることになった。

3　敗北の痛手、革命の衝撃

アメリカの喪失と改革熱の発現

アメリカ独立革命戦争は、一八世紀を通じてイギリスが明確なかたちで負けた唯一の戦争であった。敗北によってイギリス社会は大きく動揺した。たしかに、西インド諸島は帝国内に残り、スペインのジブラルタル奪還の意図も実現しなかった。インドでは後にネイボッブとして弾劾されることになるウォーレン・ヘイスティングスの指揮のもとで勢力圏を守った。しかし、七年戦争の勝利によって得た自信と繁栄への期待は、衰退と混乱への懸念に再び取って代わられた。この背景には、戦後の財政危機の他に、一三植民地の離脱がアイルランドやインドといった帝国内の他の地域に波及するのではないかという不安があった。すでに戦争中の貿易不振のなかで対仏防衛の負担を引き受けたアイルランドからの求めを受け、政府は一七八〇年に、帝国内における本国と同等の経済的地位をアイルランドに対して認めていた。さらに終戦の前年には、ヘンリー・グラタンを指導者とするダブリンの議会に自治権を容認した。帝国解体への危機感が現実味を帯びるなかで、名誉革命体制を宗教面から支えてきた寛容法体制も揺らぎはじめていた。多くの兵を戦地に送ったアイルランドからはカトリック解放の要求が強まり、これに呼応するようにプロテスタント非国教徒に対する差別立法の撤廃も議論の遡上に乗せられた。こうした動きに対する保守派の不満は、極端な場合には首都を一〇日間にわたって混乱に陥れたゴードン暴動（一七八〇年）のようなかたちで噴出した。

こうしてイギリスは、一八世紀末から一九世紀半ばまで続く「改革時代」に入った。財政軍事国家はこの後もさらに対仏戦を戦うが、社会ではさまざまな面で名誉革命体制の矛盾が指摘されていた。既存の社会や体制に対する信頼は大きく揺らぎ、抜本的変革の必要性が叫ばれ、「改革」をキーワードとする運動が各地、各方面で活発化した。公金の無駄遣いや閑職の廃止、君主の影響力縮小といった要求にはじまり、やがて選挙区割りの変更や選挙権保持者の範囲拡大を含む議会改革を掲げるようになったヨークシャー運動はその早い例である。その他にも、ロッキンガム派ホイッグによる行財政改革の主張、相次いで出された東インド会社の改革案などがあった。さらに議会や行政府だけでなく、法律、教会、医療、芸術などさまざまな方面で改革の試みが実践された。

国政においては、一七八二年に一三植民地独立の承認をめぐるジョージ三世との意見対立からノース政権が崩壊していた。その後、年来の「反対派」ホイッグのチャールズ・ジェイムズ・フォックスとノースが連合して政権をつくるなどの錯綜した時期を経て、八三年にウィリアム・ピット（「小ピット」）が国王の支持を受けて首相となり、八四年の選挙で大勝すると、以後一七年続くことになる長期政権が誕生することになった。二四歳で首相に任じられたピットは、就任当初は議会改革にも積極的だったが、この方面で大きな変化はもたらさなかった。他方、行財政改革や東インド会社の問題では一定の成果をあげた。イギリスの政治史においてピットの長期政権がもつ意味は大きい。彼が首相に指名された頃の議会には、王権とホイッグの対立を反映して二大政党制に近い政治状況があった。こうしたなかでピットが政権を担い続けたことで、対立は選挙結果という「民意」を踏まえて解決されるという理解が浸透した。また、ピット政権期にはジョージ三世の健康が万全でなくなったこともあり、ピットの下で首相権限が強化されるきっかけができた。

インド問題と奴隷貿易反対運動

インドに関わることがらは、一八世紀後半のイギリスにおいて人々の耳目を集める話題であった。その背景に七年戦争期以降のインドでの勢力の拡張や、本国で目につくようになったネイボッブの存在があったことは疑いがない。しかし、経済的にみると、インドにおける領土支配権の獲得は決定的な転換点ではないというのが最近の見解である。つまり、アメリカと西インドを核とするいわゆる大西洋帝国（「第一帝国」）と、アメリカ喪失後のインドを中心とする新たな帝国のあいだの違いは、従来いわれてきたほどに自明なものではなかった。実際、アメリカは独立後も重要な経済パートナー、貿易相手であり続けた。一方で、東インド会社が経済的な意味で重要な役割を果たしたのは一八世紀前半で、領土支配機構化後の支配は経済的にはむしろ重荷であった。

インドをめぐる問題は、一八世紀の後半には経済というよりもモラルをめぐる問題として論議の対象となった。初代インド総督ヘイスティングスは、インド統治においては改革者としての側面をもっていたが、一七八五年の帰国後に汚職や現地の人間に対する過酷な対応を批判された。ベンガル総督ロバート・クライブの時代には問題視されなかったことが、ヘイスティングスの場合は弾劾裁判という結果に至ったのである。啓蒙と「感性（センシビリティ）」の時代において、帝国内のさまざまな住民に目が向けられ、「文明化されていない」人々の利益に関心が寄せられるようになった。すぐ後に触れる奴隷貿易反対運動の盛り上がりは、こうした変化を背景にもつ。「インド問題」と西インドにおける奴隷貿易をめぐる問題は、精神的なレヴェルで相通じる部分があったのだ。

一八世紀世紀後半の改革運動の一部は福音主義と結びつき、道徳的、人道的、実践的な活動として展開した。聖書とキリストの福音をよりどころに深い信仰に基づく個人の回心と霊的救済を強調し、典礼を軽視して説教を重んじる福音主義の影響は、たとえばメソジストの野外説教などの活動のなかに典型的にみられた。福音主義的改革運動としては、すでに七〇年代からはじまっていたジョン・ワハードによる監獄改良運動や女性文筆家ハナ・モアも関わった日曜学校運動、内外における伝道活動などがあげられる。こうした動きのうちでもっとも広範な社会的影響をもたらしたのが、奴隷貿易反対運動である。七〇年代にグランヴィル・シャープらによってはじめられた活動は、八〇年代からは福音主義者グループ（クラパム派）の中心で、港湾都市ハル選出の下院議員、そしてピットの友人でもあったウィリアム・ウィルバーフォースを議会指導者として推進された。奴隷貿易禁止の立法化を目指す彼らの活動は、西インドに利害をもつ勢力からの反対や、フランス革命とその余波を受けて起きたハイチ革命に対する恐怖もあって失敗が続いたが、一八〇七年にホイッグの支持と議会外の運動を背景に奴隷貿易廃止法を成立させた。その後、三三年には、帝国全域における奴隷制廃止が法制化された。政治的、宗教的な立場を超えるこの運動は、改革時代のイギリス社会の一面をよく照らし出している。

フランス革命の衝撃

一七八九年七月に起こったフランス革命に対しては、当初はイギリス国内では好意的な反応もみられた。名誉革命との対比でフランス革命を論じたリチャード・プライスの講演や、アメリカ独立を支持したトマス・ペインの『人権論』は、フランスで起こっていることに社会変革の可能性をみてこれを称賛した。ワーズワースやコールリッジといったロマン派の詩人たちも、当初はフランス革命を抑圧からの解放と捉えていた。

フランス革命は、当時、もっとも自由で優れているとされた名誉革命体制の根幹にある有産者による寡頭制と宗教的差別の問題を表面に浮かび上がらせた。これを受けて、名誉革命体制下で十分な利益を享受していない非国教徒や女性、財産をもたない人々から改革を求める声が現れた。しかし、フランス革命の激化とともに、こうした急進主義や自由主義に共鳴する活動は退潮していった。その一方で、革命への対抗としての保守主義が前面に登場した。国教会と貴族、そして議会を通じた政治を重視する勢力は、一部の非国教徒や急進派による熱狂的なフランス革命支持を警戒していた。九〇年一〇月に『フランス革命についての省察』を出版し、体制の根幹を揺るがしかねない革命の危険性を指摘したエドモンド・バークの主張は、初めから広範な支持を集めたわけではなかったが、革命の深化とともに有産者のあいだに浸透していった。こうしたなか、民衆を含む一部の保守派が、改革派でユニテリアン牧師のジョゼフ・プリーストリのバーミンガムの自宅を襲撃するといった事件（一七九一年）も起こった。

九二年以降、革命が急進化するとイギリス社会はパニックに陥った。扇動的活動を非難する国王勅令が出され、革命を支持する「イングリッシュ・ジャコバン」や「通信協会」は弾圧の対象となった。一七九三年二月、イギリスは第一回対仏大同盟に加わり、対仏戦争に突入した。こうしたなかで保守主義の一部は愛国主義と結びついて中間層や民衆にも広まった。それは急進主義や改革派のイデオロギーへの反対というよりも、フランスからの侵略に対する現実的な恐怖心に起因していた。首相のピットはフランス革命下で人身保護法を停止し、団結禁止法を制定したため、急進主義者や彼らの活動を重視する歴史家からは批判されることが多い。しかし、当時のピット政権は名誉革命体制を支える有産者層からの広範な支持を受けており、九四年にポートランド派ホイッグが加わったことでその基盤は強固となった。そうしたピットが一八〇一年に首相を辞任したのは、就任以来ピットを支持してきた国王とのあいだに宗教問題で意見の対立が生じたためであった。問題はアイルランドとカトリック教徒に関わることがらであった。

アイルランドでは一七九〇年代に入るとフランス革命の影響を受けて設立された「ユナイテッド・アイリシュメン」を中心に、独立と共和国建設を目指す動きが継続していた。九八年、彼らはフランスと連絡を取りながら蜂起した。反乱はまもなく鎮圧されたが、その後ピットは直轄統治のためにアイルランドとの合同という選択肢を取った。一八〇〇年にはアイルランド合同法が成立し、その翌年、イギリス・アイルランド連合王国が誕生した。ピットは合同後の安定化にはカトリック解放が不可欠と考えていたが、国王の同意を得られず、自ら首相の地位を退くことになった。ピットは一八〇四年に首相の座に戻ったが二年を待たずに病死し、カトリックとアイルランドの問題は一八二九年のカトリック解放法の成立まで政府の課題であり続けた。一方、非国教徒についても、一七六〇年には約五万人といわれたその数は一八〇〇年には一五万人に増加し、差別立法の撤廃が避けられなくなった（差別立法の撤廃は一八二八年）。

帝国の拡大と戦争国家の限界

イギリスはアメリカの独立で打撃を受けたが、それによって帝国が崩壊することはなかった。ナポレオン戦争終結までに、イギリスの世界における支配地域はさらに拡大した。アイルランドにおける離反のうごきは合同法によって本国と一体化することで阻止された。インドでの勢力圏は拡大を続け、ナポレオン戦争中にはセイロン島を占領した。太平洋地域では、ジェームズ・クックの航海による成果を受けて、一七八八年にニューサウスウェールズ植民地が建設され、オーストラリア入植がはじまった。西インドではトバゴ島、トリニダード島、ガイアナ（英領ギニア）などが帝国に加わった。また、南アフリカでケープ植民地を獲得し、地中海ではマルタ島やイオニア諸島が勢力圏に入った。一三植民地喪失後の北米では英領カナダの形成が進んだ。すでに七年戦争後にカナダ全土がイギリスの勢力圏に入っていたが、一七七四年のケベック法でフランス系住民に法的及び宗教的な権利を保障し、八〇年代にはアメリカ独立にあたってイギリス人であり続けることを望む約四万人の住民を受け入れた。九一年以降はピットのカナダ法によって、イギリス系住民の多い「上カナダ」とフランス系住民の多い「下カナダ」に分けた上で、それぞれに植民地議会をおいて統治した。こうして一八二〇年までに、イギリスは、世界の総人口の四分の一を支配下におくに至った。この時期、政府が帝国の拡大をどの程度まで重視していたかを判断するのは難しい。帝国問題が比重を増していたのは疑いがないとはいえ、それが対ヨーロッパ政策の重要性を凌ぐことはなかったからである。こうしたなか、「西インド問題」としての奴隷貿易反対運動は、例外ともいえるほどの大きな議論をよんだ。

フランス革命・ナポレオン戦争は中断を挟みながら二〇年以上続き、ネルソンのトラファルガー（一八〇五年）、ウェリントンのワーテルロー（一八一五年）といった「歴史的」勝利を経て終結した。その間の軍事関係の費用総額は開戦時の国家予算の六倍に及んだ。戦争継続のための費用が増大するのと時を同じくして、国内では一七九五年、一八〇一年、〇二年と深刻な不作に見舞われた。貧困と不満の広まりに対処するための社会改革が模索され、ベンサムやマルサスを含む時論家のあいだでは、貧困の拡大や際限なく高騰する救貧税の抑制をめぐって議論が戦わされた。こうした状況下でなお戦争が継続されたのは、それが、ヨーロッパにおける名誉と覇権を賭けての戦いであっただけでなく、植民地獲得による世界経済の中心への道の奪いあいでもあったことによる。政府はフランス革命に共鳴する人々の動きを警戒していたが、一七九八年から九九年にかけての民兵運動が示すように、対仏戦争は広範な社会層からの支持を集めていた。こうした支持を背景に、戦争遂行のための所得税の導入（一七九九年）や大規模な戦時動員が可能となった。だが、戦争財政の負担は重く、戦争終了時の債務は八億六千万ポンドに膨れあがり、ある推計によると、これは国民総生産の一〇パーセント以上であった。

戦後の改革は不可避であった。第二次英仏百年戦争に勝利したことで名誉革命の防衛は喫緊の課題ではなくなり、戦争国家を維持する必要性は当面薄れた。すると「旧き腐敗」への批判の声とともに、急進主義的な改革の要求が再び現れてくることとなった。こうして戦争によって肥大化した行財政機構の見直しが図られ、財政軍事国家とは異なる国家と統治形態が模索されはじめた。改革の芽は体制内部にもみられたが、議会外からの圧力の高まりと政府の強圧的な姿勢のもとでまもなく行き詰まった。イギリスはこの後、選挙制度を含む国制上の抜本的な改革を経て、自由主義国家の時代へと向かうことになる。

4　「洗練され商売上手な人々」の世界

財政軍事国家の内面

一八世紀イギリスは住民に重い税負担を強いながら、世界中で対仏戦争を推し進めていた。イギリス財政軍事国家は、なぜフランスのような体制崩壊を経験せずに、第二次英仏百年戦争の最終的勝利を手にしたのか。その理由の一部は、名誉革命体制下の統治機構のなかにある。一八世紀を通じて財政軍事国家の整備と運営に多大なエネルギーを振り向けた中央政府は、地方統治に干渉する余裕をもたなかった。また、重税国家を受け入れた地方社会は、「自由に生まれついたイギリス人」の信念のもと、中央による組織的な干渉を嫌った。中央には大蔵省、海軍省、郵政省、商務省、国務省などがおかれたが、財政軍事国家の要であった財務省を別にすると、その数や規模は大陸諸国に比べて小さく、国内統治を専門とする部局が動きはじめたのは一七八二年以降であった。その結果、業務の多くは地方当局に任されて、相対的に中央政府の力が弱い統治体制が生まれた。

統治の現場では、地域エリートである治安判事が自由裁量を発揮して運営する四季裁判所や、特権都市の市議会や参事会といった伝統的制度が温存される一方で、救貧問題や都市基盤の整備、有料道路や運河の建設といった既存の組織が対応しきれない問題には新たな専門機関がつくられた。戦時と平時が周期的に訪れた一八世紀イギリスでは、突然大量に帰還した兵士の失業と犯罪の増加という社会問題が繰り返し発生した。議会では、そうした地域の事情を踏まえた議員たちが、貧困、浮浪、犯罪、そして経済や労働に関する規制を話し合い、必要な場合は法的な裏付けをもつ行政機関を設立した。特定の地域の救貧行政を担う法人や、都市のインフラ整備を行った改良協会はその典型で、さらに、教育や慈善などの分野を中心に、任意団体が補完的な役割を担うこともあった。こうした機関には、地主貴族が支配する政府や議会からは排除された非国教徒を含む中間層が数多く参加して、財政軍事国家を地域社会のレヴェルから支えた。地域社会・中央政府間の交渉と役割分担は、議会や裁判所などを通じて、後者が前者からの働きかけを敏感に感知してこれに反応したことで維持された。この関係が有効に機能することで、重税を強いる戦争国家は成り立っていたともいえよう。この意味で、地域社会の不満の一部が世紀後半以降に議会改革の要求として噴出したのは偶然ではない。

名誉革命体制下のイギリスでは有産者による支配が貫徹していたが、彼らと民衆との関係はどのようなものだったのだろうか。民衆の不満はどのように受け止められて秩序が維持されたのか。こうした問題には、一九六〇年代以来の社会史研究が一定の答えを出している。それによると、一八世紀イギリスのエリート（有産者）と民衆とは支配・従属の関係にあったが、互いがある程度の独自性を保つ文化世界をもっていて、一定のルールやシナリオのもとに「演劇的」に交渉した。そのような対決は食糧蜂起において典型的に現れた。従来、飢えた民衆の絶望的な暴動のように捉えられてきた食糧蜂起は、物価高騰や生活窮乏に対する条件反射ではなく、伝統的な権利意識にもとづく抗議行動であった。したがって、彼らには法を犯しているという意識は薄く、買い占められた穀物を、暴力的に奪って独自の価格で分配するといった行動は、怠慢な当局者に代わって執り行っている、むしろ正当な行為だと考えていた。重要なのは、エリートの側も家父長主義的な世界観のなかで民衆の抗議行動を理解し、その行為をある程度まで許容して受け止めたという点である。このエリートと民衆が共有する規範の存在は、当時のイギリス社会を理解するための重要なカギである。エリートと民衆の合意が機能している限り、多少の動揺はあっても、名誉革命体制下の有産者支配の基礎は揺るがなかった。しかし一八世紀末になると、エリートはこうした伝統的な世界から離れて、経済活動における規制の撤廃、最大限の利益の追求、所有権の絶対性などのなかに、それまでとは異なる秩序をみいだすようになった。それは名誉革命体制下に登場した統治形態が変質していく時期と重なる。

社会経済の変化――「産業革命」

一八世紀、とりわけその後半は人口増加が顕著となった時期である。ブリテン島の人口は一七〇〇年に六八〇万人だったが、一八二一年までには一四二〇万人となった。一七〇〇年に五一〇万人であったイングランドの人口は、世紀半ばには五八〇万人、世紀の終わりには八七〇万人にまで増加した。一七〇〇年のスコットランドの人口は一〇〇万人といわれるが、世紀の終わりには一六〇万人を超えた。アイルランドにおける人口増も顕著で、世紀半ばまでは三〇〇万人程度であったが、一八二一年には五九〇万人にまで増えた。こうした人口増加の一因は食糧の増産にあった。

農業は一八世紀を通じて最大の産業で、イングランドの農業従事者は、一七〇〇年の時点で人口の四五パーセントで、一八〇〇年前後でも三六パーセントであった。かつてイギリス農業は、この時期に大きな変化を経験し、それは産業革命の開始にも関係しているとされた。土地の囲い込みと農業技術の改良による生産力の向上が、農村に余剰労働力をもたらし、余った労働者が都市へと排出されて安価な工場労働力を供給し、産業革命を準備したと考えられた。こういった見解がまったく否定されたとはいえないが、ことはそれほど単純ではない。確かに変化はあった。しかしそれは、いわゆる産業革命に先立つ時期に突然かつ急激に起こったのではなかった。また、「議会囲い込み」は農業労働者の雇用をかえって増大させたという主張もある。そして変化には地域差や時差がかなりあった。多様な見解がある一方で、農業生産性の向上については多くの研究が一致して認めており、これが増大した人口を養い、財政軍事国家の戦争をある面で支えたのは確かである。

現在、産業革命を考える際に、一九六〇年代以降の数量経済史家たちの見解を踏まえないわけにはいかない。その主張は、マクロ指標をみる限り、一八世紀後半から一九世紀前半のイギリス経済に、かつていわれたような急激な変化はみられないというものである。これに対しては、統計計算の不確かさを指摘し、数値に表れない部分を勘案すべきだとする立場がある。しかし他方で、革命という、急激で根本的な変化を連想させる概念を用いることを疑問視し、産業革命に代えて「工業化」という用語を用いた方がよいという声も一部でまた強くなっている。いずれにせよ、一八世紀のある特定の時期を取り出して、その時点から劇的な社会経済の変化がはじまったと主張することはもはやできそうにない。そもそもイギリスの生活水準は、商業革命や、すぐ後にみる「消費社会」の到来によって、一八世紀初めにはすでに一定度に達していた。確かに綿業、石炭業、鉄工業などでは技術革新があり、起業家精神に富む経営者も登場した。しかし一方で、伝統的な形態を保持した小規模生産が存続し、旧式な技術が継続した分野も多くあった。何より変化は業種や地域によって一律ではなく、一部を除いて漸次的であった。

産業革命といわれてきた事象はゆっくりとした変化の過程であったのかもしれない。現在は、それを一七世紀末以来の人口増加、農業生産の拡大、商業活動の活発化と商業圏の拡大、消費欲求の全般的な増大などと関連させながら、より広い文脈のなかに位置づけていくことが求められている。その際に重要なのは、この変化が海外で起こっていたことと関連していたという点である。国内の資本蓄積などを重視する伝統的な見解に留まらずに、環大西洋商業圏の確立によって可能となった原料供給地と市場の確保や、貿易を通じて流入した繊維製品や陶磁器をはじめとするアジア物産による消費欲求と需要の拡大、そうした舶来物産の模倣からはじまった国産品の「大量生産」の出現など、この時期の社会経済の変化にも目を向ける必要がある。変化の原因の少なくとも一部は、植民地獲得戦争の勝利と、それに伴う地理的な拡大、そして国内における経済活動の活発化が同時に達成された点に関わっていた。

消費社会と都市化

一八世紀のイギリスで財政軍事国家が機能することができた理由の一つには、国債発行システムの安定化と定着があった。信用経済の未熟さと投機の危険性を露呈した南海泡沫事件の後、政府は長期の利付き国債の償還のための特定財源を確保することで元本を保証し、また年金等と組み合わせた債券を考案するなどしてその機能を改善した。国家の威信を背景に投資が有効な蓄積に結びつくと、金融経済への人々の関心と信用は高まり、債権を通じた安定的歳入が期待できるようになった。加えて効率的に機能する徴税機構の整備も重要であった。この過程では関接税が重視された。一八世紀の初めから消費税の納税額が土地税のそれを上回るようになるが、これは一六世紀以来の海外交易を発展させたイギリスが、商業革命を経て「消費社会」を成立させるに至ったことを示している。

こうしたなかで一八世紀初頭以来の商業批判は後退し、貴族を含む上流階層が実際に商いに参入した。また、一定以上の富をもつ人々が消費者として数多く存在するようになった。内外装を工夫した瀟洒な小売店の発達、メディアを駆使した多様な広告宣伝、そして情報の流通といった販売を促進する新たな装置・技術が発達すると、消費者の購買意欲はさらに高められた。こうしたなかで、輸入「嗜好品」「奢侈品」の一部が、模倣国産品に取って代わられた。その結果、本来はこうした商品を購入することができなかった階層に生活必需品以外の消費を促した。彼らは生活必需品の一部を諦めて、あえて嗜好品や奢侈品を購入しそれを消費したり、嗜好品や奢侈品を手に入れる資金を得るためにより多く集約的に働くなど、生活や労働のパターンを変えたりすることもあった。

政府はこうして消費される商品に対して、いわゆる内税方式を用いて課税し、税官吏の業務効率化を図った。また、徴税にあたって集税地域と無縁の税官吏を登用し、納税者と税徴収者の癒着を断ち切ることで、税の確実な徴収のための制度を整えた。このように、財政軍事国家は、新たな収入源と信用度の高い金融、徴税のシステムに裏打ちされていた。そしてそれは、システムを運営する有能な官僚、徴税に同意し実際に担税能力をもつ国民を確保することで機能した。その結果、イギリスには商業や金融業を肯定的に受け止める「投資社会」が出現した。そこでは販売促進方法の進展や欲求が消費に占める幅が広がるなかで、人目を引くために消費し、消費されたモノは人目に晒された。金を使って消費できる事実を他者にみせることが、社会において自己の地位を確保し、自己の存在を内外に示す手段となった（「衒示的消費」）。

こうした経済的文化的環境の変化は、「ポライト・ソサエティ」の展開や「都市ルネサンス」とよばれる一八世紀のイギリスに特徴的な社会現象と密接不可分であった。ポライト・ソサエティは、第三代シャフツベリー伯の美学的哲学を中心に、キットカット・クラブや「好事家協会」などの有閑貴族や上流階層が集う趣味と宴の場としてはじまり、やがて一八世紀イギリスの有産者社会全体を覆っていった。そこに参入するためには、奇抜で最新の趣向が凝らされたスタイルと、流行を反映した品物と教養をもつことが求められた。元来、ヨーロッパ以外からもたらされた新奇性に富み、稀少で高価な品々を消費し披露することは、限られた社会層の富と権力の象徴であった。しかし実際は、貴族や上流階層以外の知識人や、活性化した商業や金融業で新たに富を得た中間層の一部もそこに参加していた。一八世紀イギリスでは、こうした空間にジャーナリズムや世論が発達した。それは世相や流行から文学・文化論まで、さまざまな議論と批評が展開される空間であった。またそれは、ジョサイア・ウエッジウッドやエラスムス・ダーウィンが会員だったバーミンガムの「月光協会」のように、科学的探究や発明と新たなアイデアを披露し学ぶ場となって、国産品の精度やス

図3-3　地方都市ヨークに造られた遊歩道

出典：P. Borsay, *The English Urban Renaissance,* Clarendon Press, 1989, p. 164.

タイルの洗練に貢献することもあった。

こうした消費社会の展開は都市化の進展と密接不可分に進んだ。奢侈品をはじめとするさまざまなモノの流通や情報の伝達は、都市を結節点として展開していた。都市は自由な経済的、文化的交流と交渉の場であった。文化消費財を提供する劇場もコンサートホールも美術館も、それらを購入するためのオークションハウスも、そして商売のための市場や証券取引所も、さらにそういった経済文化活動のための情報の収集と交換の場としてのコーヒーハウスも、すべて都市的なものであった。

一八世紀は都市化の時代であった。都市は一八世紀を通じて、経済、政治、文化の各側面でイギリス社会に大きな影響を与えた。それは、一八世紀に入ると、それまでの悲観的で否定的な空間としてではなく、楽観的で肯定的な空間として表されるようになり、治安の悪さやモラルの退廃、高い死亡率を連想させる「墓場」のイメージを払拭して、文化消費の場、流行と趣向の中心にある雅の空間として認識されるようになった。地元の領地で夏を過ごした地主貴族は、議会が開催される冬になるとロンドンに集まって社交の「シーズン」を過ごし、最新の流行を地域社会へともち帰った。そしてそれは、有料道路や運河の整備によって地方都市のあいだに作り上げられたヒト・モノ・情報のネットワークに乗って、全国に広まった。

都市には、社交会館、劇場、競馬場、宿屋（イン）、コーヒーハウス、公園、遊歩道といった文化・娯楽施設が出現し、それに関係するサーヴィス部門が発展した。印刷商、書店、新聞、医師、法律家は都市を拠点とした。首都だけでなく地方都市でも街灯、舗装道路、上・下水道、石やレンガを用いた防火建築などの公共アメニティが充実し、瀟洒な建築物や憩いの場としてのスクエアが造られた。こうした展開が「都市ルネサンス」である。都市に集い財産をもつ

「洗練され商売上手な人々」の経済文化活動や消費行動は、イギリス財政軍事国家の活動を内側から支えていた。

参考文献

青木康『議員が選挙区を選ぶ――一八世紀イギリスの議会政治』山川出版社、一九九七年。

R・アレン著、眞嶋他訳『世界史のなかの産業革命――資源・人的資本・グローバル経済』名古屋大学出版会、二〇一七年。

板倉孝信『ポスト財政=軍事国家としての近代英国』晃洋書房、二〇二〇年。

今井宏編『世界歴史大系　イギリス史二――近世』山川出版社、一九九〇年。

岩間俊彦『イギリス・ミドルクラスの世界――ハリファクス、一七八〇～一八五〇』ミネルヴァ書房、二〇〇八年。

I・ウォーラーステイン著、川北稔訳『近代世界システム　Ⅱ／Ⅲ』名古屋大学出版会、二〇一三年。

ジョイス・M・エリス著、松塚俊三・小西恵美・三時眞貴子訳『長い一八世紀のイギリス都市――一六八〇～一八四〇』法政大学出版局、二〇〇八年。

大野誠『ワットとスティーヴンソン』山川出版社、二〇一七年。

川北稔『工業化の歴史的前提――帝国とジェントルマン』岩波書店、一九八三年。

川北稔『民衆の大英帝国――近世イギリスとアメリカ移民』岩波書店、二〇〇八年。

P・J・コーフィールド著、坂巻清・松塚俊三訳『イギリス都市の衝撃――一七〇〇～一八〇〇年』三嶺書房、一九八九年。

リンダ・コリー著、川北稔監訳『イギリス国民の誕生』名古屋大学出版会、二〇〇〇年。

近藤和彦『民のモラル――ホーガースと一八世紀イギリス』筑摩書房、二〇一四年。

近藤和彦編『長い一八世紀のイギリス――その政治社会』山川出版社、二〇〇二年。

坂本優一郎『投資社会の勃興――財政金融革命の波及とイギリス』名古屋大学出版会、二〇一五年。

田村理『人権論の光と影――環大西洋革命期リヴァプールの奴隷解放論争』北海道大学出版会、二〇二一年。

冨樫剛編『名誉革命とイギリス文学――新しい言説空間の誕生』春風社、二〇一四年。

中野忠他編『一八世紀イギリスの都市空間を探る――「都市ルネサンス」論再考』刀水書房、二〇一二年。

長谷川貴彦『産業革命』山川出版社、二〇一二年。

羽田正『東インド会社とアジアの海』講談社、二〇一七年。

ジョナサン・バリー、クリストファ・ブルックス編、山本正監訳『イギリスのミドリング・ソート――中流層を通してみた近世社会』昭和堂、一九九八年。

ジョン・ブルーア著、近藤和彦編、大橋里見・坂下史訳『スキャンダルと公共圏』山川出版社、二〇〇六年。

ジョン・ブリュア著、大久保桂子訳『財政＝軍事国家の衝撃――戦争・カネ・イギリス国家一六八八～一七八三』名古屋大学出版会、二〇〇三年。

J・G・A・ポーコック著、田中秀夫訳『徳・商業・歴史』みすず書房、一九九三年。

P・J・マーシャル、G・ウィリアムズ著、大久保桂子訳『野蛮の博物誌――一八世紀イギリスがみた世界』平凡社、一九八九年。

松園伸『産業社会の発展と議会政治――一八世紀イギリス史』早稲田大学出版部、一九九九年。

村岡健次・木畑洋一編『世界歴史大系　イギリス史三――近現代』山川出版社、一九九一年。

ポール・ラングフォード編、鶴島博和監修、坂下史監訳『オックスフォードブリテン諸島の歴史　八　一八世紀――一六八八年―一八一五年』慶應義塾大学出版会、二〇一三年。

扉図出典：H. T. Dickinson, *Caricatures and the Constitution 1760-1832*, Chadwyck-Healey, 1986,（上）p. 230,（下）p. 114.

コラムⅢ

コーヒーハウス
――虚像と実像――

坂下　史

コーヒーは、現代も世界で幅広く消費されている嗜好品である。それはヨーロッパには一六〇〇年頃にイタリア商人を通じてもちこまれ、各地にコーヒーを提供する「コーヒーハウス」なる場が登場した。

コーヒーハウスといえばイギリスが有名で、ジェイコブというユダヤ人が一六五一年にオックスフォードに開店したのがはじまりとされてきた。近年は、イズミールからきたギリシア人が、ロンドンで一六五二年頃に開いたコーヒーハウスを最初のものとする説もある。いずれにせよ、一七世紀半ばにオックスフォードとロンドンにコーヒーハウスがあって、その経営者はどちらも東地中海地域からの移民であった。こうしたコーヒーハウスの登場には、それらの都市が知識人と商人のネットワークを通じて、外と通じていたことが背景にある。コーヒーハウスの数は一七世紀末頃から急増した。一六六三年にはロンドンのシティだけで八二軒が確認され、一八世紀に入るとロンドン全体で数百軒程、一七三〇年代までに数千軒に達したともいわれる。フランス革命前でも七〇〇軒程度に過ぎなかったパリのカフェの数とは対照的である。

コーヒーハウスについては諸説がある。たとえば、一八世紀半ばから勢いを失って、上流階級のクラブと下層民のパブにとって代わられたとか、一九世紀ロンドンではほとんどみられなくなったなどである。たしかに、その数は一八世紀末に向かってある程度減少したが、じつは一九世紀に入ると再び増加に転じた。一八四〇年の議会報告は、ロンドンに一六〇〇軒以上のコーヒーハウスがあり、ウェストエンドの大規模店には一日あたり一五〇〇人以上の客が来店したと伝えている。また、コーヒーハウスは酒類を提供しなかったため、酔客による不道徳の温床にならず、理性的でまじめな会話や議論の場となって、ここから成長した世論はやがて貴族政治の停滞や腐敗を抑制し、政党政治の基盤を整えたという説がある。しかし実際は、コーヒーハウスでも酒類の販売はあり、誠実な「優等生」だけが集う場ではなかった。

コーヒーハウスを取り上げた著作の多くは、初期のそれを理想化して描く一方、その「黄金時代」は長く続かず、多様な人々が参加する自由な空間は他に移り、一八世紀末までに衰退してしまったと論じてきた。ここには、コーヒーハウス（における政治談義）の興隆を、「イギリス的な自由」の拡大と結びつけて理解する進歩史観や、コーヒーハウスに規範的な論議空間の機能を読み込んだドイツの社会哲学者J・ハーバーマスの「ブルジョワ公共圏」論の影響をみることができる。

今後、コーヒーハウスを検討するにあたって、次の二つのことには取り組まなければならない。まずは、コーヒーハウスの「黄金時代」と「衰退」という構図の再検討である。最近の研究によると、一八世紀後半以降、コーヒーハウスは衰退するどころか、以前にも増して多くの人に開かれた場として存続していた。しかし、その性格は大きく変化した。コーヒーハウスでの人付き合いは、開かれた会話や議論の土台を提供する公的《パブリック》なものから、周囲の詮索を受けない私的《プライヴェート》なものへと変質した。コーヒーハウスは、もはや集団で議論したり、自らの信条を聴衆に示したりする場ではなくなった。それは、個々人が黙考したり、肩肘を張らずにリラックスしたりすることができる場、一人静かに物を読んだり、気のあった仲間同士で個人的な会話をしたりする場、つまり私生活《プライヴェート・ライフ》の延長線上にある空間となったのである。この変化は、啓蒙時代からロマン主義や感傷主義の時代へと移っていく時期の社会や文化の一面を照らし出している。

もう一つは、「黄金時代」のコーヒーハウスのイメージと実態の検証である。おそらく当時のコーヒーハウスでは、新聞や雑誌による情報の提供があり、真剣な政治談義があり、また高尚な美術論や文学論も戦わされていただろう。これらを自由な出版文化や活発な政治活動の象徴として、あるいは「市民的公共性」を体現する場として称揚することもできよう。しかし、コーヒーハウスは理性的で規範的なだけではなかった。保険業のロイズや各種の証券取引にかかわる商談はそこで行われていた。商売は駆け引きや詐欺まがいの騙し合いさえ伴う行為であった。また、当時のコーヒーハウスでは、人々の前で声を張り上げて議論し、批判し合い、時には手を出すことも珍しくなかった。ハーバーマスが依拠した『タトラー』や『スペクテイタ』などは、騒がしくも猥雑で時には暴力も生まれるコーヒーハウスのこの実情を念頭に、その対極として「本来あるべき姿」を描いたともいわれている。

名誉革命後のイギリスでは、情報も権力も国王や大貴族の独占物ではなくなった。そうした状況下で、コーヒーハウスとそこに集う人々の話題や行動は、国王による専制や政府の専横的な行動にブレーキをかける「理性的で体制批判的な公共圏」として立ち現れることもあっただろう。しかし、それは売れるものが価値をもち、芸術もゴシップも商品として大量に消費される社会を背景に、目新しいメディアと施設によって解放された人々の欲望が渦巻く空間（「猥雑で融通無碍な公共圏」）でもあったのだ。コーヒーハウスは、多面的で変貌する一八世紀イギリスの世界に迫る入り口である。

参考文献

ユルゲン・ハーバーマス著、細谷貞雄・山田正行訳『公共性の構造転換——市民社会の一カテゴリーについての探求　第二版』未来社、一九九四年。

Brian Cowan, *The Social Life of Coffee: The Emergence of the British Coffeehouse*, Connecticut, Yale University Press, 2005.

第四章　貴族政治の黄金時代

君塚直隆

「1833年の下院風景」（Sir George Hayter）
第一次選挙法改正後，初めての総選挙で選ばれた議員たち。

「国会議事堂の火災」（William Turner）
1834年10月16日夜の大火災を風景画の大家ターナーが描いた傑作。

1815	3. 23. 穀物法制定。6. 22. ナポレオン戦争が完全に終結。ウィーン体制のはじまり
1817	3. 4. 人身保護法が停止（〜18. 1. 6.）
1819	8. 16. ピータールーの虐殺。11. 治安六法制定
1820	1. 29. ジョージ3世死去。ジョージ4世即位。キャロライン王妃離婚問題（〜11.）
1822	8. 12. カースルレイ外相自殺（9. 16. カニング後任に）。自由トーリー主義のはじまり
1827	4. 9. リヴァプール首相辞任。トーリー政権が分裂へ
1829	4. 13. カトリック教徒解放法成立。6. 19. ロンドンに首都警察新設
1830	6. 26. ジョージ4世死去。ウィリアム4世即位。9. 15. リヴァプール＝マンチェスター間鉄道開通。11. 22. グレイ連立内閣成立。12. 20. ロンドン会議でベルギー独立決定
1832	6. 7. 第一次選挙法改正成立
1833	8. 28. イギリス帝国内で奴隷制度廃止。8. 29. 工場法制定
1834	8. 14. 救貧法改正。11. 14. メルバーン政権更迭。12. 17. タムワース選挙綱領（保守党形成）
1835	4. 18. 第二次メルバーン政権成立。9. 9. 都市自治体法成立
1837	6. 20. ウィリアム4世死去。ヴィクトリア女王即位
1838	5. 8. チャーティスト運動のはじまり。10. 1. 第一次アフガン戦争（〜42. 1.）
1839	1. 反穀物法同盟結成。5. 寝室女官事件。11. 3. アヘン戦争（〜42. 8. 29.）
1842	4. 所得税再導入。第二次ピール政権により各種関税改革が推進
1845	8. アイルランドでジャガイモ飢饉（〜49.）
1846	6. 26. 穀物法廃止。6. 30. ラッセル政権成立
1848	2. 〜3. フランス二月革命・ドイツ三月革命。4. 10. ロンドンでチャーティスト大集会
1849	6. 26. 航海法廃止。自由貿易の全盛期がはじまる
1851	2. 20. 内閣危機（〜3. 3.）。5. 1. 第一回ロンドン万国博覧会（〜10. 15.）
1854	3. 28. クリミア戦争に参戦（〜56. 3. 23.）。8. 30. 日英和親条約締結
1856	10. 23. 第二次アヘン戦争（〜60. 10. 25.）
1857	5. 10. インド大反乱（〜58. 8. 2.）
1858	8. 2. インド統治法により東インド会社解散。インドがイギリスの直轄支配下に
1859	6. 6. 自由党結成。6. 12. 第二次パーマストン政権成立。イタリア統一戦争（〜61. 3.）
1860	1. 23. 英仏通商条約締結
1861	4. 12. アメリカ南北戦争（〜65. 4. 9.）。12. 14. アルバート公死去
1863	1. 22. ポーランド反乱（〜64. 3. 2.）。1. 10. ロンドンで最初の地下鉄が開通。7. 薩英戦争
1864	2. 1. 第二次スレースヴィ戦争（〜10. 30.）。4〜6. ロンドン会議での調整失敗
1865	10. 18. パーマストン首相死去（ラッセルが後任）
1866	6. 15. 普墺戦争（〜8. 23.）。6. 28. 第三次ダービー保守党政権成立
1867	2. フィニアンがアイルランドで蜂起（〜3.）。8. 15. 第二次選挙法改正成立
1868	12. 1. 総選挙で保守党が敗北。ディズレーリ政権総辞職。12. 3. 第一次グラッドストン自由党政権成立。ヴィクトリア女王の隠遁で共和制危機（〜71. 12.）
1869	7. 26. アイルランド国教会廃止
1870	7. 19. 普仏戦争（〜71. 5. 10.）。ウィーン体制が終結。8. 1. アイルランド土地法制定。8. 8. 初等教育法制定

1　「世界大国」イギリスの確立

ウィーン体制とイギリス外交

一八一四年六月、ロンドンはヨーロッパ中から集まった王侯たちで埋め尽くされていた。その二カ月前にナポレオンの退位によって戦争が終結するや、ロシア皇帝をはじめとする列強の首脳たちは、このたびの勝利にもっとも貢献したイギリスに敬意を表してこの国に一堂に会したのである。もはやイギリスはヨーロッパ西端の弱小国ではなく、世界大国として列強からも認められていた。その各国の首脳たちが、舞台をオーストリアに移して開いた戦後処理の協議、それがウィーン会議（一八一四年九月～一五年六月）である。これ以後の半世紀ほどの平和の時代を「ウィーン体制（一八一五～七〇年）」とよんでいる。

この会議では、ナポレオン戦争後の国境の引き直しが話しあわれるとともに、「長い一八世紀」という戦争の世紀に疲れ切った各国が、ヨーロッパ全土を巻き込む大戦争を二度と引き起こさないためにも、「勢力の均衡《バランス・オブ・パワー》」を基本に、お互いの勢力圏にはいっさい手を出さず、さらに自らの勢力圏で蜂起や反乱が起こった場合にも、他の列強からの承認なくして軍事介入はできないとする原則を打ち立てた。戦後のヨーロッパは、イギリス、ロシア、オーストリア、プロイセンに敗戦国フランスも加えた五大国が中心となってその平和を維持し、五大国の代表が定期的に会議を開いてお互いを牽制しあうことになった。

しかし、ウィーン体制の初期を支えた「会議体制《コングレス・システム》」は、自国の勢力圏で台頭しつつあった自由主義や民族主義の動きを武力で鎮圧しようとする北方三列強（ロシア・オーストリア・プロイセン）が、その抑圧的な政策をお互いに認めあうための装置として機能していった。戦時中からイギリス外相として活躍していたカースルレイ子爵は、戦後の「会議体制」にも積極的に関わった。彼は、北方三列強による自由主義・民族主義の弾圧には反対であったが、ロシアやオーストリアが過度に勢力を拡大するのを防ぐためにも、あえて「会議体制」に深く関与し、ヨーロッパ全体の安全保障問題

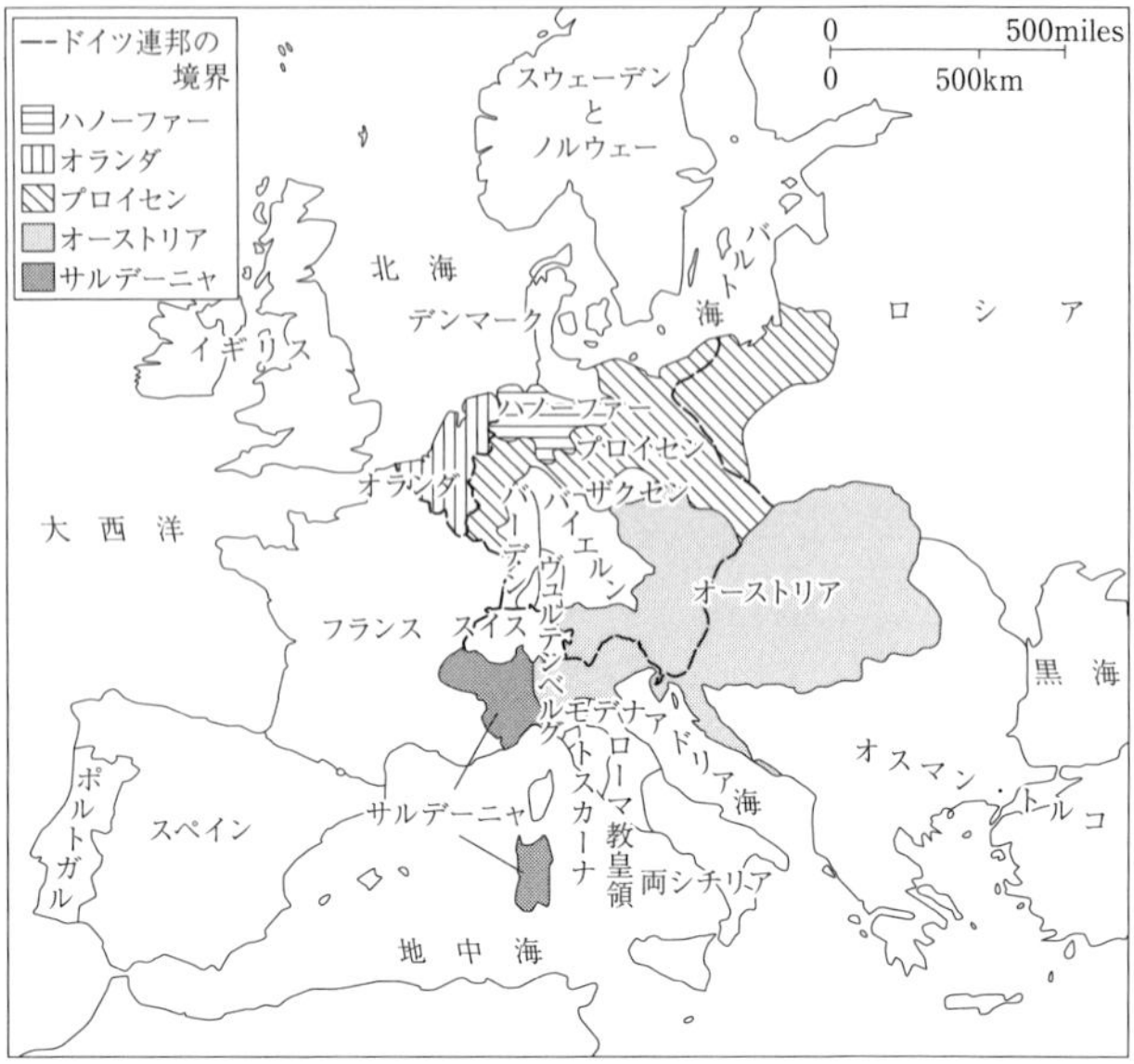

図4－1　ウィーン体制下のヨーロッパ

出典：M. E. Chamberlain, *'Pax Britannica'?: British Foreign Policy 1789–1914*, Longman, 1988 をもとに作成。

にも積極的に対応した。

一八二二年秋から外相に就任したジョージ・カニングは、北方三列強が主導する会議で、イギリスに関わりのない問題にまで巻き込まれることを嫌い、「会議体制」からは距離をおくことになった。彼は、ギリシア独立問題（一八二一～三〇年）の解決にみられたように、周辺の関係国だけで個々の問題に柔軟に対応していく外交を好んだ。とはいえ、ナポレオン戦争終結後のイギリスは、大国の一員としてヨーロッパ情勢にも深く関わっていた。

戦後不況と混乱の時代

しかし、「長い一八世紀」の勝者となったはずのイギリス国民を待ち受けていたのは、戦後不況という厳しい現実であった。戦時中は需要の高かった軍需物資に関わる産業（鉄・木材・船具など）は衰退した。また、一七六〇年代から世界に先駆けてイギリスではじまった産業革命（機械による大工場生産）の影響で職を失った労働者らによる機械打ち壊し運動（ラダイト運動）が、綿産業の中心地ランカシャーなど、全国各地で発生した。

経済的に困窮していたのは産業界や国民だけではない。「長い一八世紀」という戦争の世紀を乗り越え、イギリスが最終的に勝利をつかんだ代償は、莫大な金額に膨れあがった国債となって現れた。ナポレオン戦争が終結した一八一五年までに、その額は九億ポンド（当時の政府歳入の一四年分）を超えるまでに至っていた。

戦争の終結は、ウィリアム・ピット（小ピット）以来の財政政策にも変化をもたらした。戦時中に新たな財源として徴収された所得税は廃止され（一八一六年）、ナポレオンによる大陸封鎖令のおかげで比較的高く設定されていた穀物価格を戦後も高水準で安定化させるため、穀物法が制定された（一八一五年）。これは小麦価格では、一クォーターあたり八〇シリング以下になると輸入を禁じるという農業保護政策であった。当時の議会は地主貴族《ジェントルマン》階級が議員の大半を占めており、彼らの圧力で制定された法律であった。しかしこれは労働者階級にはパンの値段を不当に上げる悪法と映り、各地で反対暴動が生じた。

リヴァプール伯爵を首班とするトーリー政権は、好んで弾圧を行うような専制的な政府ではなかったが、フランス革命時にみられた民衆暴動の恐怖に過敏に反応したため、政府による独断的な逮捕を禁じる人身保護法も停止され（一八一七〜一八年）、イギリス全土で官憲による取り締まりが強化された。一八一九年八月、マンチェスターで議会改革を訴える六万人の集会が開かれ、穏健な対応を迫った内務省の指示にもかかわらず、市当局は武力でこれを鎮圧し、多数の死傷者を出す大惨事となった（ピータールーの虐殺）。この事件に刺激を受け、政府は扇動的な集会や不法な軍事訓練、文書による政府の誹謗などを禁じた「治安六法」を制定し、戦時中から施行されていた過激な民衆運動を封じ込める政策を継続していった。

「自由トーリー主義」と改革のはじまり

戦後不況から脱して、イギリスの景気が上向きはじめた一八二〇年代初頭頃から、トーリー政権は穏健な改革路線を進められるようになった。これと同時期（一八二二〜二三年）、リヴァプール内閣は改造人事を進め、改革の時代を象徴する若手の有能な政治家が主要閣僚に抜擢された。彼らは、前任者の時代に準備された政策を実行に移しただけではあったが、抑圧的な印象が強かった政府にとっては改革路線を強調できる好機となった。

閣内最年少（三四歳）で登用されたロバート・ピール内相は、地方ごとで混在していた刑法を全国一律にまとめ直すとともに、陪審制度や刑務所の改革に乗り出し、死刑や流刑など過酷な刑罰も軽減された。また、一八二四年には団結禁止法も廃止し、労働組合運動も合法化された。ロビンソン蔵相は、金本位制への移行を完結させ、銀行法で紙幣の統制も行った（二六年）。さらに、財政の好転に伴い、酒類やコーヒーなどの関税も引き下げられ、ハスキソン商務相によるさらなる関税改革も進められた。

また、ハスキソンの関税改革は、彼の盟友カニング外相の外交政策とも深く関係した。スペイン領ラテンアメリカ各国で独立運動が生じると（一八一六〜二三年）、イギリスはこれを積極的に支援したが、その背景にはナポレオン戦争中からイギリス商工業に依存しはじめたラテンアメリカ市場を戦後も引き続き統御しようとしたイギリスの経済的な利害が働いていた。イギリスの対ラテンアメリカ輸出額は、一八一五〜二五年までの間に二五〇万ポンドから五〇〇万ポンドまで倍増していた。このように一八二二年以降のリヴァプール政権は、若手閣僚を中心に官僚や議会との協力関係の下でさまざまな自由主義的改革を進めたため、この時期を「自由トーリー主義」の時代と形容することもある。

トーリーの分裂と政治の混迷

しかし、トーリーによる安定した政治は長続きしなかった。財政や通商、刑法に関わる改革では一致をみせていた政権内部には、一七世紀以来続いてきたカトリック教徒に対する政治的差別の撤廃をめぐる深刻な対立がみられたのである。それは、カニング外相などカトリック教徒の解放を訴えるグループと、ピール内相などそれに反対するグループとの対立であり、すべては穏健で人望の厚いリヴァプール首相による調整で事なきを得ていた。ところが、一八二七年二月にリヴァプールが脳溢血で倒れ、半身不随の身となった。国王ジョージ四世の裁定でカニングが首相に選ばれるや、カトリック解放に反対の閣僚が全員政権から離脱した。このため、カニングは野党ホイッグで彼に好意的なランズダウン侯爵率いる穏健派との提携で難局を乗り越えようとした。しかし、そのカニングが同年八月に内臓疾患で急逝し、事態はさらに深刻化した。

翌二八年一月に、国王は、ナポレオン戦争の英雄で戦後はトーリー政権の重鎮となっていたウェリントン公爵に組閣を命じ、政局の安定化を望んだ。内相並びに政府下院指導者にはピールが就き、実務面からウェリントン首相を支えた。

ピールは世論の動向を感じ取れる有能な人物であり、政権内右派（超《ウルトラ》トーリー）からの反対を押し切り、皮肉なことに彼自身がかつて反対していたカトリック教徒に対する政治的差別の撤廃を進めることになった。同年には審査法も廃止され、翌二九年にカトリック教徒解放法が成立し、カトリックでも国会や地方議会で議席につくことが可能となった。この一連の政策を「裏切り」と感じた超トーリーは政権を離脱し、小ピットが政権を樹立して（一七八三年）以来、リヴァプールにより長期政権が維持されてきた、半世紀近くに及ぶトーリーの優越時代は終焉を迎えつつあった。トーリーは、カニング亡き後も改革路線を進めようとする左派の旧カニング派、ウェリントンやピールらの本流、そして右派の超トーリーという三つのグループに分裂した。こうしてウェリントン政権は窮地に立たされることとなった。

2　貴族政治と改革の時代

グレイ政権と改革の推進

一八三〇年一一月、ウェリントン政権は、旧カニング派、超トーリーと手を結ぶ野党ホイッグからの攻撃に遭い、議会審議に敗北して、総辞職に追い込まれた。同年六月に兄から王位を引き継いだウィリアム四世が後継首相に任命したのは、ホイッグの長老政治家グレイ伯爵であった。ここに、グレイを首班とするホイッグ・旧カニング派・超トーリーの三党派による連立政権が成立した。その新政権にとっての最大の課題が選挙法の改正であった。

中世以来、イギリス各地では土地を基準とする財産資格に応じて、国政に関わる選挙権も被選挙権も規定されていた。すなわち、議会は地主貴族階級によって支配されていた。しかし、一八世紀後半以降の産業革命の時代から、中産階級も納税などのかたちで国家に貢献するようになっており、選挙権の拡大が叫ばれるようになっていた。一八三〇年の段階でも、イングランドとウェールズで選挙権を有していたのは三二万人程度（人口の三パーセント）にすぎなかった。また、有権者が数名しかいない選挙区がある一方で、マンチェスターなど一〇万人規模の大都市に議席が配分されていないような状況が続いていた。

こうした現状を打開すべく、グレイ政権は野党トーリー（特にその牙城である貴族院）と激しい攻防戦を繰り広げながらも、一八三二年六月に第一次選挙法改正を実現した。これで人口比に基づいた議席定数の是正がある程度実現し、都市選挙区でも州選挙区でも下層中産階級（小売り店主層など）にまで選挙権は拡大された。さらに、グレイ政権は矢継ぎ早に次々と改革を進めていった。議会改革の翌三三年には工場法が制定され、労働時間の短縮や労働条件の改善が進められた。三四年には救貧法が改正され、貧民の労働意欲の向上が図られた。また三三年にはイギリス帝国全土において、奴隷主たちに総額二〇〇〇万ポンドの賠償金が支払われることで、奴隷制度が廃止された。

しかし、これらの改革にもまだ時代的な制約がみられた。第一次選挙法改正でも、いまだ土地を基準とした財産資格が採用され、選挙権は労働者階級に付与されることはなかった。このため労働者たちには不満が残った。さらに、一八三五年に制定された都市自治体法は、それまで寡頭支配の続いた各地方自治体の民主化を進めたが、女性たちには選挙に参加できる権限が与えられなかった。地方選挙だけではない。国政選挙からも女性は締め出されたままであった。しかし政府はこれで充分と考え、さらなる改革を進めようとしなかった。一八三四年七月、ホイッグ党内に亀裂が生じたため、グレイは首相から引退した。

ところが後継首班のメルバーン子爵（ホイッグ）は、同年一一月に党内人事の問題をめぐって国王と対立し、首相から更迭されてしまう。後任には、野党トーリーの下院指導者ピールが選ばれた。ピールは、首相に選ばれるや早々の一二月に、自らの選挙区であるタムワース（イングランド中央部）で選挙綱領《マニフェスト》を発表し、選挙法改正後の新しい時代に改革にも柔軟に対応できる新しい政党としての「保守党」の立ち上げを宣言した。このときから、トーリーは新生の保守党として生まれ変わったのである。

貴族政治と民衆運動の抑圧

ところが、ピールの保守党政権は、翌一八三五年には早くも総辞職に追い込まれた。野党ホイッグが、急進派（さらなる議会改革を主張）、オコンネル派（アイルランドを連合王国から分離することを主張）と手を結び、議会審議で政府を敗北に追い込んだのである。首相にはメルバーンが返り咲いた。しかし、メルバーンらホイッグ主流派が、提携を結ぶ急進派・オコンネル派からの要求を実行に移すことはなかった。グレイ政権の時代から彼らが種々の改革を進めてきたのは「貴族政治《アリストクラシー》」を維持するためであった。ヨーロッパ大陸では、フランス七月革命（一八三〇年）をはじめ、中産階級に政治的権利を与えないがために革命や反乱が絶えなかったが、イギリスでは彼ら貴族政治家たちが率先して改革を進めることで、中産階級の不満の種をある程度は取り除いていたのである。

産業革命により商工業を経済基盤とする中産階級が台頭したとはいえ、一九世紀半ばのイギリスで最大の富裕階級は相変わらず地主貴族であった。表4－1からもわかる通り、地主貴族は年収も財産も商工業階級をはるかに凌駕しており、サザーランド公爵（千葉県より若干小さい所領）やベドフォード公爵（埼玉県より若干大きい所領）など、桁違いの大領主も少なからずいた。もう少し時代が先になるが、一八七三年には、イギリス全土の八〇パーセントの土地がわずか七〇〇〇の地主たちによって所有されていたのである。こうした財力を背景に政治の世界でも相変わらず影響力を保ち続けた貴族政治家たちは、第一次選挙法改正や救貧法の改正などには着手したが、アイルランドの分離はもとより、急進派から要求のあった秘密投票制度の導入など、さらなる選挙法改正を進める気は毛頭なかった。このためメルバーン政権と野党保守党の間には、急進派やオコンネル派が要求する過激な政策を政府が進めない限りは、野党も政府を攻撃しないという密約が結ばれていた。それは、一八三七年六月に即位した若き女王ヴィクトリアの時代になってからも変わらず、のちに「ヴィクトリア朝の妥協」とよばれることになった。

表4－1　19世紀半ばのイギリスにおける各階級の平均的年収

階　級	年　収
大貴族	30,000ポンド
中小貴族・大商人・大銀行家・大工場主	10,000ポンド
ジェントリー・高位聖職者・高級医師・法廷弁護士・実業家	1,000～2,000ポンド
医師・弁護士・官僚（典型的な中産階級）	300～800ポンド
会社員・学校長・ジャーナリスト・小売店主（下層中産階級）・高度熟練工・職人（上層労働者階級）	150～300ポンド
熟練工・鉄道運転手	75～100ポンド
半熟練工・熟練女性工員	50～75ポンド
船員・水兵・高級家内使用人	45ポンド
農場労働者・陸軍兵士	25ポンド
家内使用人・最下級店員・お針子	12～20ポンド

出典：Sally Mitchell, *Daily Life in Victorian England,* London, Greenwood Press, 1996, pp. 33-34.

こうしたなかで、急進派議員の活動に期待を寄せなくなった中産階級や労働者階級は、議会の外で新たな運動を展開していく。パンの値段を不当につり上げている穀物法の廃止を訴える反穀物法同盟が、一八三八年にマンチェスターで結成された。また同年に、さらなる選挙法改正の実現をめざしたチャーティスト運動が開幕した。ロンドン労働者協会（一八三六年結成）によって公刊された「人民憲章《ピープルズ・チャーター》」（一八三八年五月）には、男子普通選挙権や議員への歳費支給、毎年の改選などが盛り込まれた。やがて運動は、北部の工業都市バーミンガムを拠点に全国的に展開し、膨大な数の中産階級や労働者を糾合した大衆政治運動に発展した。しかし、指導者や地域同士の対立が重なり、彼らの運動は四八年のロンドン大集会を最後に雲散霧消していった。また、彼らの「人民憲章」にしても、女性選挙権の項目が外されるという限界がみられた。このような全国的な民衆運動は、産業革命がピークを迎え、イギリスが不況期（一八三八～四二年）に突入したのと符合するように現れたが、種々の改革はあくまで貴族政治家を主体とする議会や政府が主導権を握るべきであると考えていたメルバーンのホイッグ政権は、こうした運動を抑圧し続けていった。

ピール政権の諸改革と保守党の分裂

ヨーロッパ大陸諸国が次々と産業革命を実現し、イギリス製品に高い関税をかけて保護政策に乗り出すなかで、イギリス経済は失業、賃金引き下げ、物価上昇という、どん底の時代に突入した。これに穀物の不作が重なり、一八四〇年代は「飢餓の四〇年代《ハングリー・フォーティーズ》」とよばれた。その時代の最初の総選挙で野党保守党は勝利を収め、続く議会審議でも政府を敗北に追い込んだため、一八四一年七月にピールを首班とする保守党政権がここに成立した。ピールの第一課題は景気の回復であり、そのためには国家による経済への介入をも辞さないとし、また彼もホイッグ政権と同じく、政府を改革の推進母体と考えていた。

政権に就くや、ピールはまず所得税（年収一五〇ポンド以上の者が対象）を復活させ、逆に七五〇品目に及ぶ輸入関税の大幅な引き下げを断行した。ピールには党利党略にとらわれるという観念がなかった。彼が念頭においていたのはあくまでも「国家全体の利益」であり、そのためにはあえて党内の利害階級とも対立した。たとえば、関税改革の一環として実行された砂糖関税の減税（一八四四年）も、党内に多数いた西インド利害（ジャマイカなど西インド諸島での砂糖生産で巨額の富を得て本国で議員となったグループ）からの反対を押し切っての政策であった。このため、ピールの諸改革は景気の回復には大きな効果をもたらしたが、保守党内に反ピールの感情を膨れあがらせる原因ともなった。

ここにさらなる党内対立の火種が待ちかまえていた。一八四五年の夏、アイルランドでジャガイモ飢饉が発生した。これはアイルランドに飢餓をもたらしただけではなく、イギリス全土の穀物価格の上昇にもつながった。ピール首相は穀物法の廃止を決意した。しかし政権の基盤となる与党保守党には、農業利害の代表である地主貴族が大勢いたのである。ピールによるごり押しの改革に我慢ならなくなったスタンリー男爵を筆頭とする保護貿易派からの反発を抑えるため、ピールはジョン・ラッセル卿率いる野党ホイッグと提携して、翌四六年六月に穀物法の廃止を実現した。

しかしその直後に、党内からの造反に遭ったピール政権は総辞職に追い込まれ、保守党はスタンリー率いる保護貿易派と、ピールとともに党を離脱したピール派（自由貿易派）とに分裂してしまった。後継首相にはホイッグのラッセルが就くが、ホイッグも党内分裂に悩まされ、イギリス政党政治は混迷の一八五〇年代を迎えることになる。

3　大衆民主政治の萌芽期

経済の繁栄と政治の混迷

一八五一年五月一日、ロンドンのハイドパークで第一回の万国博覧会が華やかに開幕した。五カ月間で六〇〇万人以上の入場者を記録した万博は、イギリスの経済力と技術水準の高さを世界にみせつける格好のイベントとなった。とりわけ、会場全体がガラスと鉄筋を素材に技術の粋を結集して作られた傑作であった（水晶宮《クリスタル・パレス》と名付けられた）。

穀物法に続いて、一七世紀以来の航海法も廃止される（一八四九年）と、イギリス経済は自由貿易の黄金時代を迎えた。「飢餓の四〇年代」とはうって変わって、五〇～六〇年代は景気も回復し、上層労働者階級の生活も豊かになった。それまで綿工業が中心だったイギリス産業界は、鉄鋼業など資本財生産でも発展がみられた。マンチェスター＝リヴァプール間で鉄道業務が開始した一八三〇年と比べ、一八六〇年までには鉄道の営業距離は五〇倍（一万六〇〇〇キロメートル）に拡大し、イギリス全土を蒸気機関車が結んだ。

こうした経済的な豊かさは文化の発展にも影響した。一八五〇〜六〇年代にかけては、すでに名声を博していた小説家のディケンズや詩人のテニスンがさらなる名作を発表した。また、一八五九年には、スマイルズの『自助論』、J・S・ミルの『自由論』が刊行され、自由主義全盛期のイギリスの思想界に影響を与えた。さらに同年には、ダーウィンも『種の起源』で進化論を発表し、社会に大きな衝撃を与えた。

このような経済の繁栄とは裏腹に、一八五〇年代の政党政治は混迷の時代に突入した。保守党とホイッグの双方が分裂してしまったので、この一〇年間に五度の政権交代が生じた。それは単独で過半数を得られる強固な政権ができなかったためであり、保守党単独の少数党政権（第一次と第二次のダービー内閣）か、ホイッグを中心とした連立政権（アバディーン内閣と第一次パーマストン内閣）が長くても三年しか存続できない状況にあった。

このため、ある首相が議会審議に敗北して辞意を表明したにもかかわらず、次期後継首班がなかなか決まらないといった事態も生じた。ヴィクトリア女王は問題の解決に窮し、ウェリントン公爵やランズダウン侯爵といった政界の第一線を退いた長老政治家に相談し、後継首班を選定するような場面もみられたのである（一八五一・五五年の内閣危機）。

安定多数を確保した政権ができにくいといった状況は、この時代には長期的な視野から改革を進めることが難しかったことも意味している。上層労働者階級の富裕化に伴い、選挙権をさらに下方へと拡大していく必要性が生じてきたにもかかわらず、さまざまな利害をもった諸党派が群雄割拠する議会内では、そのような改革は頓挫するばかりであった。

自由党の結成と保守党の再生

こうした政治の混迷に終止符を打つきっかけとなったのが、一八五九年六月の自由党の結成であった。それまで離合集散を繰り返すことの多かった、ホイッグ、ピール派、急進派の三派がここに一つの政党を結成し、安定多数を確保することに成功を収めた。しかしそれは、イギリスにすぐに二大政党制が確立されたことまでは意味しなかった。

初代自由党党首で首相に就任したパーマストン子爵は、ラッセル外相やウィリアム・グラッドストン蔵相らの提唱する議会改革にも、財政改革にも乗り気ではなかった。そこで首相は、野党保守党の党首で同じく改革の推進に消極的なダービー伯爵（スタンリーが父の死後に襲爵）と密約を結び、これらの改革は自由党右派と保守党の提携によって議会内で廃案にされていったのである。設立当初の自由党はいまだ諸党派に分かれたままであった。

対する保守党のほうは、ピールの諸改革で分裂した後、二〇年にわたって少数党時代を堪え忍んでいた。その間に政党としてのまとまりを取り戻したのが党首のダービーであった。彼は、政党を自らの政策を実現するための道具としてしかみなかったピールとは異なり、党員や所属議員らの意見も充分に徴しながら、党の運営や政策の立案を行っていくタイプの政治家であった。それは、一九世紀半ばにさまざまな階級や利害を糾合するようになっていた、新しい時代の政党を率いていく上では理想的な手法であった。

自由党と保守党とが一つの政策をめぐって真っ向から衝突する、いわゆる典型的な二大政党制が現れるきっかけとなったのは、パーマストンの死（一八六五年一〇月）であった。後任首相となったラッセルの自由党と、ダービー率いる野党保守党とが、労働者階級に選挙権を拡大する改革をめぐって正面から対峙するようになった。党内分裂に足をすくわれたラッセル内閣は翌六六年に総辞職に追い込まれ、ダービーが三度目の組閣を行った。ここで保守党下院指導者のベンジャミン・ディズレーリが、ダービーの支援を受けながら、議会内で巧みに改正案を推し進めた。保守党内にも改正に反対する議員がいたが、ダービーの采配が功を奏し、保守党は一八四六年の時のような分裂には至らなかった。

一八六七年八月、ここに第二次選挙法改正が実現し、都市の労働者階級に選挙権が与えられた。有権者は二四七万人を数え、全人口の一割が国政に直接参与できるようになった。しかし、女性選挙権を実現する修正案を盛り込もうとした下院議員ミルの試みは失敗し、これ以後、女性選挙権運動が全国で本格化することになった。他方、改正の実現を見届けるかたちで、自由党ではラッセルが、保守党ではダービーがそれぞれ引退し、グラッドストンとディズレーリとが二大政党の指導を託されることになった。

二大政党制の確立と大衆民主政治のはじまり

まだ一部であったとはいえ、労働者階級が議会政治に関わるようになったことで、二大政党は一挙に全国的に組織されるようになった。保守党は保守党全国連合（一八六七年）を設立するとともに、中央事務局を開設し（一八七〇年）、ここが地方の各支部を統括して、支持者の確保、立候補者の選出、選挙資金の提供などを一手にとりまとめた。自由党もこれに若干遅れて、自由党中央協会（一八七四年）と全国自由党連盟（七七年）をそれぞれ立ち上げ、ロンドンを拠点としながらも、全国の商工業都市や農村部で、二大政党は支持者の取り込みや支援団体の動員を組織的に行っていったのである。

その二大政党の党首として新たに登場した二人も、それまでの指導者たちとは出自を異にしていた。イギリスを代表する大地主貴族の家柄であったラッセルやダービーとは違って、自由党のグラッドストンはリヴァプールの貿易商人の息子であり、保守党のディズレーリに至ってはユダヤ系の小説家の出身であった。政党の党首も徐々に、地主貴族階級からより下の階級の出身者へと移りつつあった。

さらに民衆の声が国政に直接的に影響を与えたのが、一八六八年一一月の総選挙であった。この選挙で、ディズレーリ首相率いる保守党（二七六議席）は、野党自由党（三八二議席）に一〇〇議席以上の差をつけられて敗退した。この時ディズレーリは、新しい議会の招集を女王に依頼することなく、彼女に辞表を提出した。後任としてグラッドストンが推挙された。これは総選挙の結果が政権交代に直接的に結びついた、イギリス史上でも初めての現象であった。この後、議会審議の結果如何で政権が交代する場合ももちろんあったが、総選挙は「国民の声の反映」として政権交代につながる重要なものになった。

ここで登場したグラッドストン自由党政権は、グレイ政権や第二次ピール政権と並び、一九世紀でもっとも改革を進めた政府となった。不当に土地に縛り付けられていたアイルランドの小作農のために新たに土地法を制定し（一八七〇年）、大学審査法（七一年）で非国教徒への教育上での差別を撤廃させた。また、地主貴族階級とそれに連なる階級によって事実上独占されてきた文武官職への門戸が、陸軍将校職の位階購買制を廃止し、官僚にも公開の試験制度を導入することで、より下の階級にも開かれることになった（七〇～七一年）。また、労働組合法で組合の法的地位が明確に承認されるとともに（七一年）、総選挙の際の秘密投票制が導入されたことで（七二年）、腐敗選挙にもある程度の歯止めがかけられることになった。

こうして、一八七〇年代以降のイギリス政治は、二大政党制のもと、貴族政治の時代から大衆民主政治《マス・デモクラシー》の時代へと徐々に移行を遂げていくのである。

4　パクス・ブリタニカの光と陰

パーマストンと会議外交の時代

カースルレイ（一八一二～二二年）とカニング（一八二二～二七年）が相次いで外相を務めた時代から、イギリスはウィーン体制下のヨーロッパ国際政治に積極的に関わるようになっていた。そのウィーン体制のヨーロッパに最初の激震が走ったのが、一八三〇年にフランスで七月革命が生じた時であった。パリではルイ・フィリップの七月王政が成立し、ブルボン王朝は崩壊した。この革命は瞬く間に周辺各国の自由主義や民族主義の動きにも火をつけた。翌月、ベルギーの首都ブリュッセルで革命が起こり、市民はオランダからの独立を訴えて戦闘に乗り出した。ベルギー独立戦争のはじまりである。

この問題の解決は、ウィーン体制を統御してきたオーストリア宰相メッテルニヒの采配ではなく、イギリス外相パーマストンが議長を務めるロンドン会議において協議されることになった。パーマストンは、それまでヨーロッパ国際政治において慣例的にみられた、紛争当事国の領土を講和の際に大国間で分割することはやめさせ、小国であってもベルギーやオランダも会議に招いて、意見を徴することにした。また、これまでメッテルニヒが主導してきた会議とは異なり、ヨーロッパ全体の安全保障を反動主義的な政策で保つのではなく、局地的な問題をより柔軟に解決していく新たな「会議外交《コンファレンス・ディプロマシー》」の手法をも確立した。こうしてベルギーの独立は穏便なかたちで実現した。

この後、パーマストンとメッテルニヒの間で、ヨーロッパ国際政治における主導権をめぐって確執がみられ、それはオスマン帝国とエジプトの紛争（第一次シリア戦争）の際に、ロシアの地中海進出の可能性を高めてしまうという失策につながった。しかし、一八三八年からの第二次シリア戦争においては、この時の失敗を教訓に、パーマストンはメッテルニヒとも協力しあい、オスマン帝国とエジプトの対立はイギリス・ロシア・オーストリア・プロイセンの四大国による仲裁で解決した。この時、ヨーロッパ国際政治で一時的に孤立しかけたフランスは、一八四〇年代に入るとメッテルニヒの側に近づくようになり、四〇年代半ばにはパーマストンのイギリスが逆に孤立するかに思われた。

しかし、一八四八年には保守反動化した七月王政がフランス二月革命で倒壊され、革命の嵐はヨーロッパ中に吹き荒れた。ドイツ三月革命ではメッテルニヒが失脚を余儀なくされた。一八三〇年代から国内で改革を進めていたイギリスでは、チャーティストがロンドンで大集会を開いたものの（四月）、大陸諸国のような騒乱にはいっさい巻き込まれなかった。それと同時にパーマストンは、ヨーロッパ革命がヨーロッパ大戦争へと発展しないよう、巧みな外交手腕で列強間の調整を図った。一八四八年にも、デンマークとドイツ諸国の間に領土をめぐる対立が生じた（第一次スレースヴィ戦争）が、パーマストンが議長を務めるロンドン会議で平和裡に解決された。

クリミア戦争と平和の溶解

ところが、平和の時代は長続きしなかった。二月革命の後にフランス第二共和国大統領に選ばれたルイ・ナポレオン・ボナパルト（ナポレオン一世の甥）が、一八五一年にクーデターを成功させ、翌五二年一二月にはナポレオン三世として第二帝政の皇帝に即位した。彼は、オスマン帝国皇帝と条約を結んだが、それが北の大国ロシアを刺激し、五三年秋からロシアとオスマン帝国の間で戦争が勃発した。イギリス政府内は、親ロシア派と親オスマン帝国派とに分裂し、それがまた両国の対立を深める一因となっていた。

一八五四年三月、ロシアが再び地中海への進出をたしかなものにすると、これを嫌うイギリスは、フランスからの誘いに応じるかたちで、ついに参戦した。クリミア戦争の国際化である。戦争は予想外に長期化し、黒海に臨むクリミア半島の最先端にあるロシアのセヴァストポリ要塞をめぐる攻防戦が続いた。現地にはまともな野戦病院さえなく、時の陸軍事務長官ハーバートの要請で、彼の友人であったナイティンゲール率いる看護団が派遣され、それは近代看護学の確立にも寄与する出来事となった。

英仏の参戦からちょうど二年後の一八五六年三月、戦争は両者痛み分けのかたちで終結し、ロシアは一応占領地から退いた。当時首相となっていたパーマストンは、五五年九月にセヴァストポリを陥落させた後も陸海軍を動員して戦争を続行させたかったのであるが、フランスが気乗り薄の状況ではそれは難しかった。世界最強の海軍を誇ったイギリスではあるが、ナポレオン戦争以後に改革を怠ってきた陸軍は脆弱で、一国だけでロシアと対峙することはできなかったのである。クリミア戦争は、いざという時に陸海軍を効果的に使えないイギリスの弱さをヨーロッパ列強に知らしめる戦争ともなった。

それればかりではない。この戦争は、一八一五年から続いてきたウィーン体制下の平和も根本から掘り崩してしまったのである。英仏両国がロシアに宣戦布告するにあたり、バルカンにも黒海にも利害のないプロイセンはみてみぬふりを決め込んだ。バルカン半島に利害をもつオーストリアに至っては、ロシアの南進がこれ以上続くようであれば、英仏側について参戦するという密約を結んでいたほどである。これで北方三列強の鉄の絆にひびが入り、クリミア戦争以後には、バルカンをめぐるロシアとオーストリアの確執、さらにはドイツ統一問題をめぐるオーストリアとプロイセンの対立が激しさを増していった。

これに加えて、クリミア戦争の講和をパリで取り仕切ったナポレオン三世が新たな野心をもたげていった。彼は伯父を倒して築かれたウィーン体制を瓦解させて、ライン左岸にさらなる領土を拡大しようと企んでいたのである。

ウィーン体制の崩壊とイギリス外交の凋落

一八六〇年代にはいると、ヨーロッパ国際政治は相次ぐ戦争や動乱に巻き込まれていった。イタリアでは北部（ロンバルディアとヴェネチア）を押さえるオーストリアとの統一戦争（一八五九～六一年）がはじまった。ウィーン体制とともにロシアの圧政下におかれていたポーランドでも三度目の反乱が生じた（六三年）。さらに、デンマークとドイツ諸国（主にはオーストリアとプロイセン）との間では再び戦争（第二次スレースヴィ戦争）が勃発した（六四年）。

当時のイギリスは、外相としてヨーロッパ国際政治に一時代を築いたパーマストンが首相を務めていた。彼は、ナポレオン三世が勢力を拡張するのを防ぎながらも、デンマークとドイツ諸国との調停にもあたろうとした。プロイセンでは、一八六二年から名うての外交官ビスマルクが首相に就いていた。彼もまた、ナポレオン三世と同様に、ウィーン体制を倒壊して、プロイセン主導型のドイツ統一を達成しようと計画していた。

第二次スレースヴィ戦争は、イギリスが議長国を務めるロンドン会議で解決が図られることになった。しかし、デンマークはイギリスの支援を得られるものと強硬な態度を示し、オーストリア・プロイセンの側も話しあいの打ち切りを主張した。一八六四年六月にロンドン会議は失敗に終わり、その直後の戦闘で敗北したデンマークは領土を割譲した。

ビスマルクにとっての脅威はもはやイギリスではなかった。イギリス陸軍の脆弱性に加え、戦闘が内陸部になった場合には、さしものイギリス海軍も手も足も出なかった。さらにヨーロッパ大陸でも鉄道網が急発展を遂げていた当時にあっては、イギリス海軍による港湾の封鎖もそれ以前に比べて効果は減退していた。ビスマルクが脅威を感じていたのは、むしろナポレオン三世のほうであった。一八六五年一〇月に二人はフランス南西部の保養地ビアリッツで会談し、ビスマルクが翌年に予定していたオーストリア侵攻にあたり、フランスの中立を約束させた。この会談と同じ頃にパーマストン老首相は息を引き取った。

翌六六年、普墺戦争でプロイセンはわずか七週間で勝利を収めた。そして最後の決戦が七〇年夏の普仏戦争である。セダンの戦いに敗北したナポレオン三世は捕虜にされ、フランス第二帝政は崩壊した。翌七一年一月に、パリ郊外のヴェルサイユ宮殿「鏡の間」でドイツ帝国の成立が高らかに宣言された。こうして半世紀にわたって続いたウィーン体制は瓦解し、ビスマルクを帝国宰相とするドイツを調整役に据えた「ビスマルク体制」が七〇年代以降のヨーロッパ国際政治に一定の平和をもたらしていくことになる。

この間、イギリスはヨーロッパでは為す術がなかったが、この時代にはむしろイギリスの関心も利害も、ヨーロッパの外の世界へと大きく向けられていたのである。

5　世界帝国への道

アジア世界への拡張

「長い一八世紀」の時代以前から、通商大国イギリスの関心はヨーロッパの外の世界に向けられていた。それは「長い一八世紀」にみられた第二次英仏百年戦争がイギリス勝利のうちに終結した後には、とくにアジアを中心に強められていった。

まずは清王朝支配下の中華帝国である。王朝の最盛期を築いた乾隆帝の時代には、古来からの朝貢体制を守り、西欧の「蛮族」とは対等な関係で国交も通商も取り結ばなかった中国は、イギリスからマカートニー使節団が派遣された際（一七九三年）にも、通商条約は結ばずに、すげなく追い返していた。しかし、この事件から半世紀もしないうちに、中国はアヘン戦争（一八四〇～四二年）によってイギリスの脅威にさらされることになる。一八世紀末からイギリスはインド産のアヘンを中国に輸出させ、大量の銀が中国から流出していた。これを阻止しようとした中国官憲との衝突からアヘン戦争は勃発した。結果はイギリスの勝利に終わり、香港は割譲され、広州や上海などが開港された。

さらに、一八五六年秋にはイギリス商人と中国兵の間でアロー号事件とよばれる衝突が起こり、これをきっかけに第二次アヘン戦争（一八五六～六〇年）が始まった。このたびもイギリスの勝利に終わり、中国はさらなる開港と、北京への在外公館の設置まで認めざるを得なくなっていく。一九世紀末から本格化する欧米列強や日本による中国分割の下地はこうして整えられていった。

その中国にアヘンを送り続けていたインドでは、一八世紀半ばから東インド会社による間接統治が続いていたが、一八五七年五月に東インド会社軍配属のインド人傭兵《シパーヒー》（英語名ではセポイ）が反乱を起こし、北インド各地での民族的な反乱へと発展した。翌年夏までにイギリス軍によって反乱は鎮圧され、ムガル帝国が滅亡するとともに、東インド会社は解散させられ、イギリスによるインドの直轄支配がはじまることとなった。

「帝国の中の帝国」と呼ばれたインドの統治は、すでに大反乱の前から重視されており、イギリス本国の官僚制度に先駆けて、インド高等文官にはいち早く一八五五年から公開の競争学力試験が導入されていた。さらに本国にもインド省が設立され（五八年）、女王の名代として派遣される総督（副王）が実際の統治にあたった。一八七〇年の時点で、インドはイギリス海外投資の二〇パーセントを占め、イギリス製品にとっても極めて重要な取引先となった。このため、本国から地中海を経てインド洋へと至る道は「帝国連絡路《エンパイア・ルート》」とよばれ、その防衛はイギリスの帝国政策にとっての最重要課題となっていった。

このように、一九世紀半ばには、アジアの二大帝国を押しのけるかたちで、イギリスによるアジア支配の基盤が固められていった。

白人移住植民地の発展

一九世紀半ばのイギリス帝国は、広大な面積と莫大な人口を抱えるアジア帝国への侵略が深められた時代であるとともに、それ以前から入植が進められていたイギリス系の白人移住植民地の統治がさらなる発展をみせた時期でもあった。まずは北アメリカである。一七八三年にアメリカ合衆国が独立を果たしたものの、すぐ北のカナダはイギリスの植民地として留まり続けていた。上《アッパー》カナダと下《ロワー》カナダとに分かれて入植が続けられたカナダでは、やがて現地の寡頭支配に対する反発から、一八三七年に上下双方で改革派による反乱が生じた。折しも総督として派遣されたダーラム伯爵の提言により、上下カナダは統合され、外交・通商などに関する改革とともに、イギリス流の統治制度（責任政府）が改めて導入され、四一年からは連合カナダ植民地として、任命制の行政府や議会が設置された。

その後、イギリス系とフランス系との間で衝突がみられたものの、一八六七年には連合カナダに東部のニューブランズウィック、ノヴァスコシアを加えた三植民地が、「カナダ連邦」を結成し、イギリス帝国で初めての自治領として、一つにまとめられた独自の政府をもつことが許されるに至った。

南半球では、広大なオーストラリア大陸の入植が進められていた。一八世紀後半にクック船長の探検隊がここを訪れて以来、オーストラリアはイギリスの犯罪者にとっての流刑植民地として開拓が進められていた。しかしそれも、一九世紀半ばまでには、ニューサウスウェールズやヴィクトリア、タスマニアなど、それぞれに自治政府をもつ地域へと分かれて発展を遂げていった。また、同じくクック隊の探検で発見されたニュージーランドも、一九世紀初頭から本格的に入植が開始され、一八三〇年代にはイギリス本国での移民奨励政策により、さらなる開発が進められた。

さらに、アフリカ大陸の最南端も、ケープ植民地として一九世紀初頭からはイギリスの支配下にあった。ここはスエズ運河が開通する（一八六九年）までは、船舶だけを利用してインドに行くための重要な拠点であり、イギリスは原住民やオランダ系白人のボーア人（アフリカーナー）を圧迫しながら領土を拡大した。

これら白人移住植民地では、南アフリカの場合と同様に、白人入植以前から生活していた原住民との衝突が必ずみられ、カナダ（ネイティヴ）でもオーストラリア（アボリジニ）でも白人による虐殺や土地からの追い立てが生じていた。とくに一九世紀半ばには、ニュージーランドでの白人と原住民マオリとの戦争（一八六〇～七二年）が壮絶を極めた。

自由貿易帝国主義

イギリスの利害が世界大に拡がっていた一九世紀半ばに一世を風靡した経済思潮が、「自由貿易」を重視する考え方であった。産業界出身で後に政治家となったリチャード・コブデンやジョン・ブライトなど、いわゆる「マンチェスター学派」と呼ばれた人々は、自由貿易により世界中から安い商品が手に入ることは、経済効率の面から好ましいだけではなく、互恵的な通商条約を結ぶことで国際平和にもつながると提唱した。彼らの運動が、一八四六年の穀物法の廃止に果たした役割も重要であった。

しかしそれは、あくまでも商工業で先に発展を遂げていたイギリスによる「強者の論理」であり、ヨーロッパ諸国をも含めた、世界各地の「弱者」には押しつけ以外の何ものでもなかった。近年では、この自由貿易がそのまま一九世紀後半からの帝国主義へとつながり、両者を同じ直線上でとらえるのが定説となっている。すなわち、イギリスは、できる限りは経済的な勢力圏（非公式帝国）にとどめ、防衛費や人員（文武官僚）をそれほど必要としない支配の方法を好んでいたが、それらの地域がイギリスの要求に反発（戦争や反乱）してきた場合には、政治・軍事的にも植民地（公式帝国）として支配していったというのである。この「可能な限りは非公式で、必要とあらば公式に」という、「自由貿易帝国主義」が一九世紀半ばのイギリス帝国政策の主流を占めていた。

それはすでにナポレオン戦争の時代からはじまっていた、ラテンアメリカ諸国への経済的な浸透（本章でもすでに述べた）にみられていた。中国の場合には、二度のアヘン戦争を経て、非公式帝国から公式帝国へと組み込まれつつあったといえよう。これらの国々は、イギリスから「自由貿易」の名のもとに強制的に通商条約を結ばされたが、それはイギリス側に都合の良い不平等条約であった。コブデンが特使を務めて締結された英仏通商条約（一八六〇年）にさえ、イギリス産業界に有利となる条件が隠されていた。

こうしたイギリス流の「自由貿易帝国主義」への対応を余儀なくされた国の一つが日本である。ペリー来航を契機に、イギリスとも和親条約（一八五四年）、修好通商条約（一八五八年）を結ばされた幕末の日本は、不平等条約のもと、関税を独自に決める権利（関税自主権）もなく、イギリス人犯罪者を罰することもできなかった（領事裁判権）。明治新政府になってからも、イギリスなど欧米列強は条約の改正に応じなかったが、一八八〇年代以降に、日本が欧米流の法体系（憲法など）、政治制度（内閣や議会）を備えるに至って、ようやく一九世紀末（一八九四年）にイギリスは条約改正に応じ、他の列強もこれに倣うことになった。

一九世紀半ばは、外交・通商・国際慣行のすべてにおいて、この「イギリス流」の価値観と正義と秩序が世界を席巻し、まさに「パクス・ブリタニカ（イギリスによる平和）」の全盛期であった。さらに、この時代に国内で種々の改革を進め、ヨーロッパや世界を股にかける外交官の多くを占めたのが地主貴族階級であった。そして、世界大に拡がりつつあった植民地の総督や高級官僚の大半を独占したのも、彼ら貴族たちであった。その意味でも、一九世紀半ばのイギリスは貴族政治の黄金期であったともいえよう。

参考文献

秋田茂編『パクス・ブリタニカとイギリス帝国』（イギリス帝国と二〇世紀　第一巻）ミネルヴァ書房、二〇〇四年。

井野瀬久美惠『大英帝国という経験』講談社、二〇〇七年。

川北稔・木畑洋一編『イギリスの歴史』有斐閣アルマ、二〇〇〇年。

川本静子・松村昌家編『ヴィクトリア女王——ジェンダー・王権・表象』ミネルヴァ書房、二〇〇六年。

君塚直隆『イギリス二大政党制への道——後継首相の決定と「長老政治家」』有斐閣、一九九八年。

君塚直隆『パクス・ブリタニカのイギリス外交——パーマストンと会議外交の時代』有斐閣、二〇〇六年。

君塚直隆『女王陛下の影法師』筑摩書房、二〇〇七年。

君塚直隆『ヴィクトリア女王』中公新書、二〇〇七年。

木村和男『カナダ自治領の生成——英米両帝国下の植民地』刀水書房、一九八九年。

古賀秀男『チャーティスト運動』教育社、一九八〇年。

古賀秀男『キャロライン王妃事件』人文書院、二〇〇六年。

小関隆『一八四八年——チャーティズムとアイルランド・ナショナリズム』未来社、一九九三年。

佐々木雄太・木畑洋一編『イギリス外交史』有斐閣アルマ、二〇〇五年。

竹内幸雄『イギリス自由貿易帝国主義』新評論、一九九九年。

田所昌幸編『ロイヤル・ネイヴィーとパクス・ブリタニカ』有斐閣、二〇〇六年。

本田毅彦『インド植民地官僚——大英帝国の超エリートたち』講談社新書メチエ、二〇〇一年。

松村昌家『水晶宮物語——ロンドン万国博覧会一八五一』ちくま学芸文庫、二〇〇〇年。

見市雅俊『コレラの世界史』晶文社、一九九四年。

村岡健次『ヴィクトリア時代の政治と社会』ミネルヴァ書房、一九八〇年。

村岡健次『近代イギリスの社会と文化』ミネルヴァ書房、二〇〇二年。

村岡健次「工業化の進行と自由主義」村岡健次・川北稔編『イギリス近代史』（改訂版）ミネルヴァ書房、二〇〇三年。

横井勝彦『アジアの海の大英帝国——一九世紀海洋支配の構図』講談社学術文庫、二〇〇四年。

扉図出典：（上）*National Portrait Gallery Visitor's Guide*, London, 1992, p. 20.（下）『ターナー』新潮社、一九七五年。

コラムⅣ

改革の時代のイギリス王室

君塚直隆

貴族政治の時代から大衆民主政治の時代へと移り変わる一九世紀半ばのイギリスにおいては、貴族政治の頂点に立つ王室の運命にも紆余曲折がみられていた。

一八一一年二月に父の病気で摂政皇太子となったジョージ（のちのジョージ四世）は、ロンドンの都市改造や芸術の後援、国立美術館や大英図書館の設立に尽力するほどの学芸の鑑識眼に優れた人物ではあったが、一八二〇年に国王に即位するや早々に、キャロライン王妃との離婚問題で国中を騒がせた。とくに国民の多くは王妃に同情的で、翌二一年夏に彼女が急逝した時には、国王の人気はさらに急落した。

一八三〇年に兄王から王位を引き継いだウィリアム四世は、元々は生粋の海軍軍人で、政治の諸事全般については疎かった。即位当時すでに六五歳に達しており、国民からの人気は決して低くはなかったが、三一〜三二年に第一次選挙法改正の問題をめぐって与野党（さらには下院と貴族院）が衝突すると、両者に挟まれ右往左往した挙げ句に、野党（貴族院）側の譲歩で事なきを得た。しかし、彼にはいまだ「国王大権」が強固に備わっており、三四年一一月にメルバーン首相を独断で更迭したのも彼であった。

ジョージ三世が一五人の子宝に恵まれたのとは裏腹に、彼の息子たちは跡継ぎに早世される場合が多く、一八三七年六月にウィリアムの後を継いだのは弟ケント公爵（ジョージ三世の四男）の忘れ形見、ヴィクトリア女王であった。老国王たちの時代に飽き飽きしていた国民にとっては、一八歳の若き女王の登場で世相も明るくなるかにみえた。しかし、彼女が即位した当初は、イギリス経済もどん底の時代に突入し、チャーティスト運動や反穀物法同盟などの民衆運動も盛んであった。

女王は、一八四〇年に従弟のアルバート公と結婚し、二人はやがて男子四人・女子五人の子宝に恵まれた。ドイツ貴族の出身であるアルバート公は性格も温厚で識見に富んでおり、女王が妊娠・出産で不在中には、政治や外交にも適切に関わった。一八四二年には、テューダー王朝のヘンリー八世以来、実に三〇〇年ぶりといわれたフランスへの公式訪問も果たし、ルイ・フィリップ国王とも親しく交わった。また、当時のピール首相の有能さを一目で見抜き、彼の進める改革路線を宮廷から支援したのもアルバートであった。

かつて女王は寝室女官の人事問題をめぐってピールと対立し、首相に就くはずであった彼を政権から退けるという失態を演じていたが（一八三九年）、アルバートの仲裁で女王もピールを信頼するようになっていたのである。

しかし、イギリスでは外国人に対する偏見が強く、ドイツ人のアルバート公は国民からなかなか信頼されることはなかった。その彼の名声を一挙に高めたのが、一八五一年に開催されたロンドン万博であった。この一大イベントを企画・立案・運営したのが、ほかならぬアルバートであり、これによって彼はようやく国民からも一定の人気を得ていった。

ところが、そのアルバートが一八六一年一二月に腸チフスで急逝するや、事態は思わぬ方向に動き出した。夫を愛し続けた女王が、あまりの悲しみで公式の場から姿を消したのである。女王は、夫が設計した、スコットランド高地のバルモラル城や、ワイト島（イングランド南部）のオズボーン・ハウスなど、アルバートとの思い出の地に籠もりきりとなり、議会の開会式にも、ロンドンでの社交の場にも姿を現さなくなった。また、アルバートの馬の世話係でもあったブラウンとの関係まで噂され、「ブラウン夫人」などと陰口をたたかれることもあった。

一八六七年に第二次選挙法改正が実現し、労働者階級がますます政治に関与してくるようになると、議会の内外から「この国にもう王室はいらないのではないか」という、王室廃止論、共和制移行運動が登場するようになった。それでも頑なに国民の好奇の目から遠ざかっていた女王を救ったもの、それがアルバートの亡霊であったといえよう。

亡夫の死からちょうど一〇年を経過した一八七一年一二月、皇太子のアルバート・エドワード（のちの国王エドワード七世）が、なんと父と同じ腸チフスにかかってしまったのである。それまでは、「女王などいらない」、「道楽者の皇太子などいらない」と書き立てていた新聞や雑誌が、いっせいに王室への批判を自粛するようになった。そして亡父の命日（一二月一四日）に奇跡的に意識を取り戻し、恢復した皇太子に国民は喝采した。

翌七二年二月に、皇太子の恢復記念礼拝がロンドンのセント・ポール大聖堂で華々しく行われたが、このとき女王は、君主が国民の前に姿を現すことの重要性を改めて認識した。これ以後はできる限り、公式の行事や社交の場に姿を現すようになった女王は、一八七〇年代以降に本格化したイギリス帝国の拡大とも相まって、帝国の象徴的な存在とされた。在位五〇周年記念式典《ゴールデン・ジュビリー》（一八八七年）さらに六〇周年記念式典《ダイアモンド・ジュビリー》（一八九七年）では、女王の人気も頂点に達した。

そして彼女が、二〇世紀の幕開けとともに（一九〇一年一月）八一歳で大往生を遂げた時、国民は帝国のたそがれを予感しつつ、「イギリスの世紀」の終わりを身をもって実感したのである。

第五章　帝国主義の時代

秋田　茂

1877年デリー・ダールバール
ヴィクトリア女王のインド女帝宣言を祝う式典。インドと英王室との密接な関係を誇示した。

1874	2. 20. 第二次ディズレーリ保守党内閣成立（～80）
1875	6. 8.「トーリー・デモクラシー」の展開。11. スエズ運河株買収
1877	1. 1. ヴィクトリア女王,「インド女帝」宣言
1880	4. 23. 第二次グラッドストン自由党内閣成立（～85）
1881	8. アイルランド土地法（第二次）制定。9. 9. エジプトでオラービー革命
1882	9. イギリス軍，エジプトに軍事干渉し単独占領
1883	1. 19. スーダンで「マフディー教徒の反乱」起こる
1884	11. 第三次選挙法改正成立
1885	1. 26. スーダンで「ハルトゥームの悲劇」起こる
1886	2. 1. 第三次グラッドストン自由党内閣成立（～86. 7. 20.）。4. 8. アイルランド自治法案，土地購入法案提出。6. 8. 左記 2 法案否決される
1887	4. 4. 第 1 回植民地会議開催
1890	ベアリング恐慌（大不況の深刻化）
1892	8. 15. 第四次グラッドストン自由党内閣成立（～94. 3. 20）
1893	1. 14. ～16. ケア・ハーディ，独立労働党を結成。9. 8. 第二次アイルランド自治法案,貴族院で否決される
1895	6. 25. 第三次ソールズベリー統一党内閣成立，ジョゼフ・チェンバレン，植民地相に就任。12. 南ア，ジェームソン侵入事件。
1897	6. 22. ヴィクトリア女王即位60周年記念式典，6. 24. 第 2 回植民地会議開催
1898	9. 19. ナイル川上流域でファショダ事件起こる
1899	10. 11. 南アフリカ（第二次ボーア）戦争始まる（1902. 5. 31.）
1900	6. 10. 中国で義和団鎮圧のための共同軍事行動開始（～01）
1901	1. 1. 自治領オーストラリア連邦成立。1. 22. ヴィクトリア女王死去，エドワード 7 世即位
1902	1. 30. 日英同盟締結，5. 31. 南ア戦争終結。6. 30. 植民地会議開催。7. 12. バルフォア統一党内閣成立
1903	5. 15. ジョゼフ・チェンバレン，関税改革構想を提案
1904	4. 8. 英仏協商締結
1905	12. 4. 海軍拡張計画（コーダー綱領）作成
1906	1. 12. ～2. 8. 総選挙で自由党勝利（キャンベル＝バナマン内閣）。労働党の成立と躍進
1907	4. 15. 帝国会議（植民地会議を改称）開催。8. 31. 英露協商締結（三国協商成立）
1908	4. 7. アスキス自由党内閣成立（～15. 5. 25.）
1909	4. 29. ロイド＝ジョージ蔵相,「人民予算」提出（11. 30. 貴族院が否決）
1910	1. 15. ～2. 8. 総選挙。4. 28. 人民予算成立。5. 6. エドワード 7 世没。ジョージ 5 世即位。5. 31. 自治領南アフリカ連邦成立。12. 3. ～12. 19. 二度目の総選挙で自由党勝利
1911	8. 国民保険法成立。8. 11. 新議会法成立（貴族院の拒否権制限）
1912	4. 11. 第三次アイルランド自治法案提出

1　グローバル化の進展とジェントルマン資本主義

「世界の工場」から「世界の銀行家・手形交換所」へ

一八七三～九六年は、経済史上「大不況」と呼ばれる慢性的な不況期で、イギリス資本主義の構造の変化と、世界経済全体の再編がおこった時期である。

図５－１　リヴァプールのウォーターフロント――海運業の繁栄の象徴

「大不況」の原因は、ドイツ、アメリカ合衆国など後発の資本主義諸国の急速な工業化と、アルゼンチン、カナダなどの第一次産品生産地域が本格的に世界市場に組み込まれたことを通じた、「世界の一体化」（グローバル化）の急速な進展にあった。アメリカやドイツは鉄鋼業をはじめとする資本財や石炭の生産でイギリスを追い抜き、イギリスは「世界の工場」から三大工業国の一つに転落した。製造業の国際競争力も低下して、工業製品の輸出が停滞した。また、イギリスの農業は、第一次産品生産国からの安い農畜産物との競争にさらされ、世紀半ばから続いた高度集約農業の継続が不可能になり、破滅的な「農業大不況」に直面した。海外からの食糧輸入は原料の輸入を上回り、一八九〇年代には全輸入の四五パーセントを占めた。

そもそもイギリスのマクロな貿易構造（モノの輸出入：貿易収支）は、「世界の工場」といわれた世紀半ばを含めて、一九世紀を通じて一貫して赤字であったが、その貿易赤字額が「大不況」期を通じて倍増した。この赤字を、海運料収入、貿易商社の手数料、保険・サーヴィス料、利子・配当収入などから構成される貿易外収支（サーヴィス収支）の黒字で補う構造が、一九世紀の前半から定着していた。貿易外収支のなかでは、一八七〇年代前半までは海運料収入が最大であったが、

「大不況」期になるとそれが停滞して、逆に利子・配当収入は一八七六～八〇年に海運料収入を上回って、二〇世紀初めには利子・配当収入だけで貿易赤字を埋めあわせることが可能になった。

その背景には、イギリスから世界各地への資本（カネ）輸出の急増があった。海外投資の総額は、一八七五年に一〇億ポンドを超え、二〇世紀の初頭には三〇億ポンドに達した。その海外投資先は、オーストラリア、カナダ、アルゼンチンなどの第一次産品生産国とアメリカ合衆国に集中し、とくに八〇年代の後半以降は、白人定住植民地に向けられた投資が急増し、従来からの英領インド向け投資と合わせると、イギリス帝国内部での投資が増大した。投資の対象は、各地の鉄道建設や公共事業などのインフラ整備に関わり各国政府が発行した債券と、鉄道会社の証券などの証券投資が中心であった。

こうして、「大不況」期を通じてイギリスは、「世界の工場」（モノの輸出国）から、「世界の銀行家」「世界の手形交換所」（金融・サーヴィスの中心地）へと経済活動の重心を移しながら、世界経済の中心地、世界システムの中核国としての地位を維持したのである。イギリスを中心とするグローバル化の進展を加速したのが「大不況」であった。

ジェントルマン資本主義

こうしたイギリス資本主義の構造変動を理解する上で、近年二人の帝国経済史家、P・ケインとA・G・ホプキンズが主張する「ジェントルマン資本主義」論が、新たなイギリス史解釈として注目を集めている。その考えのユニークな点は、イギリス資本主義の特質を、従来のように一八世紀末の「産業革命」をきっかけとする工業化の進展と製造業の発展から考えない点にある。彼らは、イギリスの伝統的な大土地所有者である地主・土地貴族層が担った農業資本主義の発展、後に台頭してくるロンドンのシティを中心とする金融・通商利害で構成されたサーヴィス資本主義、やがて、その両者が合体して成立した「ジェントルマン資本主義」の利害が、一六八八年の名誉革命以降のイギリス国内史と海外膨張の過程に反映された、と主張する。

この新たな歴史解釈によれば、イギリス産業革命の歴史的意義は相対化される。イギリス経済のなかでも、「モノ」

づくりに関わる工業・製造業に対する「カネ」を扱う金融・サーヴィス部門の優位性、イングランド北西部や中部の工業地帯に対するロンドンのシティとイングランド南東部の経済的な繁栄と富の蓄積が強調される。こうした解釈の妥当性をめぐっては、マスコミを巻きこんで内外の学界で賛否両論の論争が行われている。

ここで確認しておきたいのは、イギリス社会の支配層としてジェントルマンが果たしてきた歴史的役割である。本書第三章で論じたように、ロンドン・シティの金融利害関係者は、「商業革命」期に富を蓄えた「疑似ジェントルマン」として、大土地所有者を中心とする伝統的なジェントルマン文化を共有してきた。他方、すでに述べた農業大不況によって伝統的な地主階級の経済的基盤は打撃を受け、大土地所有者は農業投資を控えて、純粋な「地代取得者《レントナー》」に変身した。彼ら地主階級は、二〇世紀初めに急増した海外投資を通じて、地代と土地資産の売却利益を海外の有価証券（株式や公債）の保有に切り替え、利子や配当収入を得る金融資産の所有者に転じることが可能になった。この過程で彼らは、シティの金融・保険会社の取締役に就任して役員報酬を受け、金融界の富豪との婚姻を通じて収入を補った。さらに、シティの金融・サーヴィスの関係者と次第に融合して、両者は「利子所得者《ランチエ》」として、新しい支配階級を形成した。シティの金融利害関係者も、その子弟にパブリック・スクールを通じたジェントルマン教育を受けさせることを通じて、伝統的な支配層と積極的に交際し、ロンドンのクラブやアスコット競馬（ダービー）などの娯楽や社交を通じても、両者の一体化が進んだ。こうして成立した新たなジェントルマン資本家層が、世紀転換期のイギリスの諸改革を推進することになる。

帝国の拡張——英領インドと非公式帝国

イギリスを中心としたグローバル化の進展は、非ヨーロッパ世界における公式帝国（formal empire）及び非公式帝国（informal empire）の拡張に支えられていた。公式帝国の中心は、前章でもふれた英領インドである。一九世紀イギリスの帝国外交政策は、インドと本国からインドにいたる「エンパイア・ルート」（帝国連絡路）の防衛を主目的とした。英領インドでは、世紀中葉から連続する「自由貿易帝国主義」政策のもとで、輸入関税の一方的な引下げと本国綿製品の輸入拡大策、資本輸出を通じた有利な条件のもとでの鉄道建設が推進された。また、植民地統治に伴う「本国費」（軍事費・官僚の給与や年金を含む行政費、鉄道資材などの備品購入費及び各種の利子支払い）が毎年自動的にインド財政から支払われる財政的収奪が行われ、ジェントルマンの次三男が高級官僚や軍の将校として現地に赴任した。

他方、カナダ、オーストラリア、ニュージーランド、南アフリカなどの白人定住植民地では、自治権が委譲されて、現地の白人エリート層の協力を得て支配領域の拡張が行われた。カナダ連邦（一八六七年）やオーストラリア連邦（一九〇一年）の形成はその典型である。連邦結成後も、イギリス本国は外交・軍事・金融面で支配的影響力を行使した。

さらにイギリスの影響力は、アルゼンチン・ブラジルなどラテンアメリカの新興独立諸国、西アジアのオスマン帝国、東南アジアのシャム（タイ）、東アジアの中国・清朝などの非公式帝国にも及んだ。とくに中国では、領土の一体性と北京の中央政府の政治的権威を温存しながら、不平等条約を通じて自由貿易原理を強制し、モノ・ヒト・カネの自由な移動が保証される「開港場体制」が成立した。一八六五年に香港上海銀行が設立されてからは、その経済利害の重心を、貿易からシティの金融・サーヴィス部門の諸活動に移した。開港場体制の中心であった上海には、多くのイギリス系植民地銀行群（イースタンバンク）やスコットランドの貿易商や海運業者が進出し、英中間だけでなく、英領インドを含めたアジア諸地域間の貿易（アジア間貿易）にも関与して利益をあげた。

2　自由主義の破綻とアイルランド問題

国内政治改革とその限界

国内政治の側面でヴィクトリア朝後期は、保守党と自由党の二大政党による典型的な政党政治が揺らぎはじめ、帝国・植民地問題、アイルランド問題をめぐって政界が再編された時期である。

一八七四年の総選挙で、ディズレーリ保守党内閣が成立した。一八六七年の第二次選挙法改正により、新たな有権者として政治の舞台に登場した都市部の労働者階級の支持をとりつけることが、二大政党にとって切迫した政治課題になった。ディズレーリは、内政面で「トーリー・デモクラシー」とよばれる一連の社会改革諸立法（公衆衛生法、職工住宅法、雇主・労働者法、共同謀議・財産保護法）を通じて、労働者階級の取りこみを図った。これは、世紀中葉の自由放任主義原理から一歩ふみだす社会改革立法であり、後述するように九〇年代から本格化する社会政策の先駆的試みとして注目に値する。

他方、一八八〇年に政権を奪還した自由党のグラッドストンは、自由主義理念にもとづいて内政面で重要な政治改革を導入した。八三年の腐敗及び不法行為防止法は、選挙の浄化をめざしたもので、七二年から実施されていた秘密投票制と合わせて、当時世界でもっとも厳しい選挙規範が確立された。翌八四年の第三次選挙法改正は、第二次改正で都市選挙区に導入された地方税納税者戸主選挙権を州選挙区にも拡張し、有権者の数は約二六〇万人から約四四〇万人に一挙に増大した。八五年の議席再配分法はさらに重要で、ロンドンと大工業都市の議席を増やし、原則として人口比例制の議員選出と、一選挙区一議員の小選挙区制が導入された。この一連の政治改革により、二大政党制を前提とした議会制民主主義の大枠が固まった。

しかし、女性の参政権は国政レヴェルでは認められておらず、複雑な選挙資格登録制度のため、多くの労働者階級が事実上選挙から排除された。現実の政治においては、国政、地方自治の両面において、従来からの地主階級を中心とするジェントルマン層（名望家）の影響力が急激に低下することはなかった。その意味で、国内政治改革には限界があった。

帝国・植民地問題の噴出

国内政治改革の成果は、同時期の帝国外交政策の展開と連動し、その帰結に左右された。

ディズレーリは、本国の君主制と英領インドを結びつけて、イギリス帝国の一体性を誇示する政策を推進した。一八七五年のスエズ運河株買収、七六年の国王称号法と翌年一月のヴィクトリア女王の「インド女帝」宣言、七八年のロシア・トルコ（露土）戦争への介入とベルリン条約によるキプロス島獲得など、一連の東方外交政策の成功は、彼の威信を大いに高めた。しかし、その後のアフガニスタン（第二次アフガン戦争）や南アフリカ（ズール戦争）での植民地戦争の行き詰まりと一八七九年恐慌に直面して、ディズレーリの外交政策は支持を失い、グラッドストンの倫理的な理想主義外交の訴え（ミドロジアン・キャンペーン）に敗れた。

ヨーロッパ内部での紛争を回避する「ヨーロッパの協調」、自由主義精神、平和主義を掲げたグラッドストンは、前保守党政権の強硬外交と放漫財政を清算して好評を博した。しかしすぐに、アイルランド、エジプト、スーダンで高揚した従属諸民族のナショナリズム運動、帝国・植民地問題の噴出にさらされて、彼の理念的な自由主義は動揺を余儀なくされた。

連合王国（イギリス）の一部を構成していたアイルランドでは、農業大不況をきっかけに借地農による不在地主制批判、土地改革闘争が展開され、借地権を保護する一八八一年の土地法（第二次）の制定にもかかわらず、その運動は自治要求闘争へとエスカレートした。他方、エジプトでは、七九年からの英仏両国による外債返済の強制と財政管理が民衆の反発を招き、八一年に親英政権が倒れた（オラービー革命）。八二年六月のアレキサンドリアでの反英暴動に際してグラッドストンは、閣内強硬派の圧力に屈してスエズ運河防衛を理由に軍事干渉を行い、イギリス単独でエジプトを占領することになった。さらに翌八三年、エジプトの属州スーダンでいわゆる「マフディー教徒の反乱」が勃発した際に、グラッドストンは、太平天国の乱を鎮圧した「中国の英雄」ゴードン将軍を現地に派遣した。ゴードンが逆に現地で包囲されて窮地に陥ると、国内世論や閣内強硬派の圧力に屈して急援軍を派兵したが、援軍の到着直前にゴードンが戦死する「ハルトゥームの悲劇」（八五年）が発生し、イギリスはスーダンからの撤退を余儀なくされた。北アフリカをめぐる優柔不断な政策は、結果的に二〇世紀初頭までイギリス外交を制約し、グラッドストンの意図を超えて「アフリカ分割」を促進することになった。

アイルランド自治問題と自由党の分裂

グラッドストン自由主義は、一八八五〜八六年にかけて、内政と帝国外交政策が交錯する最大の帝国・植民地問題であったアイルランド問題の解決に失敗して破綻をきたした。

グラッドストンは、世紀中葉の第一次内閣当時からアイルランド問題の解決に熱心であった。現地では、アイルランド国民党が党首パーネルのもとに党勢を拡大し、一八八五年総選挙で八六議席を獲得し、本国議会における第三党として国政を左右するキャスティング・ボートを握るようになった。すでに述べたように、一連の国内の政治諸改革の実現にめどをつけたグラッドストンは、彼独自の政治的使命感に駆られて、八五年後半から残された政治課題としてのアイルランド問題の解決に最後の情熱をかたむけるようになった。

一八八六年二月に成立した第三次グラッドストン内閣は、アイルランド国民党と提携して、四月にはアイルランド自治法案と、アイルランド小作農民の自立を促す土地購入法案を提出した。自治法案は、①国防・外交・関税・通貨などの「帝国条項」以外に関して広範な立法権を有するアイルランド議会の設置、②アイルランド議員の本国ウェストミンスター議会からの引き揚げ、以上の二点を柱とし、一八六七年に内政に関して自治権を獲得していたカナダ連邦と同等の自治権を付与を規定した画期的な提案であった。しかし両法案は、自治付与によるアイルランド土地問題の性急な解決が本国（イングランド）の「土地問題」（大土地所有制）に波及することを恐れた自由党ホイッグ派の反対や、帝国市場の喪失を懸念したジョゼフ・チェンバレンを中心とする新急進主義者の造反、帝国の統合《ユニオン》を重視し権限委譲を認めない野党保守党の反対にあい、否決された。

アイルランドと本国の統合維持を主張する造反者たちは自由党から離脱し、あらたに自由統一党《リベラルユニオニスト》を結成した（自由党の分裂）。一八八六年七月の総選挙では、グラッドストンのアイルランド自治問題への傾倒が、社会政策など他の諸政策課題の軽視につながることへの新有権者の反発と幻滅感から、多数の棄権が生じて、自治権の付与に反対する保守党が大勝し、第二次ソールズベリー内閣が成立した。ここにいたってグラッドストン流の自由主義は完全に破綻し、新たな社会帝国主義の理念と政策をかかげるチェンバレンと保守党の手で、帝国主義政策が推進されることになる。一八九〇年代前半、グラッドストンは一時的に政権に復帰したが、今度は貴族院の拒否権が、アイルランド自治法案の成立を阻むことになった。

図5－2　「女王陛下，万歳」

1897年6月22日にロンドンで行われた，即位60周年記念式典（ダイヤモンド・ジュビリー）のパレードの途中で，セントポール大聖堂に立ち寄り祝福を受けるヴィクトリア女王。総勢4万7000名の軍隊を動員した華麗なパレードには，インド軍をはじめ帝国各地から召集された植民地軍も多数参加した。沿道のロンドンの庶民たちが，イギリス帝国の栄光と多様性を実感できた一時であった。

出典：John M. MacKenzie (ed.), *The Victorian Vision : Inventing New Britain,* London, V&A Publications, 2001より。

3　南アフリカ戦争の波紋

帝国連合運動の展開

第二次ソールズベリー内閣は、内政では、農村地域において伝統的社会秩序の維持をはかるために、一八八八年に地方自治体法を制定した。外交面では、八五年のベルリン会議を受けてヨーロッパ列強による「アフリカ争奪戦」に参入し、貿易・殖民で特権をもつ王立ニジェール会社、南アフリカ会社などの特許会社を設立して、安価な方法で帝国の領土拡張政策を推進した。八九年の海軍防衛法では、「二国標準」による海軍力増強に着手した。この軍備拡張は短命の自由党政権（一八九二～九五年）にも継承され、平和主義に固執した老首相グラッドストンの悲劇的辞任を招いた。

一八九五年の総選挙で大勝した保守党は、自由統一党と合体して統一党を結成、チェンバレンは植民地相に就任し、首相兼外相のソールズベリーとともに帝国膨張政策を推進した。チェンバレンは、帝国拡張競争のなかで、白人定住植民地（自治領、後のドミニオン）とイギリス本国の協力関係の強化をめざす帝国連合を模索した。それは、カナダなど自治領諸国との互譲原則に基づいて、帝国内の自由貿易（自治領側の関税撤廃）と食糧・原料の帝国特恵（本国側での外国産品への輸入関税賦課）によって帝国関税同盟の結成をめざし、その上で自治領による帝国防衛費の負担を実現し、帝国軍事同盟の構築をめざす重層的な帝国統合計画であった。

おりしも一八九七年六月には、イギリス帝国の威信と一体性を全世界に誇示する壮大な帝国の式典「ヴィクトリア女王即位六〇周年記念式典《ダイヤモンドジュビリー》」が挙行され、ロンドン市街で華麗な軍事パレードが繰り広げられた。同時に開催された第二回植民地会議には、一一名の自治領首相が集い、帝国連合の是非が議論された。自治領側は、自治権の侵害を懸念してチェンバレンの提案を拒否したが、カナダは機先を制して九七年関税法で、既存の収入関税の存続を前提としながら一方的な本国製品に対する特恵措置を導入した。カナダの決定の背後には、アメリカ合衆国の経済的影響力の浸透に対する危機感があった。これに対してチェンバレンは、カナダの帝国特恵関税に抵触する英独・英白（ベルギー）両通商条約を廃棄して、国際的な自由貿易体制の再検討に着手した。関税改革運動の本格化である。

帝国膨張政策と南アフリカ戦争

第三次ソールズベリー内閣は、アフリカでの帝国膨張政策を継続し、一八九六年、キッチナー将軍をスーダンに派遣、九八年にマフディー教徒を撃破してナイル川上流域の支配権を獲得した。同年九月には、大陸横断政策をくわだてるフランス勢力をナイル流域から排除し（ファショダ事件）、アフリカ大陸縦断政策の実現に努めた。

その帝国膨張政策への対抗勢力として登場するのが、南部アフリカのオランダ系白人・ボーア人（アフリカーナと自称）であった。保守党の帝国膨張政策にとって南アフリカは、喜望峰経由の南回りのエンパイア・ルートで戦略的拠点の位置を占めていた。また、一八八六年にトランスヴァールで大規模な金鉱が発見されてからは、ダイヤモンドや金鉱開発のための有力な投資先として、シティ金融利害の関心を集めていた。現地では、多数のイギリス系移民が居留外国人《アイトランダー》として流入する一方、セシル・ローズが率いる南アフリカ会社を中心に鉱山独占が形成されつつあった。

植民地相チェンバレンは、南部アフリカでケープ植民地を中心とする英領南アフリカ連邦創設の構想を抱き、ケープ首相になったローズと協力し、ボーア系のトランスヴァール共和国、オレンジ自由国を封じ込める政策をとり、一八九五年一二月末に、クリューガー政権に対するクーデター計画であるジェームソン侵入事件を引き起こした。この露骨な侵略行為は準備不足で失敗に終わり、ローズは辞任に追い込まれた。他方、チェンバレンは本国議会による責任追及と訴追から逃れ、ドイツと南部アフリカにおける勢力圏の調整（南西アフリカ及びポルトガル領モザンビークの分割）を行った。新たに現地の高等弁務官に任命されたミルナーは、チェンバレンの暗黙の了解のもとで積極的な危機累積策をとり、居留外国人《アイトランダー》への参政権付与や内政干渉を含むイギリスの宗主権確認を要求した。イギリス側の包囲網に危機感を強めたクリューガーは、ついに九九年一〇月にイギリスに宣戦布告し、南アフリカ戦争（第二次ボーア戦争）が勃発した。

戦争は、当初の予想に反してボーア人の頑強な抵抗に直面して長期化し、イギリスにとって対ナポレオン戦争以来の大規模な植民地戦争に発展した。開戦当初の国民の熱狂的支持、熱狂的愛国主義《ジンゴイズム》と自治領諸国からの増援軍（義勇軍）派遣を受けてイギリス側の優位が確立した。しかしボーア側は、ゲリラ戦に転換して執拗に抵抗を続けた。ほぼ同時期の一九〇〇年に東アジアの中国で義和団事件も勃発し、イギリスは反帝国主義勢力に対して世界的規模での同時的対応を余儀なくされた。国内の厭戦気分と交渉による和解を望む世論が高まるなかで、一九〇二年五月、ヴェレーニキングの講和により二年半の戦争はようやく終結した。その結果、トランスヴァール共和国とオレンジ自由国はイギリス帝国に併合され、チェンバレンの帝国拡張構想が実現に一歩近づいた。だが、南アフリカ戦争は、イギリス本国の政治・社会及び帝国体制に大きな波紋をなげかけることになった。

財政危機と「光栄ある孤立」の見直し

南アフリカ戦争は、最終的に四五万名の兵員（植民地軍を含む）の動員と約二億三〇〇〇万ポンド（戦争前の単年度財政支出額の約二倍）の戦費を要した末、巨額の財政赤字（一九〇三年度で約四五〇〇万ポンド）と膨大な国債を後に残して、イギリス本国の国家財政は危機的苦境に陥った。国民の財政負担は国民所得の一割に達し、国家財政に占める軍事費の比重も一九〇二年で六割、戦後も四〜五割の高水準にとどまった。この軍事費の急増は、社会政策諸経費の支出を圧迫して、老齢年金などの社会政策は延期を余儀なくされた。

だが他方で、戦時中に多くの都市労働者が志願兵として軍務に応募したが、その約三分の二が肉体的に兵役に耐えられないとして入隊を拒否された。この結果、政府は改めて、都市の貧民層を対象とした社会政策が必要なことを痛感させられた。ちょうど同じ頃、クウェーカー教徒の博愛主義者ラウントリがヨークで社会調査を行い、一九〇一年『貧困

――都市生活の一研究』を出版した。彼により、ヨークの全市民の二八パーセントがいわゆる「貧困境界線」以下で生活している状況が明らかにされた。この本国社会における「貧困の発見」は政府に衝撃を与えた。したがって、戦後は、帝国膨張政策に伴う軍事費の増大と社会政策経費をまかなうために、財政再建と新たな財源の確保が緊急の課題となった。蔵相ヒックス・ビーチは一九〇二年の予算案で、一年限りの臨時措置として輸入穀物への課税（穀物登録税）を提案した。食糧の自由輸入＝「安価なパン」に反するこの予算案は、財政危機を回避する例外的措置として承認されたが、貿易政策をめぐる党内対立を招いて首相と蔵相は辞任した。同年七月に後継のバルフォア内閣が成立し、翌年の予算案で穀物税は撤廃されたが、自由貿易か保護貿易かの選択をめぐる政治的対立は、やがて国政を左右する大問題になった。

国際政治面でも、南アフリカ戦争は構造転換のきっかけになった。戦争中の国際世論は、終始ボーア側に好意的であり、とくに戦争後半の対ゲリラ戦で巻きおこった非難は、イギリスを外交上孤立させた。また、当初六週間で終わると考えられたボーア人相手の植民地戦争に四五万名もの兵力を投入せざるを得なかったこと自体が、イギリス陸軍戦力の脆弱性と帝国膨張路線の限界、人的物的資源の「過剰散開」(over-stretch) を世界に暴露することになった。さらに一九〇〇年にドイツが第二次艦隊法を制定し、イギリス海軍を仮想敵とした艦隊大拡張計画に着手したため、イギリスの軍事的優位、エンパイア・ルートの防衛戦略が脅かされる可能性が生じた。この軍事・外交的な苦境のなかでイギリス政府は、伝統的な外交政策である「光栄ある孤立」を放棄し、新たに軍事・外交面で同盟国をもとめる政策転換を行った。翌〇一年には、ヘイ・ポーンスフット条約をアメリカと締結し、係争中であったベネズエラ・ギアナ国境紛争とパナマ地峡の運河建設問題を解決して、カリブ海地域の覇権をアメリカ合衆国に譲り、英米協調体制を築いた。また、翌〇二年には、東アジアにおいてロシア帝国の南下政策阻止で利害が一致した新興国日本と日英同盟を締結した。さらに〇四年には、アフリカ分割で敵対したフランスとエジプト・チュニジア・西アフリカ諸地域で勢力範囲を相互に認めあう英仏協商を締結した。

4 「社会帝国主義」と大衆社会の萌芽

関税改革運動の展開とその挫折

穀物登録税の復活の要求を拒否されたチェンバレンは、一九〇三年、植民地相を辞任し、五月のバーミンガムでの演説で関税改革・帝国統合の構想を提示し、自由貿易政策の転換を求める政治キャンペーンを展開した。この構想案で彼は、帝国特恵と国内の農業・産業保護を含む以下の提案を行った。

①本国側は、外国産食糧に関税を課し（一クオーター当たり二シリング、乳製品五パーセント）、植民地産食糧への関税は免除する。自治領側は、本国工業製品を優遇する低率特恵関税を導入する、②外国との競争から本国産業を保護するために、外国工業製品に輸入関税（最高一〇パーセント）を課し、原料の自由輸入は継続、③茶関税を引き下げ、砂糖・コーヒー関税を撤廃する。このチェンバレンの提案は、膨張する帝国主義財政を、保護貿易政策に方針転換して間接税（関税）でまかなおうとしたものである。

チェンバレンと彼を支持したバーミンガムの金属工業利害や一部の地主は、関税改革同盟を組織し、「関税改革で全員雇用を！」をスローガンに、労働者階級を保護主義に転向させるため大々的な運動を展開した。これに対して、統一党内の自由貿易派と自由党は、従来通りの自由貿易政策（＝直接税の増税）を擁護した。その背後には、自由貿易の恩恵を受けてきた綿工業やシティの金融利害が控えていた。首相バルフォアは、外国の敵対的な関税を引き下げさせる報復関税として帝国特恵を支持する中間的な立場をとり、統一党内の両勢力の妥協をはかったがうまくゆかず、一九〇五年一二月に政権を投げ出した。

翌〇六年の初めに実施された総選挙では、関税改革問題が最大の争点となり、その結果、アイルランド自治問題をめぐって一八八六年に分裂して以来、低迷していた自由党の地滑り的な勝利に終わった。関税改革をめぐるチェンバレンの運動が敗北した原因は、彼の改革構想がその有効性を疑問視された点にあった。地主はイギリス農業への保護効果を疑い、製造業利害は自治領側の特恵関税の効果を疑問視して、保護貿易の必要性をめぐって内部で分裂した。また、労働者階級は、雇用の保証よりも「パンへの課税」を嫌って食糧の自由な輸入体制の継続を支持した。「大不況」の時期に第一次産品の価格が大幅に下落し、イギリスの労働者階級は、失業の不安はあったものの、実質的な生活水準が向上する恩恵を受けたのである。しかし、貿易政策をめぐる論争の行方を左右した最大の要因は、自由貿易体制に支えられたシティの金融資本、金融・サーヴィス利害の優位であった。海外投資の急増に支えられて景気は回復に向かい、世界経済全体の膨張につられて、イギリス経済は一九〇五〜〇七年と一〇〜一三年は好況のうちに推移した。こうした状況のもとでは、チェンバレンの関税改革の構想が受け入れられる余地はなかったのである。

大衆社会化現象の出現

一九世紀末から世紀転換期のイギリス社会は、下層中流階級や上・中層の労働者階級をまきこんだ諸改革が漸次的に進展し、大衆社会化現象の萌芽がみられた時期である。

まず、初等教育を中心とした公教育体制が整備された。一八八〇年に児童の強制就学が実施され、九一年には公立初等教育の無償化が実現した。学務委員会が管轄する公立小学校が拡充され、二〇世紀初頭には、就学児童は約四七三万人、就学率も八八パーセントに達し「万人のための教育」の理念が一歩実現に近づいた。初等教育に次いで一九〇二年にはバルフォア教育法が制定され、新たに地方税で公立中等学校が設立された。だが、その設立と運営方法をめぐって国教会系と非国教会系勢力が対立し、〇六年総選挙の争点になった。また、産業の近代化に必要な技術教育はなおざりなまま放置され、産業面でイギリスの国際競争力が低下する一因ともなった。

労働者の世界では、一九世紀末の「大不況」後半に、失業問題への関心が高まるなかで、ロンドンを中心に労働運動にも変化がみられた。一八八八年には苦汗労働の典型であるロンドンのマッチ工場の女工が労働条件の改善を要求してストを行い、成功をおさめた。次いで八九年三月に、ロンドンのガス労働者が八時間労働三交代制の採用を要求してストに突入し勝利した。同年八月には、ロンドン・イーストエンドの港湾（ドック）労働者もストに突入した。約八万人が参加し、賃上げ（沖仲仕の六ペンス）と雇用の安定、近代化を要求したストは、世論の支持を得て勝利を収め、彼らは港湾・波止場・河岸・一般労働者組合を結成した。こうして一八九〇年代初頭に、約二〇万人の不熟練・半熟練労働者が「一般労働組合」とよばれる新組合を結成した。この運動高揚のなかで、一八九三年、ケア・ハーディは独立労働党を組織した。だが、労働運動の主流は依然として労使協調主義を掲げ、自由党急進派を支持する穏健な「自由《リブ》＝労働《ラブ》」主義であった。

他方、消費生活の面では、「大不況」による輸入品価格の下落の恩恵を受けて、失業を免れた労働者の実質賃金はむしろ上昇し、生活水準の向上を背景として個人消費が増大する一種の大衆消費社会の萌芽がみられた。紅茶や食料品を廉価販売したリプトン、セインズベリ、マークス＆スペンサーや、新聞・雑誌販売のW・H・スミスなど一連のチェーン・ストアは一九〇〇年には一万軒を突破し、消費生活協同組合（生協）も組合員が急増した。また、一八九六年には、ハルムズワース（後のノースクリフ卿）が廉価な日刊大衆紙『デイリー・メール』（従来紙の半額の半ペニー）を創刊し、都市の下層中流階級を主要な読者として一九〇〇年に一〇〇万部に迫る発行部数を達成した。海外からの安価な食糧の大量輸入に支えられた「豊かな」消費生活（＝安価なパン）は、庶民も日常生活の面で、世界的な自由貿易体制の受益者であることを示していた。

「人民予算」と貴族院改革

「社会帝国主義」論とは、帝国主義的な海外膨張政策を、本国の政治権力の構造を含めた社会の現状を維持し安定化させるための戦略として、当時有力になりつつあった社会主義者の議論に対抗しながら国民をまとめて国家と帝国の防衛にあたらせるための統合の手段として解釈する歴史理論である。ドイツ帝国のビスマルクの政策がその典型であるが、イギリスにおける原型は、第二節で述べたディズレーリの政策にみられた。

一九〇六年総選挙で政権に復帰した自由党は、社会政策と軍備増強をともに重視する社会帝国主義政策を積極的に遂行した。まず社会政策の領域では、〇六年に制定された労働争議法、学校給食法、海運法、〇八年に成立したアスキス内閣による炭坑夫八時間労働法、一一年の国民保険法があげられる。なかでも、老齢年金法の制定は南アフリカ戦争以前からの懸案であり、七〇歳以上の老人を対象に無拠出制の年金支給を規定した。他方、健康保険と失業保険で構成された国民保険法は、労働者と雇用者の一定額の負担（拠出主義）を前提に国家と民間の労働団体の提携で運用された。両法の実施は、新たに三三〇〇万ポンドの歳出増をもたらし、財源の確保が至上命題になった。

次に対外政策では、ドイツ海軍の大拡張計画に対抗した海軍力増強、いわゆる英独建艦競争が経費膨張をもたらした。イギリス政府は、一九〇五年に海軍軍令部長フィッシャーが作成した「コーダー覚書」にもとづいて、本国水域への艦隊集中と新型のドレッドノート型戦艦の建造に着手していたが、〇八年に海軍力の弱体化に対する危機感が表面化して「海軍パニック」が起こった。閣内では、首相アスキス、外相グレイ、海相マッケナら海軍増強を支持する「自由帝国主義者」（大海軍派）と、社会政策を重視する蔵相ロイド＝ジョージ、商務相チャーチルら小海軍派が対立した末の妥協により、海軍増強（年間四隻の戦艦建造）の方針が是認されて、さらに年間三〇〇〇万ポンドの追加財源が必要になり、帝国主義財政の在り方が問われる事態が生じた。

以上のような急激な経費膨張を背景に、一九〇九年四月、蔵相ロイド＝ジョージは「人民予算」とよばれた画期的な予算案を提出した。それは、所得税改正（税率引上げと超過税の導入）、相続税改正（税率倍増と累進性強化）、土地課税新設（自然増加税、土地復帰税、空閑地税、採鉱権税）から構成されたが、とくに都市部の大土地所有者を標的とした増収策である土地課税の新設が論争の的になった。「人民予算」は、膨張する帝国主義財政を、自由貿易の堅持を前提にした上で土地課税を中心とする直接税でまかなうことを意図しており、あらかじめ土地貴族の牙城であった貴族院の反対を予想して、貴族院が否決しにくい財政法案（予算案）として提案された。予想通り、貴族院は「社会主義予算」として土地課税を批判し、名誉革命以来の国制上の慣例を無視して予算案を否決した。この貴族院の拒否権行使は、国制の変更をめぐる「憲政の危機」を引き起こした。

アスキス内閣は国民の信を問うために一九一〇年に二回の総選挙を行った。一月の選挙では、「人民予算」の是非が問われ、自由党は大幅に議席を減らしたものの、アイルランド国民党の支持を得て引き続き政権を維持した。同年三月に、アスキス内閣は貴族院の拒否権の大幅な制限を意図した議会法案を提出した。五月に国王エドワード七世が死去し、政治休戦を経た一二月に議会法案の是非を問う二回目の総選挙が行われた。選挙結果は前回と変わらず、一一年五月に議会法案は庶民院を通過した。貴族院の強硬な反対は、新国王ジョージ五世から「伝家の宝刀」である新貴族創設の国王大権行使を認められた政府の圧力によって崩れ、議会法案は一一年八月にようやく貴族院で可決された。社会帝国主義政策は「憲政の危機」を引き起こし、ついに本国議会の制度的変革をもたらしたのである。

5　ヘゲモニー国家イギリスと世紀転換期の国際秩序

ヘゲモニー国家と「国際公共財」

一九世紀のイギリスの世界的な影響力は、公式・非公式の両帝国に限定されるものではない。当時のイギリスは、帝国を超えて地球的規模での圧倒的な経済力と軍事力、文化的な影響力を行使したヘゲモニー（覇権）国家であった。ヘゲモニー国家は、C・キンドルバーガーやP・オブライエンが指摘するように、世界諸地域に多様な「国際公共財」（international public goods）を提供してきた。国際公共財とは、コストを支払わない人を排除しない「排除不可能性」と、ただ乗りされても他の人が影響を受けない「非排他性」をあわせもった財である。一九世紀のイギリスの場合、すでに述べた自由貿易体制に加えて、金との兌換が保証されたポンド（スターリング）を基軸通貨とする国際金本位制、鉄道・蒸気船のネットワークや海底電信網による世界的規模の運輸通信網、国際郵便制度やグリニッジを基準とする国際標準時、国際取引法などの国際法体系、さらに、強力な海軍力に支えられた安全保障体制や世界言語としての英語などを、その国際公共財としてあげることができる。これらは、国際秩序における「ゲームのルール」の形成に直結していた。

通常、ヘゲモニー国家は、近世までの世界帝国（アジアの中華帝国やムガル帝国、オスマン帝国など）と異なり、地球的規模での影響力の行使に伴うコストを削減するために、統治のための官僚組織や軍事力を必要とする公式帝国（植民地）

をもたないのが理想的な形態であった。しかし、一九世紀のイギリスの場合は、英領インドに代表される従属植民地を各地に保有したヘゲモニー国家であった点がユニークであり、現代のアメリカ合衆国のヘゲモニー（パクス・アメリカーナ）とは決定的に異なる構造を有していた。

イギリスが提供した国際公共財の実例として、一九世紀後半の海底電信ケーブルによる「情報革命」を考えてみよう。一八六六年に大西洋横断ケーブルが、七〇年にはインド海底ケーブルが開通した。英印間は五時間で結ばれ、電信の量は急激に増大し、九五年には年間一〇〇万通に達した。七一年、香港・上海経由で日本の長崎も国際電信網に接続した。国際電信網の整備に伴い、香港上海銀行に代表されたイギリス系植民地銀行の支店も東南アジア、英領インド、日本にも開設されて、アジア諸地域間の貿易決済や送金が容易になった。一九〇〇年に世界の海底ケーブル延べ約三〇万キロメートルのうち、約四分の三がイギリスの会社によって所有されていた。イギリス政府は、戦略的理由から海底電信ケーブルの世界的規模での整備を後押しして、〇二年には、オーストラリアとカナダ間のラインが結ばれて、イギリス公式帝国ケーブル網が完成した。このケーブル網を経由して、最新の経済情報がロンドン・シティに集中し、その国際貿易と金融の中心地としての地位は強化された。ロイター通信社は、イギリス帝国各地にとどまらず世界中の経済情報を伝えた。二〇世紀に入り無線通信技術が発達すると、帝国各地を結ぶ通信基地が香港・シンガポールなどに建設された。こうした情報・通信インフラの整備は、ヘゲモニー国家であったイギリスの負担で推進されたが、完成した通信網は、一定の費用を支払えば誰でも使用可能な国際公共財になったのである。東南アジア在住の華僑が本国に送金する際にも、日本の商人が海外市場の情報を得る際にも、このネットワークは利用可能であった。

「多角的決済機構」と日本の外債発行・工業化

もう一つの決定的な国際公共財が、ロンドン・シティが提供した国際金融機能である。第一節ですでに述べたように、世紀転換期に地球全体をカバーするにいたった世界経済のもとで、貿易決済の主要な手段となったポンド（スターリング）手形を通じて、ポンドが世界中で流通する仕組み、いわゆるイギリスを中心国とする「多角的決済機構」が二〇世

（単位：100万ポンド）

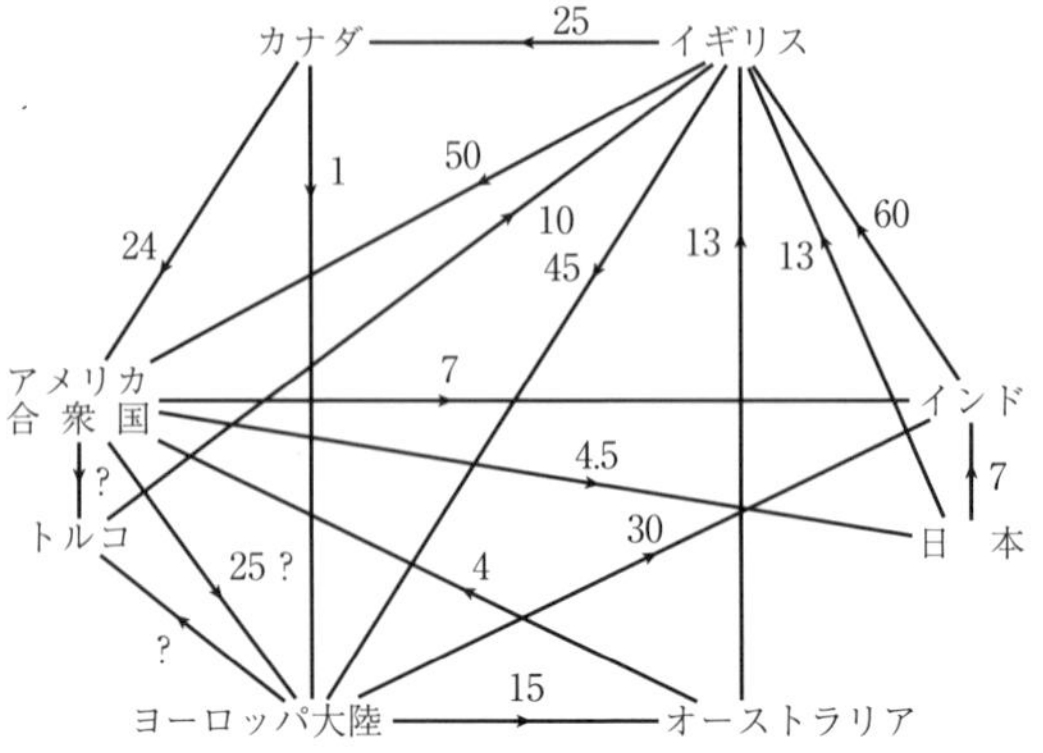

図5－3　1910年における「多角的決済機構」とイギリスの国際収支

表5－1　1910年におけるイギリスの国際収支

借方＝赤字（Debit）		貸方＝黒字（Credit）	
アメリカ合衆国	50	インド	60
ヨーロッパ大陸	45	オーストラリア	13
カナダ	25	日　本	13
海峡植民地	11	中国（香港を含む）	13
南アフリカ	8	トルコ	10
ニュージーランド	4	ウルグアイ	6
アルゼンチン	2	英領西アフリカ	3
合　　計	145	合　　計	118

出典：S・B・ソウル，久保田英夫訳『イギリス海外貿易の研究』文眞堂，1980年，81頁。

紀初めに確立された。この多角的決済機構を維持するためには、①イギリスが、ドイツやアメリカ合衆国の保護関税にもかかわらず、開放的な自由輸入の体制を維持すること（いわゆる「自由貿易の逆説」）、②イギリスからインドへの消費財の大量輸出を通じて、インドが欧米諸国から稼いだ膨大な貿易黒字を吸い上げること、以上の二つの条件が是非とも必要であった。イギリスは、アメリカ合衆国とヨーロッパ諸国との間で生じた膨大な赤字（二〇世紀の初頭で約九五〇〇万ポンド）を、インドからの巨額の黒字（約六〇〇〇万ポンド）とオーストラリア、日本や中国などの東アジア諸国、トルコからの黒字で埋め合わせることで収支の均衡を維持した。

この国際収支をめぐる「インドの安全弁」は、すでに述べたイギリスから強要された貿易黒字の獲得と、植民地統治に伴う「本国費」が毎年自動的にインド財政から支払われる財政的な収奪を前提として、初めて有効に働いた。英領インドは、ポンドの価値が金で保証され、ポンド通貨（スターリング）が世界中で通用した国際金本位制、いわゆる「ポンド体制」の最大の安定要因になったのである。

ヘゲモニー国家の金融的影響力は、帝国の枠組みを超えて行使された。その具体例を、世紀転換期の日本を事例に考察してみよう。世紀転換期の日本にとって、経済発展と対外戦争に備えて、ヘゲモニー国家イギリスが提供したシティの金融力を有効に活用することが不可欠であった。その一環として、日本は、日清戦争後の一八九七年に銀本位を停止して金本位制を採用し、イギリスが提供した国際公共財の一つであった国際金本位制を利用する要件を整えた。一九〇四〜〇五年の日露戦争に際して、逼迫した財政危機を乗り切るために、ロンドン金融市場で外債を発行して戦費を調達する必要が生じた。そのため日本政府は、日銀副総裁の高橋是清を特別代表として一九〇四年三月ロンドンに派遣した。高橋は、アーネスト・カッセルらのシティ金融資本家の助力を得て、同年五月に一〇〇〇万ポンドの外債を、ロンドン及びニューヨーク金融市場で発行することに成功した。引き続き日本政府は、マーチャント・バンカーの国際的ネットワークを利用して四度にわたる外債を発行し、その総額は一億七〇〇〇万ポンドに達した。ロンドン金融市場は、そのうち四二五〇万ポンドを占めた。日本の戦費調達は、ロンドンを中心とした英米系の金融業者の支援に依存したが、他方で、一九〇〇〜一三年における日本の大規模な資本輸入は、ロンドンにおける外債発行総額の二〇パーセント以上を占めた。新興工業国であった日本の旺盛な資本需要をつかむことは、国際金融センターであったシティの繁栄を維持するためにも不可欠であった。外交軍事面で〇二年に締結された日英同盟は、こうした両国経済利害の相互補完性の上で成り立ったのである。

この時期に、日本の産業は、中国市場への綿糸輸出を中心とする消費財生産が大幅に伸びた。最大の綿糸市場であった中国では、イギリス本国のマンチェスター産は急速に競争力を喪失し、英領インドのボンベイ産と日本の大阪産綿糸が激しい輸出競争（アジア間競争）を展開していた。外債発行は、民間部門での資金需要への圧迫を緩和して、間接的に消費財部門の発展を可能にした。日本紡績業の発展は、アジア諸国への綿製品輸出という点ではイギリスと競合したが、紡績機械や金属製品などの資本財の輸出、さらには最新鋭の軍艦・兵器の日本向け輸出にとっては、日本の工業化と経済発展は好都合であり歓迎すべき現象であった。ヘゲモニー国家であったイギリスの経済構造にとって、本国の金融・サーヴィス利害、資本財産業と日本の消費財産業の発展は相互補完的であり、公式帝国インドにとっても、原棉の日本向け輸出が増大すれば、外貨（スターリング）を稼いで対英債務の返済を円滑に行うことが可能になった。この意味において、イギリスは日本の工業化を促したのであり、「通商国家」日本の台頭はイギリス帝国全体にとっても好都合であった。こうした関係は、やがて両大戦間期の中国でもみられるようになり、東アジア地域の工業化と、ロンドン・シティを中心とする金融・サーヴィス利害の優位（ジェントルマン資本主義）は、共存しながらともに発展したのである。

第一次世界大戦直前のイギリス――「ベル・エポック」

最後に、第一次大戦直前にイギリスが直面した内外の状況を概観しておきたい。

まず、ジェントルマン資本家層を中核とする本国の社会構造は、イギリスの世界的規模での海外膨張と、開放経済の恩恵を受けて繁栄するロンドン・シティの金融とサーヴィス部門に支えられて、一定の変容をとげつつも存続した。たしかに、農業大不況により地主階級（大土地所有者）の伝統的な経済基盤は打撃を受け、「人民予算」が大論争を巻き起こした一九一〇年から大規模な所領の売却がはじまり、大土地所有制は動揺した。しかし、彼らは土地資産の売却益を海外の有価証券保有に転換し、金融資産所有者に転身した。また、〇六年の労働党の誕生、一〇年頃からの労働運動の激化と「労働不安」、初等教育の拡充とバルフォア教育法による中等教育の支援など、ヴィクトリア朝後期にみられた大衆社会的な状況がさらに進展したのも事実である。だが、下層中流階級へのジェントルマン理念の浸透、「労働貴族」層の存続、帝国を含めた海外の低開発諸地域からの安価な食糧や嗜好品の輸入とそれに支えられた大衆消費社会の萌芽などを通じて、イギリス本国社会は基本的に安定性を保ったといえる。

対外的には、南アフリカ戦争への対応にみられたように、たしかにイギリスが保持してきた軍事的優位は動揺し、英独建艦競争にみられるようにドイツの挑戦に直面した。しかし、帝国外交戦略の見直しによって、イギリスの国際政治面での外交的基盤は強化された。日英同盟の締結とその後の対東アジア政策は、イギリスのシティを中心とした経済利害が新興工業国の工業化と歩調を合わせて共存できることを示した。アメリカ合衆国との協調路線とも相まって、イギリスの世界的なヘゲモニーが維持されたのである。

帝国内部の攪乱要因としては、アイルランドの不穏な状況があげられる。一九一二年にアスキス自由党内閣が提出した第三次アイルランド自治法案は、庶民院で三会期連続して可決されたために、一一年の新議会法の規定にもとづいて貴族院の反対にもかかわらず、一四年三月に成立した。自治法案に反対したアルスター（北アイルランド）地方のプロテスタント少数派は、義勇軍を組織して武力による抵抗を開始した。アイルランドはまさに内乱の危機を迎えたかにみえたが、大戦勃発直後の一四年九月に、アルスターを暫定的に自治法の適用範囲から除外するというロイド＝ジョージの妥協案が受け入れられた。

同時期に、国政レヴェルでの女性参政権運動も、中流階級の女性を中心に高揚した。一八九七年に穏健派の団体「婦人参政権協会国民連合」、一九〇三年にはパンクハースト夫人とその娘を中心とする急進的な「婦人社会政治連合」が結成された。一三年になると、急進派《サフラジスト》の運動者の示威行動が過激化して世論の反発を招いた。この運動の高揚の背景には、イングランド南東部を中心に発展したサーヴィス経済と、事務員（タイピスト）・看護婦・公立学校の教師などへの中流階級の女性の社会進出があった。

こうして大戦前のイギリスは、最大の帝国植民地問題であったアイルランド自治を棚上げにして将来への不安材料を残しつつも、自由党政権が遂行してきた社会帝国主義政策が成果を収めるなかで、帝国諸地域と国内の労働者階級からの戦争協力を実現しつつ「総力戦」に突入したのである。

参考文献

秋田茂編『パクス・ブリタニカとイギリス帝国』（イギリス帝国と二〇世紀　第一巻）ミネルヴァ書房、二〇〇四年。

秋田茂『イギリス帝国の歴史――アジアから考える』中央公論新社、二〇一二年。

安保則夫『イギリス労働者の貧困と救済――救貧法と工場法』明石書店、二〇〇五年。

井上巽『金融と帝国――イギリス帝国経済史』名古屋大学出版会、一九九五年。

金澤周作『チャリティの帝国――もうひとつのイギリス近現代史』岩波書店、二〇二一年。

君塚直隆『ヴィクトリア女王――大英帝国の〝戦う女王〟』中央公論新社、二〇〇七年。

木村和男編『世紀転換期のイギリス帝国』（イギリス帝国と二〇世紀　第二巻）ミネルヴァ書房、二〇〇四年。

桑原莞爾『イギリス関税改革運動の史的分析』九州大学出版会、一九九九年。

桑原莞爾・井上巽・伊藤昌太編『イギリス資本主義と帝国主義世界』九州大学出版会、一九九〇年。

P・J・ケイン、A・G・ホプキンズ著、竹内幸雄・秋田茂訳『ジェントルマン資本主義の帝国Ⅰ　創生と膨張一六八八～一九一四』名古屋大学出版会、一九九七年。

杉原薫『アジア間貿易の形成と構造』ミネルヴァ書房、一九九六年。

P・セイン著、深澤和子・深澤敦監訳『イギリス福祉国家の社会史――経済・社会・政治・文化的背景』ミネルヴァ書房、二〇〇〇年。

B・センメル著、野口建彦・野口照子訳『社会帝国主義史――イギリスの経験一八九五～一九一四』みすず書房、一九八二年。

S・B・ソウル著、久保田英夫訳『イギリス海外貿易の研究』文眞堂、一九八〇年。

竹内幸雄『イギリス自由貿易帝国主義』新評論、一九九〇年。

角山榮・川北稔編『路地裏の大英帝国――イギリス都市生活史』平凡社、一九八二年。

A・ブリッグズ著、村岡健次・河村貞枝訳『ヴィクトリア朝の人びと』ミネルヴァ書房、一九八八年。

E・J・ホブズボーム著、浜林正夫・神武庸四郎・和田一夫訳『産業と帝国』未来社、一九八四年。

E・J・ホブズボーム著、野口建彦・野口照子訳『帝国の時代一八七五～一九一四』（第一巻・第二巻）、みすず書房、一九九三年・一九九八年。

前川一郎『イギリス帝国と南アフリカ――南アフリカ連邦の結成　一八九九～一九一二』ミネルヴァ書房、二〇〇六年。

村岡健次『ヴィクトリア時代の政治と社会』ミネルヴァ書房、一九八〇年。

湯沢威編『イギリス経済史――盛衰のプロセス』有斐閣、一九九六年。

吉岡昭彦『インドとイギリス』岩波書店、一九七五年。

W・D・ルービンステイン著、藤井泰・平田雅博・村田邦夫・千石好郎訳『衰退しない大英帝国――その経済・文化・教育　一七五〇～一九九〇』晃洋書房、一九九七年。

扉図出典：Karl E. Meyer and Shareen Blair Brysac, *Tournament of Shadows : The Great Game and the Race for Empire in Central Asia*, London, Abacus, 2001, front-cover.

コラムⅤ

「駒形丸事件」とイギリス帝国臣民

秋田　茂

イギリス帝国の住民は、「帝国臣民」(imperial subjects)として、公式帝国各地を自由に移動し居住できる権利を有していた。だが、第一次世界大戦直前のカナダで起きたインド系移民排斥騒動が、帝国の一体性の原理と、植民地ナショナリズムの乖離をみせつけることになった。

一九一四年三月、インド人商人グルジット・シンが、インド・シーク系の退役軍人をカナダに移民させるために、神戸の汽船会社が所有した日本船「駒形丸」の用船契約を結んだ。駒形丸は、香港・上海で三七六名のインド人を乗せ、横浜を経由して五月初め、カナダのヴァンクーヴァーに向かった。五月二三日にヴァンクーヴァー沖に到着した駒形丸は、現地当局により港への入港・着岸を拒否され、二カ月にわたり沖合での停泊を余儀なくされた。この間、強行上陸を図ろうとするインド系船客、それを実力で阻止しようとする現地ブリティッシュ・コロンビア州政府、船の保有国でイギリスの同盟国であった日本政府(日英同盟)、さらに、仲裁に消極的なオタワのカナダ連邦政府、ナショナリズムの高揚を危惧したインド政庁を巻き込んで、さまざまな交渉と駆け引きが展開され、内外の広範な世論の注目を集めた。

最終的に、カナダ海軍巡洋艦を派遣したカナダ連邦政府の圧力により、七月二三日、駒形丸は寄港を断念してヴァンクーヴァーを離れ、日本に舞い戻り、八月一五日に横浜に寄港した。そのちょうど十日前の八月四日、イギリスはドイツに宣戦布告し、カナダも自動的に第一次大戦に参戦した。駒形丸が横浜に到着したその日に、日本も日英同盟にもとづいて参戦を決定しており、この駒形丸事件は、第一次大戦の直前期に起きた事件であった。

その後、事件はさらに展開する。在日英領事は万一の危険を考えて、インド系船客の日本上陸を禁止し、九月三日、駒形丸はインド・カルカッタに向けて神戸港を出港した。途中、シンガポールを経由して、九月二五日カルカッタ港に到着した駒形丸は、イギリス検疫当局から港への接岸を拒否され、郊外の桟橋に誘導された。当局は、インド系船客のなかに革命運動を企む一派がおり不穏な動きがあるということを理由に、船客を強制的に列車に乗せて、出身地のパンジャブに送還しようと試みたのである。しかしながら、抵抗する船客との衝突で多数の死傷者を出すという惨事になり、悲劇的な幕を閉じることになった。

以上が事件の概略である。この事件は、一見すると世紀転換期から帝国内の自治領(ドミニオン)で散発的に

図Ⅴ-1　ヴァンクーヴァー港で駒形丸を支援するシーク教徒

出典：Wikipedia, File: Komagata Maru LAC a034014194. jpg

みられたアジア系移民排斥の一つのようであるが、①アジア系移民の制限を図ろうとするカナダ・ナショナリズムと帝国臣民の論理の対立、②イギリスの同盟国日本の取り扱いの問題、③インド人船客を支援したヴァンクーヴァーのインド系移民や、英領インドの植民地支配を武力で覆すことを目論む強硬派・北米ガダル党からの支援、④インド現地の治安維持と帝国拡張の先兵であったインド軍の主力・シーク教徒の反発を恐れる現地インド政庁という、相互に重なりあいながら展開した複雑な利害関係の錯綜状況がみられたのである。

本国政府当局は、公式には「帝国臣民」の権利擁護を理由に、帝国内部のヒトの移動は自由であると主張したが、現実にはアジアのインド系臣民は排斥や差別待遇の対象とされた。現地で自治権を行使する諸自治議会は、当然の権利として移民への統制・規制権を主張し、アジア系移民制限政策を行った。これに対して、インド系臣民は、同時期の南アフリカ・ナタールでのガンディーの活躍にみられるように、帝国臣民の権利を逆手にとって、移民の自由や白人と同等の権利を主張したのである。

他方、英領インドでも、一九〇五年のベンガル分割令への反対運動が盛り上がりをみせ、翌〇六年の国民会議派大会では、国産品愛用《スワデシー》や自治《スワラジー》の要求が決議された。会議派の多数を占めた穏健派は、イギリス帝国内でのドミニオンの地位を要求したが、一部の急進派やティラクは完全独立を主張した。さらに過激な一派は、武力闘争による独立を模索した。北米に移住したシーク系住民が組織したガダル党は、帝国の戦力であったインド軍への働きかけを通じて帝国体制への揺さぶりをかけようとした。駒形丸事件にも、その影響が垣間みられる。

参考文献

秋田茂・細川道久『駒形丸事件――インド太平洋世界とイギリス帝国』筑摩書房、二〇二一年。

Hugh Johnston, *The Voyage of the Komagata Maru: The Sikh Challenge to Canada's Color Bar*, Delhi, Oxford University Press, 1979.

Sho Kuwajima, *Mutiny in Singapore: War, Anti-war and the War for India's Independence*, New Delhi, Rainbow Publishers, 2006.

第六章　世界大戦と大恐慌の時代

松永友有

1936年のジャロウ行進
ジャロウ（イングランド北東部の工業都市）からロンドンまでの飢餓行進により，失業問題に対する政府の無策に抗議するジャロウの住民。当時，ジャロウの失業率は6割以上に達していた。

1914	8. 4. 第一次世界大戦参戦
1916	4. 24. ～4. 29. アイルランドでイースター蜂起。7. 1. ～11. 18. ソンム川の戦い。12. 5. アスキス内閣総辞職。12. 6. ロイド＝ジョージ連立内閣成立
1918	2. 6. 第四次選挙法改正。30歳以上の女性に参政権付与。2. 26. 労働党党大会で社会主義的な新規約を採択。11. 11. ドイツとの休戦協定成立。実質的に大戦終結。12. 14. 総選挙でロイド＝ジョージ連立内閣圧勝
1919	6. 28. ヴェルサイユ条約締結
1921	12. 6. 自治領としてのアイルランド自由国成立
1922	10. 23. ロイド＝ジョージ連立内閣総辞職。ボナ・ロー保守党内閣成立。11. 15. 総選挙で過半数議席を獲得した保守党，政権を維持
1923	5. 22. ボナ・ローからボールドウィンへ首相交代。12. 6. 総選挙でボールドウィン保守党内閣が敗北
1924	1. 22. 第一次マクドナルド労働党内閣成立へ。10. 29. 総選挙で保守党，単独過半数を獲得。第二次ボールドウィン内閣成立
1925	4. 28. チャーチル蔵相，金本位制復帰を決定。12. 1. オースティン・チェンバレン外相によりロカルノ条約締結
1926	5. 3. ～5. 12. ゼネラルストライキで労働側敗北
1928	7. 2. 第五次選挙法改正。21歳以上の男女平等普通選挙権導入
1929	3. 27. ネヴィル・チェンバレン保健相の下で地方行政法制定。救貧法システムを実質的に解体。5. 30. 総選挙で保守党は過半数割れ。6. 5. 第二次マクドナルド労働党内閣成立
1931	8. 24. マクドナルド労働党内閣総辞職。8. 25. 保守党を中心とするマクドナルド挙国一致内閣成立。9. 21. 金本位制から離脱。12. 11. ウェストミンスター憲章制定
1932	2. 29. 保護関税法制定。自由貿易政策からの歴史的転換。7. 21. ～8. 20. オタワ会議。帝国特恵関税同盟成立
1935	6. 7. マクドナルドからボールドウィンへ首相交代。11. 14. 総選挙でボールドウィン挙国内閣が勝利
1936	12. 10. エドワード8世，結婚問題を理由に退位
1937	5. 28. ボールドウィンからネヴィル・チェンバレンへ首相交代。12. 29. アイルランドの新憲法が自国を独立国であると宣言
1938	9. 29. ミュンヘン会談。ドイツへのチェコ領ズデーテン割譲に同意
1939	9. 3. ドイツのポーランド侵略を受け，対独宣戦布告
1940	5. 10. チェンバレンからチャーチルへ首相交代。労働党が政権参画
1941	8. 14. チャーチル首相とローズヴェルト大統領，大西洋憲章を発表
1942	2. 15. シンガポールが日本軍によって陥落。12. 1. ベヴァリッジ報告発表
1944	6. 6. ノルマンディー上陸作戦で米英連合軍がフランス上陸
1945	5. 8. ドイツ降伏。7. 26. 総選挙。アトリー労働党内閣成立。8. 15. 日本降伏。第二次世界大戦終結

1　第一次世界大戦と帝国支配の動揺

大戦と戦時社会

一九一四年六月二八日におけるオーストリア皇太子夫妻の暗殺事件を契機に第一次世界大戦が勃発した際、フランス、ロシアとともに三国協商を形成していたとはいえ、正式な軍事同盟を結んでいたわけではないイギリスは、参戦義務を負っていたわけではなかった。しかし、フランス攻略のためドイツが中立国ベルギーに侵入したことは、イギリスが参戦する大義名分を与え、八月四日イギリスも大戦に突入した。

ドイツ軍国主義の打倒と小国ベルギーの防衛という戦争目的は、イギリス帝国の覇権維持を目指す右派のみならず、理想主義的な左派にもアピールし、大多数の世論は参戦を支持した。大戦勃発直前のイギリスは、労働運動によるストライキの激発、過激化する婦人参政権獲得運動、及び北アイルランドでの騒擾という三重ショックに揺れていたが、戦争による愛国的風潮の高まりは、こうした危機を急速に収束させた。一部の社会主義者や自由党急進派、及びクウェーカー教徒などに代表される戦争批判派は圧倒的少数派に留まり、参戦に反対したラムゼー・マクドナルドは労働党党首を辞任せざるを得なかった。労働党、アイルランド国民党のみならず、最大野党の保守党も政権支持を約束するなか、アスキス自由党内閣の政権基盤はさしあたって強固であった。

しかし、開戦の翌一九一五年になると、アスキス内閣の戦時指導に対する不満が表面化する。そもそも、短期決戦で終わった普仏戦争などの経験から、開戦当初の大方の予想は年内に戦争は決着するというものであった。陸軍大臣キッチナーを例外として、内閣も短期決戦を予想しており、そうした楽観論に基づいて強力な国家干渉政策は控えられていた。しかしイギリス・フランス連合軍がドイツ軍と戦う西部戦線、及びロシア軍がドイツ軍と戦う東部戦線の双方で、塹壕戦の膠着状態のなか、一五年春には戦争は長期化の様相を示しはじめた。さらに、戦争の人的犠牲は予想をはるかに上回る規模に上り、とくに同年夏のソンム川の戦でのイギリス軍死傷者は四〇万人を超えるに至った。アスキスは同年五月にボナ・ロー率いる保守党、ヘンダーソン率いる労働党との連立政権を形成して政権の建て直しを図ったが、徴兵制導入をためらうなど、戦争指導において優柔不断のレッテルを貼られ、ジャーナリズムと保守党平議員による集中砲火を浴びるに至る。結局、一九一六年一二月に辞任に追い込まれたアスキスに代わって首相の座に就いたのは、軍需大臣、次いで陸軍大臣として、精力的に戦時動員体制を進めて名声を得ていたロイド＝ジョージである。保守党と結んでアスキスを失脚に追い込んだロイド＝ジョージに対し、自由党多数派はアスキスに従って野に下ったため、自由党は分裂し、以後の党勢に致命的な影響が与えられた。

保守党を主体とする新たな内閣を組織したロイド＝ジョージは、彼を含めて当初五人から成るインナーキャビネット（戦時内閣）を組織し、強力なトップダウン的手法で戦争指導を行った。また政府機構が大幅に膨張し、労働省、海運省、食糧省、再建省など、次々に政府部局が新設されていく一方で、国家統制が著しく強化されていった。食糧政策の面では主要食糧に関して最高価格の公定と配給制が実施され、労働政策の面では労働争議が厳しく制限された他、不熟練労働者や女性労働者によって熟練労働者不足を補う「労働稀釈」が強化された。その一方、労働力不足を背景に交渉力を強めた労働組合に対して、政府と経営者サイドは融和的姿勢をとらざるを得なかったことも事実であり、多くの産業では戦時中に労働者の賃金は二倍近く上昇し、労働組合加入者も激増した。総じて大戦は、労働者階級の政治的発言力を高める上での重要なステップとなった。同様に、従軍看護婦として前線で危険な活動に従事した他、軍需産業を中心に新たに大量の職場進出を果たした女性にとっても、大戦は地位上昇の契機となった。大半の場合、戦後には女性は復員した男性のために、新たに得た職場を明け渡さざるを得なかったが、金属加工労働、運転手、車掌など、元来は女性に向かないとされてきたさまざまな職種において女性が男性と対等の仕事をしてきたことに由来する自信は、以後の女性の意識を大きく変容させていくこととなった。

大戦と帝国体制

ドイツに対するイギリスの宣戦布告は全帝国を代表しての宣言であり、イギリスの全自治領、植民地は自動的に大戦に巻き込まれた。少数派のフランス系住民を擁するカナダ、オランダ系住民が多数派である南アフリカなどでは、一部でイギリス本国の戦争にまきこまれることへの抵抗がみられたものの、伝統的にイギリス支配への反抗が根強いアイルランドを含め、帝国による戦争協力が総じてスムーズであったことは、帝国体制におけるイギリス本国の求心力が開戦時点では健在であったことを示している。戦時中を通じて植民地は物的資源、人的資源双方の面で多大な貢献をなした。全植民地は総計で二五〇万人に近い軍を派兵したが、そのなかでも一四四万人を占めたインドの貢献はずばぬけていた。

しかし結局、大戦は帝国体制におけるイギリス本国の求心力を低下させる決定的な転機となった。イギリス系住民が圧倒的多数を占めるオーストラリアとニュージーランドは、帝国体制のなかで伝統的に本国に対してもっとも忠実な地域であったが、一九一五年海軍大臣チャーチルが主導した無謀なオスマン帝国攻略戦（ガリポリ上陸作戦）に両国軍が投入され、三万三〇〇〇人の死傷者・捕虜を出した末に敗北した事件は、本国に対する憤激をかきたて、両国において自立的なナショナリズムが台頭する契機となった。また、一六年四月にアイルランドで生じた、独立を求めるイースター蜂起は、支持を広げられず容易に鎮圧されたものの、イギリス側が蜂起指導者を迅速に処刑したことがアイルランド民衆の怒りを買い、反英独立の気運をかえって高める結果となった。

戦争の長期化と死傷者の増大は、本国の独断的な戦争指導に対する自治領の不満を招いた。結局、本国政府は自治領の圧力に屈し、一九一七年にはイギリス戦時内閣と自治領首相から構成される帝国戦時内閣が召集され、部分的にせよ自治領代表による戦争指導への関与が認められた。一方、財政支出、派兵数いずれの面でも最大の貢献をなしたインドは、本国のインド担当大臣が帝国戦時内閣への代表権を認められたに過ぎず、インド人自身の代表が認められることはなかった。インドでは、国民会議派とムスリム連盟が結束して自治獲得運動を強化していくこととなる。

大戦の終結

一九一七年におけるアメリカの参戦、さらにロシア革命にともなうソヴィエト政権のドイツとの単独講和は、さしあたって戦局を大きく変えるには至らなかったが、一八年春の大攻勢失敗により、資源面で圧倒的に下回るドイツは力尽きた。一八年一一月一一日、休戦協定の締結とともに、大戦はイギリスら連合軍の勝利として終結した。

勝利したとはいえ、大戦によりイギリスがこうむった犠牲は甚大であった。直接戦場とはならなかったイギリスの死傷者数はフランス、ロシア、ドイツをはるかに下回っていたとはいえ、戦死者数は七〇万人を超えた。これは第二次世界大戦による死者数を上回る数字である。前途有為な青年の大量の戦死、及び無惨な戦闘の経験により精神的に荒廃した兵士の帰還は、イギリス社会に深い傷跡を残した。イギリスでは第二次世界大戦の思い出が栄光とともに語られることが多いのとは対照的に、概して第一次世界大戦は専ら悲痛な体験として語り伝えられたのである。

世界的な覇権の維持を究極的な目的として参戦したイギリスだが、勝利したにもかかわらず、大戦はイギリスの覇権が没落する決定的な転機となった。一九一九年に創設された国際連盟からの委託を受けた委任統治領という名目で、旧ドイツ植民地や旧オスマン帝国領の一部を併合した戦後のイギリス帝国は、世界の陸地面積の二三・九パーセントを占める史上最大規模に達したが、その一方で、物的・人的資源の両面で戦勝に巨大な貢献をなした植民地、とくに自治領はイギリス本国に対して発言力を著しく高めるに至った。つまり大戦を契機として、帝国におけるイギリス本国の求心力は大幅に低下したのである。結局二六年に、元首相のバルフォアを長とする委員会が発表したバルフォア報告書において、本国と自治領はイギリス国王の王冠に対する共通の忠誠心によって結ばれた対等の地位にあることが認められ、この原則は一九三一年のウェストミンスター憲章で最終的に法制化された。以後も第二次世界大戦期までは自治領に対する本国の影響力は残り続けたとはいえ、形式上の対等性がこの時点で達成されたことの意義は無視し得ない。

一方、帝国支配の要といえるインドに関しては、一九一九年、及び三五年のインド統治法によって、インド人に地方自治を認めるという譲歩がなされたが、こうした微温的改革では、自治領と同様の地位を求めるインド・ナショナリストを到底満足させることはできず、ガンディー率いる国民会議派を中心とする独立運動はいっそう激化していくこととなる。また、戦後にイギリスからの独立闘争が展開されたアイルランドでは、プロテスタント系が多数派を占める北アイルランドとカトリック系多数の南アイルランドを分離して自治を与えるという解決策をイギリス政府が打ち出し、一九二一年には南アイルランドがアイルランド自由国として自治領の地位を獲得した。北アイルランドは結局イギリス領

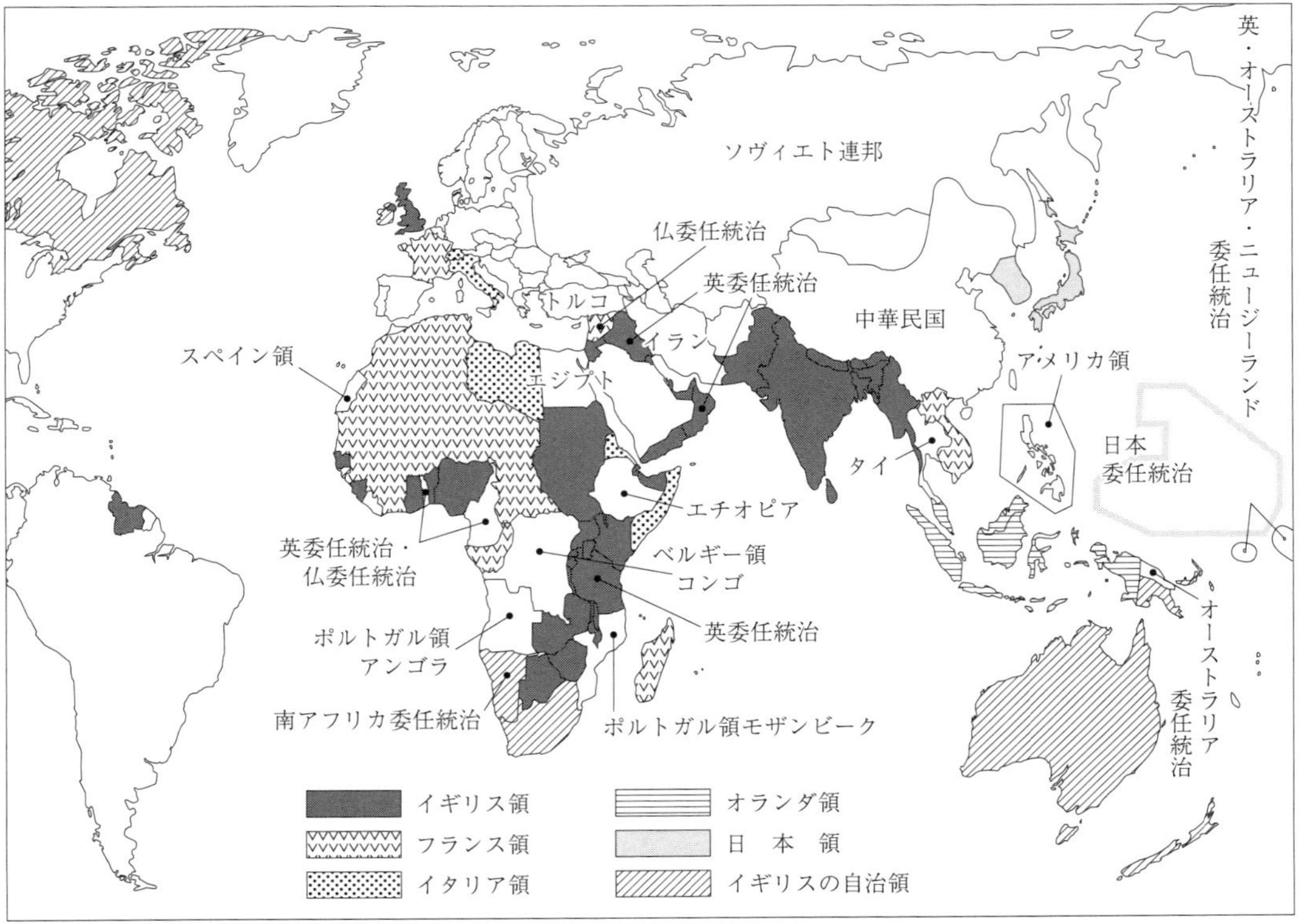

図６－１　ヴェルサイユ体制下の世界

出典：木畑洋一『国際体制の展開』山川出版社，1997年，31頁。

に留まったものの、南アイルランドは一九三七年にはイギリス国王への忠誠を廃止する宣言を行い、第二次世界大戦に際しても終始中立を維持することとなる。

帝国におけるこうした求心力の低下とあわせて、大戦はイギリス経済にも破壊的な打撃を与えた。大戦を通じてイギリスは、全体の四分の一近い約一〇億ポンドの在外資産を費消したのみならず、アメリカに対して巨額の債務を負うこととなった。また、戦時中にイギリスからの輸入が途絶した結果として、インドを含めアジア諸国では自給的工業化の動きが生じたが、これによりイギリス最大の輸出産業である綿工業は戦後には輸出が激減し、回復不可能な損害をこうむった。なぜなら綿工業にとって、インドを中心とするアジアが最大の輸出市場であったからである。これは、自由貿易政策によってアジア市場に過剰に依存してきたことのツケが回ってきたことを意味する。鉄鋼業、造船業、石炭産業といったその他の伝統的な基幹産業も、戦時中に大々的に投資を拡張したため、戦後には過剰設備に悩まされることとなった。このように、戦前から進行しつつあったイギリス工業の相対的衰退は、大戦により決定的となったのである。

こうして、大戦はパクス・ブリタニカの終焉を画する事件となった。それでも、工業の急速な没落とは裏腹に、国際金融センターとしてのロンドン・シティの地位は比較的健在であり続けたし、戦後処理を定めた一九一九年のヴェルサイユ条約以後、アメリカが伝統的な孤立主義的外交姿勢に回帰したため、大戦間期の国際社会におけるイギリスのプレゼンスは、なおも相当大きなものであり続けたことも事実である。

2　一九二〇年代不況とイギリス政治の変容

政党政治の変容

戦争終結直後の一九一八年一二月、人気絶頂のロイド＝ジョージは総選挙に打って出た。これに先立って、三〇歳以上の女性に新たに選挙権を付与するとともに、二一歳以上の男子普通選挙権を導入するという選挙制度改革が実施されていたため、この選挙は初めて女性が投票した国政選挙となった。政権与党の保守党及びロイド＝ジョージ派自由党の候補者が、クーポンと呼ばれる推薦状を配布されたことにちなんで、クーポン選挙とよばれた。この総選挙で圧勝したロイド＝ジョージ政権は、「英雄にふさわしい国土を」というスローガンのもと、当初は急進的な社会改革に取り組む姿勢を示した。しかし戦後の急激なインフレを前に、一九二〇年以降は一転して厳しいデフレ政策に転じた。企業家出身の保守党政治家エリック・ゲデスを長とする委員会による「ゲデスの斧」とよばれる容赦ない経費削減計画が実施された他、大蔵省のトップを官僚機構全体の長とするという機構改革が行われ、大蔵省統制が著しく強化されたのである。また、イングランド銀行は公定歩合を七パーセントにまで引き上げた。こうした緊縮政策により、インフレは収束し、戦時中に膨張した政府機構は相当程度縮小したものの、失業は激増する結果となったのである。

ロイド＝ジョージ人気に頼って総選挙で単独過半数を獲得した保守党内部においては、やがてロイド＝ジョージの強力なリーダーシップを煙たがる勢力が台頭するに至る。一九二二年一〇月の保守党党大会で、商務相ボールドウィンはロイド＝ジョージ派自由党との実質的な連立解消を発議し、二対一の多数で可決された。これを以てロイド＝ジョージは辞任し、保守党党首に返り咲いたボナ・ローが首相に就任する。翌年病気により辞職したボナ・ローの後継として首相に就任したボールドウィンは、保護関税を公約に掲げて総選挙を実施した。オースティン・チェンバレン、バルフォアら保守党の長老政治家がロイド＝ジョージとの提携に未練を残すなかで、ボールドウィンはあえて不評の保護関税を総選挙の争点とすることによって、ロイド＝ジョージ派自由党との最終的な絶縁を図ったのである。実際、自由貿易の旗印のもとにロイド＝ジョージ派自由党とアスキス派自由党は再統一し、選挙戦に臨むこととなる。

結局、総選挙は保守党二五八、労働党一九一、自由党一五八議席という結果に終わった。いずれの政党も単独過半数を取れないなか、自由党の閣外協力により、マクドナルド率いる労働党が初めて政権の座に就いた。労働党内閣は短命でほとんどみるべき成果を残さなかったが、その政策が予想以上に穏健なものに留まったことは、一九一八年の綱領制定により、社会主義政党としての性質を明確にしていた労働党への警戒感を弱める効果をもったといえる。自由党の閣外協力解消に伴う労働党内閣倒壊とともに実施された二四年総選挙は、イギリスの政治地図に大きな変化を画した。選挙結果は保守党四一九、労働党一五一、自由党四〇議席となり、単独過半数を獲得したボールドウィンの保守党が二九

表6－1　イギリスの地域別失業率

（被保険者ベース：％）

		1913年	1929年	1932年	1936年	1929～36年平均
内域	ロンドン	8.7	4.7	13.1	6.5	8.8
	イングランド南東部	4.7	3.8	13.1	5.6	7.8
	イングランド南西部	4.6	6.8	16.4	7.8	11.1
	ミドランズ（イングランド中部）	2.8	9.5	21.6	9.4	15.2
外域	イングランド北東部	2.5	12.6	30.6	16.6	22.7
	イングランド北西部	2.7	12.7	26.3	16.2	21.6
	スコットランド	1.8	11.2	29.0	18.0	21.8
	ウェールズ	3.1	18.8	38.1	28.5	30.1
全国		3.9	9.7	22.9	12.6	16.9

出典：湯沢威編『イギリス経済史――盛衰のプロセス』有斐閣，1996年，152頁。

年まで政権に就いたのだが、この選挙で明らかとなったことは、二大政党へのバイアスが強く働く小選挙区制において、選挙民が保守党の対抗政党として労働党を決定的に選択し、自由党を最終的にみかぎったということである。慢性的不況の時代であった大戦間期において、縮小したパイを取りあって中産階級と労働者階級の利害が分極化するなかで、前者の支持を取り込んだ保守党と、後者の支持を取り込んだ労働党を前に、両階級に軸足をおいていた自由党の没落は決定づけられたのである。

金本位制復帰と社会経済構造の変容

大戦勃発時にイギリスは金本位制を停止し、同時に国際金本位制も崩壊したが、戦後にはシティ金融界とイングランド銀行、大蔵省は結束して金本位制復帰を目指した。国際金融センターとしてのロンドン・シティの地位を復興するにあたって、金本位制復帰は不可欠の条件とみなされたからである。一九二〇年以降のデフレ政策は、ポンド相場を高め、戦前平価での金本位制復帰を容易にするという目的を有してもいたのである。結局一九二五年四月ボールドウィン保守党内閣は、自由党を離党して古巣保守党に復帰していたチャーチル蔵相のもとで金本位制への復帰を果たしたが、この決定には次のような問題があった。当時、ポンドの実勢相場は戦前平価に比して約一〇パーセント割安であったにもかかわらず、戦前平価一ポンド＝四・八六ドルによる金本位制復帰を強行したことは、一〇パーセントのポンド高圧力を産業界に強いることを意味したのである。しかし平価切り下げという選択肢は、シティの威信を低下させ、ポンドの基軸通貨性を失墜させるという理由から、省みられることはなかった。

この政策は、ただでさえ不況下にあったイギリス産業に深刻な打撃を与えた。一九二〇年代後半は、相対的安定期とよばれ、総じて世界経済は小康状態にあったにもかかわらず、同期のイギリス経済は慢性的不況状態に陥ったのである。こうした不況を背景に、一九二六年五月にはイギリス史上初のゼネストが勃発する。賃金カットの是非をめぐる石炭産業の労使対立が引き金となり、労働組合会議が指導したゼネストには二八〇万人近い労働者が参加したが、政府・経営者サイドによる切り崩しにより九日間で終息し、労働側の完敗に終わった。以後、保守党内閣は政党への寄金規制などを通じて労働組合に対する締め付けを強化したが、労働運動内部においても、アーネスト・ベヴィンら右派が主導する労使協調路線が支配的となった。

このように、世界恐慌の勃発以前から、すでにイギリスでは一九二〇年代を通じて失業率はほぼ常時一〇パーセント前後という不況基調にあったのだが、そのなかにあってイングランド南部を中心に、電機、化学、自動車、レーヨンなどといった内需型の新産業が成長しつつあった。ロンドンを中心とする金融・サービス産業も堅調であったから、大戦間期を通じてイングランド南部の失業率は比較的低位に推移した。これとは対照的に、イングランド北部を中心とする綿、鉄鋼、造船、石炭産業といった輸出依存度が高い伝統的な基幹産業は、輸出市場の縮小、ポンド高、賃金高騰、設備の老朽化と過剰化といった問題に解決策をみいだすことができなかった。このように、繁栄する南部と衰退する北部という、現在にまで至るイギリス独自の「南北問題」の起源は、大戦間期にまで遡ることができるのである。

3　世界恐慌の衝撃

挙国一致内閣の成立

前年に実施された選挙改革の結果、二一歳以上の男女平等普通選挙によって行われた一九二九年五月の総選挙では、単独過半数に及ばないながらも労働党が比較第一党の地位を獲得し、自由党の閣外協力により第二次マクドナルド内閣

図6－2　1931年マクドナルド挙国一致内閣
前列左からスノードン，ボールドウィン，マクドナルド。後列右から二人目がネヴィル・チェンバレン。
出典：Robert Skidelsky, *Politicians and the Slump: The Labour Government of 1929-1931,* London, Macmillan, 1967.

が組閣された。同年一〇月の「暗黒の木曜日」を契機にアメリカ発の世界恐慌が勃発し、労働党内閣はその対処に忙殺されることとなる。蔵相のスノードンは労働党きっての財政通ではあったが、頑固な正統財政主義者であり、赤字財政による積極的不況対策を求めるロイド＝ジョージ率いる自由党の要求を頑として拒み続けた。しかし、スノードンが固執する自由貿易・金本位制・均衡財政という三位一体的正統財政はやがて限界に突きあたる。一九三一年、オーストリアに端を発する金融恐慌がイギリスに波及し、ポンド相場の切り下げをみこんで大量の短期資金がイギリスから流出した際、政府はアメリカとフランスからの借款によってポンド危機に対処しようとした。アメリカとフランスの金融界は借款の条件として大幅な緊縮財政を要求したため、政府は失業手当の一〇パーセント・カットを中心とする緊縮案を作成したが、労働党最大の支持団体である労働組合会議はこれに激しく反発した。これまで右派主導のもと、労使協調路線をとり、解雇の激増にも強く反対してこなかった労働組合会議にとって、総労働の代表者たるためには、失業者のセーフティネットとしての失業手当の維持は譲れない一線であったからである。労働組合会議の圧力を受けて内閣は分裂し、一九三一年八月、労働党内閣は総辞職した。

　辞表を提出したマクドナルドは国王ジョージ五世によって慰留され、結局保守党、自由党、及び少数の労働党員と組んで、いわゆる挙国一致内閣を組閣した。この動きを党に対する裏切り行為とみなした労働党は、マクドナルドを除名した。金融恐慌が収まらないなか、同年九月には金本位制離脱に追い込まれた挙国内閣であるが、翌一〇月の総選挙では歴史上類例をみない圧勝を博した。当選者の大半は保守党員であり、挙国内閣とはいっても、事実上は保守党主体の政権であり、実質的に内閣を牛耳ったのは枢密院議長ボールドウィンと蔵相ネヴィル・チェンバレン（ジョゼフ・チェンバレンの二男）であった。一方、総選挙で大敗した労働党は、三五年に党首がランズベリーからアトリーに代わるまで、マクドナルドの穏健路線に対する反動で著しく左傾化した。

挙国内閣の恐慌対策

金本位制からの離脱を果たした挙国内閣は、一九三二年二月の輸入関税法によって、伝統的な自由貿易政策からの大転換をも実現した。さらに、同年八月のオタワ協定は、かつてジョゼフ・チェンバレンが関税改革運動によって実現しようとして果たせなかった帝国特恵関税同盟をも実現したのである。時の蔵相ネヴィル・チェンバレンは、異母兄のオースティンとともに、父ジョゼフの遺志を実現したことを喜びあった。

イギリス帝国内部の諸国が帝国外部の諸国に対して差別的な高関税を課するという帝国特恵関税同盟と並んで形成されたのが、通貨同盟であるスターリング・ブロックである。スターリング・ブロックにはスカンディナビア諸国やアルゼンチンなどイギリスと経済関係が密接な帝国外部の諸国が参画していたが、ブロックの中心はカナダを例外とする帝国諸国であった。スターリング・ブロック加入諸国は、自国通貨の為替相場をポンドに釘付けし、自国の外貨準備の大半をポンド預金という形でロンドンにおくことが求められた。こうして、イギリスは帝国に依存する戦略を通じて、恐慌からの脱出を図ったのである。

帝国特恵関税同盟はたしかに帝国内部の貿易を相対的に増大させる効果をもったが、イギリス本国からの輸出増加をはるかに上回る規模で帝国諸国から本国への輸出が伸長した。結果的にイギリスの経常収支は黒字から赤字に転じたのである。しかし金本位制離脱以来ポンドが切り下げられたため、ポンドと連動して通貨を切り下げた帝国諸国は、とくにアメリカに対して輸出を拡大した。このことは本国への輸出拡大とあわせて、貿易赤字の増大により債務不履行の危機に陥っていた帝国諸国を救ったのみならず、輸出拡大を通じて帝国諸国がロンドンに積み立てた大量のポンド残高は、ポンド価値安定の原資とされたのである。これにより、ポンド価値の大幅な切り下げは回避されたので、イギリスの投資家が有するポンド資産の目減りは最小限に抑えられた。このように、どこまで意図された結果であったかは別にして、帝国特恵関税同盟とスターリング・ブロックは、いずれもイギリスの工業利害より金融利害を受益させる結果となったのである。

一九三一〜三二年に恐慌は底に達し、その後世界経済は緩やかな回復過程に入るが、イギリスの景気回復は、積極的に恐慌対策を行ったドイツ、スウェーデン、日本ほど急速ではなかったものの、金本位制からの離脱が遅れたアメリカやフランスなどよりは比較的順調であった。自由貿易・金本位制・均衡財政から成る三位一体的正統財政原則のうち、前二者の放棄を余儀なくされたイギリス大蔵省は、一九三〇年代を通じて均衡財政には固執し続けた。一九三六年には経済学者ケインズによる、赤字財政を理論的に正当化した有名な著作『雇用・利子および貨幣の一般理論』が刊行されたものの、戦前においては大蔵省にケインズ理論の影響が及ぶことはなかったのである。その点で、イギリスの恐慌対策は概して保守的であったといえるが、一九三一年という早い段階での金本位制離脱は、低金利政策による景気回復を促進した。金本位制のもとでは金準備を防衛するために、恐慌下でありながら高金利政策が必要とされていたからである。恐慌下の物価下落による就業労働者の実質賃金上昇とあいまって、低金利政策は住宅建設ブームをひきおこした。さらにはその波及効果で、主に国内市場向けの耐久消費財産業の活性化がもたらされたのである。

イングランド北部を中心とする構造的不況は好転の兆しをみせることはなかったし、イギリスの景気回復度合いを過大評価すべきではない。しかし、一九三五年総選挙で挙国内閣が前回ほどではないものの圧勝したことは、恐慌対策に関する挙国内閣の成果が相当な評価を受けていたことを意味する。その一方で、一九三〇年代は、市場経済の働きに対する信頼が決定的に損なわれ、産業の組織化や計画経済に対する関心の急激な高まりがみられた時代でもあった。経済活動に対する国家干渉を理論的に正当化したケインズの『一般理論』も、こうした潮流に棹さしていたといえる。労働党の政治家・知識人は左右両派を問わず、ソ連における五カ年計画の成功に学ぼうとしていたし、保守党内部でさえ、後の首相となるマクミランら左派の若手議員が政府に対して計画経済の部分的導入を求めるに至った。また、自由党系の知識人を中心に超党派的グループが結成され、修正資本主義を綱領化した『次の五年間』というマニフェストを発表した。市場メカニズムを懐疑し、管理経済への転換を求めるこうした声は、既に第二次世界大戦に先んじて、戦後の労働党内閣による福祉国家・産業国有化路線を準備する下地を形成していたといえよう。

4　大戦間期のイギリス外交

列強との協調外交

一九一九年のパリ講和会議では、ドイツに非現実的な額の賠償を課すというフランスの強硬論に追随したものの、大戦により国力の衰えが明るみに出たイギリスは、戦後には保守党、労働党を問わず、列強との協調外交を積極的に展開した。一九二一年から翌年までのワシントン会議では、アメリカの圧力を受けてイギリスは日英同盟を廃棄するとともに、自国と対等の海軍力の保有をアメリカに認めた。戦前は、世界第二位と第三位の海軍国の合計に相当する海軍力を常時保有するという「二国標準」を掲げていたイギリスであったが、もはやそうした原則は到底維持し得なかったのである。さらに、二五年にはボールドウィン保守党内閣の外相オースティン・チェンバレンにより、西ヨーロッパの国境維持と相互不可侵、及びラインラント（フランスとの国境地帯のドイツ領）の非武装を定めたロカルノ条約がフランス、ドイツ、イタリア、ベルギーとの間で締結された。折しも、二四年にアメリカの財政家チャールズ・ドーズが策定したプランにより大量のアメリカ資本が流入し、混乱を極めていたドイツ経済は急速な復興を遂げつつあり、二六年にはイギリスの支持を得てドイツの国際連盟加盟も実現した。こうして、大国ドイツの政情安定により国際秩序も一旦は安定を取り戻したかにみえたが、世界恐慌の勃発は状況を一変させたのである。

ファシズム諸国の台頭

世界恐慌を背景として、ドイツ、イタリア、日本といったファシズム諸国による軍事行動が本格化しはじめる。当時の有力諸国のなかで、恐慌期のアメリカは露骨に内政重視の姿勢を示していたし、唯一の共産主義国家ソ連は完全に国際的に孤立していた。また、フランスはイギリス以上に国力の衰えが著しく、イギリス頼りの姿勢を鮮明にしていた。

したがって、ファシズム諸国の台頭に対処する最大の責任はイギリスが負わざるを得なかったのである。

一九三一年以降の挙国内閣においては、三五年にマクドナルドからボールドウィンに首相が交代し、三七年にはボールドウィン引退を受けてネヴィル・チェンバレンが首相となるが、一九三〇年代のイギリス外交において顕著であったのは、三七年まで蔵相を務めたネヴィル・チェンバレンのもとで、大蔵省が大蔵省統制を武器に外交政策にまで強力な影響力を及ぼしたことである。三七年の首相就任以降も、チェンバレンは外務省を信用せず、大蔵官僚ホラス・ウィルソンを片腕として外交政策を展開した。均衡財政原則を何よりも重視した大蔵省は軍事費に厳格な制約を課したので、三五年以降のドイツの急速な再軍備に対してイギリスの軍備は立ち遅れ、ファシズム諸国に対処する際の選択肢も限定された。チェンバレン首相によって展開された宥和政策に関して、他に選択肢が無かったという評価が近年有力だが、当時すでにドイツ、スウェーデン、日本といった諸国で赤字財政のもとでの景気回復という状況がみられていた以上、少なくとも均衡財政原則の固守によるイギリスの軍備の立ち遅れという現象は、かならずしも必然的ではなく、あくまでイギリス政府が選び取った結果であったといわなければならない。また、元々ネヴィル・チェンバレンは一九二四〜二九年の保守党内閣の保健大臣として、内政面での優れた実務能力を通じて台頭した政治家であったが、外交政策に関してはやや狭い視野の持ち主であった。兄のオースティンが友好国との関係強化に熱心であったこととは対照的に、ネヴィルはフランスやアメリカのような友好国を信頼せず、イギリスの一国的立場から政策を決定する傾向があったのである。

とはいえ、イギリスの外交に重大な制約が課せられていたことは事実であった。第一次世界大戦による甚大な惨禍の経験から、一九三〇年代を通じてイギリス国民の間では根強い厭戦感情が普及しており、これは一九三四年に国際連盟協会によって企画された「平和投票」において、全面的軍縮に対する支持票が一一〇〇万人を超えたことに典型的に示されていた。また、自治領諸国もヨーロッパの紛争に巻き込まれることを極力忌避する姿勢を示していた。こうした制約のもとで、ファシズム諸国に対するイギリスの外交政策は首尾一貫して、譲歩を通じて大規模な軍事衝突を避けるという方向性を示すこととなる。

まず、一九三一年九月に生じた日本による満州侵略（満州事変）に際して、イギリスは国際連盟による対日非難決議を支持したものの、強硬な対日姿勢をとることはなかった。その後、インド市場に対する日本綿製品の急速な浸透とイギリス綿製品の輸出急減により日英間に貿易摩擦が発生するが、他方で三四年にはチェンバレン主導により日英不可侵協定の妥結を目指す動きがあった。結局、日本側の拒絶により協定は実現をみなかった。

次いで、三五年にはイタリアがエチオピアに侵攻したが、イギリス外相ホーアとフランス首相ラヴァルは、イタリアのエチオピア占領を事実上容認するホーア・ラヴァル案を秘密裡に作成した。この案は新聞報道でリークされ、世論の激しい反発を招いたため、ホーアは外相辞任に追い込まれたものの、国際連盟によるイタリアへの経済制裁は骨抜きに終わり、翌年にはイタリアはエチオピア征服を完了した。以後もチェンバレン内閣によってイタリアに対する宥和政策は継続され、三八年二月にはこれに抵抗した外相イーデンの辞任を招くこととなる。

イギリスにとって何よりも最大の脅威は、一九三三年一月に政権をとったヒトラーが支配するドイツから来た。三五年三月にはヒトラーは、ヴェルサイユ条約に公然と違反して再軍備宣言を行い、翌年三月にはロカルノ条約を破棄してラインラントに軍隊を進駐させた。後知恵でみるならば、ドイツの再軍備が未だ不十分なこの時期であれば、イギリスはフランスと協同してドイツを軍事的に制圧することが可能であったろう。しかし、当時の国際社会においては、ヴェルサイユ条約でドイツは公正に処遇されなかったという点で、幅広い見解の一致がみられたから、この時点でドイツに軍事行動をおこすことは非現実的であった。とはいえ、それ以降ドイツは軍事行動をエスカレートさせていくこととなる。三六年夏には、スペインの人民戦線内閣による共和国体制に対してフランコ将軍が反乱を指導し、スペイン内戦が勃発したが、ドイツとイタリアは、中立を掲げつつも半ば公然と反乱軍を支援した。結局、ドイツとイタリアによる大規模な支援が決め手となって反乱軍が勝利したが、ボールドウィン内閣は最後まで共和国軍に対する支援を拒み続けた。さらに、ヒトラーは謀略行動を成功させ、三八年三月にはほとんど無血のうちにオーストリア併合に成功する。チェンバレン内閣は、ドイツ民族国家オーストリアの併合は民族自決の原則にかなうものとして、これも容認したのである。

同年、ヒトラーは決定的な行動に出る。チェコスロヴァキアに対して、ドイツ系住民が多いズデーテン地方を割譲しなければ侵略するという恫喝を行ったのである。ヒトラーの脅迫に対し、同年九月チェンバレンは、英独仏伊の四国首脳会談（ミュンヘン会談）において、チェコを見捨てる決定を下した。フランスもこの決定に追随し、チェコはズデーテンを失う結果となった。これは宥和政策のクライマックスとよばれる悪名高い事件だが、チェンバレンはミュンヘンから空路帰国した際、自分は「我らの時代の平和」をもち帰ったと誇らかに宣言した。大半のイギリス国民も、自分たちとはほとんど無関係に思える東欧の小国のためにドイツと開戦することは論外とみなしており、チェンバレンの決定を圧倒的に支持したのである。

しかし、翌一九三九年三月にドイツがチェコスロヴァキア全土を占領したことは宥和政策の破綻を明るみに出した。従来のドイツの領土要求はヴェルサイユ条約の時に確認された民族自決の原則に基づいており、その点で一定の正当性を認められていたのに対し、チェコの全土占領はミュンヘン協定違反であるのみならず、民族自決原則を大きく踏み外していたからである。つまり、ドイツの領土要求に際限がないことが明らかとなったのであり、これをもってイギリスの国民感情も一気に硬化し、世論調査でもドイツとの開戦やむなしという声が多数を占めるようになる。

しかしチェンバレンは、なおもドイツとの戦争回避に望みをつないだ。同月三一日には、イギリスは、ドイツの次なる標的となることが予想されたポーランドに対し一方的な安全保障宣言を行ったが、これはあくまでドイツに対する抑止効果を意図した政策であり、かならずしも戦争の覚悟を示した政策ではなかった。次いで四月以降、イギリスはソ連との同盟交渉に入ったが、イギリス側の姿勢は基本的に同盟妥結そのものを目指すというより、同盟交渉による対独抑止効果を期待する点に主眼があり、明確な軍事同盟を要求するソ連との間には重要な隔たりがあった。イギリス側の煮え切らない姿勢に業を煮やしたソ連は、英ソ同盟交渉の中途にもかかわらず、ドイツとの秘密外交を通じて八月に独ソ不可侵条約を締結させ、世界を驚かせた。ソ連との提携によって、西の英仏、東のソ連と同時に戦うという最悪のシナリオを免れたヒトラーは、同年九月一日ポーランド侵攻を指令した。翌々日チェンバレンは、「私が働いてきた目的の全てが崩れ落ちて廃墟と化してしまった」と悲痛な下院演説を行い、ドイツに対する宣戦を布告した。

5　第二次世界大戦下のイギリス

戦時の国際関係

イギリスの宣戦は、先の大戦のように全自治領を自動的に参戦させることにはならなかった。カナダと南アフリカは参戦を支持する国会の決議を経て初めて参戦し、アイルランドは中立を維持したのである。それにもかかわらず、自治領、及びインドをはじめ自動的に参戦させられた植民地は、先の大戦をはるかに上回る兵員を提供したのであった。インドの派兵数は、この度は二五〇万人に達したのである。

開戦以来、翌一九四〇年春までは、「奇妙な戦争」と呼ばれたように、英仏連合軍とドイツ軍との間で本格的な戦闘が展開されることはなかったが、ポーランドを電撃戦で破ったドイツは同年四月には北欧を攻略し、五月にはフランス侵攻を開始した。こうした状況を背景に、身内の保守党内部からさえ激しい批判を受けるに至ったチェンバレンは同月に辞任し、長く保守党内で孤立して宥和政策批判を続けてきたチャーチルが後継首相の座に就いた。チャーチルと共闘して宥和政策を批判してきた労働党も、チャーチル内閣には参画し、自由党もまじえて、名実ともに挙国一致政権が誕生したのである。

同年六月には電撃戦でフランスが敗北し、イタリアがドイツ側に立って参戦したため、翌四一年六月の独ソ戦開戦まではイギリスが一国で独伊連合軍と戦うという事態となった。しかし、ドイツ軍によって包囲された三四万人の英仏連合軍が、大量の民間人の船に助けられて撤退に成功した「ダンケルクの奇跡」は、イギリス国民の士気を大いに高揚させた。四〇年七月から四一年六月まで、ドイツ軍のイギリス空襲（バトル・オブ・ブリテン）が展開するなか、ヒトラーはイギリスが講和を請うことを期待したが、チャーチル、及びイギリス国民の戦意が損なわれることはなかった。イギリスとの戦いで手詰まり状況に陥ったヒトラーは、ソ連との開戦を決断し、本来もっとも避けたがっていた東西二正面戦争に突入することとなる。

独ソ戦がはじまるまでの間、防戦一方であったイギリスが何とかもちこたえられた背景には、中立国アメリカによる多大な物的支援があった。とくに四一年三月の武器貸与法以来、「民主主義の兵器廠」を自任するアメリカからイギリスに向けて、大量の軍需品、食糧が輸送された。またスターリング・ブロックの存在も、イギリスの戦時体制を大いに助けた。戦前のスターリング・ブロックは、為替管理を伴わない緩やかなブロックであったが、大戦勃発直前に為替管理が導入され、ポンドの交換性も停止されるとともに、厳しく統制された通貨ブロックへと変貌した。ブロックの域内諸国は、ロンドンのポンド残高を積み増すことによって、イギリスに対して事実上の巨額の借款を供与したのである。しかし、イギリスがアメリカと帝国に大きく依存せざるを得なかったがゆえに、帝国体制における求心力の低下と対米従属化がいっそう進展する結果となることは避けられなかったのである。

四一年八月にニューファンドランド沖合で英米首脳会談が実現し、その際に宣言された大西洋憲章は連合国全体の公式の戦争目的を示すものとなったが、アメリカのローズヴェルト大統領は、チャーチルの抵抗を押し切って、民族自決原則を支持する条項を盛り込んだ。チャーチルは本国議会において、大西洋憲章は「インド、ビルマや帝国のその他の部分」に影響を及ぼすものでないと言明し、帝国支配に固執する姿勢をみせたが、イギリスの植民地支配にとって大義名分が失われたことは否定すべくもなかったのである。

同年一二月には真珠湾奇襲に伴い日本が対米開戦し、同時に日本の同盟国であるドイツとイタリアがアメリカに宣戦布告したので、アメリカ、ソ連、イギリスを中心とする連合軍が形成され、この時点でチャーチルは勝利の確信をもつことができた。しかし翌四二年二月には、イギリスの東南アジア支配にとって最大の要であったシンガポールが日本軍によって陥落し、アジアに十分な兵力を割く余裕がないイギリスに代わって、以後アメリカが日本との戦いを全面的に担っていくことになる。伝統的に本国にもっとも忠誠であったオーストラリアとニュージーランドも、これ以降はイギリスよりもアメリカの軍事力に依存する傾向を強めていくに至った。

戦争遂行に伴う帝国体制の遠心化現象がより露骨に現れたのはインドである。一九四二年春にインドに派遣されたクリップス（後に蔵相となる労働党政治家。一九三九～四五年は無所属で活動）を団長とする使節団は、戦後の自治領の地位を保証して独立運動を懐柔しようとしたが、即時に自治領の地位を求めるガンディーら国民会議派との交渉は決裂した。以後、イギリスは激しい武力弾圧によって独立運動を抑え込むこととなる。

一九四二年中頃以来、連合軍は次第に優勢に立つに至ったが、ヨーロッパ戦線でドイツを破る最大の原動力となったのは、常時九割前後のドイツ軍と戦っていたソ連軍であった一方で、アジア戦線で日本を破る最大の原動力となったのはアメリカ軍であった。一九四五年五月にはドイツ、八月には日本が降伏して、大戦は連合軍の勝利に終わったが、大戦を経てイギリス帝国の遠心化傾向は不可逆的に進行し、米ソ二大国の狭間でイギリスの地位も決定的な低下をみることとなったのである。

戦時のイギリス社会

戦争の進展に伴い、厭戦感情の高まりがみられた第一次世界大戦期とは異なり、ファシズムから自由を守るための戦争として戦われた第二次世界大戦においては、戦争末期に至るまで政府への広範な支持がみられた。ドイツ軍による激しい空襲も、かえってイギリス国民の団結心を強める結果となったのである。チャーチルはラジオ演説を活用し、華麗なレトリックを駆使した雄弁術でもって、直接国民に徹底抗戦を訴えた。好戦的なチャーチルは、戦前期には保守党内部でも孤立した存在であったが、戦時期にはかえって戦意高揚の格好の象徴となったのである。

第一次世界大戦期とは異なり、この度は戦時体制への移行は速やかであった。チャーチルは、かつてのロイド＝ジョージ以上にトップダウン的手法を採用し、国防大臣を兼任して、軍事・政治の両面を主導した。一方、チャーチル内閣発足と同時に労働大臣として入閣した労働党のベヴィンのもとで、総動員体制も着々と進展した。巨大な軍隊を編成するとともに、工場や鉱山のために一定の労働力を残しておくという人的資源配分計画が策定され、その一環として、大量の女性労働力が活用された。戦時中のストライキは法的に禁止されたものの、労働力不足を背景に労働側の交渉力が強化されたことも先の大戦期と同様で、戦時中に労働組合員数は約五〇パーセント増大した。

総じて大戦は、イギリス社会の平準化を推し進める画期となった。政府支出は一九三九年時の一〇億ポンドから四五

図6－3　自著へのサインを求められるウィリアム・ベヴァリッジ（1944年）
出典：Jose Harris, *William Beveridge,* Oxford, Clarendon Press, 1997.

年には六〇億ポンドにまで激増したが、これをまかなうため、所得税の大幅な増税が累進課税の強化を伴いつつ実施された。財政学者のピーコックとワイズマンが二度の大戦期を素材に実証したように、平時には決して受容されなかったような規模の増税が、大戦という危機的事態において受忍され、これをもって確立した新たな財政規模が戦後体制にもちこされていくこととなる。累進課税によって上位所得層の租税負担が増大した一方で、一九四一年に導入された食糧補助金や四四年に導入された家族手当制度と戦時期の完全雇用があいまって、低所得層の実質的所得水準は向上した。

戦前に最盛を誇った大蔵省の地位は、戦時中には一転して著しく後退した。このことは、チャーチル内閣の大蔵大臣であったウッド、及びアンダーソンが戦時内閣の一員に含められなかったことに典型的に示されている。均衡財政の維持を失業対策に優先させる点で保守的財政政策を固守してきた大蔵省も、四四年に公刊した白書において、「高度で安定的な雇用水準の維持」を政府の責務として認めるに至ったが、その背景には四二年のベヴァリッジ報告刊行を最大の契機として盛り上がった、社会改革を求める世論の圧力があった。

第一次世界大戦後にいったん高まった社会改革の気運は、インフレ圧力を前に押し潰されてしまったのだが、今回は大戦を社会改革の推進力としようとする考えが、はるかに強靭な影響力をもつに至った。伝統的に保守的な役割を果たしてきた英国国教会でさえ、一九四二～四四年に国教会聖職者のトップであるカンタベリー大主教を務めたウィリアム・テンプルは、キリスト教社会主義に立脚する急進的綱領を公表するに至ったのである。また、伝統的な保守系紙『タイムズ』も、戦時中には、論説委員となった国際政治学者E・H・カーの下で、計画経済を支持する論説を多数掲載するに至った。

こうした潮流に棹さしつつ、第一次世界大戦前に商務官僚として失業保険制度作成に携わり、ロンドン・スクール・

オブ・エコノミクスの学長などを歴任したベヴァリッジは、国民全体をカバーする包括的な社会保険制度と国民保健サービスを創出することを提言する野心的な報告書を発表した。連合国にとって戦局の見通しが大幅に好転した時期の刊行というタイミングもあり、ベヴァリッジ報告は六〇万部を超えるベストセラーとなり、多大な反響をよんだ。保守党、大蔵省や財界は、福祉政策に伴う財政負担や産業競争力への悪影響を憂慮し、報告書の実施に消極姿勢を示した一方で、労働党、自由党や労働組合会議は報告書の早期実施を要求した。これを契機に、戦後の社会改革に積極的な労働党に対する世論の支持は上向き、世論調査も保守党より労働党有利の結果を示すに至ったのである。

一九四五年五月に保守党と労働党の連立は解消し、同年七月にはチャーチル保守党政権に労働党が挑むという構図で、十年ぶりの総選挙が実施されるに至った。保守党は大戦の英雄チャーチルを押し立てて選挙戦を戦ったが、選挙結果は予想を上回る労働党の大勝であった。労働党は得票率四七・八パーセントで三九三議席を獲得したのに対し、保守党は得票率三九・八パーセントで二一三議席を獲得したに過ぎなかった（自由党は得票率九パーセントで一二議席）。労働党は、一九三〇年代前半のやや行き過ぎた急進路線を、党首アトリーのもとでより穏健路線に軌道修正し、中産階級の支持も取り込んだことが功を奏した。初の労働党安定政権を樹立したアトリーは、戦後再建という困難な作業に乗り出していくこととなる。

参考文献

秋田茂『イギリス帝国とアジア国際秩序――ヘゲモニー国家から帝国的な構造的権力へ』名古屋大学出版会、二〇〇三年。

井上巽『金融と帝国――イギリス帝国経済史』名古屋大学出版会、一九九五年。

河合秀和『チャーチル――イギリス現代史を転換させた一人の政治家』（増補版）中公新書、一九九八年。

川北稔・木畑洋一編『イギリスの歴史――帝国＝コモンウェルスの歩み』有斐閣、二〇〇〇年。

木畑洋一『支配の代償――英帝国の崩壊と「帝国意識」』東京大学出版会、一九八七年。

木畑洋一『第二次世界大戦――現代世界への転換点』吉川弘文館、二〇〇一年。

木畑洋一『イギリス帝国と帝国主義——比較と関係の視座』有志舎、二〇〇八年。

君塚直隆『イギリス二大政党制への道——後継首相の決定と「長老政治家」』有斐閣、一九九八年。

木村和男『イギリス帝国連邦運動と自治植民地』創文社、二〇〇〇年。

アンドリュー・ギャンブル著、都築忠七・小笠原欣幸訳『イギリス衰退一〇〇年史』みすず書房、一九八八年。

ピーター・クラーク著、西沢保・市橋秀夫・椿建也・長谷川淳一訳『イギリス現代史　一九〇〇〜二〇〇〇』名古屋大学出版会、二〇〇四年。

P・J・ケイン、A・G・ホプキンズ著、木畑洋一・旦祐介訳『ジェントルマン資本主義の帝国Ⅱ——危機と解体　一九一四〜一九九〇』名古屋大学出版会、一九九七年。

佐々木雄太編『世界戦争の時代とイギリス帝国』（イギリス帝国と二〇世紀　第三巻）ミネルヴァ書房、二〇〇六年。

佐々木雄太『三〇年代イギリス外交戦略——帝国防衛と宥和の論理』名古屋大学出版会、一九八七年。

佐々木雄太・木畑洋一編『イギリス外交史』有斐閣、二〇〇五年。

杉本稔『イギリス労働党史研究——労働同盟の形成と展開』北樹出版、一九九九年。

A・J・P・テイラー著、都築忠七訳『イギリス現代史』（新装版）みすず書房、一九八七年。

エイザ・ブリッグス著、今井宏・中野春夫・中野香織訳『イングランド社会史』筑摩書房、二〇〇四年。

村岡健次・木畑洋一編『世界歴史大系　イギリス史三——近現代』山川出版社、一九九一年。

湯沢威編『イギリス経済史——盛衰のプロセス』有斐閣、一九九六年。

扉図出典：エイザ・ブリッグス著、今井宏・中野春夫・中野香織訳『イングランド社会史』筑摩書房、二〇〇四年、四一五頁。

コラムⅥ

大戦間期のイギリス政治における君主

松永友有

内閣交代の際の後継首相任命に関して、国王は形式的に関与するのみ、というイギリス立憲政上の原則は、一九世紀にヴィクトリア女王がお気に入りのメルバーンを強引に首相に留任させたことを最後に、基本的に堅持されてきた。しかし、金融恐慌下の一九三一年八月に第二次マクドナルド労働党内閣が閣内不一致で倒壊した際、当時の国王ジョージ五世は、後継首相選定にあたって実質的な影響力を発揮した。従来の慣例に従った場合、このケースでは野党第一党の保守党党首ボールドウィンが後継して内閣を組閣するはずであった。しかしジョージ五世は、マクドナルド、ボールドウィンと自由党党首代行サミュエル（当時、党首ロイド＝ジョージは病気療養中）を、現下の危機を乗り切るにはマクドナルドを首班とする挙国一致内閣しかない、と短時間で説得することに成功し、マクドナルドは挙国一致内閣の成立を宣言することとなる。

以上の動きは宮廷内部の密室で進められたため、外部に知られることはなく、寝耳に水の知らせを受けた労働党員の大半は、権力欲に駆られたマクドナルドが保守党と結託して労働党を裏切ったものとみなした。労働党においては、マクドナルドに対するすさまじい怨嗟の念がうずまくようになり、労働党創立の立役者であったマクドナルドと労働党の関係は最後まで修復されることはなかった。

挙国内閣の成立を主導した国王の行動が立憲政の原則にかなうものであったかどうかについては論争がある。いずれにせよ、結果的には挙国内閣の成立により労働党が分裂し、マクドナルド派と反マクドナルド派の間で激しい非難合戦がくりひろげられたことは、有権者の労働党に対する信頼を決定的に失わせることとなった。同年一〇月の総選挙における、保守党中心の挙国派議席数五五六に対して労働党議席数は五二議席という、史上例をみない地滑り的な選挙結果は、その帰結であったのである。ともかく、これは国王が自らの主導権で直接的に政権の行方を左右した最後の事例であった。

ジョージ五世は一九三六年一月に死去し、皇太子がエドワード八世として即位した。新国王は皇太子時代から名うてのプレイボーイとして知られる一方、気さくに庶民に接する姿勢から、元々高い大衆的な人気を得ていた。しかし、エドワード八世が離婚歴のある既婚アメリカ人女性ウォリス・シンプソンと不倫関係に陥り、同年一〇月に、シンプソン夫人の二度目の離婚により彼女との結婚の意志を固めたことは、直ちに政治問題に帰結した。

エドワード八世とウォリスとの結婚に法制上の障害があったわけではないが、当時の首相ボールドウィンは、国民感情がこの結婚を許さないものと判断し、結婚を断念するよう国王に強硬に迫った。国王がなおも結婚する意志を翻さなかったため、事態は憲政上の問題にまで発展していくこととなる。それというのも、国王が内閣の助言に従わずウォリスとの結婚を強行した場合、ボールドウィン内閣の総辞職が予想されたが、それに伴って生じるであろう総選挙は、否応もなく立憲君主制のあり方そのものが問われる選挙とならざるを得なかったからである。

一九三六年一〇～一二月にかけて、ボールドウィンと国王との間で緊迫した交渉が展開された。結婚の断念か王位の退位かという選択を迫られた国王は、ウォリスと結婚はするが、ウォリスに皇太后としての地位は認めない、という妥協案で王位に留まる道を模索した。ここで注目すべきは、イギリス国王の王冠に対する忠誠を通じて結ばれる点で、イギリス本国と自治領諸国の地位は対等であるというウェストミンスター憲章の規定に従い、ボールドウィンが各自治領の首相に対して、この妥協案が可能かどうかという意向をうかがったことである。各自治領、つまりカナダ、オーストラリア、ニュージーランド、南アフリカ、アイルランド自由国の各首相の内、アイルランド首相はこの問題には無関心である旨を返答し、ニュージーランド首相は本国の決定に従う旨を返答したが、それ以外の三国の首相は、いずれも妥協案に反対し、国王の退位以外に解決策はないと返答した。この自治領の態度が一つの有力な決め手となって、妥協案は葬られた。当時において、本国に対する自治領諸国の発言力強化がうかがえる一つの典型的な事例といえるだろう。

結局、エドワード八世は結婚を貫くために退位する道を選択した。一二月一〇日、議会で国王の退位の意思が宣言され、翌日退位が正式に決定するとともに、王弟ヨーク公がジョージ六世として即位した。退位してウィンザー公となったエドワードは、「私が愛する女性の支えなくして、国王としての重責を担うことは私には不可能である」という著名なラジオ演説を行い、国民への別れを告げた。

国民の間ではエドワード八世に対して同情する声も根強かったが、この一連の事件を通じて最も株を上げたのはボールドウィンである。元々彼には、優柔不断な政治家というイメージがつきまとっていたが、国王に対して一歩も退くことなく立憲政の危機を回避したことは、世論からの評価を高めることとなった。ボールドウィンは国王退位問題の処理を花道にして翌一九三七年に政界を引退する。

以上のように、大戦間期において、イギリス国王の存在は二度にわたって国政上の問題に深く関与したが、そのいずれにおいても、期せずして最大の受益者となったのは保守党政治家ボールドウィンであった。

第七章　戦後社会の模索

市橋秀夫

Charlie Phillips, Notting Hill Couple, 1967.
カリブ海諸島からの戦後移民が多く住んでいたロンドンの貧困地区ノッティング・ヒルの若きカップル。二人の表情には多文化社会への期待と不安がみてとれる。

1945	7. 26. 労働党総選挙で圧勝
1946	3. 1. イングランド銀行国有化
1947	1. 1. 石炭産業国有化。8. 6. 都市農村計画法成立。8. 15. インドとパキスタン独立
1948	7. 5. 国民保険法，国民保健サービス法など施行
1949	3. 15. 衣服の配給制度終了。4. 4. NATO 発足。9. 18. ポンド切り下げ
1950	2. 23. 総選挙で労働党辛勝。6. 25. 朝鮮戦争勃発，英軍派遣へ
1951	10. 25. 総選挙で保守党が政権復帰
1952	7. 23. ヨーロッパ石炭鉄鋼共同体発足。10. 3. 原爆実験に成功
1953	6. 2. エリザベス 2 世戴冠式。9. 27. 砂糖の配給制終了
1954	7. 4. すべての食料配給制終了
1955	5. 26. 総選挙で保守党勝利。9. 22. 独立商業テレビ局放映開始
1956	10. 23. ハンガリー事件。10. 31英仏軍, スエズ戦争開始。12. 22. 英仏軍，スエズ撤退
1957	1. 9. イーデン首相辞任。5. 15. 水爆実験に成功
1958	1. 27. 核兵器廃絶キャンペーン(CND)旗揚げ。8. 30. ノッティング･ヒルで人種暴動
1959	8. 29. 猥褻出版物法施行。10. 8. 総選挙で保守党 3 期連続の勝利
1960	2. 3. マクミラン，南ア議会で「変化の風」演説
1961	5. 31. 南ア，英連邦脱退。8. 10. EEC へ加盟申請
1962	4. 18. 移民法制定。10. 5. ビートルズ，初シングル発売
1963	6. 4. 陸相プロヒューモ辞任
1964	10. 15. 総選挙でウィルソン労働党13年ぶりに勝利
1965	2. 7. 合衆国ベトナム北爆。7. 14. 中等教育の総合化推進通達発布。11. 9. 死刑廃止法（5 年間）施行。11. 8. 人種関係法制定。11. 11. ローデシア一方的独立宣言
1966	3. 31. 総選挙で労働党議席増。7. 30. サッカーのワールドカップでイングランド優勝
1967	5. 2. 二度目の EEC 加盟申請。7. 27. 同性愛行為を合法化する性犯罪法制定。10. 27. 中絶法制定。11. 18. ポンド切り下げ。11. 27. 英に対し，仏が 2 度目の EEC 加盟拒否権行使明言
1968	4. 20. パウエルが移民排斥の「血の河」演説。10. 5. 北アイルランドで公民権デモ
1969	4. 23. 放送大学認可。10. 22. 離婚改革法成立。12. 16. 死刑の恒久的廃止成立
1970	1. 1. 成人年齢を18歳に引下げ。5. 29. 平等賃金法成立。6. 18. 総選挙でヒース保守党が勝利
1971	8. 9. 北アイルランドで予防拘禁制度導入。8. 15. ドル・ショック
1972	1. 30. 北アイルランドで「血の日曜日」事件。2. 9. 炭鉱ストによるエネルギー危機で非常事態宣言。3. 24. 北アイルランド直接統治実施。9. 1. 義務教育年齢16歳に引上げ
1973	1. 1. EC に正式加盟。10. 17. 石油危機始まる。
1974	2. 28. 総選挙で労働党辛勝。7. 11. 労働組合と「社会契約」締結。10. 10. 総選挙で労働党勝利
1975	6. 5. 国民投票で EC 加盟継続支持される。11. 12. 性差別禁止法成立
1976	10. 27. ポンド危機。11. 22. 人種平等委員会設置法制化
1977	1. 3. IMF から借款
1978	11. 14. TUC が政府の賃金抑制案を拒否，「不満の冬」始まる
1979	1. 22. 最初の公務員スト。5. 3. 総選挙でサッチャー保守党勝利

1　英雄にふさわしい国

「ニュー・エルサレム」の建設

イギリスの戦後社会の起点は、一九四五年ではなく、第二次世界大戦期にある。第二次世界大戦下のイギリス社会では、自分たちはこの戦争を何のために戦うのか、どのような戦後社会を自分たちは望むのかについて、かなり初期の段階から議論がなされていた。早くも四一年一月、当時一五〇万部を超える発行部数を誇っていた国民的な写真週刊誌『ピクチャー・ポスト』が「イギリスのためのひとつの計画」と題する全頁特集号を組み、戦後社会における雇用、社会保障、都市計画、住宅、農業、教育、医療制度、余暇のあり方の青写真を示した戦後再建計画を公にした。四一年一月といえば、ナチス・ドイツがヨーロッパを席巻し、ロンドンやコヴェントリなどのイギリス諸都市が激しい空爆を受けていた時期である。その夏には、作家E・M・フォースターが「誰も彼も戦後の再建計画について語っています」と述べるほど、戦後再建論議は盛んであった。

そのおよそ二年後の四二年一二月に公表されたのが、戦後福祉国家の礎となった文書だとみなされている政府白書『社会保険および関連サービス』（ベヴァリッジ報告）である。ベヴァリッジ報告の刊行は、戦時下イギリスにおける最大の政治的出来事であったとまでいわれ、刊行後まもなくなされたある世論調査においては、八六パーセントの人びとが、政府は報告書の諸勧告を実施すべきであると答えていた。なにごともまずは戦争に勝ってから、という考えが基底にあった保守党のチャーチル首相は、ベヴァリッジ報告に対して冷ややかな態度を取ったが、そのような保守党の態度も、四五年七月に行われた総選挙での労働党の地すべり的勝利に貢献することになった。

労働党への有権者の熱い支持は、その社会主義的な経済政策やイデオロギーへの賛同を表現したものではなかった。人々はあくまで、自分たちの生活再建を推進してくれるのにふさわしい政党として労働党を選んだのである。有権者の最大の関心事は住居にあったし、第一次世界大戦後、大量失業を阻止できなかったばかりか、有効な介入政策もとることができなかった保守党へのぬぐい難い不信も人々は抱いていた。国民の半数は公的保険制度の恩恵から排除されたままであった。戦間期の苦く暗い時代のイメージは、保守党と結びつくかたちで広く人々に記憶されていた。労働党を支持した人びとにとっては、そうした戦間期の記憶と想起こそが、将来の政権選択の基盤をなしていた。

政権についてからおよそ一年半の間、労働党は「ニュー・エルサレム」すなわち新しい福祉国家の建設を強力に進めた。四六年には、イングランド銀行及び炭鉱産業の国有化、無料医療サービスを柱とする国民保健サービス（ＮＨＳ）の立法化（一九四八年から施行）、疾病・失業・老後の生活不安に応えたばかりでなく、出産や葬儀にも対処した国民保険法の成立、芸術文化の公的助成組織であるアーツ・カウンシルの設立など、労働党のマニフェスト公約は次々に実現されて国民の高い評価を得ていた。「ゆりかごから墓場まで」の福祉国家の確立である。だが、すべてがうまくいっていたわけではない。国民がもっとも高い関心をもっていた住宅建設は、需要を十分に満たすことができなかった。莫大な戦時負債返済のため、輸出産業振興優先の経済復興政策を余儀なくされていた労働党政権は、住宅建設における資材不足や労働力不足には効果的に対応することができなかったのである。

四七年に入ると、石炭不足にまれにみる厳冬が重なってエネルギー危機に陥り、経済も国民生活も厳しい状況におかれた。しかし、政府の対応は不手際が続き、労働党政府の経済運営能力に対する国民の信頼は揺らいだ。それだけではなかった。イギリスは、戦時に引き続き戦後もアメリカからの借款を受けて経済復興に取り組んでいたが、この借款の条件には通貨ポンドの自由化が含まれていた。予定どおり七月に自由化されると、ポンドの貨幣価値は直ちに下落し、一カ月後には兌換停止へと追い込まれた。労働党政府は経済政策の見直しを迫られ、経済運営の管理を強めると同時に市場の果たす役割も重視するようになり、以後、中央集権的な社会主義的計画経済の手法は暗黙のうちに棚上げされていくことになる。国際収支の赤字の理由として近年指摘されているものとして、世界各地に派遣されていた英軍の維持コストがある。四七年の防衛費はＧＤＰの一八パーセント、五〇年でも八パーセントを占めていた。福祉国家（welfare state）であると同時に戦争国家（warfare state）でもあったという指摘がなされるゆえんである。アトリー労働党政府の直面した経済問題は、イギリスの旧来の国際的・外交的役割維持という方針を変えることのなかった自らの帰結という面があった。

「耐乏の時代」の消費・余暇生活

輸出最優先の統制経済の実施は、消費を抑制し、国民に「耐乏」生活を強いることになった。戦時中には自由に入手できた食料が戦後になって配給品となることさえ起きた。一九四六年にはパンの配給が、四七年にはジャガイモの配給がはじまり、いずれも四八年まで続いた。他にも肉、チーズ、卵、脂、砂糖などが配給対象とされていた。これらの配給はアメリカからのヨーロッパ経済復興援助金（マーシャル援助）が支給されはじめた四八年から徐々に廃止されたが、最後に食料品の配給が撤廃されたのはようやく五四年になってからのことであった。

家庭を切り盛りする主婦層の有権者からは、いうまでもなく、労働党政府に厳しい目が注がれた。長蛇の列に並んだあげくに品物が満足に入手できないなど、食料品や衣料品といった消費財に対する戦時統制経済の継続は不評であり、それは四五年に労働党を支持した有権者の離反を引き起こすものでもあった。

国際収支の改善のために労働党政府が行った輸入制限は人々の余暇活動にまで及んだ。ハリウッド映画の輸入規制である。すでに二〇年代にはイギリスで上映される映画の大半がアメリカ映画によって占められていたが、これに七五パーセントの関税をかけたのだった。四〇年代後半の戦後復興期は、映画館での映画鑑賞やサッカー観戦などの伝統的な大衆娯楽に、イギリス国民がもっとも多く足を運んだ時代であった。統制経済のもとにあって余暇の対象は限られていたし、新しいタイプの余暇活動が育まれる環境もなかった。映画、観衆スポーツ、パブといった伝統的な大衆的娯楽空間で、人々は気晴らしに興じたのである。政府は、卓越した自然景観を保護する国立公園を指定するとともに、田園地帯の私有地をウォーキングやハイキングの目的で通行する国民の権利も法律で定めた。「国立公園及び田園地帯アクセス法」（一九四九年）である。

マーシャル援助金を受けたイギリスは、いったんは国際収支問題に一息つくことができたものの、ドルに対するポンドの価値下落に歯止めがかかったわけではなかった。一九四九年九月、ついに労働党政府は一ポンド＝四・〇三ドルから二・八〇ドルへと大幅なポンド切り下げを余儀なくされた。この切り下げは成功し、イギリスの輸出競争力はもち直し、戦後経済はようやく軌道に乗っていく。国民の消費生活も徐々に向上していき、食料品の配給制度が廃止された一九五四年には、国民の栄養摂取状況はあらゆる面において第二次世界大戦が始まった一九三九年よりも向上していた。

冷戦構造の定着

以上でみてきたような戦後復興期イギリスの経済問題の困難は、イギリスの対外関係と密接な関連をもっていた。そしてその対外関係は、アトリー労働党政府もまた世界の大国としての地位に固執していたことに大きく規定されていた。アトリー政府は、アメリカとの緊密な連携にもとづく反共産主義西ヨーロッパ圏の防衛、核兵器の開発、帝国の維持を追求したのである。

アトリー政府の反共産主義は当初から揺るぎなく、外務大臣ベヴィンはヨーロッパにおける冷戦構造の確立において積極的な役割を果たした。ヨーロッパの秩序形成への介入に消極的であったアメリカを、戦後直後における冷戦構造形成の一方の主役にひっぱり出すのに決定的な役割を果たしたのもイギリスであった。それはまず、戦後四年にわたることになる、共産主義者との激しい内戦状態にあったギリシア政府軍への援助主体の交代というかたちで具現された。戦争末期から一貫して反共ギリシア軍への援助を続けていたイギリスは一九四七年、国内経済の悪化から、同年三月末にその援助を停止する方針をアメリカに通告した。これを受け、東欧ばかりでなく中近東におけるソ連共産主義の影響拡大に懸念を募らせつつあったアメリカは、トルーマン・ドクトリンを発表して共産主義封じ込め政策を表明し、ギリシアとトルコの反共勢力への莫大な財政援助に乗り出したのである。翌年から実施されたマーシャル援助もまた、ヨーロッパにおける共産主義封じ込めを強く意図したものであった。

四七年初頭には、アトリー政府は原子爆弾の独自開発も決定していた。アメリカが原子爆弾製造に関する他国との協働関係を禁ずる法律を成立させていたため、イギリス独自の開発を余儀なくされ、多額の開発資金が必要となった。外相ベヴィンは、アメリカに影響力をもちつつ国際社会で大国としての役割を果たすには、核兵器の開発保持が不可欠であると閣僚たちを説得した。イギリスは、アメリカ（四五年）、ソ連（四九年）に次いで、五二年一〇月に独自開発した原子爆弾の実験に成功している。

アトリー政府はまた、国内でのソ連共産スパイ活動に関する情報収集を強化し、四八年には反共プロパガンダのための「情報調査局」を外務省内に設置した。閣議では、この情報調査局の設置について、アメリカ資本主義とソ連共産主義の間を行く「第三の道」としての社会民主主義モデルを守り、全体主義への防波堤となるために必要との合意がなされたという。

しかし、実際に推進されたのはアメリカとの連携強化だった。四八年六月のソ連による西ベルリンへの陸上輸送路封鎖は、その連携をいっそう強化する機会を提供することになった。封鎖が解かれるまでの一〇カ月間、必要物資はすべて空輸され、アメリカ空軍はこれを機にイギリスの軍事基地に常駐するようになった。この連携強化の延長線上で四九年四月に北大西洋条約が締結され、ここにＮＡＴＯ（北大西洋条約機構）が成立することになった。

アメリカとの連携は、五〇年にはじまった朝鮮戦争でも確認された。イギリスは国連軍のなかでは最大規模となる一万人を朝鮮半島に送った。西ヨーロッパ防衛に対するアメリカの負担分担を求める以上、その見返りが必要であるとみなされたのである。また、協力することで、アメリカに対する一定の影響力も維持できるのではないかという思惑もあった。しかし、朝鮮戦争への介入は、経済と労働党の党内政治に大きな爪あとを残すことになった。軍事予算は再びＧＮＰの一〇パーセントを超える水準へと上昇し、ＮＨＳの一部有料化と所得税の標準税率の引き上げが労働党の手でなされたのである。これに抗議して、ＮＨＳ発足時の担当大臣であった労相アナイアレン・ベヴァンが辞任した。予算編成を行った蔵相ゲイツケルを右派指導者、ベヴァンを左派指導者とする、以後一〇年以上に及ぶ党内対立の種がここにまかれることになった。

アトリー政府は、英帝国を放棄する意図もなかった。戦後復興期、インドやスリランカなどの植民地の独立を承認して、あるいはパレスティナの委任統治権を放棄してイギリスが撤退したのは、英帝国全体の運営をより円滑にするためであった。インド独立へのアトリー政府独自の貢献は、自治領としての独立ではなく、期限を切って完全独立を断行していった点にあった。パレスティナからの撤退には、いっそうの困難が伴った。イスラエル建国を目指し、委任統治するイギリスばかりか現地アラブ住人までも追放するべく、アメリカの支持を受けたユダヤ人武装組織がテロ行為を展開していた。それに対処できなかったアトリー政府は、国連のパレスティナ分割案への関与も避け、一九四八年五月、一方的にパレスティナから立ち去った。イギリスが撤退した翌日、アラブ系住民とユダヤ系住民との間でただちに「パレスティナ戦争」がはじまった。

表7-1　1951年総選挙結果

	得票数	得票率（%）	議席数
保守党	13,717,538	48.0	321
労働党	13,948,605	48.8	295
その他	979,525	3.2	9
総計	28,595,668	100.0	625

出典：C. Cook and J. Stevenson, *The Longman Companion to Britain since 1945,* Harlow, Longman, 1996, p. 48をもとに作成。

保守党政権の復帰

一九五〇年二月の総選挙までに、四五年の労働党の公約はおおむね達成されてしまっていた。完全雇用状態が維持され、基幹部門の国有化は終わり、福祉国家も確立された。国際収支も均衡を回復し、不人気だった配給制度も撤廃がはじまっていた。労働者階級の生活水準は間違いなく向上し、階級格差は縮小してより平等な社会になった。中流階級世帯もまた、NHSや中等教育の無料化から多大な恩恵を受けていた。アトリー労働党政府の達成は国民から大きく評価されてしかるべきであったといえよう。事実、五〇年の総選挙でも、労働党は絶対過半数を確保したのである。しかし、それはわずか五議席差の過半数であった。第二次世界大戦中に生まれた変革と改革への熱意は有権者の間ではすでに失われ、労働党は新たなビジョンを示す政治的言語をみいだすことができなかった。冷戦構造が固定化するなかで、「平等」「国有化」「計画」はソ連共産主義の中央集権的な抑圧のイメージに結びつきやすく、逆に「自由」「自由な事業」「機会」といった保守党の言語はもはや否定的な連想をよび起こすことはなく、むしろ新鮮味のある社会像・生活像を示す言葉となっていたのである。

五〇年六月にはじまった朝鮮戦争への積極的関与は、労働党の党勢の回復にプラスに働くことはなかった。さらなる有権者の支持離れをおそれたアトリーは、五一年一〇月に総選挙を実施した。総得票数では、労働党がなお二〇万票以上保守党を上回ることができたが、小選挙区制のもと、議席数では保守党が他党を一七議席上回ることになった。

戦後コンセンサス

「国民に自由をもたらす」という一九五一年総選挙での公約を、保守党は慎重に遂行していった。民間主体の住宅建設のピッチを上げ、配給制度撤廃の実績を積み、鉄鋼産業を民営化した。そして、経営への協調の重要性を謳いながらも、労働組合が民主主義社会において果たす役割を認め、税及び公共支出の軽減を主張しながらも、政府の経済政策が雇用維持に果たす役割について意義を認めるようになっていた。鉄鋼以外に国有化産業の民営化はなされず、公的な福祉サービスからの撤退もなされなかった。保守党は、もはや自由放任主義を擁護したりすることはなかったのである。しかし、たとえばNHSはたしかに堅持され予算も増大したが、保守党は処方料（薬代の一部患者負担）の導入（五二年）と引き上げ（五六年と六一年）や、歯科眼科診療費の引き上げなどによる自己負担増を行っただけでなく、財政基盤を一般財源から個人の全額拠出方式へ転換するといった制度設計の変更も検討していた。つまり、国民生活における国家の役割を認めつつ、それを縮小し、個人の責任を軸に機能する自由市場原理の果たす役割を導入していくという改革路線をとっていたのである。そうしてみると、戦後保守党と労働党の間に「コンセンサス」が存在したのか否かという論争については、政策手段の外見はおおむね同じであったが、その目的や達成すべき社会像は異なっていたという指摘が、およそ妥当であるように思われる。

2　「豊かな時代」の到来

大国意識と「変化の風」

安定した経済成長と国民生活が実現された一方で、実質はもとより大国としての体面を保っていくことさえ容易ではなくなったのが一九五〇年代である。イギリスは一九五三年六月、エリザベス二世戴冠とイギリス隊のエベレスト登頂

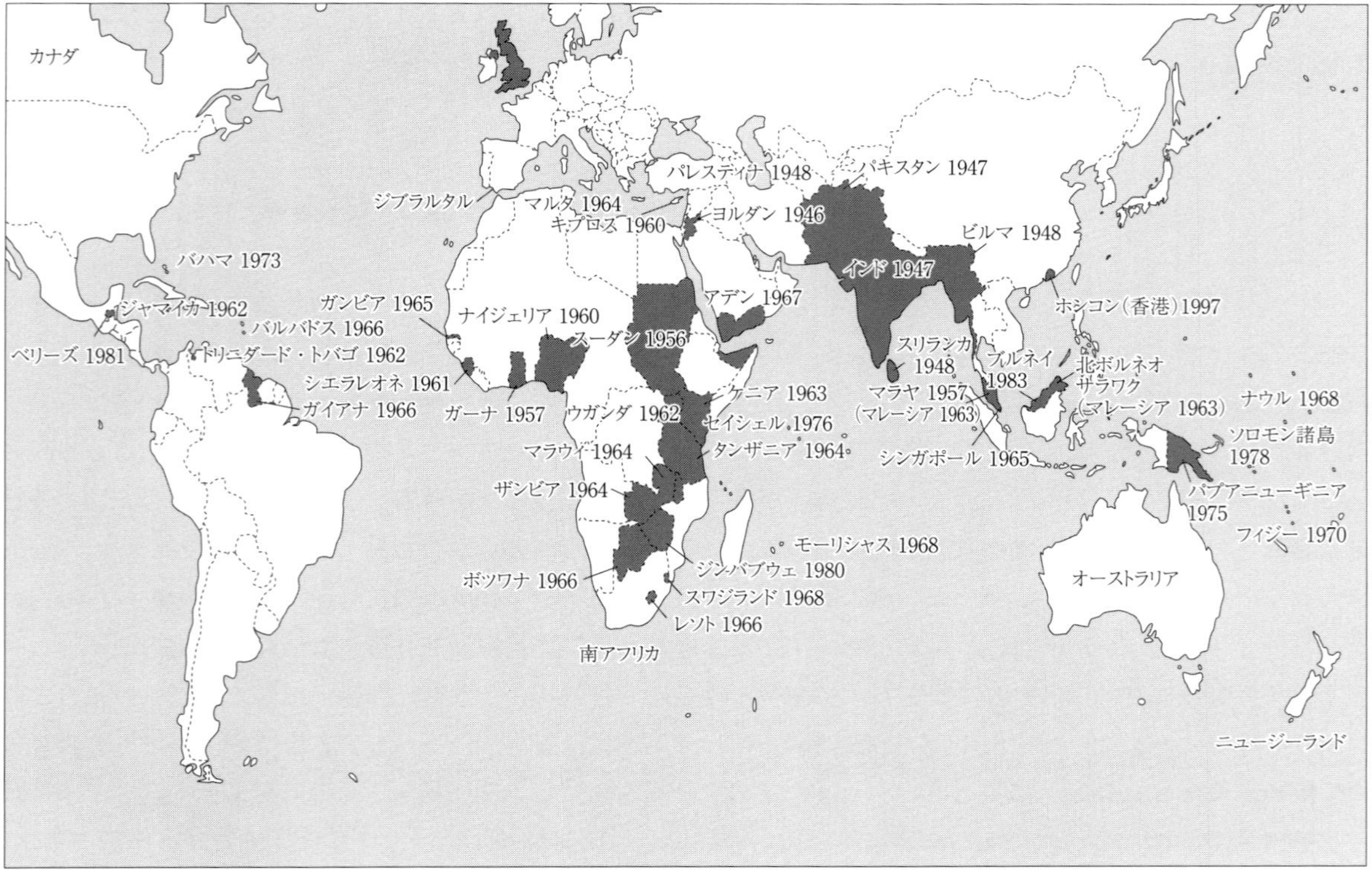

図７-１　イギリスと脱植民地化

出典：S. Stockwell (ed.), *The British Empire: Themes and Perspectivesw,* Malden, Blackwell, 2008.
注：色のついた部分はイギリス本国とイギリス帝国領（自治領を除く）。数字は独立した年。

成功が重なって、メディアは大国意識を吹聴したが、実際に登頂に成功した二人はネパール人とニュージーランド人であってイギリス人ではなかったというささか不都合な事実にはさしたる注意が払われなかった。しかし、同年一一月及び翌年五月のサッカーの対ハンガリー戦でのホームとアウェイでの連続大敗（スコアは3－6及び1－7）は、その後今日まで続いているイギリス衰退論議の格好の機会を提供することになったとの指摘もある。

とはいえ、大国及び帝国幻想を決定的に砕く出来事は、五六年に起きたスエズ事件であった。スエズ運河を国有化したナセル率いるエジプトに対して、イーデン保守党政府はフランス及びイスラエルと陰謀して武力介入を行い、運河一帯を占領した。イーデンの描いた青写真に反し、イギリスはアメリカをはじめとする国際世論の厳しい批判に直ちにさらされ、ポンド通貨の価値も劇的に下落してドルの流出が止まらなくなった。保守党議員グループがイーデンを非難したような「屈辱的な撤退」を、イギリスは強いられることになった。

イーデンは三カ月足らずで辞任に追い込まれた。後継首相のハロルド・マクミランは、伝統的保守党指導者のみせかけとは裏腹に、イギリスの国際戦略の変更の必要を切に感じていたといわれている。スエズ事件後、マクミラン政府は防衛政策の根本的な見直しを行い、通常兵力の削減と徴兵制の撤廃が決定された。朝鮮戦争後、イギリスの防衛予算はＧＤＰの一〇パーセントを下ることがなく大きな負担となっていたが、五七年に水爆実験に成功したイギリスは、独自核兵器開発の高度化は新たな世界大戦を著しく不可能とする抑止防衛戦略であり、したがって通常兵力のいっそうの削減ができ経費節減にもなると見込んでいた。また、水爆は大国としての地位を誇示しやすい方途だともみなしていた。核による抑止戦略は、核廃絶を求める大規模な市民運動（ＣＮＤ）によって糾弾されたが、マクミラン自身も無縁ではなかった大国幻想の維持には役立つものだった。

しかし、他国に依存しない独立の核大国という目標は、核弾頭を搭載するミサイル開発の予算的困難から六〇年には放棄され、核弾頭搭載用ミサイルについてはアメリカからの供給に依存する方針に切り替えられた。その後のミサイル供与をめぐるアメリカとの交渉では苦しい対応を迫られることになったマクミランであったが、英帝国に吹く「変化の風」については自ら語り、植民地の独立を不可避な事態だとして進めた。五七年にはガーナとマラヤが、六〇年にはキプロスとナイジェリア、六一年にはタンガニカ、シエラ・レオネとカメルーン、六二年にはジャマイカ、トリニダード・トバゴ、西サモア、ウガンダ、六三年にはケニヤとザンジバールが独立を果たした。

植民地が次々に独立してイギリス本国との関係がより対等なものへと変化していく過程と並行して、英連邦からの移民に対するイギリス本国の態度は、歓迎から次第によそよそしいものへと変わっていった。四七年イギリス国籍法は、すべての英連邦市民にイギリス臣民の地位を付与していたし、労働力不足の続いた五〇年代には、たとえばロンドン交通局は、カリブ海の西インド諸島植民地まで出向いて職員の現地採用を行っていた。ところが、五八年にロンドンのノッティング・ヒルやイングランド中部の地方都市で大きな人種暴動が起きたあたりから、黒人移民への風当たりは強まって政治問題化し、六二年には英連邦移民法が成立して、事前に発行された労働許可証なしでの入国は厳しく制限されるようになった。

消費主義社会の浸透

保守党の三期連続の勝利をもたらした一九五九年総選挙は、戦後イギリスの豊かさを象徴する出来事として語られることが多い。保守党政府は、完全雇用の維持と実質賃金の上昇という実績を積み上げ、いわゆる「豊かな時代」を国民に実感させることに成功してきた。

そして、その豊かさは、とりわけ自宅というプライベートな場所に蓄積された。五一年時点での持ち家率は戦前を下回る三一パーセントであったが、六一年には四四パーセントに上昇していた。五〇年代後半にとりわけ目立ったのは、テレビや冷蔵庫や洗濯機といった家電耐久消費財の普及であった。テレビを所有していた世帯は五五年には全体の三分の一に過ぎなかったが、六〇年には四分の三になっていた。信用規制の緩和や課税の引き下げなど政府が選挙前の景気刺激策をとった五七年から五九年の二年間には、洗濯機を所有する世帯数は五四パーセント、冷蔵庫を所有する世帯は五八パーセントも増加した。値の張る自家用車の所有世帯でさえ、二五パーセントも増えた。「こんな良い時代は一度もなかった」というマクミランの五七年当時の演説は、実際には現状の豊かな国民生活をそのまま維持していくことの困難を警告したものであったが、五八年春からの好景気への突入でその本意が省みられることはなかった。イギリスは楽観的な消費ブームに沸いていた。社会が総体としては富裕化するなかで、低所得者層の相対的貧困はより深まったともいえるが、より多くの有権者は現状維持を選択し、野党を一〇〇議席上回る三六五議席を保守党に与えて政府を信任したのであった。

保守党は、労働党が打ち立てた福祉国家の枠組み、なかでも完全雇用の維持を最優先させたが、同時に、規制緩和をはかり、公共サービスへの民間活力や市場競争力の導入にも取り組んでいた。たとえば、すべての食糧配給を撤廃した五四年、保守党政府は、ＢＢＣに独占されていた公共テレビ放送に商業放送を導入する法案を成立させた。それは、公共放送の使命を果たすことを義務付けられた独立テレビ局であり、アメリカや日本のいわゆる民放とは根本的に異なるものではあったが、競争原理をもちこんでＢＢＣを活性化させ、世界でも有数のテレビ好きなイギリス国民の余暇生活に貢献することには成功した。

表７－２　耐久消費財の所有世帯率（パーセント）

	1955年	1975年
掃除機	51	90
洗濯機	18	70
冷蔵庫	8	85
テレビ	35	96
電話	19	52
セントラル・ヒーティング	5	47

出典：D. Murphy and P. Walsh-Atkins, *Britain 1945-2007,* London, Collins, 2008, Table 14 をもとに作成。

マクミランはまた、国民の射幸心を刺激するような社会経済政策も行って、ポピュラー・キャピタリズムの育成に余念がなかった。五六年には、利子の他にくじによる賞金がつく国債プレミアム・ボンドの発行に踏み切った。六〇年に成立させた賭博法では、それまで非合法であった場外賭博店の営業が認められ、翌年施行後の半年間で全国に一万の賭博店舗が展開することになった。トランプなど少額の賭け事、民営のカジノ・クラブやビンゴ・クラブの営業も合法化された。

労働者階級のブルジョワ化論や、そのライフスタイルの私事化（＝マイホーム主義化）を指摘する社会調査結果が社会学者らから出されて論議をよんだのは、この五〇年代末のことである。豊かな社会の出現に伴い、仕事を手段的にとらえ、職場や地域コミュニティよりも家族生活を優先する新しいライフスタイルの労働者が出現したというわけである。しかし、近年の社会史研究では、豊かさは、マイホーム外における「伝統的な」労働者階級の集団的な社交や余暇活動を減少させたどころか、それらをますます盛んにしたことを明らかにした事例研究が出されている。おそらく豊かさは、伝統的なものを含めた余暇活動の選択の幅を広げることに成功し、労働者階級世帯のライフスタイルの多様化を推し進めることになった。しかしながら、労働者階級は消滅などしていなかったし、社会の底辺層もその構成をやや変容させながらも確固として存在していたのである。

保守党政治の瓦解

保守党と消費ブームの蜜月は、一九五九年の総選挙後まもなくして終わった。六一年には、急激な輸入超過による国際収支の悪化を受けて、金融引き締めや海外投資の制限に加え、公務員の賃金凍結まで実施した（八カ月間）。いわゆる「ストップ・アンド・ゴー」政策の「ストップ」である。六二年には消費が再び過熱したが、六三年になると失業率は年平均で戦後最悪の二・六パーセントを記録し、六四年の総選挙を前に保守党政府は再び「ゴー」政策へと舵を切った。

イギリスの不安定な経済パフォーマンスへの懸念は、賃金凍結と同時期に公表されたヨーロッパ経済共同体（EEC）への加盟申請決定によってさらに深まることになった。というのは、西ドイツやフランスなどEEC各国とのGDP成長率の比較が、イギリス経済の将来を悲観させる効果をもったからである。イギリスの貿易構造に占めるヨーロッパの比重が英帝国のそれよりもいっそう大きくなりつつあった以上、ヨーロッパへの加盟は避けがたいことであった。マクミランはまた、ヨーロッパの仲間入りすることで逆にアメリカへの影響力を維持する意図ももっていたという。しかし、加盟申請は六三年、フランスのド・ゴール大統領が拒否権を発動して却下されることになった。イギリス国力の「衰退論」を後押しするような出来事ではあった。

六三年は、国家の安全保障の危うさを疑われた陸相プロヒューモのセックス・スキャンダルにも見舞われ、一〇月には健康上の理由でマクミランが辞任した。「豊かな時代」が培った消費者意識と個人主義感覚を身につけた、とりわけ若い世代の有権者は、保守党指導部の仲間内に閉じられた非民主的な政権運営をきわめて批判的にとらえるようになっていた。六〇年代に入ると、古きイギリスを支えてきたあらゆる「エスタブリッシュメント」が諷刺の対象とされ、国民には再び変化を望むムードが出ていた。労働党党首ウィルソン（四六歳）は、ジェット機時代に生きるイギリス国民を、エドワード朝に生まれ育ったアマチュア・ジェントルマン気質の保守党政治家がいまだ統治していると訴えていた。六四年二月、国際収支は戦後最大規模の赤字を記録した。一〇月の総選挙において、労働党は第一四代伯爵のヒューム（六一歳）率いる保守党と戦い、辛勝とはなったが政権を奪取した。

3 「白熱」のなかのイギリス

労働党「モダナイゼーション」の構想と現実

党首ウィルソンは一九六三年の労働党大会で、「白熱（一五〇〇度以上の高温状態）」する科学技術革命のなかで鍛造されるイギリスというレトリックを使い、労働党が目指す社会主義の将来計画は科学革命の語彙で再定義されなければならないと演説していた。ウィルソン労働党政府は、「ストップ・アンド・ゴー」政策のような短期的経済調整政策に代わる、テクノロジーの高度な革新によるイギリス産業及び経済の構造改革と経済成長の青写真を描き、科学技術省及び経済問題省を創設し、年四パーセントの経済成長達成を目標に掲げたナショナル・プランの策定を行った。

しかし、六四年一〇月末に政権に就いたウィルソン政府は、その直後から国際収支の危機に振り回され続けた。ただちに一五パーセントの輸入課徴金が課された。ＮＨＳの処方料の撤廃と年金額の上積みはしたものの、引き換えに所得税とガソリン税と社会保険料を引き上げた。そして、一一月には各国中央銀行によるポンド通貨維持のためのドル供与、一二月にはＩＭＦによるドル借款、さらに翌年五月に再度ＩＭＦから追加の借款を受けた。

それでも経済成長は続いていたし、失業率は平均で一・五パーセントにとどまっていた。物価は上昇したが、それを上回って国民所得も上昇していた。深刻化する国際収支の危機は一三年間政権の座にあった保守党の負の遺産であるとの見方が支配的で、労働党政府はなお有権者の最後通牒を受けるにはいたらなかった。六六年、総選挙に打って出た労働党は、一〇〇議席以上の大差をつけて保守党を破った。

おそらく、政権安定後の六六年七月にまたしても迎えたポンド危機の際に、ウィルソン労働党政府はデフレ政策の強化ではなく、政策そのものの転換、すなわち通貨切下げに踏み込むべきだったのだろう。しかし、ウィルソン首相は通貨切り下げの政治的代償と国際的威信の低下を恐れてデフレ・パッケージにこだわり、政府支出の削減と賃金と物価の完全凍結が実施されることになった。危機はいったん収まったが解消することはなく、六七年一一月にはポンド切り下げ以外の手立ては失われることになった。ドルに対して一五パーセント切り下げられ、一ポンド二・四〇ドルとなった。

加えて、新蔵相ジェンキンズは防衛費をＧＤＰの四パーセントにまで削減し、各種の増税による引き締めもはかったが、国際収支はすぐには改善されず、失業率が上昇した。数字の上で効果が現れたのは六九年になってからのことだった。国際収支は劇的に改善し、労働党は選挙前の「ゴー」政策に走ることなく、有権者の信頼を回復するのに成功したかに思われた。

ウィルソンの掲げた科学技術によるイギリス改革の構想は、つまるところ、直近の経済動向に翻弄されて、いずれも当初期待されていた成果をあげることはできなかったといえるかもしれない。財務省の旧来の短期デフレ政策の方が、それなりの効果を発揮したのである。しかし、たとえば科学技術省では、イギリス経済および産業の問題は「科学技術の欠如ではなく、強力な産業組織、優れた経営、応用への真の傾注の欠如」（トニー・ベン科学技術大臣）にあるとの現状認識が早くから受容されていたことも指摘されている。科学技術へのてこ入れと経済成長との相関関係は実は明らかではなく、すでに六六年までに政府は、「白熱」の看板を自らの手で下ろしてもいたのである。

「躍動する」イギリス――若者文化の台頭

国際収支危機に翻弄され続けたにもかかわらず、一九六〇年代はイギリスの若い活力が横溢し、世界中から脚光を浴びた時代でもあった。六〇年代のイギリス社会が存在感を示したのは、ウィルソン首相が望んだ科学技術による社会改革ではなく、若者による文化革新だった。とくに大衆的な音楽とファッションにおいて、イギリスはまさに世界をリードした。

イギリス特有の戦後若者文化は、「テディ・ボーイズ」を皮切りに復興期から存在していた。六〇年代のイギリス独自のポップ・ミュージックやロックの確立につながっていく流れも、五〇年代半ばにはじまった、ジャズとブルース、フォークを混交させた若者の手作り音楽スタイル「スキッフル」にまで、その出自を遡ることができるだろう。六〇年代の若者文化の最大の特徴は、ティーンエージャーが独自の消費者・購買層として自立し、独立したマーケティングの対象とされるようになったことである。イギリスの年間個人所得総額の八・五パーセントが一五～二五歳の若者によって占められているといわれるようになっていた。ティーンエージ市場の拡大は、当然のことながら流行の最先端のめまぐるしい変化をもたらした。

六〇年代のイギリスでは憂国的衰退論が繰り返し語られていたが、短期的とはいえアメリカ文化に脅威を与えることには成功した。ミニスカートを広めたことで知られるマリー・クワントは、六二年にはアメリカ最大の服飾チェーン・ストアと契約し、数百万ドルに達することになる全米の巨大大衆消費市場を手中に収め、六三年以降、アメリカの音楽ヒットチャートはビートルズを筆頭にしたイギリス陣によって席巻された。メディアは、「イギリスによる侵略」という戦争用語でこうした消費文化現象を報じていた。

マリー・クワントは六六年に大英帝国勲章を授与され、ミニスカートをはいて女王陛下の授章式典に臨んだ。それは「階級のない社会」の誕生を意味したわけではないが、階級的垣根など気にかけない若者の登場を刻印する象徴的一事例だった。伝統的な価値体系や境界線の失効と、若さという価値基準の確立が、六〇年代にみられたといえるかもしれない。その背景には労働者階級も含むイギリス国民が、格差は残っていたとはいえ消費生活及び余暇時間の幅を広げられたことがあった。社会への異議申し立ての声も若者のなかにはたしかにあった。しかし総体としては、六〇年代の文化現象を消費主義との親密な関係を抜きに語ることは困難である。

寛容社会

楽観的な一九六〇年代イギリス文化は、六七年頃にはピークを迎えていた。六八年には、北アイルランドではカトリック系住民による公民権運動がはじまり、ロンドンでは大規模なベトナム反戦デモが起きていた。六五年には公共の場における人種差別を禁じた人種関係法が成立していたが、六八年には、保守党政治家イーノック・パウエルが移民排斥演説を行い、白人の労働者階級の大いなる支持を集めていた。同年成立した英連邦移民法は、英連邦出身者に対するイギリス本国への移住の門戸を著しく狭めるという消極的な仕方で移民問題の沈静化をはかったものだった。さらには、ウェールズとスコットランドの双方で分離独立を掲げる政党候補が補欠選挙で勝利し、イギリスのナショナル・アイデンティティを問い直す声が上がりはじめた。

六〇年代におけるイギリス社会の異文化への対応は矛盾に満ちたものだった。六〇年代の一〇年間でイギリス本島でのワイン消費は倍増し、インド料理店も六軒から一二〇〇軒へと急増した。中華料理のテイク・アウェイの店も増えつつあった。都市に住む若者のなかには、クラブなどでアメリカやカリブ海の黒人音楽を貪欲に吸収していった者も少なくない。しかし、黒人音楽をお気に入りの音楽としながら人種差別を誇示した「スキンヘッズ」のような白人の若者族も存在し、移民増加への反感や差別がしばしば暴力的なかたちで顕在化した。

六〇年代のイギリス社会は、しばしば「寛容社会」であったといわれる。六七年には男性同性愛行為を対象にした性犯罪法が一部ではあるが撤廃・改正され、経済的な理由での中絶も一定の条件のもとで合法化された。六八年には演劇の検閲撤廃法案が成立、六九年には離婚の法的条件も大幅に緩和され、五年間の期限付きで廃止されていた死刑の恒久的廃止も決まった。これらの法改正はしばしば、六〇年代が道徳的・文化的に寛容な社会であったことの証左だとされている。しかし、これらの法改正を、世論はかならずしも肯定的に受けとめていたわけではない。内相キャラハンが六九年の下院答弁で、政府委員会が出した大麻規制緩和勧告を拒否して、何もかも許容しようとする風潮がイギリス社会にあることを批判したのは、そうした世論の反映でもあった。

外交上の閉塞感とイギリス社会の変容

植民地時代の関係とは異なる構成員同士の「対等な関係」を標榜していた英連邦も、調和を保つのは困難だった。ウィルソンは政権奪取当初、イギリスの外交的・経済的利益にかなうような形での関係再構築を意図していたが、すぐにないものねだりであることに気づかされた。一九六五年、白人至上主義の南ローデシアが一方的に独立宣言した時、英連邦各国のなかから「多数派支配なくして独立なし」としてイギリスの対応を批判する声があがり、ウィルソンは経済制裁（石油禁輸）を行ってそれらの批判に応えようとした。しかし、抜け道を防げず効果がなく、ウィルソンの威信は国内外で揺らいだ。六一年に英連邦を脱退していた南アフリカへの対応をめぐっても、イギリスはぎくしゃくした。ウィルソン政府が人種隔離政策を継続する南アフリカとのスポーツ交流を断絶したのも、英連邦諸国からの強い圧力があってのことだったといわれている。

すでに触れたように、ウィルソン政府のもとでイギリスは、繰り返し見舞われた国際収支危機に対処するべく防衛費の大幅な削減に踏み込むことを余儀なくされた。そして、防衛費の実効ある削減には、海外における駐留英軍のできる限りの縮小が不可欠だった。六七年におけるスエズ以東からの段階的軍事撤退計画の策定とその後の加速化は、そうした文脈でなされた。陸海空軍の人員は、六〇年の五二万五六〇〇人から七〇年の三七万三〇〇〇人へと三〇パーセント削減された。ＧＤＰに占める政府の防衛費と社会福祉サービス費の比較分析によれば、科学技術信仰から距離をおきはじめた六〇年代後半の労働党政府下において、イギリスはようやく戦争国家から脱皮して福祉国家へと移行したとされている。

以上のような外交上の行き詰まりや対外貿易のヨーロッパ依存の深化に促されて、またイギリスのヨーロッパ加盟が自国の利益にかなうと考えていたアメリカにも後押しされ、ウィルソン政府は外交上の活路をヨーロッパに求めることになった。イギリスは、ド・ゴールに拒否権を発動されて四年とたたないうちに、ふたたびヨーロッパ共同体（ＥＣ）への加盟の意向を表明した。下院の圧倒的支持もあり六七年に正式申請をしたが、またしてもド・ゴールの拒否権発動の前に、加盟は棚上げとされた。

大きな社会変容が起こったとされる六〇年代のイギリスではあるが、はたしてどこまで変化していたのだろうか。外交上及び経済上の国際的地位は相対的にはたしかに低下し続けていたが、完全雇用は維持され、成長は持続し、国民の生活水準が全般的に上昇していたことも明白である。最近の経済史研究は、戦後のイギリスを「衰退」という言葉で飾ることの難点を指摘し、他国の「キャッチアップ」や各国間の「乖離縮小」という言葉で説明するようになってきている。女性の社会進出はいくらか進み、七〇年には同一賃金法案を可決した（七五年実施）が、当時の女性の賃金水準はなお男性の半分にすぎなかった。若者世代が脚光を浴び、芸術文化面での革新は国際的に高い評価を獲得した。道徳規範に関わる各種法律改正は、イギリスのいわゆるヴィクトリア朝の禁欲的価値規範の決定的「衰退」と、ポスト・モダン的な多文化状況の進展を反映したものであるようにもみえた。しかし、結婚という伝統的制度は、婚姻率と早婚のピークが七一年だったことからも分かるように、圧倒的な支持を受けていた。また、移民に対する人種差別は政治問題化し、北アイルランドでは武装闘争が公然化しつつあった。所得政策も六八年には労働組合の支持を失い、六九年の労働組合への法的規制強化の試みも挫折を余儀なくされていた。放送大学の開設による生涯学習社会の環境整備が進められたのは大きな成果だったが、中等教育の総合化による教育格差解消の試みはうまく目的を達成したとはいえなかった。ホームレス問題など、「豊かさのなかの貧困」がいわれるようになったのも六〇年代後半だった。

4　混迷と模索

ブリテンを統治するのは誰か

一九七〇年代は一般に、イギリスが極度の経済困難と社会的不安定に陥った時代として記憶されている。戦後経済の「黄金期」が終わり、物価、失業率、労使関係といった国民生活に直結する諸問題で深刻な危機に見舞われた。経済成長率は半減し、製造業の空洞化が昂進した。経済政策では、完全雇用の維持を最優先した戦後コンセンサスが瓦解するなかで、マネタリズムや右派経済学派が台頭した。

そうした状況は、六〇年代後半に次第に顕在化しつつあった戦後の国際経済環境の変容によってもたらされたところが大きい。ドイツやフランス、日本など戦後後発国の「キャッチアップ」が進み、国際競争が激化するなかで世界各国の製造業の利益率は低下しはじめていた。それに応じた賃金の抑制はイギリスでは機能せず、インフレが表面化しはじめていた。しかし、このインフレは、ベトナム戦争に起因する財政赤字と通貨政策で経済が過熱した六〇年代後半のアメリカで進行し、ドルを基軸通貨としたブレトンウッズ国際経済体制の固定為替制を通じて世界中に伝播したものでもあった。そして、七一〜七三年の間にこのブレトンウッズ体制は崩壊し、為替は変動制へと移行し、戦後の黄金期を支えた国際経済体制は崩壊した。問題は、以下にみるように、六〇年代末から急変しつつあった国際経済環境に対して、イギリスがかならずしも柔軟に対処できなかったところにあった。

六九年に国際収支が黒字に転じたのを好機とみたウィルソン政府は、七〇年六月に総選挙に打って出た。世論調査は労働党の勝利を予測していたが、投票日直前になって国際収支が悪化するなどし、保守党が野党に三〇議席の差をつけて絶対過半数を制した。ヒース率いる保守党は、戦後のコンセンサス路線と袂を分かつ、自由市場に解決をゆだねる経済・社会政策の実施を明言していた。七一年にはインフレは九パーセントを超え、失業率も戦後初めて三パーセントを超えた。賃金は物価と上昇を競い合い、労働組合の戦闘性にも拍車がかかった。

こうした状況下で七一年、ヒース政府は、ストライキ実行権限の規制など労働組合の地位を弱体化する包括的な法改正を断行した。しかし、労働組合との対話なしで成立したこの労使関係法は、まったく機能しない運命にあった。七二年には、炭坑組合の賃上げストライキによって電力供給が極度に不足し、政府は非常事態宣言を発して対処しようとしたが、結局組合の要求をのまざるを得なかった。さらに一一月には、一度は廃棄した所得政策の再導入にも追い込まれ、物価・賃金の法的凍結を実施した。こうしてヒースは自由市場主義政策から「Uターン」したのであるが、その先にはさらなる困難が待ち受けていた。七三年一〇月の石油ショックは物価をさらに押し上げ、七四年には石油価格の高騰で交渉力を増した炭坑組合との賃金交渉が再びヒースの前に立ちはだかった。ヒースはこのときは譲歩せず、「ブリテンを統治する

表7-3　マクロ経済の実績（年平均パーセント）

	1950—59	1960—69	1970—79	1980—89
インフレ率	4.1	4.1	13.6	6.3
失業率	2.5	2.7	4.4	10.0
GDP 成長率（国民一人当たり）	2.3	2.6	1.2	2.1

出典：R. Coopey and N. Woodward (eds.), *Britain in the 1970s*, London, UCL Press, 1996, Table 1.

のは誰か?」というスローガンで総選挙を行い、民意を問うた。過半数を制した政党はなく、労働党が僅差で第一党となり政権に復帰した。

ウィルソン政府はまず炭坑組合問題を片付けた。七一年に成立していた労使関係法を撤廃し、労働組合との「社会契約」による賃金抑制政策で臨み、少なくとも短期的には大きな成果をあげていく。七五年をピークに賃金上昇は抑制され、二四パーセントに達していたインフレ率も七八年にはその三分の一にまで下落した。ウィルソン政府が直面した最大の試練は、またしても国際収支問題であった。ポンドは七二年に自由化されていたが、七六年一〇月には一ポンド一・五五ドルまで下落し、厳格なデフレ策の実施を条件にしたＩＭＦからの借款を余儀なくされた。ウィルソンに代わって首相になっていたキャラハンは、七六年の労働党大会でケインズ政策の破綻を語り、経済運営に関するいわゆる戦後コンセンサスはここに瓦解したといわれている。しかし、市場は好反応したし、「社会契約」の継続による賃金抑制も功を奏し、七五年に採掘がはじまった北海油田からの莫大な政府収入にも恵まれ、経済は安定を取り戻していったのである。

キャラハン首相が躓いたのは、七八年夏に、さらなる賃金抑制を十分な相談もなく労働組合に突きつけてからだった。経済の相対的な回復にもかかわらず強い賃金抑制を要求された不満が、労働組合員の間から噴出した。「社会契約」は頓挫し、大幅な賃金上昇、あるいは賃上げを求めるストライキの波が続いた。「不満の冬」（七八〜七九年）の到来である。看護師や清掃職員など公務員にも広がったストライキの波は、イギリス病の元凶としての労働組合とそれを統率できない労働党というイメージ形成の源泉となり、その後保守党は、これを労働党攻撃の格好の材料としていくことに成功した。

ヨーロッパの一員へ

一九六〇年代末までに、帝国から英連邦への関係再編という主題はイギリス外交の中心から外れ、ヨーロッパとの関係の再構築がそれに取って代わっていた。ウィルソン政府は、ド・ゴール退陣後には再びヨーロッパと交渉に入るべく、加盟申請は提出したままにしておいていた。総選挙の予期せぬ結果で、その交渉は、一貫した親ヨーロッパ派であるヒース保守党政府が推進することになった。保守党と労働党の双方に強固な加盟反対派が存在したが、両党合わせて差し引きすると加盟賛成派が上回った。七二年、わずか一七票の差ではあったがイギリス下院を通過してヨーロッパ共同体法が成立した。七三年一月一日、イギリスは正式にＥＣへの加盟を果たした。親ヨーロッパ派は、イギリス経済復興にヨーロッパ加盟は不可欠だと党派を超えて認識していた。しかし、同じ親ヨーロッパ派でも、ウィルソンは、ＥＣへの加盟をヨーロッパでの主導権を握ると同時にアメリカとの「特別な関係」を強化することにもなると考えていたのに対し、ヒースは、アメリカとは距離を置き、英連邦にもさしたる愛着を持たず、まさしくヨーロッパの一員となることを目指していた。

七四年に政権に返り咲いた労働党では、ヨーロッパ懐疑派が勢いを盛り返していた。労働党内では、ＥＣ共通市場への参入は、西ヨーロッパ資本主義に組み込まれ、イギリス独自の社会主義路線の道を閉ざすことになるという声や、英連邦との貿易障壁を高くしその絆を弱めることになるとする危惧が根強く存在していた。七五年には、下院討論でも労働党大会でも、労働党の投票内訳は懐疑派が上回るようになっていた。しかし、六月に実施された国民投票では、加盟継続賛成派が三分の二を獲得して反対派を破り、ＥＣへの残留が決まった。しかし、ウィルソンに代わって首相の座についていたキャラハンは、前任者以上に親米派だった。ＥＣへの拠出額削減の再交渉を成功させたキャラハンは、「特別な関係」を常にヨーロッパに優先させて、ヨーロッパとはむしろ距離を置いたのである。

泥沼化する北アイルランド紛争

イギリス国家のアイデンティティということをいうならば、それが文字どおり激しく揺らいだのは、ヨーロッパとの関係をめぐってではなく、北アイルランドの統治をめぐってであった。カトリック系住民の公民権運動に対する当局の弾圧やプロテスタント系住民の反発から武力衝突が頻発するようになった北アイルランドの紛争は、一九七〇年代に入っていっそう深刻になった。七一年には、「予防拘禁制度」が導入されて裁判なしの無期限投獄がはじまったが、それはカトリック系住民のさらなる反発を招くことになった。人権を蹂躙した監獄での処遇は、ヨーロッパ人権委員会で七六年に指弾されることになる国際スキャンダルへと発展した。七二年一月には、イギリス軍によって子どもを含むカトリック系住民一三人が射殺される「血の日曜日」事件が起こり、三月には、ヒース政府はストーモント議会（北アイルランド議会）を停止して直接統治に乗り出した。

暴力は、敵対する武装勢力間だけでなく、カトリックとプロテスタント双方の一般市民を巻き込んで連鎖的に拡大し、多数の死者と負傷者を出すことになった。同一コミュニティや同一セクト内で「裏切り者」とみなされた者へのみせしめ処罰も残忍だった。七三年一二月には、「権力共有」の北アイルランド政府設置による包括的和平を目指したサニングデイル合意が成立した。しかし、アイルランド南北政府の代表で構成される「アイルランド評議会」を、アイルランド統一の布石だとみなした強硬派プロテスタントの主導するゼネストにより、権力共有政府は半年ともたずに瓦解した。直接統治が再導入され、プロテスタント側の非合法武装組織はダブリンで、カトリック側の非合法組織はイギリス本島で爆弾テロを行った。

そうした暴力の連鎖に対して女性たちの和平を求める運動も起こったが、永続的な成果を残すことはできなかった。七九年には、王室の血筋を引き、かつてインド総督を務めたマウントバッテン卿が暗殺されるなど、和平への展望はみえないままであった。

新しい社会運動

一九七〇年代のイギリスには、閉塞感だけが漂っていたわけではない。パンク・ロックやブリティッシュ・レゲエのようなポピュラー音楽の創造的革新を生みだすエネルギーは枯渇していなかった。アンダーグラウンド雑誌『オズ』など一部のカウンターカルチャーの動きは当局から激しい弾圧を受けたが、躍動する六〇年代に芽を出しはじめたさまざまな草の根の社会運動・市民運動が、より多様で解放的な価値観の受容と承認を求めて展開された。それらは、中長期的にみると、イギリス社会の多文化状況に内側から新しい次元を加えるものでもあったといえる。

二〇世紀初頭の第一次フェミニズム運動に続く「第二次フェミニズム」の波が押し寄せたのも七〇年代だった。六〇年代の学生運動や労働運動、さらには若者文化が未だ内包していた女性蔑視に向き合った女性たちは、権利の平等の要求という旧来の枠組を超えた運動に取り組んだ。あらゆる事象をジェンダーの視点から分析し、女だけの親密圏を基盤にした、下からのアクティヴィズム（直接行動主義）が展開された。七〇年代後半には国内に二〇〇存在していたといわれる家庭内暴力被害女性の避難所運営や、七五年に新たに組織された全国中絶キャンペーン（ＮＣＡ）などは、そのような運動だったといえよう。

同性愛者の権利運動も、七〇年代に入って本格的な当事者運動が展開されるようになった。七〇年には急進的なゲイ解放戦線（ＧＬＦ）が、七一年には改良志向の「同性愛の平等を求めるキャンペーン」（ＣＨＥ）が結成された。それらの運動は、直接的な差別の撤廃、より平等な法的権利の獲得だけでなく、ライフスタイルとしてのゲイの実践や、同性愛嫌悪のような見えない差別意識の意識化運動にも取り組んでいった。

伝統的な環境や景観の保全運動とは異なる思想と運動形態をもったエコロジー運動が登場したのも、七〇年代である。「フレンズ・オブ・ジ・アース」は七〇年に、「グリーン・ピース」は七一年に結成されて、メディアの注目を引く直接抗議行動を展開した。それらは、五〇～六〇年代に謳歌された消費主義への根本的な疑問を呈する運動だった。

七〇年代は、「黄金期」と呼ばれる歴史的には異例な経済成長期が終焉し、それまでとは異なる社会及び社会関係のあり方が模索されはじめた転換期であったとみることができるかもしれない。

参考文献

ポール・アーサー、キース・ジェフェリー著、門倉俊雄訳『北アイルランド現代史』彩流社、二〇〇四年。

井野瀬久美惠編『イギリス文化史』昭和堂、二〇一〇年。

リチャード・イングリッシュ、マイケル・ケニー著、川北稔訳『経済衰退の歴史学』ミネルヴァ書房、二〇〇八年。

ジェフリー・オーウェン著、和田一夫訳『帝国からヨーロッパへ――戦後イギリス産業の没落と再生』名古屋大学出版会、二〇〇四年。

河合秀和『政党と階級――イギリス現代政治の転換』東京大学出版会、一九七七年。

北川勝彦編『脱植民地化とイギリス帝国』（イギリス帝国と二〇世紀　第四巻）ミネルヴァ書房、二〇〇九年。

木畑洋一『支配の代償――英帝国の崩壊と「帝国意識」』東京大学出版会、一九八七年。

ハンナ・ギャブロン著、尾上孝子訳『妻は囚われているか』岩波書店、一九七〇年。

アンドリュー・ギャンブル著、都築忠七・小笠原欣幸訳『イギリス衰退一〇〇年史』みすず書房、一九八七年。

ピーター・クラーク著、西沢保ほか訳『イギリス現代史一九〇〇～二〇〇〇』名古屋大学出版会、二〇〇四年。

佐々木雄太『イギリス帝国とスエズ戦争――植民地主義・ナショナリズム・冷戦』名古屋大学出版会、一九九七年。

ブライアン・ジャクスン著、大石俊一訳『コミュニティ――イングランドのある町の生活』晶文社、一九八四年。

トニー・ジャット著、森本醇・浅沼澄訳『ヨーロッパ戦後史』（上・下）みすず書房、二〇〇八年。

高橋克嘉『イギリス労使関係の変貌』日本評論社、一九八七年。

富岡次郎『現代イギリスの移民労働者』明石書店、一九八八年。

内藤則邦『イギリスの労働者階級』東洋経済新報社、一九七五年。

フランシス・ニュートン［エリック・ホブズボーム］著、山田進一訳『抗議としてのジャズ』（上・下）合同出版、一九六九年。

クリストファー・ブリュワード著、古谷直子訳『スウィンギン・シックスティーズ――ファッション・イン・ロンドン一九五五～一九七〇』ブルース・インターアクションズ、二〇〇六年。

アンジェラ・ホールズワース著、石山鈴子・加地永都子訳『人形の家を出た女たち――二〇世紀イギリス女性の生活と文化』新宿書房、一九九二年。

村岡健次・木畑洋一編『世界歴史大系　イギリス史三――近現代』山川出版社、一九九四年。

ジョージ・メリー著、三井徹訳『反逆から様式へ――イギリス・ポップ芸術論』音楽之友社、一九七三年。
P. Addison and H. Jones (eds.), *A Companion to Contemporary Britain 1939-2000*, Oxford, Blackwell, 2007.
F. Carnevali and J. Strange (eds.), *20th Century Britain*, 2nd edn., Harlow, Pearson Education, 2007.
D. Edgerton, *Warfare State : Britain, 1920-1970*, Cambridge, Cambridge University Press, 2006.
D. Murphy and P. Walsh-Atkins (eds.), *Britain 1945-2007*, London, Collins, 2008.
N. Tiratsoo (ed.), *From Blitz to Blair : A New History of Britain since 1939*, London, Weidenfield & Nicholson, 1997.

扉図出典：C. Phillips and M. Phillips, *Notting Hill in the Sixties*, London, Lawrence & Wishart, 1991, p. 13.

コラムⅦ

イギリスにおける死刑制度の廃止

市橋秀夫

ヨーロッパ連合（EU）の加盟条件の一つに、死刑廃止がある。二〇〇九年現在、加盟している国のすべてが戦時を含むあらゆる状況における死刑の完全廃止を規定した欧州人権条約の第一三議定書に署名しており、すべての加盟国で事実上死刑廃止が実現された状態にある。また、ロシアなどヨーロッパ四七カ国が加盟する欧州会議（Council of Europe）でも死刑執行停止（モラトリアム）が加盟条件とされ、オブザーバー国として参加している日本や合衆国に対しても死刑廃止が求められている。このように、今日ヨーロッパは死刑廃止にきわめて積極的な姿勢をとっているが、イギリスが一九六〇年代に最終的に死刑廃止に踏み切るまでには長い道のりがあった。

現存するイングランド最古の死刑執行の記録は、西暦六九五年だとされている。窃盗犯罪だったが、みせしめ効果（抑止効果）を狙って極刑に処されたという。この例もそうだが、歴史的にみるとイングランドでは、死刑の大半は人身への危害ではなく、窃盗など財産に対する犯罪に対して執行されている。また、名誉革命以降一九世紀初頭までの百年あまりのうちに、イングランドでは死刑対象とされる法律上の犯罪が急増し、四倍の二百を超えるようになっていた。

そうした背景には、富をもつ支配層と財産をもたない貧民層との階級格差の拡大、イングランド独自の近代的「自由」概念の発達、法と議会によって統治される近代社会の確立といった事情があったと指摘されている。近代社会における犯罪増加に対し、イングランドのエリート支配層は当初、警察などの予防的な行政・司法措置を講じるのではなく、刑罰を厳格化して恐怖による犯罪の抑止、社会秩序の維持をはかった。それは、個人的行為の自由を束縛することなく、支配層の財産及び既存の階級社会秩序を維持するという目的にかなったものであった。また古来、キリスト教では死刑賛成・反対両者の立場がみられるが、人間の本質を堕落にみるプロテスタントは、死の恐怖がなければ人間社会の存続はとうてい不可能だと考える傾向が強く、名誉革命以降のプロテスタント国家の確立が死刑の厳格適用に寄与したとも指摘されている。

しかし、一八世紀後半以降の人道主義の台頭とともに、一九世紀初頭には死刑廃止の声が議会においても上がるようになった。一八二〇年には、万引き、窃盗、脅迫状の送付などに対する死刑が廃止された。以後、家畜の窃盗、書簡の窃盗、贋金鋳造などに対する死刑も廃止され、四八年には死刑全廃法案が議会で提出されるようになった。六一年には、国家反逆罪などを除くと実質上極刑は殺人罪のみに適用されるにいたっている。六八年には公開処刑が廃止され、二〇世紀に入ると、一六歳未満の青少年や、新生児を殺害した母親への死刑適用が禁止された。戦間期には死刑適用年齢は一八歳へと引き上げられ、妊娠中の女性への死刑の適用も禁止されるにいたった。

第二次世界大戦後のアトリー労働党政権下は、一部の期待に反して死刑廃止に消極的であった。犯罪件数は増加していたし、各種の世論調査では国民の三分の二以上が死刑存置に賛成していた。しかし、一九四八年に刑法改正が議論された際には、死刑存廃論議は避けて通ることができなかった。その際の議論では、イギリスの司法制度では殺人罪で有罪となると極刑以外の刑を科すことができない点を考慮して、死刑を適用すべき殺人の種類を限定しようとする妥協的な政府法案が出されたが、上院で否決されている。

一九五三年、一つの重大な冤罪事件（四九年に死刑執行）が明らかになった。また、実行犯でないにもかかわらず、一九歳の知恵遅れの青年だけが警官殺害の罪で死刑に処された事件も、大きな物議を醸した。同年には、死刑の適用対象となる殺人罪の種類を限定することの困難を論じて、事実上死刑廃止を勧告した王立委員会報告書も出された。五五年には、不義をはたらいた愛人を殺害した女性犯の死刑執行に大きな同情が集まった。

なんらかの対応を迫られた保守党政府は、死刑の適用される殺人の種類を限定した殺人罪法を五七年に成立させることで批判に対応しようとしたが、それは理論的にも実際の運用上でも問題があり、抑止効果もみられないことがまもなく明らかになった。こうして五〇年代には、とりわけ政界や宗教界などの教養知識人層で司法の無謬性に対する信頼が揺らぎ、死刑廃止以外に選択肢はないのではないかという疑念が広まった。

六四年の労働党への政権交代が死刑廃止の決定打となった。若いウィルソン首相も死刑廃止に積極的で、党議拘束はかけなかったものの、労働党政府は死刑廃止法案を全面的に支持した。大主教が代替わりしていた聖職者議員も、たとえば一人を除く全員が、上院第二読会で廃止法案に賛成票を投じた。保守党も含め世代交代が進んだ議員構成も、法案の可決を後押しした。この死刑廃止法の期限は五年間とされ、その延長には再度決議が必要とされたが、六九年一二月、上院下院とも、恒久的廃止を賛成多数で可決して今日にいたっている。

死刑廃止は、議会が世論に反して成立させた法案であった。六〇年代半ばの世論調査は、四〇年代と変わらずいずれも三分の二以上の国民が死刑存置に賛成していたことを示している。その意味では、イギリスにおける死刑廃止の成立は、いわゆる六〇年代寛容社会の反映ではなく、六〇年代イギリス社会に未だ根強く残っていた不寛容さに対する、一九世紀的リベラリズム教養の勝利の一つであったとみなすことができる。

第八章　グローバル化のなかのイギリス

木畑洋一

「人頭税」への抗議行動
サッチャーによる「人頭税」導入に反対して1990年３月31日にロンドンの中心部で行われたデモ翌日の街頭風景。

1979	5. 3. 総選挙で保守党勝利。5. 4. サッチャー内閣成立
1980	4. 18. ローデシア，ジンバブウェ共和国として独立
1981	4. 10. ロンドンのブリクストンでの暴動
1982	4. 2. アルゼンチン軍フォークランド侵攻。フォークランド戦争開始（〜6. 14.）
1983	6. 9. 総選挙で保守党圧勝
1984	3. 15. 炭坑夫組合スト突入（〜85. 3. 5.）。8. 6. ブリティッシュ・テレコム民営化。12. 19. 1997年に香港を中国に返還することについての英中共同声明発表
1986	10. 27. 証券取引所の大改革（ビッグバン）
1988	9. 20. サッチャー首相，ブリュージュでの演説で欧州統合の深化を批判
1990	10. 8. 為替相場メカニズム（ERM）参加。11. 22. サッチャー首相，辞任表明。11. 28. メイジャー内閣成立
1991	1. 17. 湾岸戦争開始（〜4. 11.）
1992	9. 16. ポンド危機により，ERM 離脱（「暗黒の水曜日」）
1993	8. 2. マーストリヒト条約批准
1994	5. 6. 英仏海峡トンネル開通
1995	3. 13. 労働党全国執行委員会，綱領第四条改定（国有化路線放棄）を決定
1997	5. 1. 総選挙で労働党圧勝。5. 3. ブレア内閣成立。7. 1. 香港を中国に返還。8. 31. ダイアナ元皇太子妃がパリで交通事故死。9. 11. 国民投票でスコットランドとウェールズへの権限委譲承認
1998	4. 10. 北アイルランド紛争解決のためのイースター合意成立。12. 4. 英仏首脳のサンマロ宣言で欧州共通防衛政策への積極姿勢を表明
1999	1. 1. EU 共通通貨ユーロ発足。イギリスは不参加。4. 24. ブレア，シカゴでの演説で「人道的介入」を正当化。12. 2. 北アイルランドで自治政府発足
2001	9. 11. アメリカ合衆国で同時多発テロ。10. 7. アメリカとともにアフガニスタン攻撃を開始
2003	2. 15. イラク戦争開戦に反対するイギリス史上最大の反戦デモ。3. 20. アメリカとともにイラク戦争開始
2005	7. 7. ロンドンで同時爆破テロ
2007	5. 3. スコットランド議会選挙でスコットランド国民党勝利。6. 27. ブレア首相退任。6. 28. ブラウン内閣成立
2008	2. 17. 金融危機の中で，ノーザン・ロック銀行の国有化決定
2009	4. 30. イラクでの軍事活動を終了。5. 19. 国会議員の不当な経費請求問題で下院議長辞任表明
2010	5. 6. 総選挙で保守党勝利。5. 12. 保守党と自由民主党の連立内閣成立
2014	9. 18. スコットランドにおける独立の是非を問う住民投票で，独立反対が過半数
2016	6. 23. EU からの離脱の是非を問う国民投票で，離脱賛成が過半数
2020	1. 31. EU から離脱
2022	9. 8. エリザベス 2 世死去。チャールズ皇太子が国王に即位

1　「鉄の女」の登場

サッチャーの首相就任とサッチャリズム

一九七九年五月三日に行われた下院総選挙の結果、保守党は得票率四四パーセントで三三九議席を獲得して勝利した。七四年の選挙に比べ、保守党の得票率は八パーセント増大し、労働党（二六九議席）との議席差も七〇議席となった。これは、七八～七九年にかけてのいわゆる「不満の冬」を招いた労働党政権へのイギリス国民の失望感が強く働いた結果であった。

選挙後、首相には保守党党首マーガレット・サッチャーが就任した。イギリスの歴史上、初の女性首相が誕生したのである。サッチャーは、リンカンシャーの食料雑貨店主の娘で、オックスフォード大学では化学を専攻した。フリードリヒ・ハイエクの思想に感銘を受けるなどして保守的思想を堅持していた彼女は、一九五九年に保守党下院議員となり、七〇年からのヒース内閣では教育科学相をつとめた。七五年二月の保守党党首選でヒースに対抗して勝利し、保守党初の女性党首となっており、政権誕生当時には党首就任後すでに四年が経過していたものの、彼女がいかなるリーダーシップを発揮することになるかは未知数であった。しかし、サッチャーの政治的指導力の強さはすぐに明らかになり、彼女の政治志向はサッチャリズムという言葉で表現されて、広く人口に膾炙するようになった。

サッチャリズムとよばれるものの内容はかなり多様であるが、その言葉を初めて用いたというステュアート・ホールによれば、その軸となっていたのは、経済面でレッセ・フェール（自由放任）を主張する一方、社会的変化を寛容に認める傾向を権威主義的に拒否する姿勢であった。サッチャーは、「社会などというものは存在しないのです。存在するのは、個々の男と女ですし、家族です」という有名な言葉に示されるように、個人の努力や責任についての強い信念をもち、個人の選択の幅を広げることに力点をおいて、さまざまな領域で国家による介入の度合いを縮小しようとした。このような考え方のもと、サッチャー政権は、市場の動きを重視し、国営されていた企業の民営化や規制緩和を行っていった。第二次世界大戦後、まず労働党政府が推進し、「コンセンサスの政治」という大枠のもとで保守党政府によっても維持されてきた福祉国家の体制は、サッチャリズムの中心的な攻撃目標となり、労働組合や地方公共団体の力は次々とそがれていくことになったのである。

サッチャー政権初期の経済政策と国民の不満

サッチャー内閣は、ジェフリー・ハウ蔵相、キース・ジョゼフ産業担当相などサッチャー派ともいうべき人々を多く含む形で発足した。とりわけジョゼフは、サッチャリズムの育ての親の一人といってもよい人物であった。しかし当初は、サッチャーの考え方に必ずしも同調しないいわゆる「ウェット派」の人々（ピーター・ウォーカー農相、フランシス・ピム国防相、外相キャリントン卿など）も主要閣僚の地位についていた。

そうした布陣のもと、サッチャー政権の初期にはサッチャリズムはそれほど明確に出たわけではなかった。政策の重点はインフレ克服、財政赤字の縮小におかれたものの、公共部門の労働者への賃金支払い増などで政府支出はかえって増加し、インフレも進行した。就任二年目には政府支出縮小に向けての取り組みをはじめたが、失業者の増大（一九八〇年夏には二〇〇万人を突破し、八二年一月には三〇〇万人に達した）による失業手当の増加などで、公共支出の減少は実現しなかった。歳入面では、所得税の最高税率を下げるとともに累進税率の段階をも減らす反面、消費税を一〇～一二パーセントから一五パーセントへと引き上げる策をとったことにより、国民の税負担は全体として増すことになった。

苦境が続くイギリス経済にとって、六〇年代の末から採掘がはじまり、サッチャーが政権につくころには産出量が大きく増していた北海石油は頼もしい資源となっていたが、その反面、輸出に依存する製造業は、石油価格の高騰が誘発したポンド高で打撃を受け、倒産する工場も多く出てきた。

こうして経済不安が広がるなか、一九八一年春に、ロンドンのテムズ川南岸のブリクストン地区で、黒人の若者を中心に白人の若者も加わった群集と警官隊の間の大規模な衝突が起こり、死者こそ出なかったものの暴動が数日間にわたって続いていった。この当時、ブリクストンにおける一九歳以下の黒人の若者の失業率は五五パーセントにのぼっていたと推計されている。さらにその年の夏には、ロンドン郊外のサウスウォール地区や、リヴァプール、マンチェスター、リーズなど、やはり黒人などの移民が多く住む各地で、暴動や騒乱が続発した。

このような社会不安と経済の閉塞状況のもとで、政権への国民の不満が高まり、サッチャー政権の基盤が揺らいでいた八二年春に、彼女を救うことになる事件が起こった。アルゼンチン軍によるフォークランド島侵攻である。

フォークランド戦争

アルゼンチンの沖合にある南大西洋のフォークランド諸島は、一八三三年以降イギリス領となっていたが、アルゼンチンは、イギリスによるマルビナス諸島（アルゼンチンでのフォークランド諸島のよび名）領有が不当であると、一貫して主張してきていた。アルゼンチンが一九六四年にこの島の領有問題を国連非植民地化委員会に提起したことを受けて、翌六五年の国連総会決議は、両国が問題解決のための協議に入ることを要請したが、その際、同諸島の帰属問題は植民地主義解消の問題として捉えられていた。そのような国際世論も背景として、七〇年代には、イギリス労働党政府が島に対する主権をアルゼンチンに渡した上で、行政権を一定期間イギリスに再移譲（リースバック）してもらい、イギリスによる統治を続けるという方式も考えるなど、両国間の平和的な交渉が進むかにみえていた。

そのフォークランド諸島に、八二年四月、アルゼンチン軍が突然侵攻したのである。そこには、専制的軍政に対する国民の不満鬱積という内政上の危機を対外的冒険で解消しようとした、アルゼンチンのガルチェリ政権の思惑が働いていた。

不意を打たれたサッチャー政権は、すぐに軍事的反撃を行うことを決め、大西洋を越えて大軍を派遣し、フォークランド諸島の奪回を図った。ハイテク機器を満載した艦隊による戦争は、テレビ報道などを通じてリアルタイムに世界に伝えられた。そうした映像などに鼓舞されて、イギリス国民の戦争支持率は高まっていき、それとともに保守党支持率も上がっていった。イギリス軍は六月半ばに島の奪回に成功したが、この戦争に勝利することによって、それまでのサッチャー政権に対する国民の不人気が解消されるという結果が生じた。

このフォークランド戦争でのイギリス側の死者は二五六人に達し、費用も戦争自体で約八億ポンド、その後の防衛に八〇年代だけで一二億ポンドかかるなど、イギリスにとっての人的・物的負担は大きなものとなった。しかし、サッチャーにとってはこの戦争は大きな恵みとなったのである。

帝国の残滓とイギリス外交をめぐる三つの輪

フォークランド戦争は、サッチャーがイギリス帝国の残滓に強く固執し、その維持に成功した例であったが、サッチャー政権期には、イギリス帝国の脱植民地化をさらに進める変化もみられた。

一つは、ジンバブウェとしてのローデシアの独立である。ローデシアでは、白人支配の継続を目指したイアン・スミスが一九六五年に「一方的独立宣言」を行った後、アフリカ人による独立を実現するための民族運動が高揚し解放闘争が激化していたが、七九年九月にロンドンで開かれたランカスター・ハウス会談によってこの状況に終止符が打たれ、アフリカ人多数支配の共和国ジンバブウェが誕生したのである。ただし、サッチャー自身は白人勢力に共感を寄せており、ランカスター・ハウス会談の成功は「ウェット派」のキャリントン外相によるところが大きかった。このジンバブウェ独立によって、アフリカでのイギリス帝国は消滅した。

一方、アジアで残っていたイギリス帝国領土香港をめぐっては、大陸部の新界の租借期限が九七年に切れることになっていたことから、その将来についての協議のため、八二年九月にサッチャーが訪中した。サッチャーには香港を中国に戻すつもりはなく、イギリス政府は、主権を戻したとしても、将来かなりの期間イギリス側が香港を管理するというリースバック方式を考えていた。しかし中国側は譲歩を拒み、サッチャーは主権だけでなく統治権をも中国に返還することに同意せざるを得なかった。香港の中国返還についての合意文書は八四年一二月に調印された。

かつてチャーチルは世界のなかでのイギリスの位置を表現するに際して、①帝国＝コモンウェルスのつながり、②英米関係を中心とする英語国とのつながり、③ヨーロッパとのつながり、という三つの輪を想定し、そのすべてにイギリスが属していることをもって、世界でのイギリスの重要性の根拠としていた。その三つの輪の内、帝国＝コモンウェルスの輪の重みは、植民地の独立やコモンウェルスのなかでのイギリスの位置の低下によって減ってきていたが、ジンバブウェの独立と香港の中国への返還は、その輪がさらに崩れていったことを意味した。それはサッチャー自身の意図に反する変化であった。

ヨーロッパという輪に対するサッチャーの姿勢は、どちらかといえば対決的なものであった。ヒース首相のもとでイギリスがＥＣに加盟した時、彼女は教育科学相であり、後に回顧しているところによると、閣僚として心からＥＣ加盟に賛成していた。しかし、首相就任後のサッチャーは、ＥＣ予算のなかでのイギリスの分担分が不公平に多すぎるとして分担金の払い戻しを強く主張し、他のＥＣ諸国に挑戦する政策を展開した。その結果、政権二期目に入った八四年に彼女は分担金払い戻しの実現に成功した。

対ヨーロッパ外交と対照的にサッチャーが協調姿勢をとったのが、対アメリカ外交であった。とりわけ、八一年初めに大統領に就任したロナルド・レーガンとサッチャーは、よく似た政治的・経済的志向性（ネオ・リベラリズム）を共有しており、きわめて緊密な関係を取り結んだ。

2　サッチャリズムの展開

労働運動との対決

サッチャーの率いる保守党は、一九八三年六月に行われた下院選挙で三九七議席を獲得し、労働党の二〇九議席を大きく引き離して勝利した。この保守党圧勝に際してはフォークランド戦争における勝利という要因が大きく作用した。他方労働党の側は、ロイ・ジェンキンズなどの右派有力議員が離党して八一年三月に社会民主党を結成するなど、党としての結束が揺らいでいたこともあって、フォークランド要因を活用する保守党に十分抵抗できなかった。

この選挙の結果作られた第二次サッチャー内閣は、サッチャリズムの性格をよく示す政策を次々に遂行していった。その動きは、八七年六月の次の下院選挙（この選挙では保守党三七六議席、労働党二二九議席と若干議席差は縮まったものの、保守党の圧倒的優位が継続した）を経て第三次内閣にも引き継がれ、八〇年代を通じて続いていくことになる。

第二次サッチャー政権がまず取り組んだのが、労働組合の力の削減であった。サッチャーは労働組合を不必要な組織とみなしており、彼女はその力をそぐことに熱意を注いだ。第一次政権期の八〇年には、ピケッティングを当該組合員が働く職場のみに限り、クローズドショップ制についての制限を強化する雇用法が制定されたが、「ウェット派」と目されていたプライア雇用相によるこの法律は、サッチャー自身も含む右派からは不十分なものとみなされ、八二年にさらに規制を強化してクローズドショップ制の弱体化を図る雇用法改訂が行われた。

第一次政権期におけるこのような法的整備を前提として、第二次サッチャー政権は労働運動との正面対決に乗り出した。その攻撃対象となったのが、イギリスの労働組合の戦闘的伝統を担ってきたといってよい炭坑労組であった。サッチャーは、アメリカで「全国の、とりわけ西部の組合崩しのリーダー」と呼ばれていたイアン・マクレガーを、八三年に全国石炭庁の総裁に任命した。マクレガーが翌年三月、石炭生産の大幅削減と人員削減を打ち出したのに対し、炭坑夫組合はただちにストライキに入った。このストは結局一年間に及ぶ長期にわたるものとなり、日本でも支援運動が起きるなど国際的な注目を集めたが、政府に強く後押しされたマクレガーの強硬な姿勢の前にストからの脱落者が増し、組合側は結局敗北していった。

民営化と金融ビッグバン

経済政策においては、戦後改革のなかで国有化された企業の民営化が進められた。電信電話、石油、ガス、航空などであり、その結果、経済に占める公企業の割合は、半分以上削減される結果となった。公企業の雇用者も、八〇〇万人から三〇〇万人に減少し、公企業のＧＤＰへの寄与も一〇パーセント以上から五パーセント以下になったのである。

サッチャーはまた、個人による株式所有を推進し、「株式保有民主主義」とよばれるものを実現しようとした。それにより、株式保有者は七九年の三〇〇万人から九〇年には一一〇〇万人に増加していった。さらに公営住宅の住人に居住期間に応じて割引価格で持ち家の購入権を与えるという政策が実施された結果、持ち家所有が市場に占める割合も、八〇年の五五パーセントから九〇年の六七パーセントに増大した。

注意すべきは、このような変化がイギリスの人々の豊かさの増大につながったわけではないという点である。たしかに、豊かさを享受する人々も多く生まれはしたものの、サッチャー政権下のイギリス全体では、貧富の格差が著しく増大する状況が現出したのである。

市場の働きを重視するサッチャリズムの経済政策は、金融面においても顕著であった。サッチャー政権は発足早々の七九年に為替管理を廃止して、海外への資本の移動を自由にする政策をとっていたが、第二次政権期の八六年一〇月、証券取引所の大改革を断行した。金融ビッグバンとよばれるこの改革によって、売買手数料が自由化されるとともに、証券取引所の会員権が開放され、銀行資本の市場参加が可能になったのである。その結果、シティの活動規模は拡大し、世界各国から金融機関が集まってきた。しかし、そのなかでシティの繁栄を歴史的に支えてきたマーチャント・バンクは、後退を余儀なくされていった。

サッチャリズムによる社会改革

ネオ・リベラリズムに立脚したサッチャーによる改革の性格は、地方自治体や教育をめぐる改革の動きにもよく現れた。

サッチャーは、地方自治体を労働組合と同じく不必要な中間団体であるとみなしていた。地方自治体は非効率で柔軟性を欠くものと考えられて排除の対象となり、中央政府による監視が強化されるとともに、それまで自治体が担っていた住宅、教育、職業訓練などの住民サービス供給機能も、各種の民間団体に移管された。そして大ロンドン市議会などの大都市圏議会は、行政組織簡素化という理由で廃止されていったのである。

地方自治体はそれまで子供たちの教育に深く関わっていたが、サッチャーはその構造を崩して教育の中央集権化ともいうべきものを試みた。そのため、五～一六歳までの子供を対象とする全国統一（ただしスコットランドや私立学校には適用されなかった）のナショナル・カリキュラムが導入されることになった。このカリキュラムのもとでは、知識獲得があくまで重視され、獲得度が全国統一テストによって試されるという形がとられた。この改革をめぐっては、「子供たちに何を教えるべきか」についての激しい論争が起こり、統一テストに対しては親と教師による強い反対運動も広がったが、サッチャー政権は改革を断行していった。

サッチャーはさらに、戦後の福祉国家の中心的柱であったといってもよい国民医療制度を掘り崩して、医療をも民営化しようとした。しかしそれに対しては、多くの国民だけでなく、制度の発足時には反対姿勢を強く示した医師会からも反対の声が高くあがり、彼女の目論見は挫折した。

ヨーロッパ統合深化への抵抗

サッチャー政権第二期の時代に、ヨーロッパ共同体は統合の度合いをさらに深めようとしていた。一九七〇年代後半から八〇年代前半にかけて、欧州統合はダイナミックな動きを失い、「欧州悲観主義」とよばれる気分が漂いはじめていたが、八五年にECの欧州委員会委員長に就任したジャック・ドロールは、このような状況を打破することを目指して、最初の施政方針演説において、市場統合完成の期限を九二年と初めて明示するとともに、産業政策や通貨協力などを優先課題として打ち出した。九二年末までに単一市場を完成するという目標は、八五年六月に提出された「域内市場白書」で詳細に規定され、八六年二月に調印された「単一欧州議定書」に盛り込まれたのである。

経済活動における市場の働きを重視するサッチャーは、ECの市場統合自体には積極的であった。彼女がそれに向けてのイニシアティブをとったとの見方もあるくらいである。しかし、彼女は市場統合を超える統合の深化についてはきわめて消極的な態度に終始した。そうした姿勢は、八八年秋のブリュージュにおける演説での、「独立した主権国家間の積極的で活発な協力こそヨーロッパ共同体の建設を成功に導く最善の道です……ヨーロッパがさらに強くなるのは、フランスはフランスとして、スペインはスペインとして、イギリスはイギリスとして、それぞれ独自の習慣や伝統、アイデンティティをもっているからなのです」という表現によく表れていた。

そのような姿勢のもと、サッチャーは七九年から実施されてきていた欧州通貨制度の為替相場メカニズム（ERM、参加国通貨の変動を一定の許容変動幅のなかにおさめさせるという仕組み）へのイギリスの加入に反対の態度を取り続けた。しかし、ＥＲＭへの不参加については経済界を中心に不満の声が高まり、第二次内閣発足時から蔵相を務めていたナイジェル・ローソンも参加に積極的姿勢を示した。サッチャーとの溝が深まったローソンは、八九年一〇月に辞任するにいたったが、後任のジョン・メイジャーもＥＲＭ参加の必要性を認めるようになり、サッチャーの反対を押し切って、九〇年一〇月にイギリスをＥＲＭに参加させた。

サッチャーの退場

一九九〇年のこの頃には、ＥＲＭ問題以外でも、政権をめぐる国内の政治力学はサッチャーに不利になってきていた。長期政権に国民が飽き、不満が募るのは自然の勢いであったといってよいが、それに拍車をかけたのが、いわゆる「人頭税」の導入問題である。これは一九八八年の地方自治体財政法で創設された新税制で、それまで住民の固定資産を基準として徴収してきた地方税を、一八歳以上の住民から貧富の差に関係なく均等に徴収しようとするものであったため、「人頭税」とよばれるようになった。前述したように、サッチャー政権下では貧富の差が広がったが、この税制はさらにそれに追い討ちをかけるものであり、国民の間の評判は非常に悪かった。

「人頭税」は、八九年からまずスコットランドで施行され、九〇年四月からイングランドとウェールズでも施行された。それに際して、各地で激しい抗議行動が広がり、不払い運動も試みられた。

この「人頭税」問題での国内の動揺の後、九〇年一一月には保守党党首選が行われることになっていた。サッチャーは自分への支持はまだ十分にあると考え、再選を期していたが、彼女への批判は保守党内で強まっていった。それに拍車をかけたのが、ＥＣをめぐるサッチャーの議会でのパフォーマンスであった。彼女は一〇月三〇日の下院討論の場で、ＥＣ諸機関の権限拡大の方向に関連して、「ノー、ノー、ノー」と感情的な連呼を行ったのである。副首相ジェフリー・ハウが翌日に職を辞し、二週間後に議会でサッチャー批判演説を行うなど、その波紋は大きかった。それでもサッチャーは再選に賭けていたが、党首選の第一回投票で一位になったものの当選に必要な得票数を確保できず、周囲の説得によって退任を決意したのである。後任党首にはメイジャーが就任し、それによってメイジャー政権が誕生した。

3　変容するヨーロッパのなかで

サッチャーの影

メイジャーは一九九二年四月の総選挙で勝利した後、五年間の任期を全うして九七年の総選挙での敗北によって退いた。

七九年にサッチャーが政権についてから、九二年の選挙まですでに一三年近く保守党政権が続いていたことと、経済状況の後退もあり、九二年選挙前の世論調査では、わずかの差ではあれ労働党が勝利するであろうとの予測が大勢を占めていた。しかし、蓋をあけてみると、労働党との議席差は二一議席に減少したものの、保守党が前回の八七年選挙よりも得票率を伸ばして勝利した。

その後、任期中に解散に追い込まれなかったメイジャー政権は、一見したところ安定した政権であったかのようにみえる。しかしその間、与党保守党は内部の亀裂に悩み続けた。その亀裂は、まずヨーロッパ統合をめぐって現れた。これは一九世紀の穀物法撤廃や二〇世紀初頭の関税改革運動をめぐる分裂に匹敵するといわれた。また、サッチャー改革の継続を目指す人々と、それに歯止めをかけようとする人々の間の亀裂も大きかった。これは、小さな政府か大きな政府かをめぐる対立であった。

メイジャーは、就任直後、サッチャーの足を引っ張った「人頭税」を廃止し、かつての地方税に似た財産税を基本とする新たな地方税制を作った。それはたしかにサッチャー政権からの変化を示すものであった。また彼は「基本への復帰」という標語を掲げて、教育、社会保障など幅広い公共サービスを重視する姿勢を示し、サッチャリズムとの違いを打ち出そうとした。サッチャーはもっぱら小さな政府を目指すなかで、官僚の力をそぐことに熱心だったが、メイジャーは「市民憲章」を作って、行政サービスの向上を目指す姿勢を示したのである。また任期の終盤になって教育への関心を示しはじめたサッチャーとは異なり、メイジャーは初めから教育の重要性を強調した。

しかし、彼の政策は、全体としてサッチャー政権からの継続性をみせた。たとえば、サッチャーのネオ・リベラリズム的改革の中心を占めた民営化路線をメイジャーは推進した。鉄道、石炭業、さらに刑務所業務の一部民営化などがメイジャー政権のもとで実現したのである。また、教育問題をとってみても、政策的にはサッチャー時代からの継続性が強かった。メイジャー政権下でそれまでのポリテクニークが大学に編成替えされたが、それもポリテクニークを地方教育当局のコントロールからはずすことを目指したサッチャーの政策の延長上に位置していた。ある意味では、サッチャーがはじめたラディカルな改革がメイジャーによって定着させられていったと考えることもできる。サッチャーが、メイジャー政権の「後部座席に座った幽霊運転手」であったと称されるゆえんである。

マーストリヒト条約と「暗黒の水曜日」

そのなかにあって、メイジャーがサッチャーとの違いを示したのが、ヨーロッパ統合への姿勢であった。メイジャーが統合ヨーロッパとイギリスの協調にサッチャーよりも積極的であることはERM参加問題ですでに示されていたが、彼が就任直後に行った演説で、「ECのなかのイギリスについての私の目的は、簡単に述べることができる。私は、わが国がその本来の位置につくことを望んでいる。それはヨーロッパの中心である。そこで、パートナーたちとともに未来を築いていくのだ」と述べたことは、それをさらに鮮明にした。しかし、サッチャー的な考えは政界のなかに根強く存在し、メイジャー政権はヨーロッパ統合深化への対応をめぐって困難に直面していくことになった。

ECの欧州理事会は、一九九一年一二月にオランダのマーストリヒトで、九二年末における市場統合の完成を前提として、通貨統合や共通外交、安全保障政策など、統合を一段と深めていくことについて合意した。このマーストリヒト条約によって、ECはヨーロッパ連合（EU）に編成替えされることになった。

イギリス政府もマーストリヒト条約に賛成したが、通貨条項（欧州中央銀行の設立と統一通貨の導入）と社会条項（共通の社会政策）には加わらない（オプトアウト）ことがその前提とされた。イギリスのこの姿勢に対しては、他の国々から批判が寄せられたが、メイジャーはそれを押し切ったのである。メイジャー内閣の報道担当は、これを「ゲーム、セット、そして試合に勝利」と表現した。

しかし、イギリス国内のヨーロッパ統合懐疑派は、マーストリヒト条約に強い拒否反応を示した。そのため、九二年の総選挙で勝利して成立した第二次メイジャー政権は、マーストリヒト条約批准をめぐる国内対立に直面したのである。対立は、保守党と労働党双方の内部でみられたが、とりわけ保守党内の亀裂は深かった。

反対派の勢いは、二つの出来事によって増していった。一つは、九二年六月のデンマークの国民投票におけるマーストリヒト条約批准拒否であった。いま一つは、九二年九月、ポンドに対する投機筋の攻勢が激化してポンドが大量に売られ、イギリス政府がＥＲＭからの離脱を決断せざるを得なくなったことである。この決断がなされた九月一六日は「暗黒の水曜日」とよばれることになった。

この状況下で保守党内の反対派の声が高まると、メイジャー政府はデンマークでの二度目の国民投票の結果が出るまで、マーストリヒト条約の批准を延期するという決定を行った。九三年五月にデンマークでのやり直し国民投票がマーストリヒト条約を認めたことは、イギリス政府にとっても追い風となり、条約は同月下院第三読会（法案審議の最終段階）を通過した。しかし、その際も四六人の保守党議員が造反したし、さらに七月にはマーストリヒト条約の社会政策からのオプトアウトをめぐる決議で、保守党内造反派の動きによって政府が敗れるという事態が生じた。事ここにいたって、メイジャーは、政府の信任投票を行うという政治的賭けに出て批判派を押さえ込み、九三年八月二日にマーストリヒト条約の批准にこぎつけた。

ヨーロッパ統合をめぐるこのような保守党内の対立は、その後もくすぶり続けていくことになる。

ニュー・レイバー

この間、野党労働党は、保守党同様ヨーロッパ統合をめぐる対立を内に抱えながらも、党のイメージを大きく変えつつあった。労働党のなかでは、八〇年代末になって、左派が唱えていた「オールタナティブ経済戦略」（輸入統制などで外国の影響を遮断しながら、国有化の拡大など経済への国家介入を強化する戦略）の影響力が薄れるともに、ヨーロッパ統合を推進する声が高まってきていた。

こうした変化は、一九八三年から党首となっていたニール・キノックのもとで生じていたが、さらに九二年にキノックの後を継いだジョン・スミスと、スミスの急死によって九四年に党首に就任したトニー・ブレアによって加速化された。スミス死後の党首戦に際して有力な候補と目されていたのは、四一歳のブレアとその二歳年長のゴードン・ブラウンという二人の若い政治家であった。それまではブラウンの方が将来の党首候補と目されていたが、新しく影の内閣に加わったブレアの人気が上昇するなかで、結局ブラウンは党首選に出馬することなく（ブレアの後はブラウンが継ぐという約束がなされたともいわれる）、ブレアが圧勝した。

ブレアが党首として最初に臨んだ労働党大会のテーマは「ニュー・レイバー」であった。この方針の中心となったのは、労働党綱領第四条（「生産手段、分配、交換の手段の共有」を規定した項目）の改定であった。第四条は、第一次世界大戦末期に制定された労働党綱領の中心項目であり、社会主義政党としての労働党の性格を規定してきたものであった。そのため、労働党から社会主義色を薄めたいと考える党内右派にとっては、この項目の改定は一貫して重要な課題となっていた。たとえば五九年には当時のゲイツケル党首がそれを試みたものの、労働組合や党内左派からの激しい反対によって挫折している。ブレアはそれに成功し、社会主義政党、労働者の政党としてのイメージに代えて、国民政党としての労働党のイメージをより強く打ち出していったのである。

4　ブレア政権の盛衰

「第三の道」とブレア政権の国内政策

若いスマートな指導者のもとで変身をみせた労働党への好感と、保守党政権に対する国民の飽きの感覚は、一九九七年五月の下院総選挙の結果に示された。経済状況が好転し、与党保守党に有利な背景となっていたにもかかわらず、労働党が圧勝したのである（労働党四一九議席獲得に対し保守党は一六五議席）。その結果、ブレアは四三歳という若さで首相の座につくことになった。

ブレアは、目指す方向を「第三の道」として示した。彼のブレーンであった社会学者のアンソニー・ギデンズによれば、この「第三の道」は、新しい混合経済（市場の活用）、新しい民主主義（地方への権限委譲、公共部門の刷新など）、アクティブな市民社会（政府と市民社会の協力、NPOの活用など）、包摂としての平等（雇用や教育、福祉などからの排除をなくして平等に包摂）、民主的家族、コスモポリタン国家（多文化主義と異民族・異文化に寛容な社会）を内容としていた。この「第三の道」論は、グローバリゼーション下で影響力をさらに広げていたアメリカ型の資本主義モデルへのオールタナティブとしての意味をもつものとして、単にイギリス国内だけでなく国際的にも注目されるものになった。

ブレアは、このようにそれまでの保守党政権との違いを強調しつづけたが、具体的経済政策の面では、彼の政権はサッチャー路線の継続という性格をかなり強くみせた。保守党政権が民営化した企業の再国有化は行われず、労働組合立法も受け継がれ、政府や行政機構の改革もサッチャー時代のそれの延長線上に位置づけられるものといってよかった。そのため、ブレア政権の政治は、サッチャリズム・マークツーとかレフト・サッチャリズムとよばれることもあった。

ただしブレアは、市場を重視しつつも、それと福祉志向を両立させようとした。またサッチャーが個人と国家の間に介在する労働組合や地方自治体のような組織を敵視したのに対し、ブレアは地方自治体やさまざまなコミュニティ・グループなどの役割を重視した。サッチャー時代に廃止された大ロンドン市も二〇〇〇年に復活したのである。しかし、労働組合に関しては、サッチャー時代に作られた規制が緩和されることはなかった。

ブレア政権の経済運営は、ブラウン蔵相に委ねられた。金融・サービス業を中心に海外からの投資が盛んになるなかで、ブラウンはイギリスの経済成長率を安定させ失業率を低く抑えることに成功した。しかし、サッチャー政権下で拡大した国民の間での貧富の格差は縮まらなかった。ブレア政権は、失業者に教育や職業訓練を施すという政策を重視したが、そうした制度も十分に機能しなかったのである。

サッチャー政権との相違点と類似点の共存は、教育についてもいうことができた。政権獲得前の九六年の党大会で、

「政権に向けた三つの優先課題は何かと問われれば、それは、教育、教育、教育だ」と述べたことに示されるように、ブレアは教育に最大の力点をおいた。そして、ブレア政権は保守党政権で横ばいであった教育予算を倍増した。その反面、公教育に市場原理をもちこんだサッチャーの路線を引き継ぐ形で、教育における競争は重視され、成績が悪い学校は廃校も辞さずという姿勢もとられた。その結果、学校間の格差は広がっていった。

国制の変容

ブレア政権は発足直後、イギリスの国制に関わる改革にいくつか取り組んだ。

その一つは、イギリスの国民国家としての枠組みに関わるスコットランド、ウェールズへの権限委譲である（スコットランドについては、本書の第Ⅱ部第十三章を参照されたい）。

自立を求める動きを強めていたスコットランドとウェールズに権限を委譲するための国民投票は、一九七九年にキャラハン労働党内閣のもとで試みられて失敗していたが、ブレアは、政権についた直後の九七年九月に改めて両地域における国民投票を行い、権限委譲への住民の信を問うた。その結果、スコットランドでは賛成が投票者（投票率は約六〇パーセント）の七四・三パーセント、ウェールズでは賛成が投票者（投票率は約五〇パーセント）の五〇・三パーセントとなり、いずれの地域においても、権限委譲が行われることとなった。その結果、九九年からスコットランドとウェールズで独自の議会と執行府が誕生したのである。

もう一つが、イギリスの国家的統治構造に関わる議会上院の改革である。国民の普通選挙による選挙で議員が選ばれる下院と違い、イギリス議会の上院は、議員（九九年当時で一二九七名もの議員がいた）の約六割を世襲貴族が占める（その他は、さまざまな功績によって選ばれる一代貴族、聖職貴族、法曹貴族）という形をとってきており、国民に対する責任の所在を欠いているといってよい存在であった。ブレアは、九七年の選挙マニフェストでこうした上院の改革実行を約束し、政権獲得後九九年に上院改革法案を制定した。そして九九年一一月に過渡的な措置として、暫定的に上院にとどまり得る世襲議員として九二人のみを選んだのである。こうして世襲貴族が中心となった組織としての上院の性格は、著しく薄れることになった。ただし、これらの残留世襲貴族の将来についても、また世襲議員を排除した後の上院議員の選び方についても、その後合意が成立しておらず、上院改革は現在でもまだ中途半端な状態にある。

北アイルランド紛争の終息

一九六九年以来続いてきていた北アイルランド紛争も、ブレア政権成立直後に終息に向けて大きな進展をみせた（アイルランド問題については、本書の第Ⅱ部第十二章を参照されたい）。

北アイルランド紛争をめぐって、サッチャー政権はナショナリスト側武装組織ＩＲＡへの対決姿勢を鮮明に示したが、メイジャー政権は対決姿勢を若干緩和し、アイルランド共和国政府の助けも得てナショナリスト側との非公式の話し合いを行った。

ブレアは対話路線をさらに推し進める姿勢をとり、九七年末にはシン・フェインのアダムズ党首との会談も敢行した。北アイルランド問題の解決には、アイルランドからの移民の子孫が多いアメリカ合衆国の政治家や国民も強い関心を寄せていたが、ブレアはクリントン大統領に和平実現のための支援を求めた。クリントンは、アイルランド系移民の血を引く民主党のベテラン政治家ジョージ・ミッチェルをアイルランドに派遣した。

ミッチェルが議長をつとめたプロテスタントとカトリックの円卓会議の結果、九八年四月のイースターに、北アイルランド議会の設立、南北評議会設立による南北アイルランドの協力などについて合意した「聖金曜日協定」が結ばれたのである（イースター合意）。これによって、約三〇年間にわたり三二〇〇人に及ぶ犠牲者を生んできた紛争解決の道がしかれた。

しかし、イースター合意に含まれていたテロ組織の武装解除はスムーズには進まなかった。イースター合意のすぐ後の九八年八月に、北アイルランドのオマーでＩＲＡ過激派による爆破事件が起こり、子供九人を含む二九人が死亡したことは、和平の道の困難さを人々に改めて思い知らせた。和平プロセスは、九九年一二月にプロテスタントとカトリックの権力分有政府が発足することによって一歩進んだが、その後もＩＲＡの武装解除問題が障害となって、自治政府は機能停止を繰り返したのである。

武装解除を進展させることになったのは、二〇〇一年九月一一日のいわゆる「同時多発テロ」事件以降の、「テロとの戦い」をめぐる国際世論の高揚であった。その空気のもとで、同年一〇月二三日、ＩＲＡは相当数の武器をすでに廃棄したことを声明した。遅々としたペースではあったが、武装解除はその後進行していき、〇五年九月には、それを監視してきた国際委員会が、武装解除完了を報告するにいたった。そして、〇七年五月には、紛争中は想像もできなかった、プロテスタントの民主ユニオニスト党とシン・フェインの間の連立政権が誕生した。

ＥＵへの姿勢とユーロ問題

対外政策のなかでも、ヨーロッパ統合に関しては、それまでの保守党政権に比べてブレアは積極的姿勢をみせていた。とくに一九九八年一〇月、ＥＵ非公式首脳会議でＥＵが危機管理のために防衛能力をもつべきであると述べたのに続いて、一二月のサンマロにおける英仏会談でも、国際的危機に対応するために、ＥＵが信頼性のある軍事力に裏打ちされた自立的行動のための能力を保有すべきだと唱えたことは、幅広い注目を集めた。ただしこれは、それまでイギリスが防衛政策の軸としてきたアメリカとの協力関係の軽視を意味しなかった。ブレアは、大西洋同盟重視という基本姿勢自体は継承しつつ、ヨーロッパに若干舵を切ったのである。

またＥＵの共通通貨ユーロへの参加については、ブレア自身は前向きな姿勢をとっていたものの、ブラウン蔵相は消極的であり、政権全体としても慎重な姿勢をとり続けた。国内では、経済界などからユーロ参加を望む声があげられたが、国民の多くはユーロ参加に消極的見解をもっており（世論調査は、大体ユーロ参加反対六〇パーセント前後、賛成三〇パーセント前後という数字を一貫して示していた）、ブレア政権の政策を支持した。ブラウン蔵相のもとでイギリス経済が成長を続け、失業率も低くおさえられる状況が続くなかで、ユーロ参加へのインセンティブは生まれてこなかったのである。当初ブレアが考えていたユーロ導入をめぐる国民投票も、先送りにされたまま、ブレア退陣まで結局実施されることはなかった。

この間、EUはユーロ発足にみられる深化とともに拡大をとげていったが、イギリスは拡大に関しては常に積極的であったといってよく、また二〇〇四年の東方拡大（旧東欧諸国など一〇カ国が加入）に際しては、後述するように新規加盟国からの労働者受け入れにきわめて積極的な態度をとった。

対米協調の道と陥穽

すでに述べたようにブレア政権は、ヨーロッパ志向を若干強めながらも英米関係重視の姿勢を守ったが、それはまず一九九〇年代末にイラク問題をめぐってよく示された。対イラク政策で英米が足並みをそろえる状況は、一九九一年の湾岸戦争とその後の経過で顕著にみられていたが、ブレア政権はそのような英米関係を引き継いだのである。

政権掌握の四カ月後、九七年一一月にアメリカとイラクの対立が深刻化した時、ブレアはアメリカ支持の態度を鮮明にして、もし他国が加わらないと決めたとしても、米英による軍事行動があり得たと述べた。また九八年一二月には、イギリスはアメリカと共同行動をとる唯一の国として、「砂漠の狐作戦」とよばれたイラク攻撃に参加した。この作戦に際して国際連合の承認はなかったし、フランス、中国、ロシアが反対するなど、後のイラク戦争の構図がすでにみられたことに注意しておきたい。

アメリカに協力して対外的な軍事介入を行うに際してのブレアの動機は、九九年、旧ユーゴスラヴィアのコソヴォをめぐる紛争で示された。コソヴォ紛争は、コソヴォの独立を求めるアルバニア人と、それを認めようとしないセルビアとの対立に起因した紛争であり、九九年三月、米軍を主力とするNATO軍がセルビア空爆を行った。その際イギリスは、アメリカをもっとも強く支持する態度をとったが、ブレアは空爆への協力にとどまらず地上軍投入の必要性まで説いたのである。そして、四月にシカゴで行った演説でブレアは、「バルカンの人々はポンメルンの擲弾兵の骨にも値しない」というビスマルクの言は誤りであったと述べつつ、これまで国際関係で重視されてきた他国の内政への不干渉原則は、ジェノサイド行為が純粋に国内問題と認められない以上再考されるべきであると、グローバル下の世界における「人道的介入」の意味を強調した。この主張は、「ブレア・ドクトリン」とよばれることになった。

こうしたブレアの姿勢を考えれば、二〇〇一年のアメリカにおける「同時多発テロ」事件以降、ブッシュ大統領の率いるアメリカにぴったりと寄り添う形でブレアが「対テロ戦争」を推進していったことは、驚くべき事態ではなかった。ブッシュ政権が誕生した当初、ブレアとブッシュの関係は決して親密なものとはいえなかったが、〇一年一〇月にアメリカによるアフガニスタン攻撃がはじまると、イギリスの対米支援姿勢は突出したものとなったのである。

ただし、イギリスの世論では、ブレア政権の対米姿勢をめぐって亀裂がみられた。批判的世論は、アフガニスタン攻撃成功の余勢をかって、イラクとの戦争準備を本格化したブッシュにブレアが相変わらず追随するなかで強まっていった。イラク開戦反対運動は、〇三年に入って大きな盛り上がりをみせ、二月一五日にはイギリス史上未曾有の規模の反戦デモが行われた。しかし、ブレアのブッシュ政権支持姿勢は変わることなく、イギリスは〇三年三月、アメリカとともにイラク戦争に突入した。イラク戦争はアメリカなどが速やかに勝利して終ったようにみえたが、その後のイラク情勢は混迷をきわめ、アメリカを助けて駐留を続けたイギリス軍からは一七九人という多くの犠牲者が出た。内政でかなりの実績を積み上げてきたブレアの足を引っ張ったのはこのイラク問題であり、それをめぐってイギリス国民の心はブレアから離れていったのである。

こうして労働党への国民の支持率が低下するなかで、〇七年五月にブレアは辞任を表明し、六月にブラウンが後継首相に就任した。ブラウン首相のもと、〇九年四月にイギリスはイラクでの軍事活動を終了したが、アメリカとの密接な協力関係はアフガニスタンにおいて継続し、そこでも多くのイギリス軍兵士が犠牲となり続けた。

5　イギリスの現状

危機のなかの経済、混迷する政治

かつてイギリスは、世界最大の工業国家であった。イギリス資本主義の性格をめぐっては、ジェントルマン資本主義論によって、金融・サービス部門が優位を占めていたことが強調されているものの、工業が隆盛であったこと自体は否定できない。しかし、二一世紀のイギリスにおいては、工業部門の収縮、不振という状況が露わである。

それに対し、サッチャー政権下の金融ビッグバン以降の金融・サービス部門の拡大と発展は著しいものがあった。ロンドン金融市場が外国為替取引や国際融資で世界シェアのトップに立つなかで、一九九〇年代初頭以降、イギリス経済は金融に引っ張られる形で景気拡大を続けてきた。ブラウンは、その活況をもたらすうえできわめて功績があった政治家と考えられていたため、彼の首相就任は国民の期待を集めた。

しかし、二〇〇七年夏にアメリカではじまった金融不安が世界に広がるなかで、イギリスの金融部門も激しい打撃を受けた。同年秋には中堅銀行のノーザン・ロックが破綻し、半年後に国有化されたのである。この間の処理をめぐってブラウンの支持率は急落していった。〇八年秋からさらに激化した金融危機に際して、ブラウンが金融機関への公的資金投入を早期に決断したことは、一時的な支持率上昇につながったものの、危機が実体経済にまで及んだことで、ブラウン及び労働党への支持は激減し、〇九年六月の地方選挙と欧州議会選挙では、労働党が大敗する結果となった。

この欧州議会選挙では、ＥＵからのイギリスの脱退を主張するイギリス独立党が労働党を上回る票を獲得し、また移民反対などを唱える極右のイギリス民族党も初めて当選者を出すなど、現状に不満を抱く国民の感情が危険な形で示された。また同じ頃、全政党におよぶ国会議員の経費乱用が大きな問題となり（ペットのえさ代や子供のおむつ代まで含むさまざまな不正使用が明らかになった）、その処置を適切に行わなかった下院議長が辞任に追い込まれるという事態にまで発展した。

このように経済においても政治においても、イギリスはきわめて深刻な危機に直面したのである。そのような危機状況のもとで、任期満了に伴う下院選挙が、二〇一〇年五月に行われた。この選挙では、労働党が前回選挙の三五五議席から二五八議席へと大幅に議席を減らしたが、選挙期間中から予測されていた通り議席の過半数を占める政党が生まれず、第一党となった保守党と第三党の自由民主党による連立政権が、保守党党首キャメロンを首相、自由民主党党首クレッグを副首相として成立した。

多民族・多文化社会

かつてイギリスは、白人の国であった。しかし、第二次世界大戦後の旧植民地諸国などからの大量の移民の流入の結果、現在のイギリスはさまざまな皮膚の色をした人々が混住する多人種・多民族・多文化国家となっている。二〇〇一年の国勢調査では、人口の約八パーセントが自らをエスニックな少数派であると申告した。そのうち最大のグループはインド出身者であったが、さまざまな国からきたイスラーム教徒も約一六〇万人含まれていた。

移民が増えてくるなかで、イギリスでは多民族・多文化社会を目指すさまざまな努力が積み重ねられてきたが、それを揺るがす出来事がブレア政権下で起こった。〇五年七月七日、ロンドン中心部の地下鉄とバスを標的とした同時爆破テロ事件が起き、自爆犯人以外に五二人の死者が出たのである。さらにその二週間後には、やはりロンドンで地下鉄とバスをねらった同時爆破テロ未遂事件が起きた。七月七日のテロの実行犯にイスラーム教徒移民が含まれていたことから、イスラーム教徒やアラブ系住民に対する反発や警戒の念が広がっていくことになった。さらに〇七年からの経済後退による社会的不満の亢進は、反移民感情がさらに拡大していく素地を作り、前述したイギリス民族党の台頭などを促していった。

しかし、現在のイギリスは移民や外国人労働者なしでは存続し得ない社会となっている。〇四年にＥＵが東方拡大をして、東欧諸国など一〇カ国がＥＵに加盟した際、それまでのＥＵ加盟国のほとんどは新規加盟国からの労働力流入を当面制限する措置をとったが、イギリスはその措置をとらなかった。その結果、東欧諸国、とりわけポーランドからの出稼ぎ労働者が大量に押し寄せ、一時は約百万人に達した。ポーランドからの労働者流入は〇七年暮れをピークとして減少していったが、その間にイギリス全土で数多くのポーランド料理店が開業するなど、イギリス社会の多文化性はさらに増していったのである。

また、イギリス人と移民という区別そのものも薄らいでいる。イギリス生まれのカリブ海諸島系の男性（彼らの肌は黒い色をしている）の約半分が白人と結婚しており、〇一年の国勢調査では、約六七万人が混血であると自己申告している。この傾向は、これから先も拡大していくと考えられる。

ただし、多文化社会としてのイギリスの抱える課題は大きい。イギリスは貧富の格差が大きい社会であるが（サッチャー時代以降格差は拡大したままになっている）、とりわけ移民の貧しさは目立っている。〇七年春に、ある慈善団体が発表した移民の家計調査によれば、世帯所得が平均の六〇パーセントに満たない貧困層の割合は、白人が二〇パーセントであるのに対し、バングラデシュ系で六五パーセント、パキスタン系が五五パーセントであった。社会の多様なメンバーが平等性を享受できる社会の構築が、イギリスにとっても大きな課題となっているのである。

EUからの離脱

イギリスにおけるEU懐疑派の動きは、二〇〇九年からのユーロ危機のなかで勢いを増していった。それに押し切られる形で、一三年初め、キャメロン首相はEU残留の是非を問う国民投票を実施する方針を明らかにした。一六年六月に実施された国民投票では、残留論が勝利するという大方の予測を裏切って、離脱（ブレグジット）支持が過半数を上回った。

投票結果は、国内の亀裂をあらわしていた。連合王国の四地域のうち、一四年に独立をめぐる住民投票（独立支持は四五％）を実施していたスコットランドと、EU加盟後に発展してきたアイルランドとのつながりが深い北アイルランドでは、残留支持が多数を占めた。また、教育面（高学歴の残留支持）と世代間（若者の残留支持）の差異も示された。

この投票を背景に、政府は一七年三月にEUへの離脱通告を行った。しかし、離脱後のEUとの関係についての協定交渉は難航し、正式離脱は、ブレグジットを推進してきたボリス・ジョンソン首相のもとで、二〇年一月になってやっと実現した。その間最大の争点となったのは、北アイルランドとアイルランドの間の国境線をめぐる問題であった。

EU離脱後、イギリス経済は物価上昇や移民規制による労働者不足などに直面した。コロナ禍やウクライナ戦争もそれに追い打ちをかけ、二三年春の世論調査では、離脱が誤っていたとみる人びとが過半数を占めるに至っている。世界のなかでの新たな役割を模索するイギリスであるが、その前途は多難である。

参考文献

宇都宮深志編『サッチャー改革の理念と実践』三嶺書房、一九九〇年。

梅川正美『サッチャーと英国政治一――新保守主義と戦後体制』成文堂、一九九七年。

梅川正美『サッチャーと英国政治二――戦後体制の崩壊』成文堂、二〇〇一年。

梅川正美・阪野智一編『ブレアのイラク戦争――イギリスの世界戦略』朝日選書、二〇〇四年。

梅川正美・阪野智一・力久昌幸編『現代イギリス政治』成文堂、二〇〇六年。

梅川正美・阪野智一・力久昌幸編『現代イギリス政治史（第二版）』誠文堂、二〇一六年。

小川晃一『サッチャー主義』木鐸社、二〇〇五年。

アンソニー・ギデンズ著、佐和隆光訳『第三の道――効率と公正の新たな同盟』日本経済新聞社、一九九九年。

木畑洋一編『現代世界とイギリス帝国』（イギリス帝国と二〇世紀　第五巻）ミネルヴァ書房、二〇〇七年。

アンドリュー・ギャンブル著、小笠原欣幸訳『自由経済と強い国家――サッチャリズムの政治学』みすず書房、一九九〇年。

小堀眞裕『サッチャリズムとブレア政治』晃洋書房、二〇〇五年。

佐久間孝正『変貌する多民族国家イギリス』明石書店、一九九八年。

佐々木雄太・木畑洋一編『イギリス外交史』有斐閣、二〇〇五年。

マーガレット・サッチャー著、石塚雅彦訳『サッチャー回顧録――ダウニング街の日々』（上・下）日本経済新聞社、一九九三年。

豊永郁子『サッチャリズムの世紀――作用の政治学へ』創文社、一九九八年。

細谷雄一『倫理的な戦争――トニー・ブレアの栄光と挫折』慶應義塾大学出版会、二〇〇九年。

細谷雄一編『イギリスとヨーロッパ』勁草書房、二〇〇九年。

山本浩『決断の代償――ブレアのイラク戦争』講談社、二〇〇四年。

力久昌幸『ユーロとイギリス――欧州通貨統合をめぐる二大政党の政治制度戦略』木鐸社、二〇〇三年。

力久昌幸／スティーブン・デイ『「ブレグジット」という激震』ミネルヴァ書房、二〇二一年。

扉図出典：著者撮影。

コラムⅧ

反骨の映画監督ケン・ローチ

木畑洋一

イギリス映画といえば、文学作品に題材をとったものや、王室ものなどがすぐ念頭に浮かぶが、批判的視座からイギリス社会や現代世界のかかえる問題を鋭くえぐりだす仕事を続々と世に問い続ける監督ケン・ローチの作品も、日本で強い関心を集めてきた。

一九三六年にイングランド中部のウォリックシャーで労働者階級の家庭に生まれたローチは、オックスフォード大学で法律を学ぶ傍ら演劇にいそしみ、大学卒業後はテレビ演出家としてのキャリアを開始した。その時代に作った「キャシー・カム・ホーム」は、ホームレスとなった家族の崩壊を描いたテレビドラマで、社会的・政治的主題に正面から挑む彼の最初の作品となった。

一九八〇年代には、サッチャー政権下で激しい圧迫を加えられていた労働組合運動の姿に肉迫したテレビ・ドキュメンタリーをいくつか制作したが、それらは非公式の政治的検閲の対象となり、サッチャー時代はローチにとってきわめて暗い時代となった。彼はその時代のことを「それは異様な時代――暗黒な時期の一つ――だった。職業的には、それは私にとって最悪だった。私の手がけたすべてが陽の目をみないと思われたからだ」と述べている。

ローチは、「夜空に星のあるように」（一九六七年）を第一作として、長編映画を作りはじめたが、日本で注目を集めるようになったのは、一九九〇年代のことである。彼の名を広く知らしめたのは、九五年の作品で九六年に日本で公開された「大地と自由」であろう。

一九三六年からはじまったスペイン内戦に際し、反ファシズムの大義に共感する多くの民間人が、フランコ勢力と戦う共和国支援のために赴いた。イギリスからも知識人や労働者などさまざまな人々がスペインに向ったが、これは、その一人であるリヴァプールの失業中の青年を主人公とした映画である。ローチは、共和国側内部の厳しい対立、すなわちソ連を後ろ盾とする共産党勢力と、ソ連がトロツキストとして激しく批判するＰＯＵＭ（マルクス主義統一労働党）の間の凄惨ともいえる抗争を直視し、その対立の渦に主人公が飲み込まれていく様も描いている。

「大地と自由」が、スペイン内戦を舞台とすることによって、ファシズムやスターリニズムの問題に迫った作品であったとすると、ローチのいま一つの代表作といえる「麦の穂をゆらす風」（二〇〇六年）は、独立戦争がくりひろげられていた一九二〇年のアイルランド南部を舞

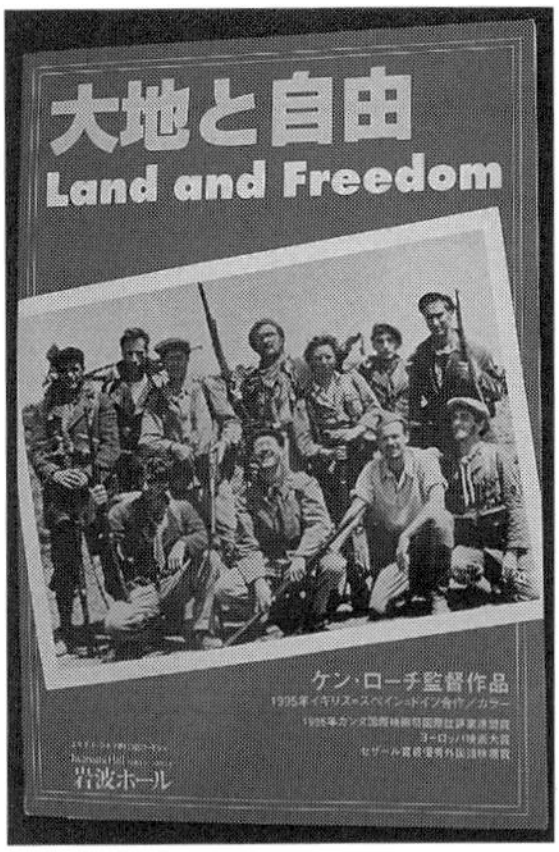

図Ⅷ－1　「大地と自由」のパンフレット

台とし、アイルランド独立のための武力闘争に身を投じた兄弟を軸に、帝国主義と反帝国主義の問題に切り込んだ映画である。「大地と自由」で反ファシズム側の内部分裂がえぐられたのと同じく、この映画では、独立戦争が一応の成功をおさめた後の、アイルランドを南北に分割する講和条約をめぐるナショナリスト側の分裂とそれによる内戦の開始が、冷徹にみつめられる。

さらに最近のローチの作品の主題として注目すべきものは、現代のイギリス社会における移民問題であろう。まずアメリカを舞台として、不法入国したメキシコ女性を主人公とした「ブレッド&ローズ」（二〇〇二年）を作った後、二〇〇四年の作品「やさしくキスをして」でローチは、スコットランドのグラスゴーに住むパキスタンの移民二世のムスリム青年と、アイルランドからの移民でカトリックである白人の音楽教師の間の恋を、パキスタン移民の家庭のしがらみや、宗教の葛藤などを交えながら描いた。二〇〇七年に監督した「この自由な世界で」は、職業紹介所を女手二人で経営する女性が、不法移民にまで仕事を斡旋しなければならない状況に追い込まれるなかで起こるさまざまな事件を、映し出している。

ローチの作品の特徴として、社会のひだに生きる人間を扱うに際して、実際にその経験をしている人々を映画に用いる点があげられる。たとえば、「やさしくキスをして」制作に関して、「訛りのことを考えてもまず前提条件としてパキスタン人で、なおかつグラスゴーに住んでいる必要がありました。演技を無難にこなす俳優は沢山いますが、実際にそこで生まれていなければ本物とはいえません」と述べている。

ローチは、こうして社会批判の気迫に満ちた作品を作り続ける一方、現実政治へのコミットメントも行っている。若い日に入党した労働党からはその後離れたが、二〇〇四年には「リスペクト連合」（Respect Coalition、同年はじめに結成された左派政党）からヨーロッパ議会に立候補した。彼はまた、イスラエルによるパレスチナ人迫害に対する強烈な批判や、ロシアからの独立をめざすチェチェンの民族運動支持などでも知られている。

イギリスの近現代史を通じて脈々と流れるラディカルな批判精神を芸術の場で体現している人物として、ローチの存在は重い。

参考文献
グレアム・フラー編、村山匡一郎・越後谷文博訳『映画作家が自身を語る　ケン・ローチ』フィルムアート社、二〇〇〇年。

第Ⅱ部

テーマから探るイギリス近現代史

第九章　日英一五〇年の政治外交関係

後藤春美

「ウェストミニステル」橋ノ巴力門《パーレメント》
明治政府が派遣した岩倉使節団は，1872年にイギリスも訪れ，約４カ月の滞在中に議会や工場など各地を見学し，その記録を残した。

1600	3. 徳川家康，リーフデ号で漂着のウィリアム・アダムズと会見
1613	9. 家康，イギリス人に貿易を許可
1808	8. フェートン号事件
1840	7. オランダ船，アヘン戦争の開始を伝える
1853	6. ペリー（アメリカ合衆国），浦賀来港
1854	8. 日英和親条約締結
1858	この年，安政五カ国条約（7. 米・蘭・露　8. 英・仏と修好通商条約に調印）
1863	7. 薩英戦争。この年オールコック（駐日公使在任1859～64.）『大君の都』出版
1865	閏5. パークス駐日公使来日（在任は～83.）
1868	1. 鳥羽・伏見の戦い，戊辰戦争始まる。4. 江戸開城
1871	10. 岩倉使節団が出発（～73. 9. 帰国）
1886	10. ノルマントン号事件
1894	7. 日英通商航海条約に調印。8. 日清戦争
1899	7. 改正条約の実施（治外法権の撤廃）。この年，米国，中国の門戸開放宣言
1900	6. 義和団事件（01. 9. 北京議定書調印）
1902	1. 日英同盟
1904	2. 日本，旅順のロシア艦隊を奇襲攻撃。2. 宣戦布告
1905	5. 日本海海戦。8. ポーツマス講和会議（～9.）。8. 第2回日英同盟
1911	2. 関税自主権回復。7. 第3回日英同盟
1914	7. 第一次世界大戦勃発（～18. 11.）
1919	1. パリ講和会議（～20. 1.）
1921	11. ワシントン会議（～22. 2.）。12. 日英同盟を廃棄して四国条約
1922	2. ワシントン海軍軍縮条約
1925	5. 中国で5・30事件。この後2～3年，英中関係険悪化
1930	4. ロンドン海軍軍縮条約
1931	9. 柳条湖事件。9. 中国，事件を国際連盟に提訴
1932	1. 上海事変。7. オタワで帝国経済会議。10. 国際連盟，リットン報告書
1933	3. 日本，国際連盟脱退を通告。4. 日印通商条約廃棄
1934	3. ～10.　日英不可侵協定構想
1935	3. 日本，正式に非連盟国となる。9. リース＝ロス来日
1936	1. 日本，ロンドン海軍軍縮会議脱退を通告。6. リース＝ロス再来日
1937	7. 日中戦争勃発
1939	6. ～7. 日本，中国天津のイギリス租界封鎖。9. 第二次世界大戦始まる
1941	12. 日本軍，マレー半島に上陸開始
1942	2. 日本軍，シンガポール占領
1945	8. 日本，ポツダム宣言を受諾して降伏
1946	5. 東京裁判（～48. 11. 判決）
1951	9. サンフランシスコ平和条約
1955	9. 日本，ガット加入

1　幕末から明治時代

軍事強国イギリス

イギリス人が初めて日本にやって来たのは一六〇〇年であり、一六一三年、イギリス商館が平戸に、中国人商人の家屋を借りて設置された。しかし、当時の大国オランダとの通商競争に勝ち目はなく、イギリス商館は一〇年で閉鎖された。

イギリスが日本に再びやって来たのは一九世紀になってからであった。そしてそれは、軍事的脅威としての登場であった。一八〇八年、イギリス軍艦フェートン号がオランダ船を捕らえるため長崎湾に侵入したのである。この事件は、ナポレオン戦争の余波で起きた。第一部第三章で検討されているように、イギリスが財政軍事国家として自らを確立しつつ戦った第二次英仏百年戦争も最終局面に近づいた時期であった。イギリス人はオランダ商館員二名を捕らえ、オランダ船がいないか探索した後、薪水や食料などを得て、人質を返し退去した。この事件は何ら日本に対する敵意から起こったものではなかったが、日本に危機感を抱かせるには十分であった。

東アジアの大国であった清朝中国も、広州一港のみを開いて管理貿易を行っていたのだが、イギリスは清に自由貿易を要求した。英中間のアヘンをめぐる紛争は、オランダ風説書、唐風説書によって徳川幕府に伝えられた。幕府は大きな衝撃を受け、異国船打ち払い令を薪水供与令に改めた。アメリカ合衆国のマシュー・ペリー提督来航以前に、もっとも警戒すべき国イギリスについての情報は日本に達していたのである。

日本の開国とイギリス

一八五四年九月、イギリスのジェームズ・スターリング海軍少将がペリーと同じ路線で幕府と条約を結んだ。ただし、スターリングの元来の目的は和親や通商ではなく、東アジアに波及したクリミア戦争のための軍艦の入港修理であった。

一九世紀半ばの英露両国は各地で対抗しており、日本もこの「グレート・ゲーム」に巻き込まれたのである。五七年、アメリカの初代駐日総領事タウンゼント・ハリスはイギリス軍が大挙して来日する可能性を示唆し、自分との話し合いによって条約を結ぶ方がはるかに良いと強調した。これはハリスの交渉戦術であったが、彼の主張の背景には、英仏連合軍が清朝中国に出兵したアロー戦争（第二次アヘン戦争）があった。五八年七月、日米修好通商条約が締結されたが、これにはアヘン貿易の禁止も盛り込まれた。日英修好通商条約は、同年八月、日米通商条約の最恵国待遇により結ばれた。一方、英中間で同年に結ばれた天津条約の後、清朝中国においてはアヘン輸入の際の税率が決められた。すなわち、アヘン貿易が認められたと考えられる。

通商面で圧倒的な比重を占めたイギリス

一八五九年、上海で領事を務めていたラザフォード・オールコックが日本公使として赴任してきた。彼は六二年に一時帰国したが、その翌六三年には『大君の都』を出版している。欧米諸国と日本との外交交渉や、日本民衆の生活などを鋭く観察した書物である。

一九世紀中葉のイギリスは、軍事面だけでなく、通商面でも絶大な力を誇っていた。開港後の横浜の貿易においても、国別ではイギリス船によるものが圧倒的な比重を占めていた。すなわち、比率でみれば、六〇年に五五パーセント、六一年に七一パーセント、六二年に八一パーセントであった。ただし、輸出入では日本側の圧倒的な出超であり、商品別では生糸と茶の輸出が九〇パーセントに上っていた。

イギリス商社の代表としては、ジャーディン・マセソン商会やグラヴァー商会があげられる。前者は、四一年以来香港に本店をおいて活動していた会社が、中国の上海からネットワークをひろげ日本にも進出してきたものである。後者は、ジャーディン・マセソン商会の代理人として日本にやってきたトマス・グラヴァーがはじめたもので、幕末には討幕派に武器を供給したことで有名である。六二年の生麦事件、報復としての六三年の薩英戦争、六四年の四国艦隊下関砲撃などを経て、薩摩と長州の両藩がイギリスなど交戦相手の軍事力を認識するようになったことは、ここで改めて指摘するまでもないであろう。

明治時代になっても、日本の全開港場、開市場において、イギリス人は中国人に次ぐ人数を誇り、影響力をふるった。八五年には、イギリス人は全居留民二五〇〇人中一二〇〇人、その一〇年後には四七〇〇人中一七五〇人を占めていた。アメリカ人がイギリス人に数において勝るようになったのは、一九二〇年代に入ってからのことである。

帝国としてのイギリス及び日本のイギリス人

イギリス史の研究においては、イギリスにおいても日本においても、本国とイギリス帝国を分けて考えることが多い。本国だけを考えた場合、イギリスは民主主義、議会制度などの面で模範とすべきジェントルマンの国として取り扱われてきた。しかし、一九世紀半ば以来、日本が接していたのはイギリス帝国だった。帝国は本国の規範が必ずしも適用されない場であり、帝国各地の実態はイギリス本国からはみえにくかった。したがって、日本を視野に入れたときに浮び上がってくるイギリス像と、本国だけをみた場合のイギリス像には、ズレが存在することに注意が必要である。この点についての理解を容易にするために、イギリスを日本におきかえて考えてみよう。近隣諸国の人々が記憶するのは大日本帝国の過去であろう。帝国の最前線に立っていた者は、本国日本でも忌避されるような乱暴者であったかもしれない。しかし、日本人は往々にして帝国としての過去を忘却し、日本国内のことのみを考察する。これと同じような状況がイギリスにも存在するのである。

一般論として、危険を冒してまで植民地や外国に赴いたイギリス人は、本国で安楽な暮らしを保証されない人々であった。一八六五～八三年にかけて駐日イギリス公使を務めたハリー・パークスにしても、最適の人材が厳選されて派遣されてきたというわけではなかった。彼はオールコックの中国語通訳から、上海領事、駐日公使へと昇進した人物であるが、その東アジア観は、一八六〇年の英仏連合軍北京侵攻の際に捕虜となった経験などによって形成されていた。日本でもパークスは、当時世界の最強国であったイギリスの威信を背に、その利益を追求した。彼の日本に対する態度は、インドその他でイギリス人植民地官僚がとった態度と同じであった。六八年までには、パークスが日本に対する助言なるものを威張った攻撃的な調子で行うという評判は定着しており、明治維新後も彼の態度は変わらなかった。その態度は、幕末から明治初期の日本人がイギリス人に好意を抱く助けにはならなかった。イギリス、あるいは広く西洋に対する反感は、二〇世紀前半にも伏流として日本人のなかに存在し続けた。

パークスは、日本に有利ないかなる条約改正にも反対で、治外法権体制を機能させることに力を注いだ。七二年、岩倉具視を団長とする使節団がイギリスを訪問した際、パークスは一時帰国していたが、使節団が条約改正問題をもちだすのを嘲るような態度で拒絶した。

ただし、すでにこの時期には、特権をもった少数の者のみではあっても、日本人留学生や旅行者がイギリス本国を訪れるようになり、開港場商人などとは異なる人々や見解が存在することに気づきはじめていた。彼らは、日本では重要人物とみなされていた外国人が、本国では小人物でしかないことにも目を留めた。ヴィクトリア女王に面会した際、岩倉使節団も同様の経験をした。使節団は、日本で威張り散らしていたパークスの何者たるかを女王がまったく認識していない、つまりパークスとはその程度の地位の人物なのだと気づいたのである。

明治期日本の発展に貢献したイギリス人も多くいたことを忘れてはならない。お雇い外国人の多くはイギリス人であった。たとえば、東京大学で最初の言語学教授となったバジル・ホール・チェンバレン、灯台設計者ヘンリー・ブラントン、建築家ジョサイア・コンドル、法律顧問フランシス・ピゴットなどが有名である。彼らの活動は日本人の敬愛を集め、長く記憶されることとなった。

お雇い外国人の給料は高かったが、その活動は制限されていた。清朝中国では、諸外国との貿易の際に関税を徴収する海関の長である総税務司にもロバート・ハートなどイギリス人が就任したが、それに匹敵する高い地位を日本のお雇い外国人が占めることはなかったのである。

2　日英同盟の時代

イギリスとロシアの対立

イギリスにとって東アジアにおける関心の焦点は日本ではなく、中国、しかも上海を中心とした揚子江流域にあった。中国が膨大な人口を擁し、イギリス製品の巨大市場となる可能性を秘めていたからである。そして、一八九〇年代以降、中国に築いた経済権益をロシアの進出からいかに守るかということがイギリスの重要課題となった。

九一年五月、ロシアがシベリア鉄道を起工することが知られると、イギリスは清国のみならず日本も、ロシアに対抗する友邦として位置づける必要を感じた。英露の対抗は、明治政府の悲願であった不平等条約改正に対するイギリスの姿勢にも変化をもたらし、日清戦争開戦直前の九四年七月には、日英通商航海条約が調印された。条約は五年後に発効し、治外法権の撤廃が実現した。一方、関税自主権の完全回復はこの条約が改定された一九一一年に達成されることとなった。

日英同盟

一九〇〇年に清朝中国で北清事変（義和団事件）が起こると、ロシアは、イギリスの借款によって敷設され北京と奉天（現瀋陽）を結んでいた京奉鉄道のほぼ全線を占領した。そして翌年九月の北京議定書成立後も、華北に派遣した軍隊を引き揚げようとはしなかった。だがこの時期のイギリスは、南アフリカ戦争に手一杯で東アジアに派兵する余力がなかった。その結果、イギリスは日本と接近することとなったのである。

一九〇一年一〇月、ロンドンにおいて日英同盟交渉が開始された。この年、極東水域での一級戦艦配置は、仏露の計七隻に対し、イギリス四隻、日本五隻であり、イギリス海軍は事態を深刻に受け止めていた。ただし、日英両国ともロシアとの協議も続けていた。しかし、こちらは何らの成果も生み出さなかった。そして翌〇二年一月三〇日、日英両国は日英同盟協約に調印した。

協約の内容は、清韓両国の独立と領土保全並びに商工業の機会均等を守り、協約当事国の一方が第三国からの攻撃を受けた時、他方は中立を守るというものであった。同盟の地理的範囲として、帝国イギリスは南下するロシアの脅威にさらされる可能性のある植民地インドを含めようとした。つまり、インドの防衛に日本陸軍を利用しようと考えたわけである。しかし、日本は中国、朝鮮を焦点とする東アジアへの限定に成功した。また、イギリスは日本の朝鮮における行動の自由に関しては神経質になったが、結局日本が韓国に「政治上並に商業上及工業上格段に利益を有する」との表現で同意を与えた。

同時代の観察者たちの多くにとって日英同盟は不釣り合いなものであった。〇三年一二月、アーサー・バルフォア首相は極東でのイギリスの立場に対する自らの見解を帝国防衛委員会に提出したが、そこでは日露間の戦争では、ロシアは勝っても負けてもその力を弱体化させ、イギリスは当然利益を得るであろうと、見通しが述べられていた。

日露戦争と第二回同盟

同盟相手のイギリスですら、戦争の成り行きについて確信をもっていなかったにしても、日本は日英同盟によって最良の条件のもとで戦うことができた。

イギリスの貢献の第一は、日本の資金調達面にあった。日本はロンドンで四回の大借款を取り決めた。これは純粋な経済行為であったが、日本の戦費の約半分、すなわち八〇〇〇万ポンドが供給された。第二は、間接的な軍事面での貢献である。イギリスは、開戦直前にイギリスの造船所で建造されていた軍艦がロシアの手に渡るのを阻止し、さらにバルチック艦隊の東アジアへの航海に際しては、イギリス帝国領土港湾への入港及びウェールズ産の煙の出ない高性能炭供給を拒否した。一九〇五年五月の対馬沖における日本海海戦で、すでに疲弊していたバルチック艦隊は全滅したのである。

ロンドンでは、政府のみならず野党の自由帝国主義者も日英同盟を成功とみて、早くも日露戦争中に同盟協約の更新、改定が政策決定者たちの関心事となった。その背景には、東アジアでの進路を阻まれたロシアが中央アジアで南下しようとし、インドが危機にさらされるのではないかというイギリス帝国の危惧があった。

〇五年二月には非公式協議がはじまり、八月一二日、第二回同盟協約がロンドンで調印された。イギリスの提議により同盟の地理的範囲は拡大された。新同盟は、東アジアあるいはインドで、一方の締約国の利益または領土が攻撃された場合、もう一方が直ちに援助するという内容となった。また、韓国の独立に関するすべての文言は消去された。

日露戦争により、イギリスはその利益を維持しながらヨーロッパでの地位を改善し、日本は東北アジアで帝国主義列強の一員となった。八月から九月にかけ開催されたポーツマス講和会議の後、一一月にイギリスは他国に先駆けて駐日公使館を大使館に昇格させ、一二月、日本も同様の措置をとった。また、〇六年二月にはイギリス国王エドワード七世より明治天皇にガーター勲章が贈られ、翌年には答礼使が訪英した。

日本に対する批判と第三回同盟

一九〇六年以降、イギリスの政界や通商業界、ジャーナリズムなどにおいて、日本の政策や同盟国としての価値と役割に対し、批判が高まっていった。批判の要因としては以下のようなことが考えられる。

第一に、日露戦争で勝利を収めた日本に対する疑念がある。日本は単なる東アジアの小さな島国から、帝国主義諸列強の一員、イギリスとも競争する可能性のある国となった。オーストラリア人ジャーナリストのジョージ・E・モリソンは、以前は日本にきわめて同情的であったが、一一年頃には強い敵意を示すようになっていた。第二に、通商関係者の間で日本への敵対意識が増大した。日本の産業が発達をはじめ、インドなどのイギリス植民地では、イギリス製品がボイコットされた際に、日本製品が売り上げを伸ばすなどの事例がみられるようになっていた。第三に、日米関係の悪化に伴い、日本との同盟がイギリスの対米関係に及ぼす悪影響が危惧された。

日本に対する批判はイギリス本国に限らず、イギリス帝国、とくにカナダとオーストラリアにおいて反日感情の増大は顕著であった。これらの地域にとって、日本海軍の発展や、太平洋及び東南アジアへの日本の進出は脅威であった。

さらに日本への人種的敵意もあった。当時のオーストラリアは白豪主義をとっており、カナダでも、低賃金で熱心に働く日本人移民は職を奪う競争者とみなされた。

一方、国際情勢の変化により、日英同盟協約をさらに改定する必要が生じた。一一年七月、ロンドンで第三回日英同盟協約が調印された。同盟協約は、ロシア、朝鮮、インド国境に関する条文を削除し、時代に即したものとなった。他国による攻撃の脅威に対する相互支持という規定は残り、調印の日から一〇年は存続することとされた。

同盟関係の衰えと終焉

一九一四年七月、第一次世界大戦が勃発した。東アジアにおいては、香港や上海など各地にもっていた権益をいかに守るかということがイギリスの課題になった。八月七日、イギリスはドイツ艦船からの権益保護を日本に依頼した。日本にとって、日英同盟の存在やイギリスの依頼は絶好の大義名分となり、日本は八月二三日ドイツに宣戦を布告した。大戦中のイギリスにとって日本の軍事力は重要で、日本もイギリスとの同盟関係を外交の基軸としていたが、両国の関係は冷却の方向に向かっていった。その原因としては、まず第一に、一五年の二一カ条要求など日本の対中政策があった。第二に、イギリスがヨーロッパでの戦闘への日本軍の参加を望む一方で、日本は一七年まで同盟協約条文、とくにその地理的限界に厳密に固執したことがあげられる。そして第三に、イギリスは、敵国ドイツに対する日本の姿勢が厳しくなく、イギリスの植民地インドの民族主義者に対しても同情的であることに対して不満を抱いていたことが指摘できる。

一九年のパリ講和会議でも同盟関係は必ずしも機能しなかった。日本の重要な要求の一つが人種差別撤廃案であり、アメリカ大統領ウッドロー・ウィルソンの他、フランス、イタリア、中国もこの案に賛成した。しかし、イギリス帝国から会議に出席していたオーストラリアとカナダは、日本人移民の流入を恐れて猛烈に反対し、イギリス本国もこれらの自治領諸国を支持したのである。

この後二一年にかけて、ロンドンでは、同盟を継続するか改定するかの問題に多くの時間がさかれた。アメリカからの借金によって大戦を乗り切ったイギリスは、アメリカとの友好を何よりも重視していた。だがアメリカは、日本が日英同盟をたてに中国、シベリア、東南アジアで策謀をめぐらしていると同盟を痛烈に批判していた。さらにイギリス外務省は、国際連盟加盟国としてのより全般的な義務と日英同盟は両立せず、同盟は終わらなければならないと考えていた。

二一〜二二年のワシントン会議で日英同盟は終焉を迎え、太平洋に関してはアメリカ、フランスを加えた四国条約が締結された。同盟の終結は避けがたいものであったろう。しかし、終結に向けてイギリスがとった方法は適切ではなかった。イギリスは、同盟相手である日本よりもアメリカとの協議を優先しようとしたのである。日英同盟の廃棄によってイギリスに不満を抱く日本人は多くいた。ただし日英両国は、同盟廃棄後直ちに敵対関係に入ったわけではなかった。二〇年代の日本は英米との協調を外交の基本としていたし、日英両国は中国ナショナリズムへの対処など多くの局面において、依然共通点を有していたのである。

3　日英両国の衝突

満州事変とイギリス

一九三一年九月一八日、日本の関東軍は満州事変を引き起こした。九月二一日、国際連盟の非常任理事国に選ばれていた中国は事件を連盟に提訴した。しかし、列強の対応は微温的であり、なかでも日本にもっとも寛大な姿勢を示したのがイギリスであった。

イギリスのこうした姿勢の理由は、第一に、第Ⅰ部第六章で説明されているように、政府が国内経済問題に眼を奪われていたことにある。第二に、レオ・エイマリやウィンストン・チャーチルなどの保守党員や右よりの新聞は、日本の行動に共感を覚えていたからである。国際連盟から日本の脱退が決定した頃になっても、エイマリは「もし我々が日本を非難するならば、インドやエジプトでのわが国の政策も非難されることになる」と述べていた。また、三四年二月、チャーチルはオックスフォード大学保守党協会の席で、「日本の外交政策が我が帝国を脅かすとは考えられない」旨を述べた。

第三の理由として、イギリスには中国ナショナリズムへの対抗勢力として日本に期待する面のあったことが指摘できる。当時の中国は政治的に不安定で、二五〜二七年にはイギリスもボイコットの標的になっていた。東アジアに十分な軍事力をもたなかったイギリスは、日本の助力なくしてはこの状況に対処することができないと考えていた。

さらに、「満州」を日本が押さえることは、東アジアでイギリスの権益を脅かす可能性のあるソ連に対する障壁になるとも考えられていた。イギリス政権担当者の発想はあくまでも実利的であり、東アジアにおいて理想や道義を追求しようとするものではなかった。

国際連盟とイギリス

三一年末、国際連盟は中国への調査団派遣を決定し、団長にはイギリス人のリットン伯爵が任命された。三二年秋に連盟に提出されたリットン報告書は、日本軍の行動が合法的な自衛措置とは認められないと批判する一方で、日本商品に対するボイコットなど中国の混乱にも触れていた。また同年一二月、連盟総会におけるリットン報告書をめぐる討論の際には、イギリス外相サイモンは日本寄りの姿勢をとった。

しかし日本人のなかには、満州事変を非難する連盟の背後にはイギリスがいると疑う者がいた。これは、そもそもイギリスが国際連盟を支える立場にあり、リットンが調査団長を務めたことに起因していると考えられる。

また、イギリス人の意見が、政策決定の場にあった保守党員によって完全に代表されるものでなかったことも事実である。国際連盟や集団安全保障政策に信をおく人々は、日本の行動を大戦後の世界の潮流に対する挑戦であるとみなしていた。このような日本に対する批判は、三二年一月末〜三月初めに、イギリスの経済権益が集中していた上海を日本軍が爆撃したことによっても強まっていた。

日英経済摩擦

一九三〇年代日英の相互イメージは、通商上の争いによっても悪化していった。大恐慌の影響で世界の貿易が著しく減少するなか、日本の輸出も下落したが回復も速かった。一方、産業革命発祥の地であるランカシャーは、戦間期には急速に競争力を失っていた。三二年、ランカシャーの綿業ロビーは、インドをはじめとするイギリス領植民地に流入する日本の綿製品への対抗措置を求めはじめた。

インド綿業も成長を目指していた。三〇年代初頭、インド政庁は綿製品に対する関税を引き上げ、その後、イギリス製品と非イギリス製品に対する関税の差は広がっていった。つまり、イギリス製品は優遇された一方で、日本製品の価格は相対的に高くなったわけである。また、三三年四月、インド政庁はイギリス政府の口を通して、〇四年の日印通商条約廃棄を発表した。さらにイギリスは、西アフリカを一一年の日英通商条約の適用外におくこととし、日本品の輸入禁止措置をとった。

これら一連の動きを、多くの日本人は、日本の帝国拡大を非難しながらも、自らは帝国を利用して経済ブロックを築こうとするイギリスの偽善とみなした。駐日大使館で商務参事官を務め、すでに日本在住三〇年となっていたジョージ・B・サンソムも、「反英感情がかつてこれほどまでに高まった時はない」と述べていた。

三四年四月、中国が外国の力を借りて日本に対抗することを批判した天羽声明が報じられた時、イギリスでこれに反対してなされた質問や出された声明の多くは、ランカシャーやミッドランド選出議員によるものであった。ただし、イギリス政府の反応は楽観的であった。イギリス外務省では、この声明が向けられたのはイギリス以外の国、とりわけその前年に中国に借款を与えたアメリカであるとの見方が有力であった。

日英協調に向けてのイギリスのイニシアティブ

一九三四〜三五年のイギリスは、中国での権益保持と日本との関係保持の間でバランスをとろうとしていた。第一次世界大戦後、世界の陸地の約二四パーセントを支配するようになったとはいえ、西部戦線での殺戮という悪夢を体験し、経済的にも疲弊していたイギリスは、戦いに訴えることなしに世界の現状を維持する方法を模索していたのである。日英接近を図ったイギリス側のイニシアティブとしては、三つの事例がよく知られている。

第一は、三四年夏〜秋のネヴィル・チェンバレン蔵相及び大蔵省事務次官ウォレン・フィッシャーの日英不可侵協定構想である。ただしイギリス外務省は、アメリカや中国の否定的反応を懸念して消極的であった。日本に対する妥協的な態度はアメリカ世論の反発を招くことが予想される一方、イギリスはアメリカの軍需産業や金融市場に依存しており、中国世論の反発もイギリス商品のボイコットにつながるとして恐れられたからである。結局、日本が、アジアの国際関係において行動の自由を束縛されることを嫌ったため、この構想は実現に至らなかった。第二の事例は、三四年秋のイギリス産業連盟（FBI）使節団（バーンビイ使節団）の、日本と「満州国」訪問である。第三の事例は、三五〜三六年、大蔵省の通貨問題専門家フレデリック・リース＝ロスが来日したことである。当時の中国は依然として銀本位制をとっていたが、国際市場での銀の高騰によって経済的苦境に陥っていた。香港を植民地とするイギリスは、中国の通貨制度（幣制）改革に強い関心をもってリース＝ロスを派遣したが、その際リース＝ロスは、三五年九月にまず日本を訪れたのである。彼は、イギリスと日本とが共同して「満州国」に借款を与え、その借款は「満州」喪失の代償として「満州国」から中国に渡されるという案を携えていた。しかし日本の反応は、その際も、三六年六月のリース＝ロス再来日の際も冷たかったのである。

結局、日本側の消極的な姿勢によって、この時期のイギリスからのアプローチは何ら実を結ばなかった。ただし、仮に日本が積極的に反応したとしても、実際に構想が実現に至ったかどうかは疑問である。すでにイギリス国内では日本に批判的な世論が強くなっていたし、イギリス外務省はアメリカや中国の反応を危惧していたからである。イギリスは、東アジアにおける軍事力の不足のために、日本と敵対する道を安易に選択することはできなかったが、逆に日本を宥和することのマイナスもまた大きかったのである。

日中戦争とイギリス

一九三七年七月の日中戦争開始によって、イギリスの立場は決定的に中国寄りとなった。大蔵省と駐日大使ロバート・クレイギーは、依然イギリスが中立姿勢を守るべきだと考えていたが、三八年初頭、外相アントニー・イーデン及びその後継者であるハリファックス子爵は対中支援のレベルを上げ、雲南とイギリスの植民地ビルマを結ぶ新たな道路の建設を援助することを決定した。

三八年一一月、欧米の影響力を排除するという日本の東亜新秩序声明は、イギリスに真っ向から挑むものと考えられ、チェンバレン首相率いるイギリス政府の対日政策も目にみえて厳しくなった。このイギリスの姿勢は、日中戦争が泥沼化したことを観察した結果、日本陸軍と日本の航空戦力は弱体で日本の戦争経済は脆弱だと判断したことにも影響されていた。

ただし、すべてはヨーロッパの平和にかかっていた。ドイツとの戦争の危険が生じた場合には、イギリスは東アジアで危険を冒すことはできなかった。

三九年六月、日本軍が天津租界を封鎖したという危機に際して、イギリスは、妥協的態度によって日本の穏健派を強化できるのではないかと考えた。七月二四日、クレイギー駐日大使と有田八郎外相との協定は、大規模な戦闘が進行中であった中国における現実の事態を、イギリスが承認する方向性を示したものであった。アメリカと中国は、この協定がイギリスの対日宥和傾向の現れであるとして強烈に批判した。

日中戦争勃発以降、日本国内で反英世論の広がりがみられたが、イギリスでも反日世論が広がっていた。たとえば、人民戦線組織であったレフトブック・クラブは、日本に抗議して中国への支援を求める大衆運動を展開した。また、サザンプトンの港湾労働者たちは、日本製品の荷揚げボイコットなどを行った。

東南アジアにおける戦争とイギリス帝国

一九四一年一二月、日本軍はハワイの真珠湾を奇襲攻撃したが、その約一時間前にイギリス領マレー半島への上陸作戦を開始した。これは、アジア・太平洋地域におけるイギリス帝国崩壊のはじまりとなった。戦争の初期に日本軍が劇的勝利を収めた結果として、イギリス帝国は大打撃を被ったのである。四二年二月一五日のシンガポール陥落は、一八世紀におけるアメリカ植民地喪失以来、イギリス帝国が体験した最大の敗北と考えられている。

同年三月八日、日本軍はビルマ（現ミャンマー）のラングーン（現ヤンゴン）を占領し、その後、ビルマ・インド国境近くまで進出した。東南アジアでの戦闘は、欧米諸国の植民地支配も絡み合って複雑な様相を示した。ビルマ作戦には、スバス・チャンドラ・ボースと日本軍によってシンガポールで編成されたインド国民軍（ＩＮＡ）も参加していた。

四三年八月、イギリスは、セイロン（現スリランカ）に基地をおく東南アジア軍を創設した。その任務はビルマ、マラヤ、スマトラその他の日本軍を敗北させることであり、一〇月、海軍中将ルイ・マウントバッテン卿が東南アジア司令部総司令官に昇進した。

四四年、日本軍はインド、アッサム州のコヒマから撤退し、七月にはインパール攻撃に失敗した。これを境に、ビルマでの戦況は逆転していった。日本軍の士気は軍事的敗北と疫病によって低下していき、四五年五月、イギリスはラングーンを奪回した。しかし、イギリスには、東南アジアでの自らの威信と影響力を自力で回復する機会は訪れなかった。その機会到来前に日本は降伏し、九月二日、マレー半島のペナンで降伏文書に署名したのである。

4　和解の努力から普通の二国関係へ

困難な和解

日本人は、一九四五年八月一五日を境に戦前と戦後に分けて考えようとする。しかし、イギリスの側からみれば、四五年から五八年頃までは、日英関係史における新しい時代のはじまりというよりも、一つの時代の終わりであった。

個別的には日本を許すつもりのイギリス人もいたが、イギリス全体にとって日本との和解は困難であった。日本は四一～四二年にイギリス帝国の威信を崩壊させ、日本の降伏後も、アジアにおけるイギリス帝国は以前の状態に戻ることはなかった。さらに、戦争中に捕虜となったイギリス人やオーストラリア人などに対する日本軍の残虐行為は、多くの人が忘れることのできない事実であった。戦争犯罪人を裁く東京裁判において裁判長を務めたオーストラリアのウィリアム・ウェブなどは、日本に厳しい意見をもっていた。

イギリスにとって、アメリカの対日占領・講和方針は日本に対してあまりにも寛大なものと思われた。しかし、第二次世界大戦後のイギリスは、アメリカの決定した範囲でしか動けなかった。

三〇年代の日英貿易摩擦によって、イギリスは綿織物、造船、陶器などの分野における日本の経済的な復活にも神経をとがらせていた。日本のガット加盟申請に際して、イギリスやオーストラリアは加盟を遅らせるという戦略をとり、五五年に日本がようやく加盟を果たした後も、ガット三五条を適用して日本品への輸入差別を行ったのである。

普通の二国関係へ

一九五八年は、日英修好通商条約が結ばれて一〇〇年目の年である。この後の日英の政治外交関係は、学問的対象としては、それ以前の時期ほどには興味を引くことのないものとなった。

イギリスには、長く日本に対するわだかまりをもち続けている人々がいる。日英関係が総じて平穏になり、日本企業が盛んに対英投資を行った後の九五年においてすら、大戦終結五〇周年記念に際しては反日感情が噴出した。また、圧倒的多数の平均的イギリス人は日本に無関心であり、両国関係強化の試みは、往々にして日本の片思いという様相を呈する。

そうではあっても、現在の日英関係は、両国の関係史上もっとも良好であるといってよいのではないだろうか。一昔前には日英同盟の時代を、両国関係がもっとも対等で良好であった時代と評していた。しかし、世界最大の帝国と、帝国に成り上がることを志向し実現していった国の軍事同盟は、現在からみて、果たして通常の良好な関係といえるものだったのであろうか。

今日、日英両国の関係はもはや二つの帝国の接触ではない。第二次世界大戦後、両国はともに大きな変貌を遂げた。

イギリスは、脱植民地化の時代を経て、帝国はコモンウェルスとなった。今日の日本は、帝国としての過去を反省し、国際社会において自らの経済力にみあう責任ある役割を果たそうと、国際連合安全保障理事会の常任理事国となることを希望している。イギリスは、この日本の希望に支持を表明する国の一つである。

現在、日英両国の間では、ビジネスマン、観光客、留学生など第二次世界大戦前には考えられなかったほど多くの一般の人々が行き来しており、相互に対する理解、好感、信頼はこれまでにないレベルに達しているといえよう。これは、将来に向けて両国関係を良好に維持し発展させる上で欠かすことのできない基盤となっていくであろう。

参考文献

飯倉章『イエロー・ペリルの神話――帝国日本と「黄禍」の逆説』彩流社、二〇〇四年。

今井宏『日本人とイギリス――「問いかけ」の軌跡』筑摩書房、一九九四年。

加藤祐三・川北稔『世界の歴史二五　アジアと欧米世界』中央公論社、一九九八年。

川島真・服部龍二編『東アジア国際政治史』名古屋大学出版会、二〇〇七年。

木畑洋一他編『戦争の記憶と捕虜問題』東京大学出版会、二〇〇三年。

小菅信子『ポピーと桜』岩波書店、二〇〇八年。

駒込武「『帝国のはざま』から考える」『年報日本現代史』一〇号、現代史料出版、二〇〇五年。

近藤和彦『文明の表象　英国』山川出版社、一九九八年。

後藤春美『アヘンとイギリス帝国――国際規制の高まり　一九〇六～四三年』山川出版社、二〇〇五年。

後藤春美『上海をめぐる日英関係　一九二五～一九三二年――日英同盟後の協調と対抗』東京大学出版会、二〇〇六年。

後藤春美「世界大戦による国際秩序の変容と残存する帝国支配」『岩波講座世界歴史　第二〇巻　二つの大戦と帝国主義Ⅰ』岩波書店、二〇二二年。

佐々木雄太編『世界戦争の時代とイギリス帝国』（イギリス帝国と二〇世紀　第三巻）ミネルヴァ書房、二〇〇六年。

佐々木雄太・木畑洋一編『イギリス外交史』有斐閣、二〇〇五年。

佐野真由子『オールコックの江戸』中央公論社、二〇〇三年。

杉山伸也『明治維新とイギリス商人――トマス・グラバーの生涯』岩波書店、一九九三年。

クリストファー・ソーン著、市川洋一訳『満州事変とは何だったのか』草思社、一九九四年。

クリストファー・ソーン著、市川洋一訳『米英にとっての太平洋戦争』草思社、一九九五年。

イアン・ニッシュ編、麻田貞雄他訳『欧米から見た岩倉使節団』ミネルヴァ書房、二〇〇二年。

細谷千博『日英関係史　一九一七～一九四九』東京大学出版会、一九八二年。

細谷千博、イアン・ニッシュ監修『日英交流史　一六〇〇～二〇〇〇』（第一～五巻）東京大学出版会、二〇〇〇年。

横井勝彦『アジアの海の大英帝国』講談社、二〇〇四年。

Ian Nish, *The Anglo-Japanese Alliance : The Diplomacy of Two Island Empires, 1894-1907*, London, Athlone Press, 1966.

Ian Nish, *Alliance in Decline : A Study in Anglo-Japanese Relations, 1908-23*, London, Athlone Press, 1972.

扉図出典：久米邦武編『特命全権大使米欧回覧実記』岩波書店、一九七八年（第一三刷：一九九七年）八二頁。

第十章　「三つのサークル」のなかのイギリス

小川浩之

ロンドンのイギリス国会議事堂に隣接するパーラメント・スクエアのチャーチル像

1945	7. イギリス総選挙。アトリー率いる労働党勝利
1946	3. チャーチル「鉄のカーテン」演説（ミズーリ州フルトン）。9. チャーチル「ヨーロッパ合衆国」演説（チューリヒ）
1947	8. インド，パキスタン独立
1948	5. イギリスのパレスチナ委任統治終了。イスラエル建国宣言。6. ベルリン封鎖開始（～49. 5.）。10. チャーチル「三つのサークル」演説（保守党大会）
1949	4. 北大西洋条約調印。NATO 設立
1950	5. シューマン・プラン演説
1951	10. イギリス総選挙。チャーチル率いる保守党が政権復帰
1955	4. チャーチル首相辞任。イーデン保守党政権発足
1956	7. ナセルのスエズ運河会社国有化宣言（スエズ危機）
1957	1. イーデン首相辞任。マクミラン保守党政権発足
1959	10. イギリス総選挙。第二次マクミラン政権が発足
1961	5. 南アフリカ共和国のコモンウェルス脱退。8. イギリス第一回 EEC 加盟申請（63. 1. ドゴール拒否）
1967	5. イギリス第二回 EEC 加盟申請（11. ドゴール拒否）。7. 三共同体（ECSC, EEC, EURATOM）の合併により EC 発足
1970	6. イギリス総選挙。ヒース保守党政権成立
1971	5. ヒース，ポンピドゥー首脳会談
1973	1. イギリスの EC 加盟実現
1974	2. イギリス総選挙。第三次ウィルソン労働党政権が発足
1975	6. イギリスで EC 残留の是非を問う国民投票
1979	5. イギリス総選挙。サッチャー保守党政権成立
1981	1. アメリカでレーガン大統領就任
1982	4. アルゼンチン軍がフォークランド諸島に上陸。6. アルゼンチン軍降伏。フォークランド戦争終結
1984	12. 香港の中国返還に関する「中英共同宣言」調印
1990	8. イラク軍のクウェート侵攻（湾岸危機）
1991	1. 米軍主体の多国籍軍，イラク攻撃開始（湾岸戦争，～2.）
1992	2. マーストリヒト条約調印
1993	11. マーストリヒト条約発効により EU 発足
1997	5. イギリス総選挙。ブレア労働党政権成立。7. 香港の中国返還
2000	11. ブレアのロンドン市長公邸演説
2003	3. イラク戦争開始。5. ブッシュ大統領が主要な戦闘の終結を宣言

1　イギリス対外政策と「三つのサークル」

戦後世界とチャーチルの三つの演説

一九四八年一〇月九日、イギリス保守党党首ウィンストン・チャーチルが、ウェールズ北西部のランディドノで開かれた保守党年次大会の最終日に演説を行った。第二次世界大戦でイギリス首相として自国を勝利に導いたチャーチルは、四五年の総選挙でアトリー率いる労働党が過半数を超える勝利を収めた結果、当時は野党保守党の党首の立場にあった。しかし、彼はこの時期、第二次世界大戦の英雄としての名声と少しばかり自由になった時間を利用して、世界各地をまわり多くの演説を行っていた。四六年三月には、アメリカのミズーリ州フルトンで「鉄のカーテン」という表現を用いてソ連との冷戦対立にいち早く警告を発し、同じ年の九月には、スイスのチューリヒ大学で「ヨーロッパ合衆国」の理想を語り、やはりいち早く仏独和解とヨーロッパ統合の必要を訴えていたのである。そしてそれから約二年後、ランディドノでの演説で、チャーチルは、「三つのサークル」(three circles) という表現をもちだし、戦後の新たな世界におけるイギリスの位置と役割について壮大な見取り図を示した。演説の終盤にさしかかり、彼は次のように述べた。

私は人類の運命の変転する情勢のなかで私たちの国の将来について考える時、自由諸国と民主主義国家の間の三つの偉大なサークルの存在を感じます。……私たちにとって第一のサークルは、もちろん英連邦と帝国 (British Commonwealth and Empire) です。……次いで、私たち、カナダ、他のイギリスの自治領、そしてアメリカが非常に重要な役割を果たす英語を話す人々の世界 (English-speaking world) もあります。そして、統合されたヨーロッパ (United Europe) があります。これら三つの威厳あるサークルは共存しており、もしそれらがともに結び付けば、それらを転覆することはおろか、それらに挑戦し得る勢力やその組み合わせも存在しません。さて、もしあなた方がその三つの相互に結び付くサークルについて考えるならば、私たちがそれらいずれにおいても大きな役割を持つ唯一の国であることに気づくでしょう。実際に私たちは、まさに交差点に立っているのです。

チャーチルが示した「三つのサークル」とその中心に位置するイギリスという構想の背景には、冷戦という厳しい国際環境とイギリスの国力の衰退という二つの大きな要因が存在した。まずチャーチルの演説は、ソ連によるベルリン封鎖が続く状況で行われ、実際に演説の前半では、ソ連の脅威とその核兵器保有の危険性について強い懸念が示されるなど、東西間の冷戦対立を強く意識したものであった。また、第二次世界大戦を米ソと並ぶ三大国の一角として戦い抜いたイギリスも、この頃までにはインドの独立や深刻な経済・通貨危機を背景として、国力において米ソに大きく見劣りする存在となってしまっていた。そうした状況で、「三つのサークル」の連携を通して「自由世界」の結束を確保し、さらにイギリスがそれらの中心に位置することで自らの国際的影響力の回復・強化を図ることがチャーチルの狙いであったと理解することができるのである。

そして、チャーチルの「三つのサークル」に関して重要なのは、それらのサークルの間に明確な優先順位が存在したことであった。第一に、チャーチルが最初にあげた「英連邦と帝国」である（ただし、「英連邦」という表現はほどなく公式には用いられなくなるため、以下では、それらを「帝国＝コモンウェルス」と総称する）。チャーチル自身、まさに「帝国主義の時代」が幕を開けようとする一八七四年に生まれ、インドや南アフリカなど帝国各地で豊富な経験をもつ人物であったが、彼の世代の政治家（そしてより一般的にイギリスに住む人々）の多くにとって、帝国＝コモンウェルスが第一の重要性をもつことはごく自然なことであった。

第二に、「英語を話す人々の世界」、とりわけアメリカ合衆国との関係である。チャーチルは、一九五六～五八年に全四巻の大著『英語諸国民の歴史』（*A History of the English-Speaking Peoples*）を出版するなど、イギリスに起源をもつ英語を話す人々の間の歴史的な紐帯を重んじる考えをもっていた。なかでもチャーチルは、自らアメリカ人を母親にもち、第二次世界大戦時にはアメリカ大統領フランクリン・D・ローズヴェルトと緊密な協力関係を築くなど、彼が好んで「偉大な共和国」と表現したアメリカとの強い関係を誇る人物であった。そして戦後、野党党首となったチャーチルが、

「私的訪問者」の立場ながら、当時のトルーマン大統領により聴衆に紹介されるという特別待遇を受けつつ行ったのが、一九四六年のフルトン演説であった（演説が行われたミズーリ州はトルーマンの出身州であった）。その演説でチャーチルは、「バルト海のシュテッティンからアドリア海のトリエステまで、大陸を縦断して鉄のカーテンが降ろされた」としてソ連の拡張主義に警鐘を鳴らすとともに、アメリカとイギリス帝国及び英連邦の間の「特殊関係」（special relationship）という表現をもちだし、両者が手を携えて強力な安全保障体制を構築すべきと強調したのである。

そして第三に、「統合されたヨーロッパ」との関係である。チャーチルは上記のチューリヒ演説で、歴史的、文明論的観点から、戦後世界において「ヨーロッパの家族」を再建し、「ある種のヨーロッパ合衆国」を樹立する必要を訴えた。その後も彼は、一九四六年から五一年にかけて、ヨーロッパ統合の必要を繰り返し訴えていく。だが、そこには一つの疑問が残った。それは、彼が熱意を込めて訴えた「ヨーロッパ合衆国」にイギリスは含まれるのか否かということであった。実際チャーチル自身、チューリヒ演説ではイギリスの参加の有無について明言を避けており、この点については当初からあいまいな部分があった。そして、その後しだいに明らかになっていくのは、チャーチルにとってヨーロッパ統合とは、あくまで仏独間の和解を軸にヨーロッパ大陸諸国間で進められるべきものであり、イギリスはそれをパートナーとして支持するものの、そこには含まれないということであった。

「三つのサークル」のドクトリン化

チャーチルが示した「三つのサークル」論は、イギリスの多くの政治指導者に共有されるものとなっていった。たとえば、アトリー労働党政権で外相を務めたアーネスト・ベヴィンは、一九五〇年五月の閣議に提出した短い文書のなかで、コモンウェルス、西ヨーロッパ、アメリカを、「私たちの政策の三つの主要な柱（three main pillars）」として列挙した。一九四五〜五一年の労働党政権の対外政策は、インドの独立をはじめとする帝国の解体、冷戦対立の激化に伴う対米関係強化の要請、ヨーロッパ大陸諸国間での超国家的統合への着手といった大きな変化に直面しつつも、おおむねそれら「三つの主要な柱」の間のバランスを図るものとなった。そうした際に重要なのは、イギリスの政治指導者らは、自国のことを、帝国＝コモンウェルスを通した世界的関与をもつ大国としてアメリカと戦略的な協力関係を築く存在とみなし、近隣のヨーロッパ諸国と協力はするが、地理的にヨーロッパに限定され、各国の主権の委譲を伴うような超国家的統合の試みには加わることができない（そしてそうした試み自体有害でさえある）という認識を抱いていたことである。そうした認識が、次節で検討するように、イギリス政府が一九五〇年代を通して、ヨーロッパ統合への直接の参加を控える消極的姿勢となって現れていくのである。

「三つのサークル」論に沿ったイメージは、チャーチルが率いる保守党の側でも広く共有されていた。まずチャーチル自身が五一年の総選挙で勝利を収め、約六年ぶりに首相の座に返り咲いた後、同年一一月に内閣に提出した覚書のなかで改めて「三つのサークル」構想を披露し、そこでも帝国＝コモンウェルス、英米関係、ヨーロッパ統合という優先順位を明確に示した。その後、チャーチルは五五年に八〇歳で首相を退き、彼のもとで長年外相を務めたイーデンが後を継いだが、イーデン政権（一九五五～五七年）で新たに外相に就任したハロルド・マクミランも、外相として初の下院演説（六月一五日）で、「三つのサークル」論を踏襲する立場を明確に示した。そこで彼は多くの時間を割き、イギリス対外政策の基盤となる「英連邦と帝国、アメリカ、そして自由なヨーロッパ諸国民からなる三重のパートナーシップ（triple partnership）」の重要性について語った。

こうして、一九四〇年代後半から五〇年代半ばにかけて、チャーチルが示した「三つのサークル」論は、時にその表現や力点のおき方を微妙に変えつつも、多くの政治指導者の間で共有され、イギリス政府の対外政策を基底的に支える主義・原則——対外政策上のドクトリン——として定着していった。ところがその後、一九五〇年代後半から六〇年代、さらには七〇年代にかけて、「三つのサークル」それぞれにおけるイギリスの地位は一つひとつ揺らいでいき、「三つのサークル」ドクトリンにもとづくイギリス政府の対外政策もまた、しだいに再検討を迫られていくのである。

2　戦後イギリス対外政策の展開

イギリス帝国の解体とコモンウェルスの変容

一九世紀後半のヴィクトリア時代後期、チャーチルやベヴィン、マクミランが生まれ育った頃、イギリスは疑いなく世界的な帝国であった。イギリスは第一次世界大戦を経て、債権国から債務国に転落するなど国力の低下を経験したが、敗戦国ドイツの植民地やオスマン帝国の諸州を国際連盟下の委任統治領として加えたイギリスの公式帝国（植民地、保護領、委任統治領など公式の管轄下にある地域）は史上最大となり、世界の陸地の四分の一以上に及んだ。しかし、それから約二〇年後、二〇世紀における二度目の世界大戦を経験したイギリスは、さらなる国力の疲弊に直面し、帝国各地でのナショナリズムの高まりもあり、戦後世界においてイギリスの公式帝国は急速に解体へと向かっていく。

まず、一九四五～五一年のアトリー労働党政権下で、「第一の波」とも表現できる公式帝国の解体がみられた。南アジアでは、一九四七年にインド、パキスタン、翌年にはビルマ、セイロンが相次ぎ独立を果たした。中東でも、国際連盟期以来の委任統治領から、四六年にはヨルダン、四八年にはイスラエルが独立国家として誕生した。これら一連の公式帝国解体の背景には、現地でのナショナリズムの高まりや戦後イギリスの経済危機、さらにアトリー政権の相対的に柔軟な帝国政策などがあった。しかし、アトリー政権は、公式帝国の解体にあたり、あくまでそれを漸進的なものにとどめつつ、可能な限り新独立国をコモンウェルスに組み込むことを基本方針とした。イギリスの直接管轄下におかれた公式帝国を、旧イギリス領を中心に構成される独立国の「自由な連合」たるコモンウェルスへと移行させることで、ナショナリズムの圧力をかわしつつ、イギリスの世界的影響力をできるだけ維持することが目指されたのである。

一九五一～五七年のチャーチル、イーデン両保守党政権下では、公式帝国解体のペースは弱まり、その間に独立を果たしたのはスーダン（五六年）のみとなった。この公式帝国解体の「波間」ともいえる状況の背景には、この時期の保守党政権内で帝国支配の継続を重視する「帝国派」が重要なポストを占めたこと、さらには戦後復興が進みイギリスの経済・財政状況に余裕が出てきたことなどがあった。しかしこの時期、イギリスの非公式帝国（公式の管轄下にはないが、強い政治的、経済的影響下におかれた地域）では、深刻な揺らぎが表面化した。とくにそれが顕著にみられたのは中東地域であるが、なかでも五六年のスエズ危機の影響はきわめて大きかった。エジプトのナセル大統領が（英仏両国政府が株式の大半を共同保有していた）スエズ運河会社の国有化を宣言したことを受けて、イーデン政権は数カ月間の躊躇の末、最終的にフランス、イスラエル両国とともに対エジプト武力行使に踏み切ったが、米ソ両超大国を含む多数の国々からの厳しい非難を浴び、早々と停戦・撤退を余儀なくされたのである。このスエズ危機を通して、中東を中心とするイギリスの非公式帝国は大きく動揺する結果となった。

そして、スエズ危機後に発足したマクミラン保守党政権期（一九五七〜六三年）には、「第二の波」とも表現できる公式帝国の解体が進んだ。とくに五九年総選挙での大勝を経て成立した第二次マクミラン政権下では、アフリカを中心に、アジア、カリブ海、地中海などで数多くの独立国が誕生した。その背景には、ナショナリズムが世界各地で強まったことに加えて、六〇年代に入った頃から再びイギリスの経済状況が苦しくなったこと、さらにはマクミランや彼に抜擢されたマクラウド植民地相らが保守党の政策をより柔軟な方向に転換したことなどがあった。そして、その後も新独立国の誕生が続いた結果、六〇年代末までには、イギリス公式帝国は香港、ブルネイ、ジブラルタルなど戦略的、経済的に重要ではあるが小規模な植民地や保護領のみになった。この時期にはまたコモンウェルスの揺らぎも大きく表面化した。たしかに、戦後多くの新独立国が加入したため、コモンウェルスの規模は急速に拡大していた。しかしその反面、コモンウェルスは従来のイギリスと白人を中心とする自治領（カナダやオーストラリアなど）の同質的な連合から、多様な集団を含む組織となり、加盟国間の結束にもしばしば困難が生じることとなった。とくに六一年、コモンウェルス創設時からの加盟国であった南アフリカが、戦後新たに加わったアジアやアフリカ諸国から人種隔離政策（アパルトヘイト）への強い非難を受けてコモンウェルスからの脱退に追い込まれたことは、そうした変化を端的に示すものであった。こうして、六〇年代までには公式帝国が急速に縮小し、非公式帝国とコモンウェルスの限界も露呈するなかで、チャーチルが第一に重要性を強調した帝国＝コモンウェルスのサークルの意義は否応なく低下していったのである。

英米特殊関係とその動揺

私たちが今日知るような緊密な英米関係の歴史は、おおむね一九世紀末にまでさかのぼるものである。そもそもアメリカは、一八世紀後半にイギリスとの独立戦争を経て誕生した国であり、その後も一八一二年には英米間で再度戦争が勃発する（第二次英米戦争）など、一九世紀半ばまでの両者の関係は決して良好なものではなかった。アメリカ側では独立戦争後も反英感情が根強く残り、イギリス側でも新興国アメリカへの偏見が広くみられた。しかし、一九世紀末になると、イギリスでは、ドイツやアメリカなどの急速な追い上げに直面するなかで、自国の相対的衰退と世界規模の過剰な関与への危機感が強まった。そうしたなかで、イギリスの政治指導者らは、ドイツとの対立を深めていく一方で、アメリカに対しては徐々にカリブ海地域（さらには西半球）での優越を譲り、英米間で協調的な関係を築く道を選んでいく。そうした際には、アメリカとの地政学的な距離感や実際にイギリスから西半球に投入できる資源の問題もあり、アメリカへの譲歩にはより障害が少ないということがあったが、それとともに、同じ英語を話す国民であるという意識も協調関係の構築に一役買うことになった。

そして、二〇世紀前半の二度の世界大戦を経た後、一九四六年のフルトン演説で、チャーチルが「英米特殊関係」という表現を用い、冷戦へと向かう戦後世界において英米両国間で改めて緊密な協力関係を築く必要を訴えたのである。実際にもその後、英米両国は、四九年に設立された北大西洋条約機構（NATO）において中心的な位置を占めるなど、冷戦下での西側・自由主義陣営の主要国として互いに協調しつつ重要な役割を果たしていくことになる。英米関係史の研究で著名なデイヴィッド・レイノルズによれば、「一九四〇年代と五〇年代の間、そしておそらくマクミランの首相在任期間の終わりまで、英米関係は質と重要性の両面において特殊であった」。

しかしその後、一九六〇年代半ば～七〇年代には、英米関係は一転して難しい時期を迎えることになる。その背景には、「イギリス病」ともよばれたイギリスの国力（とくに経済力）の相対的衰退に加えて、ウィルソン労働党政権（一九六四～七〇年）が、度重なるアメリカ側の要請にもかかわらずベトナム戦争への派兵を拒んだことがあった。ウィルソンとアメリカ大統領ジョンソンとの関係も難しいものとなったが、それは、チャーチルとローズヴェルト、マクミランとアイゼンハワーやケネディの間の首脳レベルの緊密な個人的関係が英米間の協調を支えた状況とは対照的であった。一九七〇～七四年に保守党政権の首相を務めたヒースも、英米関係に必ずしも熱心とはいえず、当時のアメリカのニクソン政権側でも、キッシンジャー国家安全保障問題担当大統領補佐官が中心となり、ソ連とのデタント（緊張緩和）をめぐる交渉を独自に進める姿勢を強めた。チャーチルの第二のサークルの中心的要素とされた英米関係も、一九六〇年代半ばから七〇年代にかけて少なからず動揺を経験することになったのである。

ヨーロッパ統合の進展とイギリス政府の対応

今日のEUにつながるヨーロッパ統合の重要な起源は、第二次世界大戦中から戦後にかけて行われたさまざまな提案にあった。そしてそこでは、一九四六年のチューリヒ演説での「ヨーロッパ合衆国」構想にみられたように、チャーチルが重要な役割を果たしたのはすでにみた通りである。しかし、これもすでに検討したように、チャーチルにとって、「ヨーロッパ合衆国」とはあくまで大陸諸国間で築かれるべきものであり、また、彼の提案の内容にも多分にあいまいなところがあった。他方、この時期により具体的な提案を行い、後のEUに直接的につながる基盤を築いたのはフランス政府であった。とくに五〇年五月、フランスのシューマン外相がヨーロッパ諸国間の石炭・鉄鋼生産の共有を提案し（シューマン・プラン）、それが西ヨーロッパ六カ国（フランス、西ドイツ、イタリア、オランダ、ベルギー、ルクセンブルク）間での欧州石炭鉄鋼共同体（ECSC）設立につながったことは非常に重要であった。

それに対して、「三つのサークル」のバランスを重視するイギリスのアトリー政権側では、そうしたヨーロッパ統合の試みは大西洋同盟（とくにNATO）の結束を切り崩しかねず、望ましくないという議論がなされた。また、イギリス政府側では、フランス政府が中心となり提案された超国家的統合に対し、国家主権の委譲を伴わずに協力を進める政府間主義の立場が重視されており、そうした統合観の相違も、アトリー政権の消極性の一因となった。その後、五一年の保守党への政権交代を経ても、チャーチル、イーデン両政権は、超国家的なヨーロッパ統合に直接参加することへの否定的態度を崩さなかった。そうした結果、一九五〇年代を通して、五二年に成立したECSC、五八年に発足した欧州経済共同体（ＥＥＣ）、欧州原子力共同体（ＥＵＲＡＴＯＭ）への加盟をすべて控えるという選択がなされたのである。

ところが、仏独両国を中心に急速に統合の動きが進むなかで、イギリス政府側では、西欧諸国間のリーダーシップを奪われることへの懸念、さらにはアメリカ政府がイギリスに代えてＥＣＳＣ、ＥＥＣ、ＥＵＲＡＴＯＭ加盟国との関係を重視するようになりかねないという懸念が徐々に強まっていった。とくにスエズ危機後に成立したマクミラン政権のもとで、そうした観点からヨーロッパ統合の外側にとどまることへの危機感が強まったが、西欧一七カ国間の自由貿易地域（ＦＴＡ）でＥＥＣを包摂し、その政治的、経済的影響力を相対化しようとする試みは失敗に終わり、その後イギリスを中心により小規模なＦＴＡとして発足した欧州自由貿易連合（ＥＦＴＡ）もＥＥＣに比べて十分に重みのある存在とはならなかった。そうした結果、マクミラン政権は六一年八月、それまでの政策を大きく転換してイギリス自らがＥＥＣに加盟することを申請するにいたったのである（ただし、マクミランが、同年一一月にギルドホール〔ロンドン市庁舎〕で行った演説で、アメリカ、欧州共同体、コモンウェルスという自由世界の三つのグループ間の相互依存を増大させる必要があり、イギリスはその過程を促すのに適した位置にあると語ったように、依然として「三つのサークル」論からの離脱がみられたわけではなかった）。

それに対して、フランス大統領シャルル・ドゴールは、対米自立を大きな外交目標とする立場から緊密な対米関係を重視するイギリスのＥＥＣ加盟を嫌い、またイギリスとＥＥＣの貿易政策や農業政策の相違も問題視した結果、六三年にイギリスのＥＥＣ加盟を拒否する姿勢を明らかにした。その後、六七年にはウィルソン労働党政権のもとで二度目のＥＥＣ加盟申請が行われたが、ドゴールは再びイギリスの加盟を拒絶した。こうして、六〇年代、イギリスのヨーロッパ統合への参加の試みは二度にわたり挫折を経験したが、そうした行き詰まりを打開したのは、英仏両国での政権交代であった。

まず、フランスでは、六八年の「五月革命」とよばれた学生・市民の大規模な抗議行動を経て翌年ドゴールが退陣し、イギリスの欧州共同体（ＥＣ）――六七年に既存の三共同体が合併し成立――への加盟に柔軟な態度をとるポンピドゥーが後を継いだ。そして七〇年、イギリス総選挙で保守党が勝利し、ヨーロッパ統合に積極的な立場をとるヒースが首相に就任した。そして、ヒース政権成立直後にEC加盟交渉が開始され、具体的な加盟条件をめぐり交渉は一時難航したものの、翌年のヒース、ポンピドゥー首脳会談での大筋合意を経て、七三年にイギリスのEC加盟が実現した。

ところがEC加盟実現後も、イギリスと他のEC諸国の関係は順調とはいえないものとなった。七四年総選挙を経て再び発足したウィルソン労働党政権は、総選挙時の公約にもとづき、ヒース政権下で一度は合意されたEC加盟条件の再交渉を要求した。最終的には、九カ月間に及ぶ再交渉とイギリス史上初の国民投票（七五年）を経てイギリスのEC残留が決定したものの、EC加盟直後のこうした曲折は、容易には「ヨーロッパ国家」へと変貌することができないイギリスの姿を浮き彫りにする結果となった。七九年には、西ドイツのシュミット首相の提案を受けて欧州通貨制度（EMS）が発足したが、ウィルソン政権の後を継いだキャラハン労働党政権（一九七六〜七九年）は、EMSのもとで参加国通貨の為替変動幅を上下二・二五パーセントに設定する為替相場メカニズム（ERM）への参加を拒み、将来の通貨統合につながる動きからも距離を保つ姿勢をとった。

3　「三つのサークル」から「米欧間の架け橋」へ

サッチャー政権と新たな対外政策の模索

こうして、一九六〇〜七〇年代までに、イギリス対外政策は「三つのサークル」それぞれにおいて行き詰まりに直面した。とくに帝国＝コモンウェルスのサークルの低落は顕著で、もはや「三つのサークル」という概念自体もおおむね過去のものとなり、イギリス対外政策の軸はアメリカ、ヨーロッパとの関係へと収斂していった。そうした状況で登場したのが、一九七九年総選挙での勝利を受けて成立したマーガレット・サッチャー率いる保守党政権（一九七九〜九〇年）である。この二〇世紀最長となった政権のもとで、イギリス政府の対外政策は、多くの曲折を経つつも対米関係の再強化にみられたように一定の成果を残し、またその後につながる重要な変化をみせていくことになる。

もちろん、サッチャー政権期にも帝国＝コモンウェルスをめぐる問題や事件が表面化することはあった。とくに南大西洋のフォークランド諸島の領有をめぐるアルゼンチンとの戦争（八二年）と英領香港の中国返還を定めた中英共同宣言（八四年）は世界的に大きな注目を集めた。この時期のフォークランド諸島と香港をめぐる事態は、戦争と交渉による合意という対照的な結果にいたったが、いずれのケースでも、一九八〇年代にいたってもなお、帝国＝コモンウェルスがイギリス対外政策に大きな影響を及ぼし得る存在であったことが示されたといえる。

だが、サッチャー政権の対外政策でとくに注目されるのは、英米関係再強化の動きである。サッチャー政権は、八一年に成立したアメリカのレーガン共和党政権とともに緊密な英米協力の時代をよみがえらせたといえるが、その背景には次のような要因があった。まず、一九七〇年代後半以降、とくに七九年のソ連のアフガニスタン侵攻を契機として東西間の冷戦対立が深まったこと（いわゆる新冷戦）があった。そうした厳しい国際環境のもとで、英米両国政府がソ連・共産主義陣営への強硬姿勢で改めて足並みを揃える状況が現れたのである。さらに、サッチャーとレーガンはネオ・リベラリズム的な哲学・経済政策における共通性をもち、個人的にも親しい関係を築くなど、首脳レベルの良好な関係が英米関係を支える構図も復活した。なかでも両国間の核兵器分野の協力は顕著であり、アメリカからイギリスへの最新鋭のトライデント型ミサイルの供給合意や、米軍のパーシングⅡミサイルのイギリスへの配備が進められた（ただし、この時期イギリス国内では反核運動が盛り上がるなど、市民の反発も強まった）。

他方、サッチャー政権は、ＥＣ諸国との関係においては協調と対立の両面をもつ政策を展開した。まず、サッチャー政権は、ヨーロッパ規模でもネオ・リベラリズム的改革を進めることを狙い、ＥＣ諸国間での商品、人、サービス、資本の国境を越えた自由移動を打ち出した『域内市場白書』（八五年）の試みに積極的に貢献した（ただし、サッチャーは人の自由移動には慎重であった）。しかしその一方で、サッチャーは、ＥＣが加盟国の国家主権を制約する超国家的な機構として発展することには強硬に反対し、とくに八〇年代後半以降、フランス出身のＥＣ委員長ジャック・ドロールとの対立を深めた。さらに、八五年にソ連でゴルバチョフ書記長が登場して以降、急速に冷戦対立が和らぎ、米ソ間の直接交渉を軸にヨーロッパの冷戦構造が終焉へと向かうなかで、サッチャー政権の役割は徐々に周辺的なものとなっていった。とりわけ、サッチャーが東西ドイツの再統一に否定的な態度をとったことは、一時的に英独関係を険悪なものにするとともに、ヨーロッパにおけるイギリスの国際的地位をいっそう揺るがす結果となった。

ブレア政権の対外政策とその限界

一九九〇年、サッチャーが首相の座を退いた後、同じく保守党のメイジャー政権（一九九〇～九七年）が発足した。メイジャー政権はとくにその初期において、イラクのクウェート侵攻を受けた湾岸戦争（九一年）での多国籍軍への参加や、サッチャー政権下で悪化した英独関係修復の試みなど、いくつかの重要な対外政策を展開した。しかし、九二年総選挙を経て、野党との議席差を大きく減らす形で成立した第二次メイジャー政権では、ＥＵを発足させるマーストリヒト条約の批准をめぐり保守党内が分裂状態に陥り、メイジャー首相のリーダーシップの欠如が露呈した。また、ヨーロッパにおける冷戦後の深刻な課題として立ち現れたバルカン半島の地域紛争（とくにボスニア紛争）に関しても消極的な対応が目立ち、結局アメリカの軍事力にもとづく解決に頼る結果となった。

こうしたメイジャー政権側の不手際も追い風としつつ、九七年総選挙での圧勝により成立したのがトニー・ブレア率いる労働党政権（一九九七～二〇〇七年）であった。そして、ブレア政権の発足直後、前述の中英共同宣言にもとづき、イギリス最後の主要な植民地であった香港が中国に返還された。たしかにその後も、「イギリス海外領土」と総称される一四の地域（ほとんどは小規模な島嶼）が世界各地に残された。また、コモンウェルスも、グローバリゼーションが進むなかで世界各地のさまざまな規模・発展段階の国々を包摂する緩やかなフォーラムとしての意義を再認識されるようになっている。しかし、帝国＝コモンウェルスがイギリス対外政策を支える一つの「サークル」たり得た時代はやはり過去のものとなっており、ブレア政権の対外政策も、基本的にはアメリカ、ヨーロッパとの関係を軸に据えるものとなった。そして、ブレア自身が二〇〇〇年一一月にロンドン市長公邸で行った演説で「アメリカとＥＵの間の架け橋（bridge）となること」の重要性について語ったように、そこでとくに重視されたのは、イギリスが「米欧間の架け橋」の役割を果たすという構想であった。

まず、ブレア政権は、アメリカのクリントン民主党政権、ジョージ・W・ブッシュ共和党政権との間でともに緊密な関係を築いたが、そうした際にブレアや彼の側近たちが繰り返し強調したのは、アメリカとの協力関係を梃子としてアメリカ外交に影響を及ぼし、必要とあればそれを抑制するという目標であった。それに加えて、ヨーロッパにおいては、ブレア政権は、自らがヨーロッパの「中心」で主導的役割を果たすという目標を掲げた。そこで目指されたのは、緊密な対米関係とヨーロッパにおけるリーダーシップを通して、イギリスが大西洋同盟内で米欧間をつなぐ「架け橋」となり、そこに新たな国際的影響力の基盤をみいだすことであったといえる。

実際、二〇〇三年のイラク戦争につながったフセイン政権の大量破壊兵器保有疑惑をめぐっては、ブレアの説得が大きな背景となり、ブッシュ政権もいったんは国連を通した外交努力を受け入れるなど、アメリカとの協力関係を通した対米抑制という目標は一定の成果をみせた。ヨーロッパでも、ブレア政権は共通通貨ユーロの採用こそ実現できなかったものの、とくにEU諸国間の防衛統合面でフランスのシラク政権と並び強いリーダーシップを発揮した。ところが、イラク戦争にいたる最終局面において、アメリカ政府が武力行使に大きく傾き、それに対して仏独両国がイラクでの査察継続の主張で共同歩調を強めるにつれて、ブレア政権の対外政策は行き詰まりに直面した。もっとも重大な局面において、大西洋同盟が引き裂かれていくなか、ブレア政権は対米抑制とヨーロッパでのリーダーシップのいずれの目標も十分に達成できないまま、ブッシュ政権に寄り添う形で対イラク武力行使へと突入していったのである。戦争後、イラクでは大量破壊兵器保有の明確な証拠が発見されず、米英両国の武力行使への国内外からの批判はさらに厳しいものとなった。こうした事態は、ブレア政権の「米欧間の架け橋」構想の限界をまざまざとみせつけるものであった。

私たちが第二次世界大戦後のイギリス対外政策について考える時、そこに、チャーチルの「三つのサークル」からブレアの「米欧間の架け橋」にいたるまで、一つの一貫性をもった特徴をみいだすことができる。それは、世界的な帝国を失い、国力の相対的衰退に直面するなかで、イギリスが複数の「サークル」が重なりあう中心に位置することで、それら「サークル」間の連携を強化するとともに、自らの国際的影響力の維持・強化を図るという構想であった。そうした構想は、地理的にヨーロッパに位置しつつも、かつて世界規模の帝国を築き、さらに二〇世紀以降は超大国へと発展するアメリカとも緊密な関係を築いてきたイギリスが、もはや単独ではもち得ない国際的影響力を確保するために編み出したものであったといえる。

しかしながら、複数の「サークル」の中心に位置するという構想は、それらの「サークル」がうまくかみ合えば大きな力の源泉になりうる反面、それらの間に深刻な矛盾や対立が生じた時には、対外関係全体の制御を非常に困難なものにしかねない危険を伴うものであった。そして、このことは、私たちがイギリス対外政策の強さと弱さ、つまり帝国を失った後も依然としてイギリスがみせてきた国際的な存在感の大きさとともに、スエズ危機やイラク戦争の際に露呈してきたもろさを理解するための鍵になると考えられるのである。

参考文献

梅川正美・阪野智一編著『ブレアのイラク戦争——イギリスの世界戦略』朝日新聞社、二〇〇四年。

小川浩之「ブレア政権の対応外交」櫻田大造・伊藤剛編著『比較外交政策——イラク戦争への対応外交』明石書店、二〇〇四年。

小川浩之『イギリス帝国からヨーロッパ統合へ——戦後イギリス対外政策の転換とEEC加盟申請』名古屋大学出版会、二〇〇八年。

小川浩之「「三つのサークル」と戦後イギリス対外政策の系譜」葛谷彩・小川浩之・春名展生編著『国際関係の系譜学——外交・思想・理論』晃洋書房、二〇二二年。

北川勝彦編著『脱植民地化とイギリス帝国』（イギリス帝国と二〇世紀　第四巻）ミネルヴァ書房、二〇〇九年。

木畑洋一「総論　現代世界とイギリス帝国の影」木畑洋一編著『現代世界とイギリス帝国』（イギリス帝国と二〇世紀　第五巻）ミネルヴァ書房、二〇〇七年。

君塚直隆『女王陛下の外交戦略——エリザベス二世と「三つのサークル」』講談社、二〇〇八年。

佐々木雄太・木畑洋一編『イギリス外交史』有斐閣、二〇〇五年。

細谷雄一『倫理的な戦争——トニー・ブレアの栄光と挫折』慶應義塾大学出版会、二〇〇九年。

細谷雄一編『イギリスとヨーロッパ——孤立と統合の二百年』勁草書房、二〇〇九年。

益田実『戦後イギリス外交と対ヨーロッパ政策――「世界大国」の将来と地域統合の進展、一九四五～一九五七年』ミネルヴァ書房、二〇〇八年。

Geoffrey Best, *Churchill : A Study in Greatness*, London, Penguin Books, 2001.

Roger Bullen and M. E. Pelly (eds.), *Documents on British Policy Overseas, Series II, Volume II : The London Conferences, Anglo-American Relations and Cold War Strategy, January-June 1950*, London, HMSO, 1987.

Winston S. Churchill, *A History of the English-Speaking Peoples*, 4 vols, London, Cassell, 1956-1958.

John Dumbrell, *A Special Relationship : Anglo-American Relations from the Cold War to Iraq*, 2nd edn., Basingstoke, Palgrave Macmillan, 2006.

Gideon Rachman, "Is the Anglo-American Relationship Still Special ?", *The Washington Quarterly*, Vol. 24 No. 2, 2001.

David Reynolds, "A 'Special Relationship'?: America, Britain and the International Order since the Second World War", *International Affairs*, Vol. 62 No. 1, 1985-1986.

Robert Rhodes James (ed.), *Churchill Speaks : Winston S. Churchill in Peace and War, Collected Speeches, 1897-1963*, New York, Chelsea House, 1980.

扉図出典：著者撮影（二〇〇九年八月）。

第十一章　近現代のイギリスと移民

浜井祐三子

第二次世界大戦後の労働力不足を補うため，カリブ海諸島から移民労働者を乗せた船が，次々にイギリスに到着した。

1905	8. 外国人法制定
1914	8. 外国人制限法制定
1919	12. 外国人制限（修正）法制定
1933	ナチス支配下のヨーロッパからのユダヤ人難民増（～39）
1946	ポーランド軍関係者の定住（～49），ヨーロッパ志願労働者計画（～51）
1948	6. エンパイア・ウィンドラッシュ号到着。7. イギリス国籍法制定
1952	アメリカ合衆国で新移民法施行，これ以降カリブ諸島からの移民増
1958	8. ～9. ノッティンガム，ロンドンのノッティング・ヒルで都市暴動
1961	英連邦移民法制定までの駆け込みでインド亜大陸からの移民増
1962	4. 英連邦移民法制定
1964	10. 総選挙においてスメジック選挙区で労働党有力議員パトリック・ゴードン＝ウォーカーが移民排斥的発言を容認した保守党議員に敗北
1965	8. 白書『英連邦からの移民』。12. 人種関係法制定
1968	3. 英連邦移民法制定。4. イーノック・パウエルの「血の川演説」と影の内閣からの放逐。10. 人種関係法制定
1971	10. 移民法制定
1972	8. ～11. ウガンダから追放されたアジア系住民受け入れ
1976	11. 人種関係法制定
1981	4. ロンドンのブリクストンで都市暴動。10. イギリス国籍法制定
1985	3.『スワン報告書』（多文化主義教育に関する提言）発表
1987	6. 総選挙で 4 人の非白人が初めて国会議員に選出
1993	7. 難民庇護および移民に関する控訴法制定
1996	7. 難民庇護および移民法制定
1998	11. 人権法制定（施行は2000年）
1999	2.『マクファーソン報告書』（1993年 4 月のスティーブン・ローレンス事件の警察の捜査に関する調査報告書）発表。11. 移民および難民庇護法制定
2000	11. 人種関係（修正）法制定
2001	5. ～7. イングランド北部各地で都市暴動
2002	11. 国籍・移民および難民庇護法制定
2005	7. ロンドン地下鉄・バス同時多発テロ事件
2006	2. 人種・宗教的憎悪禁止法制定。3. 移民・難民庇護および国籍法制定
2007	10. 連合王国国境法制定
2009	7. 国境・市民権および移民法制定
2010	4. 平等法制定。10. 1976年人種関係法が同法施行により廃止

1　近現代イギリスの「多民族化」と移民政策の変遷

「多民族国家」イギリス

今日のイギリス、とくにロンドンのような都市部を訪れた者は、街に暮らす人々の民族的構成が実に多様であり、さまざまな文化が混交しつつ、たくましく共存する様に印象づけられるであろう。二〇〇一年のセンサスでは、この国に居住する「非白人」マイノリティは総人口の七・九パーセント、同様に連合王国外で出生した者は八・三パーセントを占めるとされた。メディアや芸術・文化のありとあらゆる側面で民族的・文化的な多様性を実感することも多く、日常的な食文化にまでその影響は浸透している（カレーが今やフィッシュ・アンド・チップスと並ぶ国民食の一つであることはその一例にすぎない）。

では、現在の「多民族」「多文化」なイギリスはいかにして形作られたのであろうか。有史以来続く大陸ヨーロッパからの人の流れに加え、かつてこの国が世界各地に及ぼした「帝国」としての支配とそれに起因する人の流れがその基盤にあることは、ある程度自明である。しかし、現在のように多文化を高らかに謳歌する社会に至るまでの経緯はいかなるものであったのか、またイギリスはその変化をいかに受け止めてきたのであろうか。そして、「多民族国家」としてのイギリスの現在の姿、またその進むべき道筋について考える上で、歴史を顧みることの重要性は十分認識されているといえるのであろうか。

近現代移民政策の起源

本章では主に第二次世界大戦後の移民流入について扱うが、大戦前のイギリスが人の流入とは無縁の孤高の島国であったというわけではない。まず有史以来、主にヨーロッパ大陸からの侵入者と移住者によって現在「イギリス」とよばれているものの基盤が形作られてきた。また、その歴史を紐解いてみれば、ただ排他的に移住者を拒み続けてきた国ではないことも明白である。むしろ、さまざまな時代に国家に受け入れられてきた移民や難民たちは、いつの時代も諸手を挙げての歓迎を受けたとは言い難いかもしれないが、社会の一部として、その政治的・経済的発展に少なからず寄与してきた（その歴史の一端は本書第二章でも扱われている）。

自由主義の伝統により、外からの人の流れに対して比較的「寛容」だとみられていた近代のイギリスが、外国人に対する制限的措置を初めて明確な形で法制化したのは、二〇世紀初頭のことである。一九世紀後半にロシアや東欧から迫害を逃れてきたユダヤ人の移住が増加し、彼らの「移民街」への集住と貧困が排外感情を刺激したことが契機となり、「望ましくない」外国人の入国を制限するための「外国人法」（一九〇五年）の制定につながった。同法は現代の入国管理法の原型ともいわれる。

新英連邦移民の流入開始まで

第一次世界大戦はスパイへの警戒感から外国人に対する排斥のさらなる法制化（一九一四年の外国人制限法）につながり、戦時下の措置とされていた同法は戦後、「外国人制限（修正）法」（一九一九年）によって一年間延長され、その後も毎年更新された。一九二〇年には入国後の管理等をさらに強化するための外国人令も出された。その後一九三〇年代にはナチス支配下のヨーロッパから迫害を逃れて移住するユダヤ人難民が増加したが、外国人に対する制限的措置は基本的に維持され続けた。

同時に、当時のイギリスがかつての帝国、当時は自治権を得ていたオーストラリア、カナダ、ニュージーランド、南アフリカ（いわゆる、後の旧英連邦諸国）などに多くの移民を送り出しており、その数が長く入移民の数を凌いでいたことも注目すべき事実である。その後、大恐慌による帰国者の増加、第二次世界大戦による中断を経て、戦後再び出移民政策が再開されるが、これは当時、戦後復興や輸出産業の再開によって労働力需要が増大しつつあったことを考えると驚くべきことであった。一九四六〜六〇年までの間、出移民は実に年平均一二万五〇〇〇人を数えたといわれる。出移民の奨励は旧英連邦諸国との絆を重視する政府の姿勢の表れであり、結果、さらなる労働力不足が入移民の受け入れをより必然的なものとした。深刻な人手不足は石炭鉱業、農業、建設、繊維産業、医療などさまざまな分野で生じていた。

一九世紀以来、ブリテン島への国内移住により労働力供給源であったアイルランドは、一九二二年に南部が自治領となり、四九年に英連邦を離脱したが、その後も特例的な措置を通じて労働力を供給し続けた。また、大陸ヨーロッパからの労働者を受け入れる動きも進められた。帰国せず定住を認められた戦争捕虜、戦争中イギリス軍の指揮下にあったポーランド軍関係者、「ヨーロッパ志願労働者計画」によって受け入れられた東欧やバルト海諸国からの難民などの外国人は、一九四〇年代の後半において二五万人にものぼったといわれている。しかし、労働力の不足はさらに深刻であり、イギリスは新たな労働力の供給源を必要とすることとなった。

新英連邦移民の増加

戦後社会に大きなインパクトを与え、社会の有り様を顕著に変えることになったのは、いわゆる「新英連邦移民」とよばれる、旧植民地からの「肌の色の異なる」移民の増加であった。とくにカリブ海諸島（扉写真を参照）、インド亜大陸は、移民労働力の重要な供給源となった。

数世紀にわたる植民地との結びつきにより、それ以前もいわゆる「有色人種」がイギリスに居住していなかったわけではないものの、二〇世紀前半までは、主としてロンドンやリヴァプールなどの一部のコミュニティに限定されていた。カリブ海諸島からの流入は、アメリカ合衆国の移民法改正によりイギリスが新たな移民先として浮上する一九五〇年代半ば以降とくに増加し、六〇年代初頭まで年間数万人規模で推移した。インド亜大陸からの移民の流れはそれよりも少し遅れて増加をはじめ、六二年の英連邦移民法の施行前の駆け込み入国の頃、最初のピークに達することとなった（表11-1を参照）。

「新英連邦移民」の流入を可能にした前提条件の一つは、帝国主義的な「イギリス臣民」の概念にもとづく国籍規定にあった。制限的措置の対象であった「外国人」とは違い、帝国に居住するイギリス臣民は、本国に自由に入国し居住する権利を認められており、一九四八年に出された国籍法は、植民地の市民のみならず、独立した英連邦諸国の市民に

表11－1　新英連邦からの人の移動（1953～62年，推計）

	西インド諸島	インド	パキスタン	その他	計
1953	2,000				2,000
1954	11,000				11,000
1955	27,500	5,800	1,850	7,500	42,650
1956	29,800	5,600	2,050	9,350	46,800
1957	23,000	6,600	5,200	7,600	42,400
1958	15,000	6,200	4,700	3,950	29,850
1959	16,400	2,950	850	1,400	21,600
1960	49,650	5,900	2,500	−350	57,700
1961	66,300	23,750	25,100	21,250	136,400
1962*	31,800	19,050	25,080	18,970	94,900

（＊英連邦移民法による制限が施行されるまでの半年間のみ）

出典：Zig Layton-Henry, *The Politics of Immigration : Immigration, 'Race' and 'Race' Relations in Post-war Britain*, Oxford, Blackwell, 1992, p. 13.

対しても、このような権利を改めて確認した。

この「寛大」な国籍規定の背景には、かつての帝国（またその後継としての英連邦）との紐帯を重視する姿勢がみてとれる。しかし、当時八億人ともいわれた「イギリス臣民」が大挙して連合王国に押し寄せてくる可能性を、政府が現実的なものとして考えていたわけではなく、また、とくに「非白人」移民の大量流入に対しては、当初から懸念が強く存在した。

移民が確実に増加した五〇年代を通じて、英連邦からの入国制限は検討されたものの、実現はしなかった。前述の通り、当時まだ出移民によってオーストラリアなどの旧英連邦諸国との紐帯を維持しようとしていた政府にとって、かつての植民地からの人の流れを制限することは英連邦との関係を損なうものとみなされたし、かといって、新英連邦諸国からの「有色人種」の流れのみを法的に制限すれば、「人種差別」という道義的な非難を避けがたいことが容易に予想されたからである。

新英連邦からの人の流れの滴りはいつしか一定の流れとなり、彼らの存在が文字通り「可視化」されるようになると、五〇年代後半には景気の失速による失業率の増加や住宅不足の恰好のスケープゴートとして、移民をターゲットにした暴力事件やそれに端を発する都市暴動も散発するようになった。

政府が英連邦からの人の流れを制限する初めての英連邦移民法を施行したのは、保守党政権下の一九六二年である。イギリスにとっての外交的重要性が英連邦からヨーロッパへと移行しつつあったことも背景の一つであった。また、一九五八年にノッティンガムとロンドンのノッティング・ヒルで「非白人」移民への暴力を発端に拡大した都市暴動など、移民の急激な増加にその原因があると考えられた事態を憂慮する国民世論も法律の制定を後押しした。もはや国民も政治家たちも、移民の数が国民の「寛容であるための限界」を越えてしまったとみなすようになった。

一九六二年（英連邦移民）法は、当時最大の移民送り出し国であったアイルランドには適用されず、実質的に新英連邦からの「非白人」移民を制限するものであった。同法は四八年国籍法の入国に関する寛大な規定を残したまま、連合王国発行のパスポートをもつ者にのみ自由な入国を許すという方策を採用した。また、労働バウチャー制度によって、イギリスにとって必要でない労働力、とくに非熟練労働移民の数を制限し、管理する体制を整えた。その一方で、すでに入国を果たした移民たちの家族のよびよせなど、人道的な理由によって入国を許可される人々の数は、以後も一定数存在し続けた。

入国管理政策の厳格化

一九六二年法の制定に対して政治的・道義的立場から異を唱えた労働党も、六四年の総選挙に際して、移民制限への国民の強い支持を目のあたりにし、僅差で政権の座に就いた後も、制限的な入国管理政策のあり方を維持した。六〇年代後半に入ると、東アフリカ諸国からアジア系（インド亜大陸に民族的起源をもつ）住民の移住が増加、さらなる「非白人」移民の流入と問題視されるようになった。六〇年代初頭に独立を果たした東アフリカ諸国では、アフリカ化（アフリカ系住民の手に政治や経済の実権を移そうとする動き）が進められ、アジア系住民の居住や経済活動が制限されていた。アジア系住民の多くはイギリスの市民権を有しており、パスポートも連合王国政府によって発行されたため、六二年法によっても彼らの入国は制限されず、イギリスへの移住を望む者が多かったのである。六八年にはケニアからのアジア系の流入増が国民世論を刺激し、時の労働党政府は、新しい英連邦移民法案をわずか数日間の審議で成立させるという荒技でこの問題に対処した。

六八年英連邦移民法は、連合王国発行のパスポートを所持していてもイギリス本国と直接的なつながりをもたない者についていては、自由な入国を許可しないというものであった。結果的に、ケニアなどの旧植民地で暮らす「非白人」系の住民は、イギリスの市民権をもってはいても年毎の割りあて制による段階的な入国に従わねばならないという意味で「二級市民」と位置づけられ、道義的な問題も存在した。しかし同年、保守党の下院議員イーノック・パウエルが、扇動的な移民排斥演説を行ったことで党上層部をはじめ政治サークルによって厳しく非難されたものの、直後の世論調査で国民の圧倒的支持を得たことからも（コラム参照）、当時の移民流入を憂慮する世論がいかに強いものであったかがわかる。

その後、次の保守党政権下で成立した七一年移民法は、イギリス臣民だけでなく、従来の外国人の入国管理をも含む包括的な移民法として、連合王国との直接的なつながりをもつ人々を「パトリアル」として明確に規定し、それ以外の人々に対する制限的な措置はさらに強化された。七二年にはウガンダの独裁者イディ・アミンによるアジア系住民の追放劇により、わずか三カ月間で同国から二万七〇〇〇人あまりの受け入れを余儀なくされるなどの事態も生じたが、移民政策の基本姿勢は、英連邦の市民をもはや「イギリス臣民」として特別に扱うことを止め、その他の「外国人」と同様、特定の雇用主が決まっている雇用に対してのみ発行される労働許可証の取得など、条件付きでしか受け入れないというものであった。

このように、とくに六〇年代半ば以降、英連邦からイギリス本国への自由な人の流れを制限する移民法が次々と成立し、先に述べたような人道的な理由による家族のよびよせや、労働許可証による入国を除けば、新規の流入は制限されることとなった。八一年には新たに国籍法が制定され、自由な入国を保障する十全なイギリス市民権という概念を新たに創出し、パトリアルにのみ付与したことで、植民地および英連邦の市民に対して入国の権利を保障した四八年国籍法と、六二年以降の入国管理措置との「ずれ」がここでやっと解消されることとなった。

難民庇護政策と経済移民の管理

このように、戦後の移民政策は一九八〇年代初頭まで、帝国支配の「遺産」としての新英連邦移民の入国をいかに制限するかということに主眼がおかれてきた。その後、次第に難民庇護申請者の受け入れ、より広い地域からの経済活性化を目的とする移民労働力の受け入れと管理という点に関心が移っていった。

難民庇護については、八〇年代末からイギリスへの申請が増加したこともあり、難民庇護政策はかつての新英連邦からの移民流入と同様に政治争点化された結果、九〇年代以降、移民及び難民庇護に関する法律の頻繁なみなおしが行われてきた。増え続ける申請数を抑えるため（一九八〇年代末と二〇〇〇年代初頭とを比べると、申請数は約八倍となっている）、庇護の認定は厳格化に向かう方向にある。これに対しては道義的な観点からの非難もあり、また、庇護を認められなかった難民申請者の一部が不法移民化し、セーフティネットのない状態で困窮を余儀なくされているという指摘もある。しかし、難民庇護申請者の多くが「にせ難民」であるというメディアの過剰な報道や、それに同調する世論を背景に、難民庇護制度の悪用を取り締まるということが厳格化の口実となっている。

また、EU統合が「ヒトの移動」に関しても深化する昨今においては、他のヨーロッパ諸国との政策協調も大きな課題であり、イギリスはいわゆる「シェンゲン協定」（域内における国境管理の緩和）には加盟していないが、難民庇護政策などに関しては、厳格化を強める協調の動きに熱心であるともいわれる。

他方、とくに九七年以降の労働党政権においては、経済の活性化を目的として移民労働力の受け入れが緩和される方向に進んだ。とくに二〇〇四年のEU統合の拡大に際しては、フランス、ドイツに先駆けてポーランドなどの新規加盟国からの労働者に門戸を開き、その結果、〇四年五月からの約二年間で六五万人ほどが入国したとされている（ただし一時的な出稼ぎで、その後帰国した者も多いと考えられる）。近年ではまた、ポイント制にもとづく高度技能労働者受け入れ制度の導入など、イギリス社会にとって「有益」とみなされる移民については選択的に受け入れ、移民労働力を管理するという傾向が一層強まっている。

2　戦後移民の社会統合

「非白人」移民の統合と人種関係政策

戦後の新英連邦からの移民流入は、国内における移民の統合政策においても新たな対応を必要とすると考えられた。つまり、肌の色などの身体的特徴によって、可視的な「新英連邦移民」に対する偏見及び差別が、ホスト側と移民側双方に不満と反発を引き起こし、彼らの社会統合を難しくすると考えられたことで、国内政策は「人種関係政策」という枠組みのなかで考えられることになり、またそこで、人種差別の法律による規制が一つの焦点となっていったのである。

人種差別の法的規制に関しては、一九五〇年代半ばには労働党内に作業グループが作られるなど政治的関心は早くからあったが、人種差別禁止法の成立が現実味を帯びる道筋は、皮肉にも六〇年代に移民の入国管理が厳格化する過程とほぼ並行していた。その背景に、人種差別に反対する国際的気運の高まりやアメリカの公民権運動の影響などの国外的要因があったこともたしかだが、一連の人種関係政策は移民制限に方針を転換した労働党の「見返り的措置」としてはじまり、制限の強化と対の関係にあったことがしばしば指摘される。

六四年の総選挙において僅差で政権の座に返り咲いた労働党は、保守党の移民制限路線を引き継いだが、同時に公約の一つであった「移民の統合」をもう一つの政策の柱として位置づけた。六五年の白書「英連邦からの移民」において明確化されたその指針は、「制限なき統合は実行され得ないが、統合なき制限は擁護され得ない」というある労働党政治家の発言に端的に表れている。ここでは、「制限」と「統合」は相互に依存関係にあり、「良好な人種関係」のためには移民の入国制限が必須であるとされた。労働党のこの指針は保守党にも承認され、移民政策の二つの柱は超党派的な合意となった。

しかし、前節でみた通り、六〇年代から七〇年代にかけて次々と成立した移民制限法は、実質的に「非白人」である新英連邦移民の入国制限を目的としていた。政府の姿勢には、一定限度を越えた「非白人」移民の存在が必然的に問題を引き起こすということを前提としつつ、「人種間の平等」のために人種差別を法的に規制するという矛盾がはらまれていた。実質的に「カラーバー（肌の色による制限）」的意味をもった入国管理措置が、「人種」を根拠とする差別を禁止する人種関係法の適用範囲外にあったことも、皮肉なことといわざるを得ない。

人種関係法の成立と変遷

一九六五年から三度にわたって整備された人種関係法は、その名の通り、「良好な人種関係」を目指すために「人種」を根拠とする差別の禁止を目的とした。しかしながら、差別を法によって、とくに刑罰によって取り締まるという考え方には、常にそれが「自由」の侵害につながるという反対意見が根強く存在し、結果、その展開は困難を伴った。

六五年法は「公共の場」（パブなどの飲食店やホテル、映画館、公共の輸送機関など）での人種を根拠とした差別、及び人種間の憎悪を煽り立てるような言論行為を禁止した。また、差別の調停にあたる地域の調停委員会をたばねる組織として、「人種関係協議会」が設立された。しかし、刑罰化は国会での論戦を経てみおくられ、法的な実効性よりも、人種を根拠とする差別を法的規制の対象とすることでの象徴的意味合いの方が大きかったともいわれる。

その後わずか三年で人種関係法はみなおされた。人種差別に関する調査が差別の蔓延を指摘し、六五年法の効果が改めて疑問視されたことなども、改定に向けての動きを促した。六八年に成立した新人種関係法では、差別の禁止される範囲が大きく拡大され、なかでも、差別が蔓延していた雇用、住宅供給の二分野の他、サービスや物資の提供における差別が違法化された。差別の調停にあたる「人種関係協議会」の権限が強化されると同時に、良好なコミュニティ関係の促進に関する啓蒙・調整を行う機関として、「コミュニティ関係委員会」が設置された。調停に加えて法的措置に訴えることも可能になったが、差別摘発のプロセスの実行性には問題が残った。

このように、六〇年代の二つの人種関係法の成立は、効果的にイギリス社会における差別の現状を変えたとはいい難いものであった。七〇年代に入って行われたいくつかの調査も、「移民」や、今やそのイギリス生まれの子孫をも含む「エスニック・マイノリティ（民族的少数者）」が、差別や偏見によっていまだ困難な状況におかれていることを明らかにした。

七六年に改正された人種関係法は、内相ロイ・ジェンキンズのリーダーシップのもと、人種差別禁止運動に取り組む法律家などの助力も得て、差別の是正についてさらに一歩踏み込んだ内容となった。とくに七六年法は、人種を根拠として直接的に差別を行う直接差別に加え、全員に適用され、正当化できない措置や慣行が実質的にある特定の「人種」、民族集団のなどの不利益となる場合に認められる間接差別をも取り締まりの対象にした（例えば、不必要な制帽の着用を義務づけることで、ターバンなどの宗教的慣行を遵守する特定の民族がその職から不当に排除される場合など）。また、「人種関係協議会」と「コミュニティ関係委員会」に代わって「人種平等委員会」が設置され、従来よりも権限が強化された（その後、『人種平等委員会』は二〇〇七年に『平等・人権委員会』に統合された）。

イギリスの人種関係法は、アメリカでの同様な法的取り組みに比べ、「結果の平等」よりも「機会の平等」を重視する傾向が強く、結果的に、モニタリングによって法の強制力を保障するというよりは、雇用者などの自発性に任せるという形態をとることが多かった。また、人種関係政策によって設置された機関の位置づけが曖昧であったにもかかわらず、そのような機関や移民コミュニティに政策の実行が丸投げにされたというような不備も指摘されている。七六年法は、地方自治体の人種関係政策への取り組みを義務化したことで、次節に述べるような「多文化主義」的な政策の発展にはずみをつけたといわれるが、その取り組みにおいても中央政府の積極的イニシアティブは長く欠如していた。

多文化主義の進展

人種関係法の改正を推進した内相ジェンキンズは、一九六六年にあるスピーチのなかで、イギリスにおける移民の「統合」の定義について、「皆をおしなべて同じにする同化のプロセスではなく、文化の多様性とお互いを寛容しあう空気のなかで機会の平等が保障されること」だと述べた。これはイギリスの多文化主義的統合理念のあり方が関係閣僚によっていち早く示された例であり、移民たちにホスト社会の文化を押しつけ、彼らを一方的に社会に吸収する「同化」ではなく、互いの多様性を許容しあう「統合」を目指すというこの見解は、七〇年代末以降のイギリスにおける多文化主義の展開を予感させるものであった。

学校教育において、移民流入が本格的にはじまった当初、第二言語として英語を身につけさせるための教育（とくに、該当する児童を通常のクラスから「取り出し」て、教える形式のもの）と、移民の子どもが特定の学校に集中することを防ぐためのバスによる分散が広く行われた。このような同化主義的施策は、移民の子供が学校に「問題」をもちこむ存在であるという前提に立っており、偏見や隔離感を助長する結果になるとして、後に批判を受けるようになった。

七〇年代後半に入ると、北米やオーストラリアなどでの多文化主義的政策の影響もあり、また七六年法が地方自治体の人種関係政策への取り組みを義務化したことで、移民やエスニック・マイノリティを多く抱える地方を中心に、マイノリティの文化を尊重する多文化主義的な教育指針を明らかにする教育当局が現れるようになる。ただし、中央政府の積極的なイニシアティブの欠如を背景に、地方・学校レベルの対応は場当たり的なものにとどまることも多かった。

八五年に、エスニック・マイノリティ子弟の教育に関する下院調査委員会によって、「多文化主義教育をすべての子どもたちに」とよびかけるスワン報告書が出されたことは、一つの画期ではあった。だが、サッチャー政権期の保守的な風潮のなかで、そのような提言は当時ほぼ無視された。また少なくとも当初、イギリスにおける多文化主義的な対応が、マイノリティのもちこむ「エキゾチック」な文化を（しばしば表面的に）学ぶことで「寛容」する心を育てるというレベルに止まっており、これでは平等な社会は達成され得ないという批判を受けたことも興味深い。

現在では、さまざまな文化的背景をもつ子どもたちの共存は多くの教育当局や学校が直面する現実であり、そのなかで、マイノリティの子どもたちの文化的な背景に一定程度の配慮を行うという意味での「多文化主義」的な対応はすでに欠くべからざるものになっている。新たな動きとしては、近年、イスラーム教、シク教などの宗派別の教育（宗派学校）が公教育においても一部認められつつある。これは学校選択などにおいて消費者としての父母の権利が重視されることが背景にあり、また同時に多文化主義的な配慮でもある。ただし、さらなる隔離的状況を懸念する声もあり、後述するイスラーム・コミュニティの社会統合の問題とも絡み、難しい問題となっている。

「人種間の平等」の現在

一九六〇～七〇年代に「政治経済計画研究所」などの機関によって行われたさまざまな調査では、あからさまな、もしくは隠された人種差別的態度や行動が広く社会に蔓延していることが指摘され、それが人種関係法による取り組みの動機の一つとなったことは述べた。近年の状況はそのような時期に比べ、ある程度の改善がみられることもたしかであるが、さらなる取り組みの必要性も指摘されている。

九〇年代半ばに行われた「政治経済計画研究所」の後身である「政策研究所」による調査は、過去の同様の調査との比較を通して、「非白人」マイノリティのおかれている社会経済的状況がある程度向上していること、しかし同時にエスニック集団間、ないしは集団内の差が顕著になっている現状や、マイノリティの地位の向上を阻む「ガラスの天井」の存在も指摘した。近年の内閣府や労働組合会議などによる調査は、エスニック・マイノリティが雇用（就業と失業）、収入、職場での昇進などにおいていまだ不利な状況におかれていること、他方、差別がよりみえにくくなっていることを指摘している。

七六年法は「人種平等委員会」などの度重なる提言にもかかわらず、長く修改正が行われないままであったが、九〇年代のある出来事を端緒として重要な修正が行われた。九三年にロンドン郊外でアフロカリブ系青年スティーブン・ローレンスが見ず知らずの人種差別主義者によって刺殺された。その後、容疑者が浮上しながらも不起訴となり、警察の対応に不信感を抱く被害者側の関係者のねばり強い抗議を受けて、調査委員会が作られたのは九七年のことである。九九年に発表された「マクファーソン報告書」は捜査上の不手際を認め、事件の捜査を阻害した要因として警察組織内部の「制度的人種主義」を指摘した。この指摘は、公的機関の人種平等に向けての積極的取り組みの必要性という議論を喚起し、七六年人種関係法の一部修正（二〇〇〇年）につながった。（追記　差別禁止措置の単一法制化によって、七六年人種関係法は他の差別禁止法とともに、より包括的な二〇一〇年平等法に置き換えられた。）

その他、九八年にはヨーロッパ人権条約を国内法化した「人権法」、二〇〇六年には宗教を根拠とする憎悪を煽ることを禁止する「人種・宗教憎悪禁止法」が出されるなど、マイノリティの権利を法的に保護する動きは継続的な進展をみている。

3　「多民族国家」イギリスのゆくえ

イギリスは移民に「寛容」な国か？

二〇〇六年に行われた「我々国民の未来」という演説のなかで、当時の首相トニー・ブレアは、「寛容」がイギリスの「中心的価値」であり、「イギリスをイギリスたらしめるもの」だと何度も強調した。ジェンキンズが六六年のスピーチで、「互いに寛容する」多文化主義的統合のあり方を定義してから四〇年が経ったが、イギリスがこれまで移民に「寛容」な国（社会）であったか、また現在そうであるかについてはさまざまな見解が存在するであろう。イギリスの「寛容」さを指摘する者は国籍規定の寛大さ、反人種差別の取り組み、他国と比較しての暴動の少なさをその根拠としてあげるであろうし、またイギリスの「寛容」さに懐疑的な者は制限的な入国管理政策のあり方、根強く残る社会経済的格差やマイノリティへの偏見などを指摘するかもしれない。

二〇〇〇年以降のさまざまな出来事（二〇〇一年夏のイングランド北部における都市暴動、同年九月一一日のアメリカにおける同時多発テロを受けた米英軍を中心とする中東派兵、二〇〇五年のロンドン地下鉄・バス同時多発テロなど）は、移民及びエスニック・マイノリティ、とりわけイスラーム・コミュニティの社会統合、イギリスという多民族国家のナショナルな結束といった政策のキーワードを改めて浮かび上がらせている。そのなかでは一部、従来の「多文化主義」的な政策への批判、とくに「人種」・民族的な隔離を生む「分断的な多文化主義」をみなおす議論も出てきている。先のブレアの演説においても、イギリス社会における民族的・宗教的多様性への配慮を前提としつつも、「正義（平等）」や「寛容」とともに、「宗教的・民族的分断を超えての結束」の重要性が確認されている。

「多民族国家」イギリスの未来と歴史へのまなざし

移民やエスニック・マイノリティの社会統合への問題意識は、地域分権の深化やグローバル化の進展と相まって、「イギリス人」というナショナルなアイデンティティを再考し、再定義しようとする動きにもつながっている。「多民族国家」としてのイギリスにふさわしいアイデンティティとは何か。有識者による「多民族社会イギリスの未来を考える委員会」の報告書（パレク報告書、二〇〇〇年）は、多民族国家としてのイギリスの理想の姿を、多様性を内包しつつも結束する「共同体をたばねる共同体」と定義し、新たな「イギリス人アイデンティティ」は、それにふさわしいものでなくてはならないと提言した。

そのようなポスト・ネーションとしてのイギリスにおける「共通の価値」とは、市民としての権利と義務の理解にもとづくものと考えられつつある。実際の政策においても、学校教育において「市民権教育」が導入されたことや、二〇〇二年の「国籍・移民及び難民庇護法」が、帰化に際して社会・政治制度などに関する知識をもつことを条件とし、国家に対し忠誠を誓う宣誓の儀式を義務づけたことなども、この流れのなかに位置づけることができる。

だが、そもそも「イギリス人とは何者か」という問いは、歴史的な視点を抜きにしては答え得ぬものであろう。冒頭に述べたように、さまざまな歴史的要因が現代イギリスの民族的多様性の基盤にあるのと同様、その多様性と向きあう心性もまた、歴史的要因に大きく依拠している。そもそもイギリスという国は、「国民」は、どう作られてきたのか、さまざまな民族的・宗教的少数者をどのように遇してきたのか、帝国としての拡張は、イギリスに何をもたらし何を変えたのかといったさまざまな問いかけが、現代イギリスの「イギリス人性（ブリティッシュネス）」に関する議論の出発点にあるべきであろう。

戦後移民の流入によるイギリスの多民族化は、痛みを伴わないプロセスではなかったかもしれない。しかし、過去に流入したさまざまな移民集団と同様に、戦後移民はイギリスの政治的・経済的発展に寄与し、また彼らの多様な文化の位相は、疑いなく現代のイギリスをより豊かに、魅力的にみせている。歴史から学べる最初の教訓はまさにそこにあるのかもしれない。

参考文献

柄谷利恵子「「リベラル・アワー」再考——英国における一九六五～一九六八年の移民政策及び人種関係政策をめぐる議論を中心に」『国際政治』第一二六号、日本国際政治学会、二〇〇一年。

柄谷利恵子「英国の移民政策と庇護政策の交錯」小井土彰宏編『移民政策の国際比較』明石書店、二〇〇三年。

佐久間孝正『変貌する多民族国家イギリス——「多文化」と「多分化」にゆれる教育』明石書店、一九九八年。

佐久間孝正『移民大国イギリスの実験——学校と地域にみる多文化の現実』勁草書房、二〇〇七年。

富岡次郎『現代イギリスの移民労働者——イギリス資本主義と人種差別』明石書店、一九八八年。

浜井祐三子『イギリスにおけるマイノリティの表象』三元社、二〇〇四年。

浜井祐三子「多民族・多文化国家イギリス」木畑洋一編『現代世界とイギリス帝国』（イギリス帝国と二〇世紀　第五巻）ミネルヴァ書房、二〇〇七年。

溝上宏美「アトリー労働党政権のポーランド人再定住軍団の編成——一九四五～一九四六」『史林』第八八巻三号、史学研究会、二〇〇五年。

若松邦弘「イギリスにおける人種関係政策の展開と現状——政府の取り組み」『国際政治』第一一〇号、日本国際政治学会、一九九五年。

若松邦弘「欧州連合による移民政策」小井土彰宏編『移民政策の国際比較』明石書店、二〇〇三年。

A. Favell, *Philosophies of Integration : Immigration and the Idea of Citizenship in France and Britain*, Basingstoke, Palgrave, 2001.

R. Hansen, *Citizenship and Immigration in Post-war Britain*, Oxford, Oxford University Press, 2000.

Z. Layton-Henry, *The Politics of Immigration : Immigration, 'Race' and 'Race' Relations in Post-war Britain*, Oxford, Blackwell, 1992.

P. Panayi, *An Immigration History of Britain : Multicultural Racism since 1880*, Harlow, Longman, 2010.

K. Paul, *Whitewashing Britain : Race and Citizenship in the Postwar Era*, Ithaca, Cornell University Press, 1997.

J. Solomos, *Race and Racism in Britain*, Basingstoke, Palgrave Macmillan, 2003.

W. Somerville, *Immigration under New Labour*, Bristol, Polity Press, 2007.
W. Webster, "Immigration and Racism", P. Addison and H. Jones (eds.), *A Companion to Contemporary Britain 1939–2000*, Oxford, Blackwell, 2005.

扉図出典：ゲッティイメージズ提供。

コラムⅨ

イーノック・パウエルと血の川演説

浜井祐三子

「この国の先行きを考えると、私は不吉な予感で一杯になる。かのローマ人のように『テヴェレ川が多くの血で泡立つ』のがみえるようだ。」

この一節により、「血の川演説」として知られることになった保守党下院議員イーノック・パウエルの移民排斥演説は、二つめの人種関係法が国会で審議されていた一九六八年の四月、バーミンガムのとある会合で行われた。演説の内容は即座にメディアに取り上げられ、国中を駆けめぐった。この演説でパウエルは移民政策を手厳しく批判し、「この国では、十五年か二十年の間に非白人が白人の優位に立つ社会がやってくる」という、ある選挙区民の発言を引用しつつ、イギリスは取り返しのつかない重大な変化を自ら招き寄せていると述べた。そしてそれは、手をこまねいていればいつか流血の惨事に至るとの不吉な予言でもあった。

パウエルは一九一二年にバーミンガムで小学校教師の両親の間に生まれ、地元のグラマースクール（公立進学校）からケンブリッジ大学に進んだ。二二歳にしてトリニティ・カレッジの古典学のフェローになるほどの秀才で、二五歳でオーストラリア、シドニー大学の教授に就任している。愛国主義者かつ帝国主義者でもあった彼は、第二次世界大戦の開戦を受けて入隊、そこでも華々しい出世を果たした。

パウエルはインドに特別な愛着を抱いていたといわれる。その文学や建築に憧れと興味を抱いた彼は、北アフリカでの従軍の後、インドへの派遣を強く望み、四三年にデリーに配置された。彼の地に暮らすことで一層感銘を深め、終戦時にはいつかインド総督になるという夢を抱くまでになっていた。帰国後、政治家の道を選んだのも、それが総督への最良の道筋であると考えたからだといわれている。しかし、ほどなく歴史の流れは彼の夢を打ち砕く。インド独立のニュースに打ちのめされた衝撃を、彼は後に「その大きさを受け入れるために、一晩中ロンドンの街を歩き回った」と述懐している。

インドにそこまで執着した彼が、その後、英連邦を軽視し、インドをはじめとするかつての植民地からの移民の流入に断固たる反対を唱えたことを、不思議に思われるかもしれない。しかしパウエルにとって、帝国は遥かな「彼の地」にあってこそ意味のあるもので、イギリスに持ち込まれたかつての帝国の「遺産」である移民は、彼の愛するイングランドとその「正当な」住民にとっての「厄介者」でしかなかった。

また彼は、移民は「イングランドに生まれることで、イングランド人には決してならない」と信じていた。ここまで増えてしまった移民の「統合」は極めて困難、もしくは不可能であるから、送還されるべきだと彼は主張した。ここで、パウエルのいう「統合」とは、その二年前にジェンキンズの定義した「統合」（本文参照）とはかけ離れたものであり、「同化」（ホスト社会に完全に吸収され、その特異性が目立たなくなること）を指していた。

「血の川演説」の過激で扇動的なトーンは保守党上層部に糾弾され、当時の党首であったエドワード・ヒースは、パウエルを影の内閣から放逐した。ヒースの決断は政治サークルでは支持されたが、国民は圧倒的にパウエルに好意的であった。スピーチの一カ月後に行われた世論調査では、回答者の七四パーセントが彼の意見に同意し、六九パーセントがパウエルを追放したヒースの判断は間違っていると答えた。また別の調査では、ヒースの後の保守党党首にパウエルを推す者が急増した。

パウエルはその後も移民問題について積極的な発言を続け、そのあからさまな反移民主義は、彼を政治の主流から遠ざける要因の一つとなった。しかし彼の存在は、その後の選挙結果や保守党の移民政策の厳格化に間接的に影響を及ぼしたという指摘もある。国民の彼への熱烈な支持を完全に無視することは、パウエルを批判した主流の政治家たちにも困難なことであったのだ。

当時、とあるパウエル支持者は「彼のおかげで、私はイギリス人であることを誇りに思える」と述べた。パウエル自身は七四年に保守党を離れ、アルスター統一党を経て八七年に政界を引退したが、その後も、「パウエルのいったことは、やはり正しかった」という言説は移民排斥を唱える極右政党のパンフレットだけではなく、一般メディアにも現れた。彼を「人種主義者のポピュリスト」として非難することは簡単だが、なぜ彼の移民排斥論がここまでの支持を集めたのかはより複雑な問題だ。

パウエルの演説には、帝国喪失後のイギリスにおいて、帝国としての過去との決別を高らかに宣言し（少なくともその支配の責任からは目を逸らし）、ナショナルなコミュニティに帰属する者と帰属しない者を明確に分け、帰属しない者は排除するという明快さがあったのだとみることもできよう（実際、彼は早期の国籍法の改正を一貫して主張していた）。ただし、そこで排除される人々は実質的に「肌の色の異なる」移民であったし、すでにイギリスに市民として居住する人々を元いた場所に送り返してまで、その「明快さ」を実現しようとしたという意味では、彼の主張の人種主義的な色合いは否定できない。

「多民族国家」にふさわしい、新たなナショナル・アイデンティティの再定義という議論が活発な現在でも、移民の統合不可能性を根拠にする排外主義的な議論は完全に姿を消したわけではない。だからこそ、今一度、パウエル演説のアピールの意味を考えることは、意義のあることだと思われる。

参考文献

B. Smithies and P. Fiddick, *Enoch Powell on Immigration*, London, Sphere Books, 1969.

第十二章　連合王国成立以後のアイルランド

高神信一

アイルランド総督府のあったダブリン城

左からブラック・アンド・タンズ（1番目と3番目），ダブリン首都警察の警官（2番目），イギリス軍兵士（4番目）。

1801	1. 合同法の施行
1823	5. カトリック協会の結成
1829	4. カトリック解放法
1831	11. 全国学校制度
1838	7. アイルランド救貧法
1845	9. ジャガイモの胴枯れ病の発生
1848	7. 青年アイルランドの蜂起
1858	3. IRB の結成
1859	4. FB の結成
1861	4. アメリカ南北戦争（～65. 4.）
1866	4. FB のカナダ侵攻。5. FB のカナダ侵攻
1867	3. IRB の蜂起。6. クラン・ナ・ゲールの結成
1869	7. アイルランド国教会の廃止
1870	5. FB のカナダ侵攻。8. 土地法（第一次）
1879	10. アイルランド土地同盟の結成
1881	8. 土地法（第二次）
1886	4. アイルランド自治法案（第一次）の下院への上程
1891	10. パーネルの死去
1893	9. アイルランド自治法案（第二次）の上院での否決
1912	4. アイルランド自治法案（第三次）の下院への上程
1914	8. イギリスがドイツに宣戦布告（第一次世界大戦）9. アイルランド自治法
1916	4. イースター蜂起
1918	12. イギリス総選挙でシン・フェイン党が勝利
1919	1. 国民議会の成立，IRA によるゲリラ戦の開始
1920	12. アイルランド統治法（北アイルランド）
1921	7. 独立戦争の休戦。12. イギリス―アイルランド条約調印
1922	1. 国民議会による条約の批准，アイルランド自由国の成立。6. 内戦（～23. 5.）
1932	5. フィアンナ・フォイル党の政権。6. 経済戦争（～38. 4.）
1937	12. アイルランド憲法の施行，アイルランドの正式名はエール
1949	4. アイルランド共和国の成立
1967	2. 北アイルランド公民権協会の結成
1969	8. 北アイルランドへのイギリス軍投入
1973	1. EC への加盟
1985	11. イギリス―アイルランド協定（北アイルランド）
1992	2. マーストリヒト条約調印
1998	4. 聖金曜日協定
1999	12. 北アイルランド自治政府

1　連合王国の一部として

イギリス植民地支配のモデル

「ユナイテッド・アイリッシュメン」の蜂起（一七九八年）の鎮圧後、イギリス政府は一八〇〇年に合同法《アクト・オブ・ユニオン》を成立させ、独自の立法権をもっていたアイルランド議会を廃止しアイルランドを併合した。アイルランドは連合王国の一部となり、イギリス議会に代表を選出することになったものの、その統治システムをみるとイギリスの「植民地」であった。というのも、アイルランド総督を頂点とする「アイルランド総督府」という官僚組織がアイルランドを統治するというシステムは、スコットランドやウェールズではみられないものであり、インドに代表される植民地の特徴といえるからだ。とはいえ、アイルランドを連合王国の一部として統治しようとしたイギリス政府の意向もあり、アイルランドの統治システムは「イギリス型」の特徴も兼ね備えていたことも事実である。

このことを説明するために警察制度をみてみよう。アイルランドの治安維持を担当していたのは「ダブリン首都警察」と「アイルランド警察」だった。ダブリン首都警察は、イギリス最初の「近代的な」警察といわれる「ロンドン首都警察」をモデルにしており、これだけをみるとアイルランドの警察は「イギリス型」のようにみえる。ところが、もう一つのアイルランド警察は、「ロッカイツ」のような農民反乱に備える必要もあって、一人ひとりの警官が兵士のように銃で武装するという軍隊のような強力な警察であった。後にセイロンやインド、西インド諸島、パレスティナの警察に影響を与え、「植民地警察のモデル」となったのである。さらに、ダブリン首都警察とアイルランド警察に共通していえることだが、プロテスタントが組織の上層部を独占し、カトリックは一般の警官として彼らの指揮下に入るという構造をしていた。このことは、少数の支配者が現地の多数の住民を支配するという、イギリスの植民地支配の原型を示している。ところで、ロンドン首都警察はダブリン首都警察のモデルであると先に述べたが、実はロンドン首都警察は、政府が直接に指揮し管轄区域を分割するという構造を、一八〇八年に設立された「ダブリン警察」から採用しており、イギリスの近代的な警察制度はアイルランドで生まれたともいえる。なぜ、こうした事態が出現したのかといえば、個人の自由を尊重するというイギリスでは、それを脅かす可能性がある警察制度はふさわしくないと考えられ制度の導入が遅れたのに対して、アイルランドではそうした意見は抑え込まれたからである。

国家が個人の領域に介入することを嫌うイギリスにおいて、導入が進まなかった制度の例として、教育制度をあげることができる。イギリスに先がけてアイルランドでは、一八三一年に「全国学校制度」が設立され、国家が資金を提供する初等学校制度が普及した。イギリスで初等教育法が成立したのは七〇年である。ところで、この制度はアイルランド人の識字率や数量的思考能力を高めることに貢献したとはいうものの、制度の真の目的は、「より良きイギリス人」を育成するものだった。この学校制度はその後オーストララシアの植民地に導入されていっただけでなく、そこではアイルランドで使用された教科書も輸入された。

イギリスの「新救貧法」は、一八三八年にアイルランドでも導入されたが、この制度にもイギリス国内との違いをみることができる。新救貧法は、貧民を救貧院に収容することによってのみ救済するという「院内救済の原則」を確立したことでよく知られている。ところがイギリスでは、地方の裁量によって、貧民を救貧院で収容するという手段以外でも貧民を救済していた。一方、アイルランドでは「院内救済の原則」が厳格に適用され、さらにすべての救貧院において同じ救済が行われるという均一性を重視した制度となった。このことが示しているように、一般的にアイルランドとイギリスの制度を比較した場合、アイルランドの制度は、イギリスの制度と類似しているようにみえても中央支配や均一性の程度がはなはだしいのである。いずれにせよアイルランドの制度は、「イギリス型」と「植民地型」の中間に位置したと説明することができる。

ところで、連合王国内では被支配者であったアイルランド人が、イギリス帝国内では支配者になっていったという側面を見逃してはならない。とくにアイルランド人のイギリス軍兵士としての役割には注目しておかなければならない。一八三〇年において、イギリス軍の兵卒の約四割がアイルランド人だった。この当時のアイルランドの人口は連合王国の約三割を占めていたので、人口比でみれば一割ほど多いことになる。さらに少数とはいえ、行政官として植民地とくにインドに赴任したアイルランド人もいた。一九世紀半ばにインド高等行政官の選抜に競争試験が導入されると、アイルランドの諸大学は、サンスクリット語やアラブ語の講座を設置するなど卒業生をインドに送りこむ努力をし、それなりの成果を収めている。

ジャガイモ飢饉

一八四五年後半に、アイルランドではジャガイモの「胴枯れ病」が発生した。胴枯れ病はアイルランド各地でジャガイモの不作をもたらし、その結果、大飢饉を引き起こした。「世界の工場」として繁栄を極めていたイギリスの隣で、「大惨事」が生じていたのである。大飢饉はアイルランドの人口を大幅に減少させるなどアイルランドの社会・経済に大きな影響を与えた。実際、アイルランドの人口は、大飢饉以前は約八二〇万人であったが、大飢饉によって約一〇〇万人が死亡し、約一二〇万人が移民したと推定されている。死亡者の大部分は、チフスや回帰熱、赤痢を原因としており、飢餓が直接の原因ではなかった。

ジャガイモは新大陸からスペインを経由して一五九〇年頃アイルランドにもたらされたといわれ、穀物栽培に適さない土壌でも栽培が可能であった。そのため、とくにアイルランド西部の土壌の悪い地域では、貴重な栽培物となったのである。大飢饉の影響がもっとも深刻であったのは、この西部地域である。ところでイギリスでは、ジャガイモの不作が飢饉に発展しなかった。というのは、イギリスではジャガイモが主食ではなかったからである。同様にアイルランドの中産階級以上の家庭では、ジャガイモだけでなく穀類や肉も食べられていたので、ジャガイモの不作は中産階級以上では深刻な問題とはならなかったのである。一方、アイルランドの下層階級はジャガイモを主食とし、不作の影響をもっとも被った階級となった。

図12－1　大飢饉の際に飢えた一家
出典：Christine Kineally, *This Great Calamity : the Irish Famine 1845–52,* Dublin, Gill & Macmillan, 1994.

大飢饉の救済にあたったのは、ロバート・ピールの保守党政府（一八四一～四六年）と、それに続くジョン・ラッセル自由党政府（一八四六～五二年）である。ピールはジャガイモ不足の報告を受けると、代替食糧としてトウモロコシ粉の緊急輸入を決定した。輸入されたトウモロコシ粉は、アイルランド各地に設けられた食糧の貯蔵所において原価で販売され、決して無料で配給されたわけではなかった。これは当時のイギリスで支配的だった、国家が市場に介入することを否定する自由放任主義《レッセ・フェール》にもとづいていた。ラッセル自由党内閣はピールよりも自由放任主義の原則を重視したので、ピールが行った穀物輸入を中止し、救貧法を基礎にした救済策をとった。イギリス政府が大飢饉の救済に費やした費用は、主としてローンという形で約一〇〇〇万ポンドに及んだ。だが、この額は当時の連合王国の国民総生産のわずか〇・三パーセントにすぎず、クリミア戦争（一八五三～五六年）の戦費の一割であった。こうした不十分な救済策は、アイルランドがイギリスの植民地であったという証拠ともいえる。

2　アイルランド独立へ

カトリックの解放

イギリスとアイルランドの合同を、一七〇七年に成立したイングランドとスコットランドの合同と経済的な面から比較した場合、合同はアイルランドよりもスコットランドに、より多くの利益をもたらしたといえる。スコットランド商人は、合同が成立した一八世紀において、アイルランド人商人が参加することができなかった植民地貿易から多額の利益をあげることができ、そうした利益は農業やリネン産業、インフラ整備に投資されたのである。一方、合同はアイルランド経済に健全な発展をもたらしたとはいえない。アイルランドの製造業は北部アルスター地方を除いて、イギリスとの自由貿易の結果、その工場製品の流入によって衰退した。アイルランドは家畜をイギリス市場に輸出することに依存する農業国となっていったのである。そのため、とりわけ衰退していく製造業の従事者にとって合同法は撤廃しなければならないものであった。その一方、イギリスは、国内に雇用をみいだせずイギリスに渡ってきたアイルランド人を、低賃金労働力として自国の工業化に有利に利用することができた。

またスコットランドでは、スコットランド人の支配層が温存され、プレスビテリアン教会も法制度も尊重されていた。これに対し、アイルランドではイングランドによる植民が一六世紀以来徹底的に行われ、支配層がイングランドからの植民者にとって代わられただけでなく、それ以前の制度そのものが否定された。カトリック教会は弾圧され、それまでの法制度はイングランドの法制度に代替されたのである。したがって、アイルランドではスコットランドとは異なり、自治や完全独立を目指す運動が活動し続けることになる。

合同後のアイルランドにおいて最初に大規模な民族運動を組織したのは、カトリックの地主ダニエル・オコンネルである。まずオコンネルはカトリックの地位向上を目指し、一八二三年に「カトリック協会」を設立した。彼は大規模な集会を開催するなどイギリス政府に圧力をかけ、二九年に「カトリック解放法」をイギリス議会に可決させた。オコンネルが次に組織した運動は、イギリスとアイルランド間の合同法を撤廃しようとする運動であった。だが、オコンネルはイギリス政府からの譲歩を引きだすことができず、運動内で彼の影響力はしだいに弱まり、運動の主導権を「青年アイルランド」に奪われた。青年アイルランドは、大陸での革命や治安当局による弾圧などによって急進化し、大飢饉の最中の四八年七月に小規模な蜂起を決行している。

ＩＲＢの結成

大飢饉は、一九世紀後半以降のアイルランド民族運動に大きな変化をもたらした。それは、アメリカ合衆国に渡っていったアイルランド人移民、すなわちアイルランド系アメリカ人が、アイルランドの民族運動において重要な役割を果たすようになったということである。二〇世紀初頭にはアイルランド人移民の一世と二世の数は約四五〇万人となり、本国の人口を凌駕するまでになった。アイルランド系アメリカ人たちは大飢饉の強烈な記憶をもっており、それを容易に反英闘争へと転化していった。また、アメリカにおいて彼らの前にはＷＡＳＰ（アングロ・サクソン系でプロテスタントの白人）の壁が立ちはだかっており、アイルランド系アメリカ人たちは、合衆国における自分たちの地位向上のためにもアイルランドの独立を支援したのである。彼らはアイルランドの運動のために闘争資金を送金し、その資金に依存していたアイルランドの民族運動指導者の行動をコントロールしようとした。

アイルランド系アメリカ人の支援を受けて、一八五八年にダブリンで設立されたのが、「アイリッシュ・リパブリカン・ブラザーフッド」（以下ＩＲＢと略記）である。ＩＲＢは武力闘争によってイギリスから独立し、共和国（具体的にイメージされていたのが、アメリカ合衆国）を建設することを目指し、六七年に蜂起を決行した。さらに、一九一六年の「イースター蜂起」や独立戦争では中心的役割を果たしている。またＩＲＢのメンバーは、「フィーニアン」とよばれた。このフィーニアンという名称は、ＩＲＢを物的・人的に支援するために一八五九年にニューヨークで結成された「フィーニアン・ブラザーフッド」（以下ＦＢと略記）に由来している。

ＩＲＢは資金不足に悩まされるとともに、警察の監視体制のもとでは武器密輸などの蜂起準備をなかなか進めることができなかった。そのためアメリカ合衆国においてＩＲＢを支援していたＦＢのなかから、アイルランドでの蜂起支援を中断してカナダに侵攻し、そこに「アイルランド共和国」を建設しようとするグループが台頭した。ＦＢは二派に分裂し、カナダ侵攻を目指したグループは一八六六〜七〇年にかけて三度にわたってカナダに侵攻したが、目的を達することはできなかった。一方、アイルランドでの蜂起を従来どおり支援したグループは、「アメリカ人将校たち」（南北戦争に従軍し、退役したアイルランド系アメリカ人兵士）を蜂起指導者としてアイルランドに送りこみ、ＩＲＢに六七年三月に蜂起を決行させた。この蜂起は準備が十分整わないなかで決行されただけでなく、指揮系統が混乱するなどしてＩＲＢは自滅していった。蜂起に失敗したとはいえ、ＩＲＢの活動は自由党党首ウィリアム・グラッドストンに「アイルランド問題」の解決の必要性を痛感させた。グラッドストンは政権に就くと、六九年にアイルランド国教会を廃止し、七〇年にはアイルランド土地法（第一次）を成立させた。

一八六〇年代にピークを迎えたＩＲＢは七〇年代に衰退し、代わってチャールズ・スチュアート・パーネルを指導者とする自治運動がアイルランド民族運動の主流となった。パーネルは、七九年にはじまった「土地戦争」（地代の不払いなど）においてＩＲＢとの協力関係を築きながら、「土地同盟」の指導者として頭角を現した。彼は、土地戦争の終結後には「アイルランド国民党」を率いて、グラッドストン首相と連携することにより、ある程度の成果をあげることができた。すなわちグラッドストンは、八六年に「第一次自治法案」を議会に上程したのである。この法案は成立に至らず、さらにジョゼフ・チェンバレンらを自由党から脱党させる契機となった。グラッドストンは九三年に「第二次自治法案」をイギリス議会に提出したが、議会の承認を得ることはできなかった。一方、パーネルは既婚夫人とのスキャンダルによって失脚した。パーネルの失脚後、民族運動は停滞したが、この時期アイルランド語を復活させ、アイルランドの固有な文化にアイデンティティをみいだそうとした「アイルランド文芸復興」運動が、人々の心を捉えたことにはふれておきたい。この運動の推進者のなかには詩人W・B・イェイツがいる。

ところでパーネルに活動資金を提供したのは、FBに代わってアイルランド系アメリカ人の重要な組織となっていた「クラン・ナ・ゲール」という、六七年に設立された秘密組織だった。クラン・ナ・ゲールは、武力闘争によるアイルランド独立を目的とし、IRBへの支援を主目的としていたが、アイルランドの民族運動の主導権を握るために、合法的運動の指導者パーネルをも支援していたのだった。パーネルのほうでも活動資金を得るためにも武力闘争に一定の理解を示し、彼がIRBのメンバーになったという説もある。ここで強調しておきたいことは、アイルランドの民族運動は、武力闘争と合法的運動が混然一体となっていたことである。クラン・ナ・ゲールはパーネルを支持しながらも、その一方で八一～八七年にイギリスの都市で「ダイナマイト・キャンペーン」という爆弾攻撃をしかけ、イギリス議会などを爆破した。こうした爆弾闘争が引き起こした「恐怖」を考慮しなければ、一九世紀終わりのグラッドストンや保守党のアイルランド政策は理解できない。

アイルランド独立戦争

アイルランドが独立へと動き出す契機となったのは、一九一二年にハーバート・アスキス自由党内閣が、「第三次自治法案」をイギリス議会に提出したことであろう。この時、自由党と保守党、及び「リベラル・ユニオニスト」の勢力は拮抗しており、アイルランド国民党がキャスティング・ボートを握っていた。そのため、自由党内閣はアイルランド国民党が要求するアイルランド自治に取り組まざるを得なかったのである。第三次自治法案は、アルスターのユニオニストたちの反対にもかかわらず、一四年に下院を通過し、アイルランドに自治議会が認められることになった。だが、その実施は第一次世界大戦の勃発によって延期された。この時、アメリカのクラン・ナ・ゲールが動き出した。クラン・ナ・ゲールは、停滞していたＩＲＢを再建するとともに大戦中のイギリスの敵国ドイツから武器援助を取り付け、一六年にＩＲＢにイースター蜂起を決行させた。蜂起を決行したのは「義勇軍」という軍事組織であるが、この組織の実権はＩＲＢが掌握していた。

イースター蜂起自体は一週間ほどで鎮圧されたが、四五〇名の死者と二六〇〇名を超える負傷者を出し、合同以後のアイルランドで最大規模の蜂起となった。蜂起に対して当初冷淡であったアイルランド世論は、イギリス政府が蜂起首謀者を処刑したことによって、独立支持へと急旋回していった。そして一八年一二月にアイルランドで行われたイギリス議会選挙において、急進的なナショナリストの政党「シン・フェイン」が、アイルランドに割りあてられた議席の大部分を獲得した。シン・フェイン党はイギリス議会への登院を拒否し、一九年一月にダブリンに「国民議会」を創設し、アイルランド独立の意志を明確に表明した。国民議会が開催されたまさにその日に、ＩＲＡ（一九年頃から義勇軍はアイルランド共和軍〔ＩＲＡ〕とよばれるようになった）が、「アイルランド警察」の警官二名を射殺したのである。この時から二一年七月の休戦まで、ＩＲＡはイギリス軍や警察に対してゲリラ戦を繰り広げた。

イギリス世論はアイルランド独立戦争に関してしだいに批判的な目を向けるようになっていった。その転機となったのが、「ブラック・アンド・タンズ」や「補助部隊」という、元イギリス軍兵士によって構成された警察の特別部隊の「報復攻撃」である。彼らはＩＲＡの軍事活動への報復として、ＩＲＡのメンバーが潜伏していると推測される地域の建物に放火し、商店の略奪を行い、イギリスやアメリカの世論を憤激させたのである。また、イギリス政府内部においても、ゲリラ戦を戦うＩＲＡを軍事的に制圧することは不可能であるという意見が影響力をもちはじめた。イギリス首相デイヴィッド・ロイド＝ジョージはＩＲＡを弾圧することに世論の支持を得ることが難しくなり、休戦を決定した。

イギリス政府は二一年七月、アイルランド側の指導者と交渉をはじめ、同年一二月、条約を調印した。ところが、この条約はアイルランドに新たな問題を投げかけたのである。つまり、多くのアイルランドのナショナリストが望んでいた完全な独立を意味する共和国ではなく、英連邦内の自治領というステイタスをアイルランド南部二六州に与えるというものだったからだ。北部六州は連合王国内にとどまり、アイルランドは南北に分割されることになった。マイケル・コリンズらの条約賛成派は、自治領としての地位の獲得を共和国への「実質的な第一歩」だとみなした。これに対してイーモン・デ＝ヴァレラに代表される条約反対派は、あくまでも共和国の樹立に固執した。条約は、イギリス議会では圧倒的多数で批准されたが、アイルランド国民議会では白熱した議論の末、僅差での批准となった。二二年、アイルランド南部二六州は、「アイルランド自由国」としてイギリスから「独立」することになった。だが、条約反対派は、賛成派（アイルランド自由国政府）に武力攻撃をしかけ、ここに一年近くにわたって内戦が戦われることになる。自由国政府は、イギリス政府からの武器援助を受けながら戦いを有利に進め、最終的に勝利を収めた。アイルランドが英連邦を離脱し「アイルランド共和国」となったのは、四九年のことである。

3　アイルランド共和国と北アイルランド

カトリック国家の成立

イギリス支配はアイルランド社会の隅々にまで浸透し、独立によってそれらを一掃することは不可能だった。たとえば、アイルランド共和国の憲法には、第一公用語はアイルランド語、第二公用語は英語と規定されているけれども、日常語は英語であり、アイルランド語を日常語とする住民は減少の一途をたどっている。また、アイルランド自由国は、イギリスがアイルランドでつくりあげた官僚制などを引き継ぎ活用している。そうしたなかにあって、イギリスに対してアイルランド社会の独自性を示すことできたのが、カトリックであることだった。一九世紀以来、カトリック教会は教育や病院、福祉などの分野で重要な役割を果たし、アイルランド社会のなかに強固なネットワークを張りめぐらしてきた。イギリス支配という「くびき」が消えうせたアイルランドにおいて、カトリック教会が前面に出てくることは当然の成り行きだった。一九三七年憲法は、信仰の自由を認めながらも、カトリック教会に「特別な地位」を与えた（七三年にこの条項はみなおされた）。憲法以外にカトリック教会の影響力をみる好例が、妊娠中絶と離婚の禁止である。だが、近年離婚が合法化されたことからも分かるように、カトリック教会の支配力は弱まりつつある。

アイルランドは政治的に独立したものの、イギリス経済の支配下から抜け出すのは容易なことではなかった。北アイルランドという工業地域を欠いて独立したアイルランド自由国は、農業国として出発せざるを得ず、その貿易の主要相手国はいうまでもなくイギリスだった。そのため、イギリスとの関係悪化はアイルランド経済に底知れぬ損害を与えた。このことを証明したのが、三二～三八年までの「経済戦争」である。三二年に政権に就いたフィアンナ・フォイル党のデ＝ヴァレラは、土地年賦金（アイルランドの自作農創設に当たって、独立前にイギリス政府が貸し付けた）の支払いを停止した。イギリス政府はこれを補うため、アイルランドからの輸入品に二〇パーセントの関税を課した。するとアイルランド政府は、報復としてイギリスからの輸入品に関税を設定した。ようやく三八年に、イギリスとアイルランドの間に貿易協定が締結され、経済戦争は終結した。だが、アイルランドとイギリスの関係はそれほど良好なものではなかった。たとえば第二次世界大戦が勃発すると、イギリスはアイルランドに連合国側に参戦するよう圧力をかけたが、アイルランドは最後まで中立を守り続けた。

アイルランド政府は三〇年代以降、国内産業を育成することによって経済成長をはかろうとしたが、それは成功しなかった。そこで五〇年代末に、外国企業の誘致に政策を転換した。この政策転換は功を奏し、六〇年代はヨーロッパ並みの経済成長を遂げることができた。とはいえ有望な国内産業は育たず、外国企業に依存したままだったアイルランドは、その後高失業率に悩まされた。ところが九〇年代に高成長を遂げ、「ケルトの虎」とよばれるようになった。この高成長の実態をみると、やはり外国企業への依存を抱えたままであり、企業収益の九割を多国籍企業が稼ぎ出し、企業投資の七割がアメリカ系企業であった。アメリカ系企業は、ＥＵのメンバー国であるアイルランド（七三年にＥＣ加盟）をその市場への進出拠点とみなしたのである。またアイルランド政府が企業誘致のために補助金を出し、法人税を低く設定しているのも、多国籍企業のアイルランド進出の動きを加速させた。だが、アイルランド経済は外国企業への依存体質から抜け出せなければ、持続的な発展を遂げることは難しく、二〇〇八年九月以降の世界的金融危機の影響によって大きなダメージを受けている。

北アイルランド紛争

連合王国にとどまった北アイルランドでは一九六〇年代終わりから紛争が激化し、世界的な注目を浴びたが、現在は北アイルランドには自治政府が成立し、紛争は終息したようにみえる。だが、紛争は小康状態を保っているだけであり、決して解決してはいない。というのも、プロテスタントは北アイルランドとイギリスとの合同という現状を肯定し、一方、カトリックは北アイルランドのイギリスからの独立と南北アイルランドの統一を支持しており、双方の主張が基本的に対立しているからである。

現在の和平への枠組は、九八年四月に、イギリスのトニー・ブレア首相、アイルランド共和国のバーティー・アハーン首相、そして北アイルランドの政治指導者の間で合意された「聖金曜日協定」にもとづいている。この協定によれば、北アイルランドには独自の地方自治議会が設置され、この議会は地方自治政府の執行部を選出する。さらにアイルランド共和国政府と北アイルランドの政治指導者の意見交換の場として、「南北アイルランド評議会」を設けるということだった。

ところで紛争の発端は、一七世紀に行われた植民によって、イングランドやスコットランドからの入植者がカトリックの土地を奪ったことにあった。だが、これ以上に問題なのが、一九二〇年に制定された「アイルランド統治法」によって成立した北アイルランドが、カトリックを差別したことである。プロテスタントの居住区に多くの議員を配分するというプロテスタントに有利な選挙制度が創設され、公営住宅の割り当てや地方自治体への就職ではプロテスタントが優先された。民間企業についても同じことがいえる。つまり、プロテスタントによるカトリックへの差別が紛争の原因となったのである。

六〇年代後半に、カトリックの地位を改善する運動がはじまった。これを「公民権運動」という。この運動の中心となった「北アイルランド公民権協会」は、六七年に結成された。六八年一〇月に協会が組織したデモを警察が厳しく取

図12－2　IRA に爆破されたサッチャーのホテル

出典：Richard English, *Armed Struggle : a history of the IRA,* London, Macmillan, 2003.

り締まり，この様子がテレビを通じて全世界に流された。公民権運動のデモは警察の取り締まりだけでなく，プロテスタントの襲撃を受けてもいた。六九年八月になると，警察ではもはや暴力の応酬を取り締まることができず，イギリス軍が投入された。カトリック側も暴力に対して暴力で応じた。この中心となったのがＩＲＡである。ＩＲＡはプロテスタントや軍・警察を標的にするとともに，イギリス本土も活動範囲に含めた。プロテスタント側も軍事組織をつくり，カトリックへの攻撃を加えていった。

こうして六九年から現在までの紛争に関連した犠牲者は三〇〇〇人を超えている。

イギリス政府の本音は，北アイルランド問題にはあまり関わりたくないというものである。というのも，北アイルランド紛争は選挙の票には結びつかないからである。イギリスの多くの国民にとっても北アイルランド紛争は，イギリス本土が攻撃されないかぎり，「対岸の火事」にすぎない。アイルランド政府にしても，南北アイルランドの統一を公式には支持する一方で，それが実現した場合には北のプロテスタントが一定の発言力をもち，カトリック国家であるアイルランドがプロテスタント化することを恐れている。こうした両国政府の態度は，紛争の「真の解決」を遅らせている。

参考文献

Ｐ・アーサー，Ｋ・ジェフリー著，門倉俊雄訳『北アイルランド現代史――紛争から和平へ』彩流社，二〇〇四年。

海老島均・山下恵理子編『アイルランドを知るための六〇章』明石書店，二〇〇四年。

勝田俊輔『真夜中の立法者キャプテン・ロック――一九世紀アイルランド農村の反乱と支配』山川出版社，二〇〇九年。

小関隆『一八四八年――チャーティズムとアイルランド・ナショナリズム』未来社，一九九三年。

高神信一「アイルランド系アメリカ人とアイルランドの独立」佐藤清隆他編『西洋史の新地平――エスニシティ・自然・社会運動』刀水書房、二〇〇五年。

高神信一『大英帝国のなかの「反乱」――アイルランドのフィーニアンたち』（第二版）同文舘、二〇〇五年。

高橋純一『アイルランド土地政策史』社会評論社、一九九七年。

高橋哲雄『アイルランド歴史紀行』筑摩書房、一九九一年。

法政大学比較経済研究所・後藤浩子編『アイルランドの経験――植民・ナショナリズム・国際統合』法政大学出版局、二〇〇九年。

堀越智『アイルランド　イースター蜂起』論創社、一九八五年。

堀越智『アイルランド独立戦争　一九一九～二二』論創社、一九八五年。

堀越智『北アイルランド紛争の歴史』（改訂版）論創社、一九九六年。

松尾太郎『アイルランド問題の史的構造』論創社、一九八〇年。

松尾太郎『アイルランドと日本――比較経済史的接近』論創社、一九八七年。

松尾太郎『アイルランド民族のロマンと反逆』論創社、一九九四年。

K・ミラー、P・ワーグナー著、茂木健訳『アイルランドからアメリカへ――七〇〇万のアイルランド人移民の物語』東京創元社、一九九八年。

T・W・ムーディ、F・X・マーティン他著、堀越智監訳『アイルランドの風土と歴史』論創社、一九八二年。

森ありさ『アイルランド独立運動史――シン・フェイン、IRA、農地紛争』論創社、一九九九年。

安川悦子『アイルランド問題と社会主義――イギリスにおける「社会主義の復活」とその時代の思想史的研究』御茶の水書房、一九九三年。

山本正『「王国」と「植民地」――近世イギリス帝国のなかのアイルランド』思文閣出版、二〇〇二年。

尹慧瑛『暴力と和解のあいだ――北アイルランド紛争を生きる人びと』法政大学出版局、二〇〇七年。

扉図出典：（上）John O'Donovan, *Life by the Liffey : A Kaleidoscope of Dubliners*, Dublin, Gill & Macmillan, 1986.
（下）Michael Hopkinson, *The Irish War of Independence*, Montreal, McGill-Queen's University Press, 2002.

第十三章　「権利の要求」とスコットランド近現代

富田理恵

We, gathered as the Scottish Constitutional Convention, do hereby acknowledge the sovereign right of the Scottish people to determine the form of Government best suited to their needs, and do hereby declare and pledge that in all our actions and deliberations their interests shall be paramount.

A CLAIM OF RIGHT FOR SCOTLAND

We further declare and pledge that our actions and deliberations shall be directed to the following ends:

To agree a scheme for an Assembly or Parliament for Scotland;

To mobilise Scottish opinion and ensure the approval of the Scottish people for that scheme; and

To assert the right of the Scottish people to secure the implementation of that scheme.

Declaration adopted at the inaugural meeting of the Scottish Constitutional Convention
30 March 1989

『スコットランドの権利の要求』
この宣言文は，1989年３月のスコットランド国制会議設立総会で署名された。

1559以前	スコットランドはフランスと結んで，独立を維持
1559	5. 摂政のギーズのメアリーの政府に新教の貴族と都市が反乱，宗教改革戦争勃発
1560	8. 宗教改革議会がカルヴァン主義に基づく信仰告白採択
1573	8. 内乱が終息し，プロテスタント体制が政治的に確立
1578	7.『規律第二の書』成立
1592	6. 長老主義的教会統治が法的に認められる
1603	3. 同君連合成立　ロンドン在住の王はエディンバラの枢密院を通じて支配
1610	6. 主教制が成立
1637	7. 祈禱書に対する反乱
1638	2.「国民契約」成立。主教制は廃止，長老主義的教会統治が再確立
1643	10.「厳粛な同盟と契約」締結
1649	1. チャールズ1世の処刑後，スコットランド政府は長子チャールズを王と宣言
1650	6. チャールズが入国。ふたつの「契約」に署名した王に，議会は王権の行使を承認
1651	9. スコットランド軍はクロムウェルにウースタで敗れ国家の独立を喪失。
1660	5. 王政復古。スコットランドに議会，枢密院，主教制が復活
1689	4.「権利の要求」。5. ウィリアムとメアリー，スコットランド国王，女王として即位
1690	6. 長老主義的教会統治の再確立
1707	5. イングランド・ウェールズ議会とスコットランド議会の合同
1712	5. 聖職推挙権法の成立
1715	12. ジェームズ・ステュアートを擁しマー伯が挙兵。反乱は失敗（～16. 3.）
1745	7.「チャールズ王子」によるジャコバイトの反乱。反乱は失敗（～46. 9.）
1815	「ハイランド清掃」が本格化（ハイランド：北西部で牧畜中心，ローランド：南東部で農耕中心）
1820	4. 急進派戦争。不況によるストライキと暴動が，軍事衝突に至る
1826	3. エディンバラ・ダルキース間の鉄道に王の認可が下る
1832	6. ホイッグ党グレイ内閣による第1回選挙法改正
1834	5. 教会総会で，穏健派に代わり福音派が多数派となる。拒否権法成立
1842	5. 二番目の「権利の要求」
1843	5. 教会分裂
1885	8. スコットランド担当官の導入
1926	7. スコットランド担当官が閣僚の地位に昇格
1934	4. ナショナリストの諸政党が合同し，スコットランド国民党を結成
1941	2. 労働党トム・ジョンストンがチャーチル内閣のスコットランド担当相に着任
1979	3. スコットランドに権限委譲を問う住民投票が行われ，有効票数に達せず失敗
1988	7. グリーヴ委員会が「スコットランドの権利の要求」を発表。スコットランド国制会議を提案
1989	3. 宣言文「スコットランドの権利の要求」を発して，スコットランド国制会議が発足
1999	5. スコットランド自治議会発足

1　一六八九年の「権利の要求」と一七世紀の革命

三つの時期に同名の文書――「権利の要求」

スコットランド近現代史において、「権利の要求」という共通の略称をもちながら内容の異なる文書が三つの時期に発せられ、歴史を大きく変成していった。最初の文書の発行時期は、名誉革命にはじまる体制転換が起きた一六八九年、二番目は教会分裂の前年の一八四二年、三番目は最初のものから三〇〇年後の一九八八～八九年、サッチャー政権による人頭税実施の時、自治運動再生の時であった。略称として同じ名前が付されたのは、最初の文書を発したのと同様に、続く文書発行の機がスコットランド史にとって危機的な瞬間であると、同時代人が解釈した結果である。本章では、同じ名をもつこれら三つの時期の文書に焦点をあわせて、スコットランド近現代史を描いていきたい。

一六八九年の「権利の要求」

まず後に続く「権利の要求」の規範となった、一六八九年のものから見ていこう。一六八九年の「権利の要求」は、イングランドが名誉革命を遂げた直後に、スコットランドの臨時議会《コンヴェンション》が四月一一日に決議した二一六五語からなる宣言であり、正式名称を「権利の要求とイングランドの王と女王への王冠の提供を含む諸身分の宣言」という。ジェームズの政策の違法性を列挙した上でスコットランド人の権利を明らかにし、さらにイングランドの王位に就いていたウィリアムとメアリが列記の内容を受諾するのを期待して王位を提供し、最後に「すべてのプロテスタント」に対し王としての忠誠誓約を求めるものであった。形式はイングランドの「権利の宣言」に準ずるものの、注目すべき相違点がある。

まず「プロテスタント宗教」の維持の誓約を含む戴冠式誓約を行わなかったジェームズを、「権利の要求」は厳しく指弾した。次に、「権利の宣言」が「ジェームズ二世は統治を退いたので、空位となった」とするのに対し、「権利の要求」は、ジェームズは「王国の基本法を侵したので（中略）王位を没収された」と述べている。これは、「王は神と人民への契約に束縛されるものであり、ジェームズはその契約を履行しなかったので王位を追われた」とする考え方にもとづくものである。また宗教について、文脈上唐突であるにもかかわらず、「高位聖職者制と、長老職《プレスビター》以上の役職に与えられる優越性《シュペリオリティ》とは、この国で重大でかつ支持できない不平の種となり、宗教改革以来人々の一般的な傾向とは逆であるので、（中略）廃止されるべきである」と記している。こうした「権利の宣言」との相違は、スコットランドの近世政治史の経緯に由来する。一六八九年の「権利の要求」にはなぜそう書かれたのか。これを探るため「宗教改革以来」の歴史を振り返ってみよう。

宗教改革と一七世紀の革命

一五六〇年のスコットランド宗教改革は、当時摂政であったフランス出身の皇太后ギーズのメアリーと、その政権に蜂起した宗教改革勢力との軍事的対決を契機としていた。彼女の病死と宗教改革勢力へのエリザベスの支援により反乱側が勝利し、さらにスコットランドの同盟相手はフランスからイングランドへと変わった。しかし一五六〇年代、プロテスタント体制の政治的な基盤は弱かった。一五六〇年八月に宗教改革関連立法は議会を通過したものの、女王の裁可を得ていなかったので、これらは正式に成立していなかった。事実、一五六一年八月にフランス王妃であったカトリック教徒のメアリー女王が帰国し、宗教問題の決着を棚上げしてスコットランドで統治した。そのメアリーが自身の醜聞につけこまれ失脚の危機に瀕すると、彼女を支持する女王党対、幼少のジェームズを奉ずる国王党との内乱（一五六八～七三年）となった。結局、内乱はプロテスタント摂政の率いる国王党が勝利し、プロテスタント体制はようやく政治的に安定した。

摂政期（一五六八～八四年）を含むスコットランド王権は、イングランドをモデルとする国家教会化と主教制の導入を目指した。しかし宗教改革者ジョン・ノックスとその後継者たちは、カトリック君主の統治や内乱といった王権の干渉が希薄な時期をついて自らの力で教会形成を進める好機を摑み、教会の役員である長老たちの合議によって教会の意思決定を行う長老主義を思想的な支えとした。教会が発した『規律第二の書』（一五七八年）の成立が、長老主義の理念的な確立の時といえよう。ここで成立した長老主義の理念とは、牧師すなわち牧会長老と、通常たんに長老とよばれ、平信徒から選任される治会長老の二種類の長老《プレスビター》が、相互に平等な地位を保ちながら、さまざまな地域レベルの教会会議に参加し、その合議によって教会に関する事柄を自律的に決定するというものである。同書はいう。「主教については、エピスコポスという名称が正しく受け取られるならば、牧師と全く同じ意味を示す。というのもこれは、優越性《シュペリオリティ》や尊い身分を表すのではなく、職務や監督を表す名称なのだからである」と。これは位階制的秩序を重んずる当時の身分制社会にそぐわない、インパクトのある考え方であった。優越性を排する「権利の要求」の文言は、まさしく『規律第二の書』の繰り返しである。

ところで前述したように「権利の要求」は、〝主教制〟が「宗教改革以来人々の一般的な傾向とは逆である」と述べている。つまり、長老主義こそスコットランドに定着した教会統治であると主張するが、これは革命支持の立場の歴史解釈であり、別の見方も立てることができる。スコットランド教会が立ち上がる一五六〇年から九二年までは、主教制と長老主義の要素が教会組織に混在していた。一五九二年の黄金法によって長老主義的教会統治が法的に確立するが、一六一〇年から主教制が本格的に導入される。一六三八～六〇年までの革命期は長老主義であったが、王政復古期は主教制であった。主教制でなかった期間は、宗教改革以来の一二九年間のうち、三〇年に過ぎない。位階制的秩序、ならびに教会に対する国王の首位性どころか発言権も否定する長老主義は、君主たちから警戒されて弾圧を受け、長老主義者は長い間地下活動を余儀なくされた。君主たちは、国王任命の主教が政教両面で強力な発言権をもつ主教制を好んだのである。「権利の要求」は、主教制の定着期間の長さにもかかわらず、主教制の否定こそ「一般的な傾向」と断じた。これこそスコットランド独自の革命支持の歴史解釈であるといえよう。

また「権利の要求」中の契約王政の含意にも、スコットランドでの経緯がみられる。世紀半ばの革命政権にとって、一六三八年の「国民契約」と一六四三年の「厳粛な同盟と契約」は、国政の柱となるべき重要な文書であった。チャールズ一世処刑直後、スコットランド政府は王の長子チャールズを王と宣言した。しかし彼が王権を行使できる条件として、革命期の議会はふたつの「契約」への署名をあげたのである。一六五〇年六月、チャールズは署名に応じた。これを受け、同年七月のスコットランド議会法は、チャールズによる「契約」署名の事実を述べた後、ようやく彼による王権の行使を認めた。この経緯が、「権利の要求」とウィリアム、メアリーのスコットランド王即位の前例となったのである。

王の空位という危機に発せられた「権利の要求」は、世紀半ばの革命から契約王政の概念と主教制の否定を引き継ぎ、「権利の宣言」にならってジェームズの違反を列挙し、人民の権利を明記した。一七世紀の革命を総括し、その帰着点を示したのである。ただしこれが一様に受け入れられたわけではない。スコットランドの体制転換は、イングランドの場合と異なり、ジャコバイトとよばれる、革命に反対し亡命王家の復帰を支持する勢力との流血の闘争を伴ったのであった。

2　一八四三年の「権利の要求」と教会分裂

一六九〇年の「聖職禄推挙権についての法」

一六八九年の翌年、一六九〇年に長老主義的教会統治が法的に確立し、同年「聖職禄推挙権《パトロニジ》についての法」が成立した。この聖職禄推挙権の問題が二番目の「権利の要求」に大きく関わるので、ここで説明したい。中世以来、聖職者の生活を支える給与や住居、耕地は、教会にその土地を付託した地主（時には王家、都市なら市参事会）にその財産権があるとされてきた。論争の焦点は、この財産権をもつ者が、聖職禄を誰に与えるのかを決める推挙権をもつのか、それとも会衆が自分たちの牧師を決める決定権をもつのか、という点であった。もちろん牧師を叙任するのは教会である。しかし、その同じ人物が聖職禄を得なければ、事実上教区に着任できない。すなわちこれは、有効な牧師の人事権をもつのは会衆か、推挙権者《ペイトロン》か、という争いであった。一七世紀の革命の頂点の一六四九年、議会は無賠償で推挙権者から牧師の人事権を完全に切り離す、聖職禄推挙権廃止法を制定した。その後、王政復古期に復活した聖職禄推挙権は、一六九〇年に再び無効となった。教会の長老と教区に土地をもつ地主が共同で牧師候補者を選定し、会衆は選定に賛成するか反対するかを決することになった。なお旧来の推挙権者は、失った権利の代償として払い戻しを受けることになった。一六九〇年の決着は、一六四九年の急進的な路線を部分的に修正し、革命の成果として着地させたといえよう。

一七〇七年の議会合同と聖職推挙権の復活

ジャコバイトはフランスと結んだが、フランスとイングランドは、一七〇一年に勃発したスペイン継承戦争の真っ只中にあった。しかも君臨するアン女王に子がなく、主権国家スコットランドが王位継承者としてカトリック教徒である亡命王家の人物を選ぶというシナリオも考えられた。ところで「合同《ユニオン》」が、王政復古期や名誉革命期にスコットランド側から提案されることがあったが、実を結ぶことはなかった。けれども一七〇七年には、イングランドが、ブリテンの国家意思を統一させハノーヴァー家継承を確定させる必要を痛感したため、初めて事が成就した。スコットランド側が事実上の国家主権の放棄を呑んだのは、亡命王家の復活を阻止して革命の原則と長老主義的教会統治を防衛し、かつイングランドと自由貿易圏を形成し、その海軍の保護のもと海外植民地に参入し貧困から脱しようとしたからだと捉えられている。合同によって、ウェストミンスターには、スコットランドの議席として下院で四五議席が、上院で一六議席が用意された。制度面においては、法定教会としての長老主義教会と、その監督下にある教育の自律も保証されたはずであった。

教会を中心とする長老主義者たちは、主教制教会を奉ずるイングランドとの事実上の併合を脅威に感じて、当初は合同条約に反対であった。しかし合同賛成派は、「プロテスタント宗教と長老主義的教会統治を保全するための法」を両国議会で通過させることによって、彼らの合同反対を是認にもっていった経緯があった。しかし、一七一二年ウェストミンスター議会は、「聖職推挙権法」によって無効となっていた聖職推挙権を復活させた。イングランドでは名誉革命によって、名望家支配体制が確立した。ところが、名望家による教会支配の一手段である聖職推挙権を無効としたスコットランドの革命体制は、よりラディカルであった。この齟齬を快く思わぬトーリー政府が、聖職推挙権法を成立させたのである。結局、スコットランドの教会体制が保全されなかったとみることは可能であり、合同への失望が広がる一因となった。しかもこの法律は、一世紀以上にわたる紛争を教会に引き起こした。推挙権者による牧師の人事権行使は、教会内の合議によって教会に関する事柄を自律的に決定するという長老主義の原則に抵触し、しかも当初推挙権者は会衆の意向に従っていたのであったが、次第に自らの推挙権を行使する例が増え、推挙された牧師を受け入れられない会衆は、一七三三年以降、法定教会から離脱しはじめたからである。この人々は分離派とよばれた。

合同への不満を吸収しながらマー伯ジョン・アースキンは、亡命王家を奉じ一七一五～一六年の反乱で一万の兵を集め、一七四五～四六年には「チャールズ王子」の率いる反乱軍がイングランドのダービーまで南下した。しかし、亡命王家はカトリック信仰に固執し、イングランドのジャコバイトとは連携せず、反乱は四六年に軍事制圧された。

一八世紀後半から一九世紀にかけてのスコットランド

ジャコバイトの反乱の終息で、一八世紀半ばに時代の雰囲気が変わった。革命体制防衛の切迫感がなくなり、教会内では名望家支配層の推挙権者と協調し、長老主義やカルヴィニズムの厳格な教義に距離をおく穏健派が、一七五二年以来優勢となった。その結果、知的活動に対する教会の批判を恐れる必要がなくなり、都市の上層には、知識人をはじめ貴族や聖職者が集い闊達な議論の交わされる場が開かれた。スコットランド啓蒙（一八世紀後半から一八三〇年まで）の開幕である。スコットランドが帝国の富を吸収しはじめ、消費を享受する商業社会の入り口に立った時、アダム・スミスやディヴィッド・ヒュームが登場した。

商業社会化に連関して、農業改良が進行した。地主階級にその保有する土地から最大の利益を上げるよう促したからである。さらに農業改良に連動して都市化と工業化が進行した。農業改良の結果、ローランド農村は地主―借地農経営者―農場労働者の三層構造へと転換し、余剰人口は都市に流入した。同様の土地利用の合理化の流れが、ハイランドでは異なった経緯をたどる。土地は小作農《クロフタ》に細分化されて保有されていた。本来農耕に不利な土地に人口が増大して限界点に達すると、地主が一挙に立ち退きを強制したのである（ハイランド清掃）。こうして都市に押し出された人々は、工業化の労働力となった。スコットランドの工業化は、地主階級の富を原資として一七七〇年代に「離陸」の時を迎えていた。一八〇〇年ごろから動力が水力から蒸気力に変化すると、綿工場の立地が労働力を得やすい都市部、とくにグラスゴー周辺に集中した。工業化と都市化が連鎖する巨大な変化に、従来の教区制度に立ち、救貧と教育を担ってきた教会は、内側から大きく揺さぶられていた。

トマス・チャーマーズの挑戦と挫折

一七八〇年生まれのトマス・チャーマーズは、一八〇三年にキルメニの牧師として着任していた。一八一〇年から一一年にかけて、彼自身も信仰生活の転機を迎えた。一八世紀末から一九世紀にかけてのスコットランドにおいて、イングランドのメソディストの間接的な影響下に個人的な回心と再生を重視する運動が起きていた。福音派とよばれるこのグループは、スコットランド教会内では穏健派に対抗して勢力を伸ばし、聖書信仰と伝道重視の路線、教会への国家干渉に反対する姿勢をとった。チャーマーズも福音派に加わった。

彼は一八一五年から、工業化の荒波にもまれるグラスゴーの貧窮者たちに、果敢にアプローチした。個人の宗教的な覚醒から自立への意欲をよび起こしたのであった。そうした貧窮者の自立を血縁者や近隣の者が支援し、教会の役員が支援するネットワークを組織した。この活動で、彼は福音派のリーダーと目された。彼の関心は、宗教の再生と社会の改革にあり、グラスゴーでの実践をスコットランド内で実現させるためには、時代遅れになった教区割りをみなおし、細かなケアのため新たに教区を作ることが必要だと考えた。教区の新設には牧師扶養の財源が必要であるため、国家に働きかけたが、動かなかった。それどころか一八三〇年代を経るなかで教会と国家の関係が悪化し、彼は大きな失望を感じていた。

一八四二年の「権利の要求」

一八三二年より、スコットランドでも選挙法改正をはじめとして改革の時代がはじまった。翌三三年にはスコットランドの都市改革法が成立して、都市自治体の数が増加した。その結果、スコットランド教会の最高議決機関である教会総会にも新たなメンバーが都市代表に加わったが、この新勢力には福音派が多かったため、教会総会の勢力地図は福音派優位に逆転した。長老主義の原則を重んずる福音派は聖職推挙権に反対していたことから、三四年の教会総会は、会衆は推挙権者が指名した牧師候補者を拒否できるという、拒否権法を成立させた。さて三四年に推挙権者に支持されたが会衆から拒否されたロバート・ヤングは、三七年にスコットランドの民事法廷、高等民事裁判所に訴え出た。ヤングによる「拒否権行使はヤングと推挙権者の民法上の権利侵害」との主張に判決は応えて、三八年、拒否権法は法として存在しないと判断した。驚いた教会総会は、ブリテン国家の最高法廷である上院に上告したが、やはり拒否権法は違法とされた。その論理は、法定教会は主権をもつウェストミンスター議会の議会制定法の保護と制約のもとにあり、一七一二年の聖職推挙権法が生きているということであった。別件の推挙権をめぐる紛争もこじれ、高等民事裁判所が教会総会の命令に従う牧師の説教や聖礼典の執行を禁止するに及んで、教会と国家の緊張は高まった。

この緊張関係のなか、一八四二年五月に、教会総会が議会に対して「高等民事裁判所の侵害についての要求と宣言と抗議」、すなわち二番目の「権利の要求」を発した。起草者は法律家のアレグザンダ・ダンロップで、二四一対一一〇の賛成多数で決議された。しかし翌月、ピール内閣は高等民事裁判所に介入するなどの問題解決に動くことを拒否した。この行き詰まりを受け一一月、チャーマーズは、法定教会からの離脱と自発的献金による新教会設立を念頭に動きはじめた。一八四三年三月七〜八日、下院は「権利の要求」を七六対二一一で否決した。ただし、スコットランド選出議員はこれに賛成二五、反対一二、棄権一〇であった。ついに一八四三年五月一八日、教会総会の冒頭で教会分裂が起こった。この日四五四名の牧師が職を辞し、最終的に、法定教会一一九五名の牧師のうち四七四名と、約半数の平信徒が自由教会を設立した。

さて二番目の「権利の要求」を概観していこう。八六四七語からなるこの文書は、合同条約を基本法とみなし、さらにそこで保証された長老主義的教会統治の法的な確立の過程を、宗教改革から詳述した。その重点は、聖職推挙権をめぐる法制の推移と一六九〇年における推挙権の無効化にあった。さらに、合同条約に反する一七一二年の聖職推挙権法に抗議し、一八三四年の拒否権法成立以来の牧師着任をめぐる係争についても、教会の立場を鮮明にした。ところで近年の高等民事裁判所の判断がいかに「この国の国制」に反しているかを、前置詞 By を並べて列挙する書式は、最初の「権利の要求」を踏襲するものであった。

教会分裂

教会分裂と自由教会の出発に、当時のブリテン国家とスコットランドが抱える諸問題が投影されていた。二番目の権利の要求」は、スコットランドが国制としてイングランドとは異なる長老主義的教会統治をもつこと、さらにこれが基本法であるはずの合同条約において保証されていることを主張した。このような主張は、本来ナショナルな感情をよびおこすはずであったが、むしろスコットランドの法律家エリートが、イングランド流の議会主権万能の理論を積極的に擁護した。彼らが地主支配層と固く結びつき、かつ帝国からの利益を共有してブリテン国家への統合を進めようとしたからである。これに離反した人々は、都市においては新たに選挙権を得た中産階級が主力であった。彼らを中心とする独力の新教会形成は、自由主義の旗のもと自律性を保ち、その主導のもとに貧困などの社会問題にも対処するという中産階級の意欲の表れであった。一方、ハイランドにおいて小作農は、地主によるハイランド清掃に失望し、新たな心の拠りどころを求め、大挙して自由教会に加わった。こうしたハイランドの状況は、階級間対立の投影でもあった。

四七四名もの牧師が、長老主義の大義のために議会法の保護の外に出る他ないと決断し、生活の保障を捨てた事実は、社会に衝撃を与え、宗教生活を活性化させた。けれども教会分裂で宗教的な一体性は崩れた。長老主義教会として、法定教会、自由教会、分離派の教会が並立し、その外側にアイルランド移民によるカトリック教徒が増加した。スコットランドは一九世紀半ばに多宗派社会に移行し、その結果、これ以降、その政治社会問題に対しては、自治運動や労働運動といった世俗的なアプローチがとられるようになっていった。

3　一九八八～八九年の「権利の要求」と自治議会の成立

スコットランドの繁栄と停滞

一九世紀前半には社会変動に揺れたスコットランドであったが、半ばには安定をみた。この安定を支えたのが、工業化の成功と繁栄である。西部の主要工業拠点を結ぶ鉄道と運河のネットワークによって、鉄工業、石炭、造船、鉄鋼が連鎖的に発展した。たとえば鉄工業は技術革新によりコスト削減に成功して、一八二五年から四〇年にかけて鉄の生産は二〇倍となった。さらにダンディーでは、インドから原材料を輸入しジュート工業が栄えた。しかし安い人件費と海外依存の経済である点は、継続的な成長の阻害要因として働いた。

そのきしみは、二〇世紀の戦間期に顕在化した。第一次大戦の終戦により供給がだぶつき、一九二三年以降、重工業を中心に深刻な不況に陥った。一九三二年のイングランドの失業率は二二・一パーセントであるのに対し、スコットランドでは二七・七パーセントに達した。苦境のスコットランドから、一九二一年から三一年までの間に約四五万人が流出した。

第二次世界大戦を指揮したチャーチルは、挙国一致内閣のスコットランド担当相に労働党議員のトム・ジョンストンを任命した。スコットランドの行政を統括するこの役職は、一八八五年に発足し、一九二六年に国務相として内閣の一員となっていた。ジョンストンは戦時の緊急性を訴えて、行政による産業への介入を進めた。続く福祉国家の時代、労働者階級の生活水準は向上し、完全雇用も実現した。しかし他の先進国が復興しはじめた六〇年以降、造船などの重工業は立ち行かなくなり、新産業の育成も進まなかった。

この状況を打破するために選ばれた方策の一つが、スコットランドが自治権をもつという政治システムの改変であった。独立を掲げるスコットランド国民党が一九六七年より躍進を続けたのが契機となった。キャラハン労働党政権は、七八年に自治議会《アセンブリ》を創設するスコットランド法を成立させ、翌年住民投票までこぎつけた。しかし住民投票では、法が有効になるためには有権者の四〇パーセント以上の賛成が必要という条件に達せず、自治の試みは失敗した。

保守党政権下での自治運動とブレア政権下での成功

続くサッチャー政権は、ポンド高と高金利政策により伝統産業に止めを刺し、産業の構造転換を図った。その後、海外からの投資をよびこんで電子産業が興隆し、金融、旅行業とあわせて、スコットランドの経済をなだらかに回復させていった。しかしサッチャー政権への支持は回復せず、一九八七年の総選挙では、スコットランドの議席七二のうち保守党は一一議席の獲得に過ぎなかった。その保守党政権が、人頭税ことコミュニティ・チャージ（自治体の経費を賄うため地域の住民全員が同額を支払う税）を、スコットランドで八九年に先行して実施した。人頭税は、猛反発の末の強行実施であったため、絶対的なウェストミンスターの議会主権のもと、スコットランド人の権利や利害を守る政治制度が欠落しているという国制上の欠陥が明らかになり、自治という選択肢に再度スコットランド人の心を向ける最大の契機となった。

一九七九年の自治失敗の一周年を記念し、自治への道筋をつける目的で、八〇年にスコットランド自治議会運動《ザ キャンペイン フォー ア スコティシュ アセンブリ》（CSA）とよばれる政治運動がエディンバラで発足していた。CSAは八七年の総選挙の結果を受けて、自治運動の方法について一七人の委員に検討を委ねた。委員長は、都市計画家としてかつて公務に携わった、サー・ロバート・グリーヴ教授が務めた。委員は政界を除く各界（教会、労働界、実業界、学界）の著名人が選ばれ、結論は八八年七月に『スコットランドの権利の要求《ア クレイム オブ ライト フォー スコットランド》』として発表された。委員会は、選挙で選ばれた現職の政治家や政党のうち、自治に賛同する勢力を傘下に収めてスコットランド国制会議を設立し、この会議が具体的な提案を行うよう提議した。CSAは各政党に国制会議への参加をよびかけ、自由民主党と労働党は参加を決断した。スコットランド国制会議《ザ スコティシュ コンスティテュショナル コンヴェンション》（SCC）の設立総会は八九年三月三〇日に開かれ、総会では『スコットランドの権利の要求《ア クレイム オブ ライト フォー スコットランド》』と題する短い宣言文に、SCCに参加を表明した政治家個人やスコットランドの労働組合、教会などの諸団体が署名し、自治の具体案が練られていった。

九七年、労働党ブレア党首はSCCの自治案を公約として総選挙を戦い、政権復帰を果たした。住民投票の賛同を背景に「スコットランド法」は順調に成立し、九九年五月、スコットランド議会《パーラメント》がスコットランド労働党のドナルド・デュワーを首班として出発した。

一九八八〜八九年の「権利の要求」

自治運動の初期に成功への道筋をつけたのは、『スコットランドの権利の要求』と題する同名の長短二種類の文書（一九八八年、八九年）であった。その内容を概観しよう。

A五判で四四ページにわたる一九八八年の『スコットランドの権利の要求』は、グリーヴ委員長のもと、スコットランド庁を退職したジム・ロスがセクレタリとしてまとめたものである。一七〇七年の合同条約を基本法と捉え、これが保証したはずのスコットランドの独自性が侵害されてきたとの見方を冒頭に示す点は、二番目の「権利の要求」と共通している。さらに議会が完全な主権をもつというイングランドの国制の欠陥を指摘し、それゆえ自治議会が必要であると論じている。次に、アメリカ独立戦争時やフランス革命期で機能した国制会議を参考に、国制的な変化をもたらすための運動体としての国制会議の構成について提案し、現実の政党を巻き込み、政治力をもつ必要を強調した。この文書は大胆な国制批判によって反体制的な雰囲気を濃厚にもちながらも、緻密な論理展開により目標達成のための現実的な道筋を描いたといえる。

一方、八九年三月のSCC設立総会で署名された『スコットランドの権利の要求』は、SCCの実行委員長として活躍することになる、メソディストの牧師ケニオン・ライトによって起草された。これは短い宣言文なので、全訳を紹介する。

スコットランド国制会議として集まった私たちは、スコットランドの人々の必要にもっとも適合した統治のあり方を決定することのできる、スコットランドの人々の主権者としての権利をここに認め、あらゆる私たちの行動と議論において、彼らの利益が至上のものとなることをここに宣言し誓約する。さらに私たちの行動と議論が以下の目的のために注がれることを宣言し誓約する。それは、スコットランドの議会のための計画案に同意すること、スコットランドの世論を動かし、計画案へのスコットランドの人々の賛成をたしかなものとすること、そして計画案の実施を確実にするためスコットランドの人々の権利を主張することである。

以上はＳＣＣの意図と目的を簡潔に表現した内容といえよう。ＳＣＣはこれを実現させた。

「権利の要求」とスコットランド近現代

最後に、三つの時期の「権利の要求」を比較してみよう。一六八九年と一八四二年の「権利の要求」は、ともに長老主義的教会統治を「要求」している点で、内容的に深く連関している。一八四二年と一九八八〜八九年の「権利の要求」は、合同条約を基本法と捉え、これに違背する諸立法に抗議する点は共通でありながら、後者では宗教色は払拭され、意味的には深い断絶がある。しかし、ともに前代の「権利の要求」を強く意識し、それに連なるものとして自らを規定した。三つの時期の「権利の要求」は、ともにナショナルなニュアンスをもちながら、当時の文脈における民主化の方向を模索し訴えた。どの文書も危機感をもった先鋭的な政治意識の産物であり、必ずしも多数派の意見ではなかったが、スコットランドの歴史を意識し将来を展望するその視線は、時代を先導する重要な役割を果たしたのである。

参考文献

飯島啓二『ノックスとスコットランド宗教改革』日本基督教団出版局、一九七六年。

木畑洋一「イギリス近代国家とスコットランド、ウェールズ」柴田三千雄他編『世界の構造化』（シリーズ　世界史への問い　第九巻）岩波書店、一九九一年。

木村正俊・中尾正史編『スコットランド文化事典』原書房、二〇〇六年。

田中秀夫『文明社会と公共精神――スコットランド啓蒙の地層』昭和堂、一九九六年。

G・ドナルドスン著、飯島啓二訳『スコットランド絶対王政の展開――十六・七世紀スコットランド政治社会史』未来社、一九七二年。

富田理恵「スコットランド宗教改革と二つの『規律の書』」『歴史学研究』第六六八号、歴史学研究会、一九九五年。

富田理恵「スコットランド近世社会の成立（一五六〇～一六二五年）――宗教改革、集権化、同君連合の時代」『西洋史学』第一八九号、日本西洋史学会、一九九八年。

富田理恵『世界歴史の旅　スコットランド』山川出版社、二〇〇二年。

富田理恵「連合王国は解体するか?――スコットランドとウェールズへの権限委譲」木畑洋一編『現代世界とイギリス帝国（イギリス帝国と二〇世紀　第五巻）』ミネルヴァ書房、二〇〇七年。

日本カレドニア学会創立五〇周年記念論文集編集委員会編『スコットランドの歴史と文化』明石書店、二〇〇八年。

W・ファルガスン著、飯島啓二訳『近代スコットランドの成立――十八～二十世紀スコットランド政治社会史』未来社、一九八七年。

R・ミチスン編、富田理恵・家入葉子訳『スコットランド史――その意義と可能性』未来社、一九九八年。

扉図出典：The Scottish Constitutional Convention, *Scotland's Parliament. Scotland's Right*, Edinburgh, 1995.

第十四章　ジェンダーの二十世紀

奥田伸子

グランウィック・ストライキに参加した女性労働者たち
1976年８月，ロンドン北部のグランウィック写真現像所で発生したストライキ（316頁参照）。民族衣装に身を包んだ女性が，組合の承認を要求する幕の前に立つこの写真は，このストライキの構図を端的に示している。

1903	10. 女性社会政治同盟結成（パンクハースト母娘が中心）
1914	シルヴィア・パンクハースト，女性社会政治同盟から脱退
1915	4.～5. ハーグにおける女性国際平和会議にイギリス代表出席
1918	国民代表法（制限つき女性参政権）。マリー・ストープス『結婚愛』出版
1919	11. ナンシー・アストー庶民院議員に選出（最初の女性国会議員）。性差別禁止法
1920	オックスフォード大学，女性に学位を開放
1923	婚姻訴訟法（離婚の申し立てが男女平等に）
1927	ハヴェロック・エリス『性の心理研究』出版
1928	国民代表法（男女の平等参政権の実現）。ラドクリフ・ホールの『孤独の泉』（レズビアン小説）発禁
1929	6. マーガレット・ボンフィールド，労働大臣に就任（最初の女性閣僚）
1935	既婚女性が自身の財産を自由に獲得・保有・処分することが可能となる
1937	離婚法改正（遺棄・虐待・精神疾患を離婚事由に）
1941	12. 国家徴用法による女性の徴用開始
1943	同一賃金キャンペーン開始
1945	家族手当法
1947	シスリー・メイヒュー，最初の女性外交官に就任
1948	ケンブリッジ大学，初めて女性に学位授与
1954	公務員・教員の男女同一賃金
1962	避妊用ピルの利用開始
1964	12. ドロシー・ホジキン，ノーベル化学賞受賞
1965	マリー・クワント，ミニスカートを発売
1967	妊娠28週目までの中絶を合法化。家族計画に関する情報を無料ですべての女性に提供
1969	離婚法（修復不可能な婚姻の破綻を離婚理由に）
1970	同一賃金法（民間企業を対象に賃金の性別格差を違法とする。ただし完全実施は1975年）
1975	性差別禁止法・雇用保護法
1976	ドメスティック・ヴァイオレンス防止法
1979	5. マーガレット・サッチャーが首相に就任（最初の女性首相）
1981	グリーナムコモンで女性の平和キャンプ開始
1986	性差別禁止法（団体交渉における性差別を禁止。小企業にも法を適応）
1987	6. ダイアン・アボット，マイノリティ女性最初の国会議員に
1988	エリザベス・バトラー＝スロス，女性最初の控訴院裁判官に就任
1990	中絶可能な妊娠期間が28週目から24週目に引き下げられる
1991	英国国教会，同性愛を認める
1992	4. ベティ・ブースロイド（労働党），最初の女性庶民院議長に就任
1993	労働党，総選挙の候補者選定に当たり女性を優遇する「女性ショートリスト」作成
1994	3. 英国国教会で女性聖職者が誕生（任命の決定は92. 11.）
1997	5. 総選挙で120名（うち労働党102名）の女性議員誕生
1999	大学入学者の過半数が女性となる。最低賃金制度の導入

1　家族・仕事・消費の多様化

家族と人口学的変化

二〇世紀、イギリスの家族に大きな変化が起こった。世紀初めから七〇年頃までは生涯未婚率は低下し、男女双方の初婚年齢が低下した。より多くの人が若い年齢で結婚する社会、夫婦が「家族」の中核をなす、いわば皆婚社会に近い社会が誕生した。その後、婚姻率は低下し、初婚年齢は上昇した。世紀半ばまで例外的であった離婚は一般化し、同棲の割合が急上昇した。世紀末には、「制度としての結婚」は揺らぎ、女性の人生にとって結婚は選択肢の一つであり、永続するとは限らないものとなった。同時に出産に関しても大きな変化が起こった。一九〇〇年頃のイングランド及びウェールズにおける合計特殊出生率（ＴＦＲ）は三・五であった。ＴＦＲはその後低下を続け、三〇年代前半に一・八となり、政府は帝国を維持する人材が不足するとの懸念を口にし、ケインズやベヴァリッジなど多くの社会科学者は人口減少について議論した。出生率低下の背景には、確実で安価な避妊方法の普及があった。ところが第二次世界大戦後から六〇年代前半までＴＦＲは上昇し、六五年頃には二・八となった。その後再度低下しはじめ、八〇年には一・八、二〇〇一年には一・六となり、現在はやや回復傾向にある。六〇年代後半以降の出生率の低下の背後には、女性の労働力化があり、八〇年代以降に関していえば新自由主義経済のもと、労働時間の延長が起こり、これが出生率に悪影響を与えたという批判があり、ワーク・ライフ・バランスが政治課題となっている。現在のイギリスにおいては、さまざまな宗教的・文化的背景をもった女性が出産・子育てを行っている。エスニック・グループごとの出生の動向は十分に研究されてはいないものの、バングラデシュ系、パキスタン系女性の子ども数が多いことが知られている。とはいえ、彼女たちの出生率も低下傾向にある。

非嫡子の割合は一九世紀を通して低下し、二〇世紀にはいってからも、二度の世界大戦の時期を除き五〇年頃まで出生数の約四パーセント以下と低位で推移し、その後、急上昇した。世紀末には、婚姻外に生まれた子どもの割合は出生数の約四〇パーセントとなるが、そのうちかなりの割合は、両親がともに認知しており、父親の認知がないのはこうした子どもの二〇パーセント程度であった。同棲や一人親世帯は増加しているが、子どものいる世帯の約六〇パーセントが婚姻した夫婦の世帯である。

一九五〇、六〇年代の「制度的結婚」の黄金時代以降、結婚及び家族の形は多様化した。しかし、家族が担ってきた子供・高齢者・病人等の「世話」の機能は大きく変化することなく継続してきたし、実際の「世話」を引き受けてきたのは、圧倒的に女性であった。家事責任の大半を女性が担うという点では根強い継続性がみられる。

女性の労働と社会活動

女性の労働力率は、長期的にはU字型をしている。一八世紀以前の農業中心の社会においては、女性はさまざまな農作業に従事していた。工業化とともに、繊維工場等で働く女性は可視化されたが、女性の労働力率そのものは低下し、二〇世紀初頭に最低となった。とくに既婚女性は賃金労働を行うべきではないとされた。しかし、統計上「非労働力」となっている労働者階級女性が、収入を得るための「仕事」をしていなかったわけではない。彼女たちは家計補助のために、必ずしも合法的ではない行為を含め、さまざまな「仕事」をして収入を得ていた。二〇世紀への転換点頃、女性の代表的な仕事は、住み込みの家事奉公人、ついでお針子であった。綿工業や製陶業にも女性は雇用されていたが、地域的に限られていた。二度の世界大戦の時には、女性が軍需産業や農業、運輸業などさまざまな分野において男性の代替として動員されたが、第一次世界大戦終了後には男性の復員とともに女性は家庭に戻った。また二〇世紀後半における女性の労働力化もかならずしも第二次世界大戦の直接的影響とはいえない。女性を多く雇用する軽工業やサーヴィス業の発展など産業構造の変化の他に、女性の平均寿命が延び、子ども数が減少したことにより、子育て終了後に家事と賃金労働が両立可能となる長い「中年期」をもつことができるようになったことも大きな要因である。第二次世界大戦中に中高年労働力の活用のために広く行われるようになったパートタイム雇用は、戦後女性の働き方として定着した。二〇二二年の統計によれば、働く女性の約三八パーセントがパートタイマーである（男性労働者のパートタイマー比率は一四パーセント程度）。

第二次世界大戦後、イギリスに本格的な大衆消費社会が成立し、女性の生活に大きな変化がもたらされた。しかし、家事を軽減する家電製品が各家庭に速やかに普及したわけではない。図14－1が示すように、家事関連製品の普及速度は、娯楽関連製品のそれよりも遅い。普及率の格差の理由として、娯楽関連製品は主婦を含めた家族全員が楽しめるのに対して、家事関連製品は「（家事を行う）女性のもの」として位置づけられ、購入が後回しにされる傾向があると考えられている。たしかに、住宅の改良と家電製品の普及は、女性の家事労働の程度を軽減する側面もあったが、一方では、家事についてより高い質が求められるようになり、女性は相変わらず家事に多くの時間を費やしている。

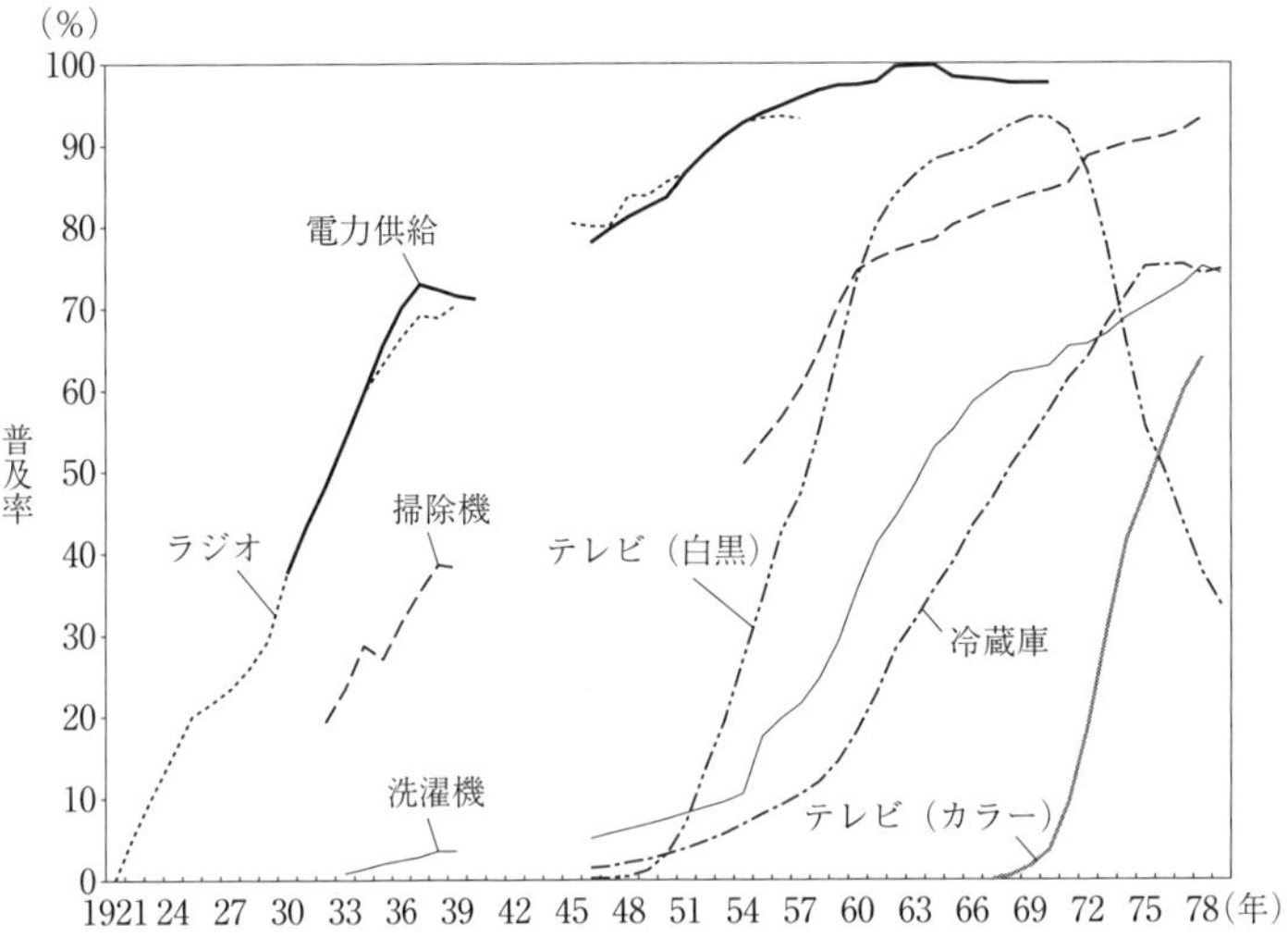

図14－1　家電製品の普及率（イングランド及びウェールズ）

出典：Sue Bowen and Avner Offer, 'Household appliances and the use of time: the United States and Britain since the 1920 s', *Economic History Review*, XLVII 4, 1994, Appendix 1より作成。

注：図中の空白はBowenとOfferの示した資料が空白となっているためである。

二〇世紀を通して男女の働き方に大きな差があり、男女の役割分担意識が根強く継続した。二〇世紀前半、男性の賃金は家族を養うのに十分であるべきだとする「家族賃金思想」は、実態はともかく、規範として社会に広く受け入れられるようになった。既婚女性は賃金労働をするべきでないという考え方は、一九五〇年代頃から薄れてきたが、女性の収入はあくまでも「家計補助」であり、「世間並み」の生活をするために必要となった各種家電製品などの耐久消費財や子どもの教育、さらにはレジャーなどのプラスアルファにあてられる収入と認識されていた。一方、第二波フェミニズムの影響やイギリスのEC（EU）加盟によって法的な男女平等は世紀後半大きく進展した。教員・公務員の同一賃金は一九五四年に実現し、七〇年には民間企業を対象とした同一賃金法が制定され、七五年には完全実施となった。「同一労働・同一賃金」が「同一価値労働・同一賃金」となったのは八三年である。七五年には性差別禁止法が制定され、雇用・教育・広告などさまざまな分野での性差別を禁止するとともに、監視役として機会平等委員会が設置された。同じ年、母性保護を目的とした雇用保護法が施行された。

二〇世紀後半は、女性の大学への進学率も急上昇し、世紀末には大学生の約五三パーセントは女性となった。一部の女性は高学歴を武器に政治、法曹、経済、科学等の高度専門職に進出し、頂点を極めることもあった。こうした女性の代表は、トニー・ブレアの妻、シェリー・ブースである。その一方、女性の高学歴化は常に男女の平等なキャリアに結びつくとは限らず、近年においても管理職に占める女性の割合は約三分の一、専門職に占める割合は約四〇パーセントである。二〇〇一年の国勢調査は、女性が事務、対人サーヴィス、販売、及び准専門職に集中していることを示している。介護や保育などは女性の生来の機能の延長とみられ、女性なら誰でもできる仕事として価値を認められず、低賃金にとどめられている。女性が貧困に陥る危険性は男性よりはるかに高いが、それは女性の賃金が男性より低く、家事・育児のためにパートタイム労働を選ばざるを得ないことによる。サッチャー政権からブレア政権までの、二〇年以上にわたる公共サーヴィスの民営化によって、女性が多く就労する分野の賃金が最低賃金すれすれまで下がり、多くの女性ワーキング・プアが作り出された。

2　「多民族」・「多文化」社会イギリスと移民女性

移民と「人種混交婚」への懸念

二〇世紀初め、グレートブリテンには約二〇万人のアイルランド生まれの女性がおり、多くは家事奉公人として働いていた。「白人」であり家庭内で働いていた彼女たちは、当時の社会からも、女性史からも「みえにくい」存在であった。ブリテンにおけるアイルランド出身の女性の数は、一九一〇年頃に最小となるが、その後再び増加に転じる。アイルランドからの移出民は、例外的な時期を除き女性の方が多いが、ブリテンにおけるアイルランド出身者も女性の方が多い。二〇世紀中頃から、アイルランド出身女性の職業は、看護師や教師などの専門職と、対人サーヴィス業の二つに分かれるようになった。一九八〇年代以降、アイルランド共和国からの女性移民の多くは、高い教育を受けた人々であり、経営管理職や専門職に就いている。

一方、二〇世紀への転換点頃には、東欧系ユダヤ人がポグロムを逃れて来ており、多くのユダヤ人女性移民が縫製業等に従事し、その劣悪な労働条件は、「苦汗労働」として問題視された。東欧系移民の流入は「好ましくない外国人」の入国を拒否することを可能とすることを目的とし、近代イギリスにおける最初の移民規制法とされる。「一九〇五年外国人法」制定に、苦汗労働への批判は苦汗労働における著しい低賃金を規制することを目的とした一九〇九年の「賃金委員会法」（最低賃金法）へとつながった。しかし、苦汗労働にはイギリス生まれの女性も多く従事しており、移民女性の問題としてのみ認識されたわけではなかった。

イギリス帝国において、白人（イギリス人）男性と「カラード」（「白人」以外の人々を漠然と指す）女性の性的関係は多くあったが、問題視されることはほとんどなかった。しかし、植民地からのイギリスへの移民の性比が男性に大きく傾くなかで、イギリス人女性と「カラード」男性との性的な関係は問題視された。一九一九年、リヴァプールで発生した人種暴動の原因には、船員などの失業問題とともに、「黒人」の男性と白人の女性との「人種混交婚」への嫌悪があると報道された。第二次世界大戦期、イギリス社会は駐英「黒人」米兵に対して好意的であったものの、イギリス人女性との交際については嫌悪感が示された。一九五四年の『ピクチャー・ポスト』誌に、「あなたは自分の娘を黒人と結婚させますか」と題した記事が掲載された。記事の内容は差別意識への批判や、「カラード」男性と結婚した女性の苦労話であるが、タイトルは社会の「不安」を浮き彫りにしている。この不安の背後には新英連邦からの移民の流入とともに、脱植民地化の時代への不安があった。非難されたのは黒人男性ばかりではなく、彼らと付き合い、結婚する白人女性も軽蔑の対象であり、彼女たちの不道徳が「人種混交婚」を招いたと批判された。近代以降、イギリス本国において「人種混交婚」が違法化されたことはないが、現在に至るまで一部の人々は強い嫌悪感をもち、白人女性と付き合っている黒人男性が人種暴力の犠牲になることもある。二〇〇一年の国勢調査によれば、異なったエスニック・グループ間の結婚はすべて結婚の二パーセントにすぎず、さらに「白人」に限れば、他のエスニック・グループの人と結婚しているのは男女とも一パーセント程度である。

女性移民と労働市場

第二次世界大戦直後の移民の性比は男性に傾いてはいたが、女性が労働力として移住してくる例も多かった。戦後における女性労働力移民は、戦争直後のヨーロッパ・ヴォランティア・ワーカーズ（ＥＶＷｓ）制度にはじまる。大戦によって難民化し、戦後、共産化した祖国に帰還できなくなった中東欧系の人々が占領下のドイツ、オーストリアに多数存在し、占領軍にとって大きな負担となっていた。他方、戦後のイギリスは、農業、炭鉱など「男性の仕事」とともに、病院家事労働者などの「女性の仕事」も深刻な人手不足に直面していた。政府は、最初、北欧・西欧諸国から女性の一時的導入を模索したものの失敗に終わり、難民化した東欧系住民に着目した。ＥＶＷｓ計画は、対象とする住民の国籍、導入する産業分野によっていくつかに分かれ、最終的には約五万七〇〇〇人の男性と約二万七〇〇〇人の女性がイギリスに入国した。ＥＶＷｓ計画において、政府はまず、バルト三国出身の女性を病院家事スタッフとして受け入れた。なぜ、彼女たちに白羽の矢が立ったのかといえば、政府が、バルト出身の女性は「外見がよく」、教育程度が高いものが多いため英語を理解するものが多い、その結果、イギリス人男性との結婚などを通してイギリス社会に「吸収できる」、すなわち「不可視化」できると考えたからである。バルト諸国出身女性のみでは十分な数の女性が動員できないことがあきらかになった後、政府はしぶしぶながら、ウクライナやポーランド出身女性、さらにはドイツ系の難民女性をも受け入れた。イギリス政府が政策として難民を受け入れた背景には、外交的思惑や財政的負担とともに、そのジェンダー観もあった。人口減少の恐怖の余韻が残るなか、イギリス人女性は「母親」として位置づけられ、労働力不足が深刻となった時、女性の仕事を担う存在として難民女性が注目されたのである。移民労働者の募集にあたっては、独身女性や寡婦など、家事責任をもたない女性が優先され、難民女性たちは「ジェンダレス」な労働者としてイギリス人女性がつきたがらない、伝統的な「女性の職場」における労働を肩代わりした。

一方、ＥＶＷｓ計画に対して、植民地省と植民地政府は不快感を抱いていた。「なぜ外国人が帝国のメンバーより優先されるのか」というのが植民地側の見解であったが、その一方、労働省は植民地出身女性の雇用について否定的な見解を示していた。とはいえ、すでに四〇年代末には、新英連邦からの女性移民ははじまっていた。初期には「みえにくい」存在であるものの、五〇年代初期になるとイギリス各地で彼女たちは、「イギリスの近代的工場で働くには知的に劣っているものの、病院・施設・個人の家庭の家事労働者としては比較的信頼のおける労働者」として、労働市場の底辺へと導入された。この頃、イギリスへと移住した女性たちの回想は、「マザー・カントリー」と教えられていたイギリスへの憧れやよりよい雇用への期待が、失業や人種差別、低賃金で単純労働である職場に直面して、イギリス到着後短期間のうちに失望に終わったことを示している。イギリス政府の移民政策は、一九六二年以降、自由な入国を制限し、移民を規制する方向に転じた。政策の転換によって、移民女性にとって故国に残してきた家族との再結合は、しばしば困難なものになった。ここでも移民女性の母親役割は、政策的には配慮されなかったのである。

政策の転換にもかかわらず、アフロ・カリビアン系を除いて、女性の移民の多くは一九六二年以降にイギリスに定着した（アフロ・カリビアン系女性においても約四〇パーセントが六二年以降に定着）。男性の扶養家族としての女性は、移民政策転換後も入国可能だったからである。とはいえ、「扶養家族」として入国した女性でも、入国後比較的早い時期から賃金労働に従事する場合も多かった。一九六六年『サンプル・センサス』によれば、調査時点においてアフロ・カリビアン系女性の労働力率がもっとも高く、以下、アイルランド系、旧英連邦系、インド系と続き、最低は東西パキスタン系女性で約二五パーセントであった。従事している職業もグループごとに特徴があり、アフロ・カリビアン系は看護師や病院補助労働職、インド系は看護師・教師などの専門職と事務職、パキスタン系は衣服製造と事務職が多かった。同じ資料は、イギリス人の既婚女性パートタイマーは、店員や事務職、及び教育関連の専門職に就くことが多かったことを示している。

マイノリティ女性の異議申し立てとアイデンティティ形成

一九七〇年代に入ると、マイノリティ女性が中心となったストライキが発生するようになった。七二年の病院補助労働者のストライキに続いて、七四年五月にはレスターのインペリアル・タイプライター社においてストライキが発生し、東アフリカ系インド人女性が中心的な役割を果たした。既存の労働組合や白人労働者が非協力的ななかで、ストライキは資金が枯渇するまで約二カ月半継続した。同年、看護師・病院補助労働者のストライキも発生した。七六年にはロンドン近郊のグランウィック現像所において、アジア系女性が中心となったストライキが発生、二年間継続した。主たる争点は組合の承認であるが、背後にはマイノリティ女性がおかれている劣悪な労働環境があった。既存の労働組合はこの闘争を支持したが、彼女たちが直面している性差別と人種差別との二重の差別への理解が十分だったわけではない。マイノリティ女性の異議申し立てはその後も続き、近年の例として二〇〇五年に発生した機内食製造企業での争議がある。

七〇年代以降、マイノリティ女性がそれぞれのエスニシティを意識したアイデンティティを形成し始めたために、女性運動は複雑な様相を呈することになった。女性史において、一九六〇年代末から七〇年代は、「第二波フェミニズム」の時期とされる。二〇世紀後半まで性的役割分担は強固に残り、高等教育を受けた女性の間に特に広がった抑圧感を背景に、同一労働・同一賃金、雇用機会の平等、性に関する自己決定権の要求が高まっていった。七〇年にはじまったウィメンズ・リベレーション会議は七八年に分裂したが、ジェンダー概念の成立とともに政治、経済、社会、文化のすべての側面に現れる女性差別、男女の役割分担への告発へとつながった。では、七〇年代の女性運動はマイノリティ女性の異議申し立てとはどのような関係にあるのだろうか。

六〇年代、アメリカの黒人解放運動に触発され、イギリスにおいても黒人運動が盛んになった。マイノリティ女性たちは当初こうした運動に参加していたが、女性に関わる問題は、この運動のなかでは周辺化された。一方、白人女性は、自身の女性運動自体に内包されるレイシズムに対しても、マイノリティ女性の要求に対しても見ぬふりをしていた。そのため、マイノリティ女性たちは自前で運動を組織化する必要に迫られた。七三年にはロンドン南部でブリクストン・ブラック・ウィメンズ・グループが誕生し、その後イギリス各地でマイノリティ女性団体が結成された。そうした動きの集大成が、七八年に結成された、「アジア・アフリカ系女性組織」（ＯＷＡＡＤ）であり、翌年の第一回大会はマイノリティ女性運動の誕生を告げた。ただし、この団体は短命であり、一般の女性と乖離しているという批判を浴び、八三年には分裂した。八二年に、バーミンガム大学現代文化研究センターのメンバーであったヘーゼル・カービィが発表した「白人女性よ、聞け！　ブラック・フェミニズムと女性どうしの関係の限界」と題する論文は、家父長制のみを批判の対象とする当時の女性解放運動を批判し、イギリスにおけるブラック・フェミニズムの幕開けを告げた。マイノリティ女性のなかには、フェミニズムを「白人女性の関心事」と否定する動きもあったが、イギリス社会からのマイノリティ・コミュニティへの攻撃に対応するとともに、自らのコミュニティが抱えている女性に関する問題、たとえば家庭内暴力などを検討し、コミュニティを変革しようとする女性団体もあった。その一つである、七九年に設立されたサウスオール・ブラック・シスターズは、家庭内暴力の犠牲となる女性の問題を可視化するとともに、刑法や移民法がこうした女性に犠牲を強いているとして改正を求めて活動した。

一九九〇年頃から、マイノリティ女性は、自身のエスニック・コミュニティの「文化」が女性に対して求める社会的規範と、イギリス社会で当然視される女性の権利との齟齬に直面するようになった。一九八〇年頃からイギリス社会は次第に「多文化主義」を標榜するようになったが、「多文化主義」はマイノリティ・コミュニティ内における自民族中心主義を許容し、「文化」の名のもとに女性の権利の侵害への批判力を削ぐことにもつながる。人種差別のなかで、マイノリティ・コミュニティにとって守るべきものとなった家族やコミュニティの団結が、「文化」規範から外れた女性をさらに追い詰める結果となることもある。こうした動きに対抗して、八九年に「原理主義に反対する女性たち」が結成され、あらゆる宗教における原理主義による女性への権利侵害に対して異議申し立てを行っている。

イスラム女性の衣服はしばしば政治問題化した。スカーフなどの着用がイスラム女性を雇用しないことの口実となり、女性の服従や分離主義の印とみられることも多い。二〇〇六年には、労働党の有力政治家ジャック・ストローが、ベールをかぶった女性とのコミュニケーションに困難を感じると地方紙に寄稿したことをきっかけに、分離主義に関する議論が起こった。一方で伝統的衣装に自らのアイデンティティを重ねる女性もいる。二〇〇二年には学校の制服（イスラム系の生徒が大多数の公立学校で、制服も多くの保護者に認められていた）ではなくジルバーブを着用して通学することを禁じられた女子学生が、学校を相手取って裁判を起こした。この裁判は上院上訴委員会までもちこまれ、最終的には女性学生側の敗訴となった。近年のイスラム女性のアイデンティティに関する研究は、多くのイスラム系女性が高い教育を受け、キャリアを積むことを希望しており、両親もそれを支持していることを指摘している。高学歴・キャリア志向のイスラム女性の伝統に対する態度はさまざまで、コミュニティとの対立を避けるため便宜的にスカーフなどを着用する女性がいる一方、イスラム教を深く信仰し伝統に従う女性もいる。ほとんどの女性が、結婚し、母親役割を引き受けることについては肯定的であり、結婚については「見合い結婚」を予定している女性もいる。たしかに、一部のイスラム系女性の家庭内における地位の低さが、「名誉の殺人」や強制結婚、家庭内暴力などの形で社会問題化することがある。またベールなどが、服従させられた女性というイメージの固定化を招いている側面がある。しかし、服装や家庭観などでマイノリティ女性をラベリングするのではなく、コミュニティの「文化」と、自らの意向の折り合いをいかにつけるのか、その過程と変化を、生活実態に即した枠組みや概念を用い、分析していくことが必要である。

3　セクシュアリティの多様化

女性のセクシュアリティの「発見」

一九世紀後半、ジョセフィン・バトラーは社会純潔運動を展開し、社会に広く蔓延する少女の売春や、白人奴隷として女性が国際的に売買されている事実を、白日のもとにさらした。一八八五年の刑法改正は、女性の性行為の合意年齢を一三歳から一六歳に引き上げる一方、男性の同性愛を違法化した。少女買春を取り締まる法律のなかに男性の同性愛を違法化する条項が含まれたのは、社会純潔運動の推進者は、この二つの「悪徳」はともに上流階級男性の過剰な欲望の結果であり、神聖視された家庭の純潔を侵すものとしてとらえていたからである。この時代、女性のセクシュアリティは母性に限定され、女性は性的に無知であり、性的な欲望はないものとみなされていた。産児制限の提唱までもが猥褻とみなされ、一八七七年にはブラッドロー＝ベザント裁判が起こった。一九世紀末から二〇世紀初めにかけて顕著となった、人口の質的低下への不安は母性への社会の関心を高め、母子福祉政策が打ち出されるとともに、関連ヴォランタリ団体が設立された。

性的な存在としての女性をひろく社会に認めさせたのは、一九一八年に出版されたマリー・ストープスの『結婚愛』であった。彼女は、一九一五年にアメリカで産児制限を訴えていたマーガレット・サンガーに会っており、その主張に共感していた。ストープスは二一年に、ロンドン北部にイギリス最初の産児制限クリニックを開設した。産児制限は、実際には一八七〇年代から行われており、ストープスの功績は産児制限を公然と語り得るものとした点にある。政府は三〇年に公立のマタニティ・クリニックにおいて、既婚女性に対してのみ産児制限の方法を教えることを了承した。戦間期には女性の性に関する書物が出版され、一部の若い女性は「自分たちこそ解放された女性の最初の世代」と自認した。結婚を男女の人格の結合とし、夫婦間の愛情の重要性を説く考え方が受け入れられるようになったが、それは性的快楽を婚姻の枠内にとどめ、女性の人生の中心に結婚をすえる考え方である。一方、女性を性的存在として認識することは、女性間の「親密な関係」を猥雑なものとみなすことにつながった。女性の同性愛が問題視され、一九二一年には女性間の「猥雑行為」を違法化しようとする改正が議論された。「沈黙は法律に優る」という理由でこの改正案は否決されたが、二八年には女性の同性愛を扱った小説『孤独の泉』が、猥雑文書として出版直後に発禁処分を受けた。『孤独の泉』裁判は、レズビアンの存在を公にすることとなったが、異性愛の喜びを発見しはじめた社会にとって、同性愛の問題は重視されなかった。

「寛容の時代」とその後

第二次世界大戦直後はカップル文化が興隆した時期である。大戦期のモラルの変化は戦後急速に「復帰」し、多くの人々は日常生活に戻った。とはいえ、一九五〇年代から性に関する態度の変化は起こっていた。売春及び同性愛に関する刑法を見直すことを目的にウルフェンデン委員会が五四年に任命され、五七年に報告書が公にされた。この報告書において、同意した成人間における私的な同性愛の行為を合法化することが勧告されるとともに、売春の客引き行為に関しては、より厳しい取締りを可能とした。五九年には、ポルノグラフィの出版に関する規制が緩和され、翌年の『チャタレイ夫人の恋人』の裁判は寛容の時代のはじまりを告げた。

六二年には避妊用ピルの使用が開始され、六七年には妊娠二八週目までの中絶が合法化され、既婚未婚を問わず、避妊に関する知識を無料で提供することが可能になった。七四年にはピルが無料で配布されるようになった。このような一連の変化は、生殖と性の営みを分離し、性的平等の達成につながるように思われるが、はたしてそうだろうか。寛容の時代において、女性の集会における話題の一つは性をめぐる問題であり、女性の「自由」な性は、結局男性の欲望を満足させるだけなのではないかという見方も示された。異性愛に潜む男女の力関係を認識したフェミニストの一部は、人間関係を女性同士に限り、男性との接触をさける「政治的レズビアニズム」ともいえる態度をとることもあった。こうした動きのなかで、自分がレズビアンであることを発見し、カミング・アウトする女性も多かった。すでに指摘したように、二〇世紀末までに「制度としての結婚」は揺らいだが、性的に惹かれあうカップルの「婚姻」がなくなったことを意味するわけではない。二〇〇四年に、同性間の「結婚」を公認し、異性間のそれと同様の権利とパートナー相互の義務を定めた「シヴィル・パートナーシップ」法が制定され、〇五年一二月から施行された。施行直後にロックスターのエルトン・ジョンが、長年の恋人とパートナーシップ関係に入り、大きく報道された。〇九年末までに約四万件の同性間のパートナーシップが誕生した。初期のパートナーシップは男性同士が多いものの、現在では男性同士のパートナーシップと女性同士のそれの数はほぼ均衡している。

二〇世紀を通して、女性の身体とセクシュアリティは常に「政治」の対象であった。人口の「質的低下」は為政者に母性保護政策の必要性を認識させたし、産児制限の普及による少子化は、「人口減少」の恐怖を巻き起こした。第2次世界大戦以前から、「人種混交婚」は嫌悪の対象であったが、第二次世界大戦後の新英連邦からの移民に対する「ホスト社会」の恐怖は『ピクチャー・ポスト』誌の記事が端的に示すように、「人種混交婚」への嫌悪、娘がカラード移民と結婚する恐怖という形をとり、女性のセクシュアリティに密接に関連する問題として認識された。戦後、多民族・多文化社会に向かうなかで、政治の側からは女性をそのエスニシティにしたがってカテゴライズする動きがあり、移民女性の母性は無視されることもあった。一方、マイノリティ・コミュニティの側も、アイデンティティの形成維持のために女性の身体のあり方を政治化した。政府、社会、コミュニティによる女性の身体とセクシュアリティの政治化に対して、女性もまた多様なアイデンティティ形成を行った。多様なアイデンティティは一見、女性としてのまとまりを阻害する要因のようにもみえる。女性のエスニシティの多様性に着目する第三波フェミニズムに対し、こうした危惧から批判されることもある。しかし、現在の「イギリス」女性はそのエスニシティにおいても生き方においても多様化し、画一的な像を結ぶことはない。それは、「女性」は多様な意識、欲求をもった存在であることを意味する。これまでにもまして、歴史学は多様なアイデンティティをもった「女性」の声を聞き取ることを求められている。

参考文献

伊藤航多・佐藤繭香・菅靖子『欲ばりな女たち――近現代イギリス女性史論集』彩流社、二〇一三年。

井野瀬久美惠『植民地経験のゆくえ――アリス・グリーンのサロンと世紀転換期の大英帝国』人文書院、二〇〇四年。

今井けい『イギリス女性運動史――フェミニズムと女性労働運動の結合』日本経済評論社、二〇〇三年。

荻野美穂『生殖の政治学――フェミニズムとバース・コントロール』山川出版社、一九九四年。

奥田伸子「女性科学者の「制度化」？　――ジェンダーの視点から」大野誠編著『近代イギリス科学の社会史』昭和堂、二〇二一年。

香川せつ子「「女性のプロフェッション」としての医業と医学教育――ロンドン女子医学校の教育戦略」香川せつ子・河村貞枝編書『女性と高等教育――機会拡張と社会的相克』昭和堂、二〇〇八年（同書には他にもイギリス女性に関わる論文が所収されている）。

河村貞枝『イギリス近代フェミニズム運動の歴史像』明石書房、二〇〇一年。

今井けい・河村貞枝『イギリス近現代女性史研究入門』青木書店、二〇〇六年。

佐藤繭香『イギリス女性参政権運動とプロパガンダ――エドワード朝の視覚的表象と女性像』彩流社。二〇一七年。

レイ・ストレイチー著、栗栖美知子他訳『イギリス女性運動史――一七九二―一九二八』みすず書房、二〇一八年。

武田尚子『戦争と福祉――第一次大戦期のイギリス軍需工場と女性労働』晃洋書房、二〇一九年。

L・ダヴィドフ、C・ホール著、山口みどり他訳『家族の命運――イングランド中産階級の男の女　一七八〇―一八五〇』名古屋大学出版会、二〇一九年。

林田敏子「女性と参政権運動」『岩波講座　世界歴史　第二〇巻　二つの大戦と帝国主義Ｉ　二〇世紀前半』岩波書店、二〇二二年。

林田敏子『戦う女、戦えない女――第一次世界大戦期イギリスのジェンダーとセクシュアリティ』人文書院、二〇一三年。

ジューン・パーヴィス著、香川せつ子訳『ヴィクトリア時代の女性と教育――社会階級とジェンダー』ミネルヴァ書房、一九九九年。

アンジェラ・ホールズワース著、石山鈴子・加地永都子訳『人形の家を出た女たち――二〇世紀イギリス女性の生活と文化』新宿書房、一九九二年。

堀内真由美『大英帝国の女教師――イギリス女子教育と植民地』白楊社・現代書館、二〇〇八年。

ジル・リディントン著、白石瑞子・清水洋子訳『魔女とミサイル――イギリス女性平和運動史』新評論、一九九六年。

ジューン・ローズ著、上村哲彦他訳『性の革命――マリー・ストープス伝』関西大学出版部、二〇〇五年。

ソニア・Ｏ・ローズ著、長谷川貴彦・兼子歩訳『ジェンダー史とは何か』法政大学出版局、二〇一六年。

山口みどり他編著『論点・ジェンダー史学』ミネルヴァ書房、二〇二三年（近刊）。

扉図出典：*Race Today*, Vol. 9, No. 7, December 1977.

コラムX

フェミニスト一九五〇年代スタイル
——M・サッチャー——

奥田伸子

一九五四年、『オンワード』という雑誌が働く母親にかんする文章を掲載した。筆者は双子を育てながら法廷弁護士として働き始めた女性である。彼女は、一日中子どもの面倒を見ているとイライラしてしまうが仕事のために子どもから離れている時間を持てば子どもとの時間は至福の時となると述べ、母親が毎日一定時間子どもから離れることの利点はより強調されるべきと主張した。当時の常識とはかけ離れた「働く母親擁護論」の筆者は、二八歳のマーガレット・サッチャーである。彼女には「私はウーマンリブには何の借りもない」という「迷言」もあり、自他共に認めるアンチ＝フェミニストである。

しかし、若き日には別の顔も見せている。彼女はオックスフォード大学で化学を専攻した後、企業の研究所に勤めながら法律の勉強を始めた。一九五〇年及び五一年の総選挙に保守党から立候補し敗退、政治活動のなかで知り合ったデニス・サッチャーと結婚した。「家庭重視」をかかげる当時の保守党の常識では、彼女の政治活動はこれで終了するはずであった。五三年に双子が生まれ、彼女は政治活動を一時中断した。同年、法廷弁護士となり働き始めた。母親業と弁護士業を両立させようとした動機について、「私にはキャリアが必要だ。私はそういう女なのだ」と語っている。先の文章はその頃書かれた。五六年以降、いくつかの選挙区で候補者となる道をさぐったが、回想録によれば、選考過程において常に家庭と政治との両立に質問が集中した。「家庭をもつ女性が選挙区のために十分な時間を割くことができるのか」、そしてあからさまに「幼い子どもの母親としての役割と、議員の役割の双方を本当に果たせると考えているのか」。こうした質問の背後に「庶民院は女の場所ではない」という無言の声を鋭く聞きつけ彼女は怒った。

サッチャーは首相在任中、働く母親の子育て支援の要求をかたくなに拒否した。その自己実現の過程においては夫の富によって勉強を継続し、乳母を雇い育児を任せながら「良き母」というアイデンティティを獲得した彼女にとって家庭と職業の両立は「自助努力」によって解決することであった。たしかに彼女はアンチ＝フェミニストである。しかし、「家庭は女性にとっての生活の中心であるべきだが野心の限界であってはならない」というフェミニスト議員の言葉に共感し、家庭と仕事の双方を獲得しようとするその姿は、六〇年代以降の中産階級女性に重なる。皮肉なことにサッチャーは第二波フェミニズムを先取りしたアンチ＝フェミニストなのである。

第十五章　都市建設のビジョンとシステム

長谷川淳一

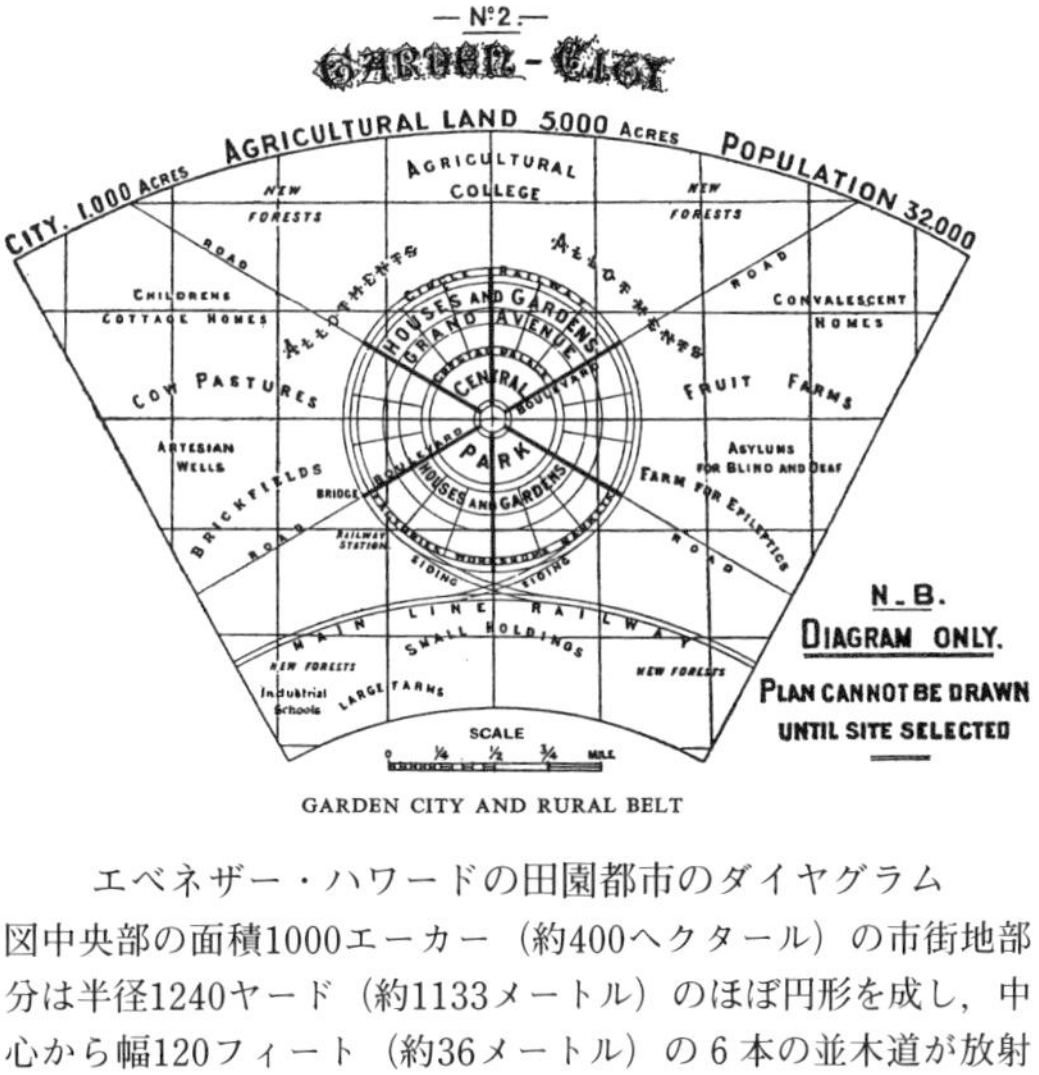

エベネザー・ハワードの田園都市のダイヤグラム

図中央部の面積1000エーカー（約400ヘクタール）の市街地部分は半径1240ヤード（約1133メートル）のほぼ円形を成し，中心から幅120フィート（約36メートル）の６本の並木道が放射状に伸びていた。市街地では，中心部に公園や公共施設，中間地帯に住宅，外周地帯に工場，倉庫，環状線の鉄道などが配されていた。

1799	9. ロバート・オーウェンら，ニューラナークを購入
1816	1. ニューラナークにイギリス最初の幼児学校を含む性格形成学院設立
1817	3. ロバート・オーウェン，貧困者・失業者のための理想村落の構想を提案
1848	8. 公衆衛生法制定
1851	7. 簡易宿舎法及び労働者階級宿舎法制定
1853	9. ソルテアの建設開始
1868	7. 職工・労働者住宅法制定
1875	6. 職工・労働者住宅改良法制定。8. 公衆衛生法制定
1879	9. カドベリー兄弟，ボーンヴィルに工場移転
1888	3. ポート・サンライトの建設開始
1890	8. 労働者階級住宅法制定
1898	10. エベネザー・ハワード『明日——真の改革にいたる平和な道』公刊
1899	6. 田園都市協会設立
1901	9. 田園都市協会第１回総会，ボーンヴィルで開催
1903	9. 最初の田園都市レッチワース建設のために第一田園都市株式会社設立
1906	8. ハムステッド田園郊外法制定
1907	5. ハムステッド田園郊外で起工式開催
1909	12. 1909年住宅・都市計画法制定
1920	4. ウェルウィン田園都市会社設立
1937	7. バーロー委員会設置
1940	1. バーロー委員会報告公刊。9. ドイツによるイギリス本土空襲開始
1941	2. コヴェントリー市議会がイギリスの戦災都市で最初に復興計画を採択
1942	9. アスワット委員会最終報告公刊
1943	2. 1943年都市農村計画法制定（都市農村計画省設置）
1944	11. 1944年都市農村計画法制定
1946	8. 1946年ニュータウン法制定。11. スティヴニッジ，ニュータウンに指定
1947	8. 1947年都市農村計画法制定
1949	7. 都市農村計画省，コヴェントリーの復興計画を承認
1953	5. 1953年都市農村計画法制定（開発負担金廃止）
1965	4. グレーター・ロンドン設立
1968	10. 1968年都市農村計画法制定
1971	10. 1971年都市農村計画法制定
1980	11. 1980年地方政府・計画及び土地法制定
1981	7. ロンドン・ドックランド開発公社設立
1986	4. グレーター・ロンドン廃止
1992	2. 環境省の計画政策指針12，都市計画分野の諸決定での環境重視の必要言明
1994	4. 単一再生予算設立
2000	7. グレーター・ロンドン再び設立
2004	2.『ロンドンプラン』公刊

1　工業化と都市建設のビジョンの展開

モデルタウンと公衆衛生

本章は、工業化・都市化による都市問題に直面した一九世紀以降のイギリスで展開した都市建設に関するビジョンと、そうしたビジョンがどういったシステムのもとで実現されようとしたのかについて、論じていく。

本章が注目する都市建設のビジョンとシステムとは、端的には、都市計画として捉えられるものである。人類史上最初の計画的な都市建設は、古代インダス文明を支えた都市の遺構にみられるとされる。その後もヨーロッパでは、古代ギリシアや古代ローマでの都市建設や都市改造、ルネッサンス期における軍事工学技術上の必要性と幾何学的な秩序美という理想を融合させた、都市形態の諸構想などの、特徴的な都市建設のビジョンが示されてきた。また、一六世紀末から一九世紀後半には、ローマ、ウィーン、パリなどで、装飾的で絵画的なバロックの芸術的特徴を表出するような、華麗な都市空間の形成を目指す大規模な都市改造が行われた。しかしそれらは、専制君主が自らの権力を誇示するために、大がかりな青写真をそのまま押しつけるような、国家的な政策の一手段であり、そこに、過密化する都市における市民の悲惨な生活や劣悪な住環境の改善という視点は、およそなかったと批判されてきた。

一方、工業社会の到来を意識して、職住一体となった理想的なコミュニティという、新しい都市の理念を示そうという動きがあった。その当初の担い手は、漸進的な社会改革を目指す、いわゆる社会改良主義者、とくに空想的社会主義者や、博愛主義の企業家などであった。そうした社会改良主義の都市建設の事例は、最初の工業国であるイギリスに多く、それらは、理想工業村、モデルタウンなどとよばれていた。ロバート・オーウェンやJ・S・バッキンガムの自給自足的なコミュニティの提案や、そうしたユートピア的な試みの影響を受けて一部の企業家が建設した、自社の工場労働者用の職住一体のコミュニティが有名である。なかでもよく知られたものに、一九世紀半ばに毛織物業者タイタス・ソルトがブラッドフォード近郊に建設したソルテアや、一九世紀末にチョコレート製造業者のカドベリー兄弟により建設が開始された、バーミンガム近郊のボーンヴィル、同じ頃に、石鹸製造業者のリーヴァ兄弟が建設に着手したリヴァプール近郊のポート・サンライトがある。

政府も、都市問題に対する取り組みをはじめていた。都市部での劣悪な衛生環境を改善する必要が伝染病の流行などによって強く認識され、一八四八年には公衆衛生法が制定された。同法にもとづいて地方保健委員会が下水と上水の整備、環境を害する経済活動の取り締まり、墓地の整備・規制などを行うものとされ、以降、都市環境に対する公的な規制が本格化していくことになった。一八五一年には、最初の住宅関連の法（簡易宿舎法及び労働者階級宿舎法）が制定され、地方自治体による、劣悪な住宅に対する立ち入り検査や、労働者階級用の住宅の建設が可能となった。また、一八六八年の職工・労働者住宅法によって、地方当局が不衛生な住宅の所有者にその修理、または解体を強制できるようになり、一八七五年の職工・労働者住宅改良法によって、地方当局が不衛生な住宅地区全体の建て替えをできることになった。さらに、一八九〇年の労働者階級住宅法によって、一戸建ての公営住宅を建設する権限が地方当局に与えられた。一方、一八七五年の公衆衛生法によって、地方当局にさまざまな条例を制定する権限が与えられ、そうした条例のなかには、新設する道路や下水道、建物の設置基準を設定する条例も含まれた。

田園都市

ただし、公衆衛生法にもとづき形成された条例住宅地は、二〇世紀のはじめに手厳しく批判された。条例に適合することのみを重視した結果、二階建てレンガ造りの連続住宅が延々と続く画一的で無味乾燥な光景が、既成市街地の縁辺部に広まっただけだ、というのであった。そうした批判の中心にいたのが、レイモンド・アンウィンであった。アンウィンは、イギリス産の都市建設のビジョンのなかでももっとも有名だとされる田園都市の理念の実現に努めた。この理念を生み出したのが、エベネザー・ハワードである。ハワードは、一八九八年に『明日――真の改革にいたる平和な道』（四年後に若干改訂され『明日の田園都市』と改題）を著し、そこに示した田園都市の理念を広めるべく、田園都市協会を設立した。彼は、都市計画や建築の専門家ではなかった。一八五〇年にシティの小商人の家に生まれ、一五歳で株式仲買人の事務員になり、二一歳でアメリカに移住し農業や速記者事務所勤務を経て帰英、法廷速記者となった。職歴に特筆すべき点はないが、帰英後に本格化していった社会改革者としての活動が、彼を世界的に有名にした。彼の社会改革観に重大な影響を及ぼしたとされるのが、トマス・モアの『ユートピア』や、一九世紀後半のアメリカの作家・社会改革者エドワード・ベラミーのユートピア小説『顧みて』であった。

ハワードの田園都市論の特徴として、都市と農村の長所の結合を目指すことを基本に、田園都市の人口規模を制限し、田園都市内にその住民のための生活や就業、娯楽各種施設を完備すべしとしたことがあげられる。また、地価の上昇により得られる開発利益の還元のために、田園都市の経営主体が土地を所有し私有は認めないとした。都会から離れた、地価の安い農地を買収して建設される田園都市は、本章扉図にもあるように、面積一〇〇〇エーカー（約四〇〇ヘクタール）で人口三万人の市街地と、これを取り囲む五〇〇〇エーカー（約二〇〇〇ヘクタール）で人口二〇〇〇人の農地とから成る構想であった。人口が三万二〇〇〇人を超えると、別の田園都市を建設し、それらが鉄道・道路で結ばれて都市集団を形成していくものとされた。一九〇三年には第一田園都市株式会社が設立され、ロンドンの北方約五五キロメートルの地点の用地が買収されて、最初の田園都市レッチワースの建設が開始された。一九二〇年には第二の田園都市ウエルウィン建設のための田園都市会社が設立された。田園都市の理念は日本も含めて世界的に広められ、実践されてきた。この広まりにもっとも貢献した事例が、上記のアンウィンが設計を任されたレッチワースとハムステッド田園郊外であった。

アンウィンの父は小実業家だったが、一八七〇年代初めにオックスフォードに移り学外講師となり、経済史家で世界最初のセツルメントであるトインビー・ホールを設立した、アーノルド・トインビーらと親交を持った。一八六三年生まれのアンウィンは、評論家、美術評論家でナショナル・トラスト設立の中心の一人であるジョン・ラスキンや、詩人、デザイナー、社会主義者のウィリアム・モリスの謦咳に接し多大な影響を受け、八〇年代半ばにはモリスの設立した社会主義同盟に参加し、その後、フェビアン協会に加わっている。一八歳の時にある企業の見習いとなり、製図工として住宅配置の基本を学んだ。その後、一八九六年に義弟パーカーとともに設計事務所を設立し、レッチワースやハムステッドなど数々の住宅地設計に携わった。とくに、ロンドンの都心から北に約八キロメートルに位置するハムステッド田園郊外の設計では、住宅地設計の手法としてクルデサック（袋小路）を多用し、道で囲まれた庭園のような空間を創出したと評価されている。ハムステッドの建設は、社会改良運動家のヘンリエッタ・バーネットが設立した信託会社と、協同出資型の労働者階級住宅供給の推進者、ヘンリー・ヴィヴィアンが設立した複数の協同出資型住宅会社とによって進められた。当初、ヴィヴィアンが協同出資型住宅の開発を、財政的な懸念からむしろ中流階級向けとしたこともあって、バーネットが重視したさまざまな階級の混住が実現したとはいえず、また、大都市近郊での自足性のない開発が、ハワードの理念に対する背信だとの類の批判にもさらされたが、低密度での開発を行うために一九〇六年に特別に制定されたハムステッド田園郊外法は、以下にみる一九〇九年住宅・都市計画法の先鞭をつけたとされている。

2　福祉国家建設と国土再建

画期としての一九四〇年代

都市計画という言葉を冠した最初の法律である一九〇九年住宅・都市計画法は、当時の最大の都市問題である無秩序な郊外化に対する備えをねらいとしたものでもあった。法案の審議で指摘されたように、一九〇八年までの一五年間で、東京都の面積に近い五〇万エーカー（約二〇万ヘクタール）の農地が宅地化していた。審議では、ハムステッドやボーンヴィル、ポート・サンライトなどが手本として強調され、今後の開発における良好な衛生条件やアメニティの確保を謳った同法が制定されたのである。

しかし、第二次世界大戦前の都市計画は行政上の欠陥のゆえに、十分な効果はあげられなかった。まず、計画の認可や変更に関する手続が煩雑で長時間を要した。また、開発の規制や土地収用に対する補償が高額になることが予想され、そのためとくに既成市街地の抜本的な再開発は事実上不可能だとされた。そうしたなか、ロンドンやイングランド南部への産業と人口の集中と、世界恐慌で浮き彫りにされた、イングランド北部など旧基幹産業に依拠する地域での経済的衰退や人口流出に関する関心が高まった。一九三七年に政府が設置した産業人口の配置に関する王立委員会（議長の名をとって、通称バーロー委員会）は、政府が国家的な見地に立って、産業と人口の適正な配置を促進していくこと、その際に、権限を強めた都市計画が産業や人口の分散のために重要な役割を果たすべきこと、とくにロンドンの過密に対しては、田園都市などの建設による分散を図ることなどを主張する報告を、一九四〇年のはじめにまとめた。

すでに第二次世界大戦は勃発しており、人的疎開や軍需生産のための工場疎開が、産業や人口の分散にとっての格好の機会となった。そこへ、一九四〇年秋以降のドイツによるイギリス本土空襲が、都市計画にとっての最大の刺激をもたらし、一九四〇年代がイギリス都市計画史において、画期的な時代とみなされるような展開が続いた。第一に、それまでになかったタイプの計画が作成された。まず、空襲による都市の破壊が、不可能とされた既成市街地の抜本的な再開発を現実の課題にした。被害はロンドン及び二〇ほどの地方都市でとりわけ甚大だった。空襲の主要な標的は、各都市の繁華街や市庁舎などがあるシティ・センターで、被害もそこに集中した。戦時政府は戦災都市当局に、包括的・抜本的な再開発計画の作成に取り組むことを奨励し、多くの戦災都市が、既存の道路網や土地利用を大幅に改編したシティ・センター再開発の計画を作成した。コヴェントリーやプリマスの計画は、そうした抜本的な再開発を実現した事例としてとくに有名である。一方、一九四六年にはニュータウン法が制定され、都市農村建設大臣が、関係する地方当局との協議にもとづき、ニュータウンを指定するものと定められた。同年一一月にロンドンの北方五〇キロメートルに位置するスティヴネッジがニュータウンに指定されたのを皮切りに、同法にもとづき、イギリス全土で二八のニュータウンが建設された。そのうちの一四は一九五〇年までに指定を受けており、さらにそのなかの八は、バーロー委員会報告で謳われたように、ロンドン周辺のニュータウンであった。

第二に、ニュータウン建設や戦災復興の計画の多くが、政府や地方当局からコンサルタントに任命された在野の都市計画家によって作成された。そうしたコンサルタントの代表的な人物が、パトリック・アーバークロンビーであった。一八七九年生まれのアーバークロンビーは、建築家としてキャリアをはじめ、後にロンドン大学などの都市計画学科の教授をつとめた。大戦中にコンサルタントとして作成した計画のなかでも、戦災都市プリマスやハルの計画や、首都を囲むグリーンベルトやニュータウンを提起したグレーター・ロンドン・プランはとくに名高い。第三に、一九四七年都市農村計画法は、戦後のイギリスにおける都市計画の基本法として、開発規制の原則や、土地の開発権は国に帰属するとの原則をうちたてた。すなわち、いかなる開発も地方当局が策定する開発計画にてらして、地方当局によって許可（計画許可）を得ることを必要とし、許可された場合には、それにもとづく地価の増価分が土地所有者のふところに入るのではなく、開発負担金として公共利益のために国に徴収されることとなったのである。

一九四〇年代の都市計画が促すコンセンサス論の再考

こうした一九四〇年代の都市計画は、イギリス現代史研究での重要な論点であるコンセンサス論の再考を促した。そもそもコンセンサス論とは、第二次世界大戦初頭から開始された戦後再建の検討において、公的介入が重視され、福祉国家の創出と維持を目指す保革の合意が形成され、この合意が戦後約三〇年間にわたり定着したとする議論である。この従来のコンセンサス論に対して、ニュー・ライトの識者や政治家はきわめて批判的であった。ニュー・エルサレム、すなわち理想的な戦後社会や福祉国家の創出を目指した福祉偏重、産業再建軽視の戦後再建がイギリスの長期的衰退を助長したというのであった。また、専門家のなかには、戦後の都市計画が解決策を非民主的に、上意下達式に押し付けたと論じる者もいた。一九八七年の保守党大会ではサッチャー首相が、住民の意向をまったく顧みずに自らの理想を追求するだけの都市計画家が地域社会を破壊したとの批判を展開した。

しかし、戦後再建期の都市計画に関する研究が進んだ結果、この分野ではまず、保革の合意よりも、労働党と保守党間の政策上の相違がより重視されるようになった。一九四七年都市農村計画法で定められた開発負担金は、一九五一年に保守党が政権につくと、土地取引を停滞させる要因だとみなされ、一九五三年都市農村計画法で廃止された。また保守党は、ニュータウン建設を中央政府による過度の直接介入とみなしたため、一九五〇年代にはニュータウンの指定が一つしかなされなかったとされる。しかも、ニュータウンの指定に関しては、指定の具体的な基準がきわめて不明確で、指定が恣意的になされたとの批判さえあった。個別都市での戦災復興の事例に眼を向けても、地方議会で労働党が優勢だったコヴェントリーやプリマスが、商業地域を中心に抜本的な再開発を行ったのに対し、保守党が優勢だったポーツマスは、地元商業関係者の既得権益を当初から優先し、既存の道路網や土地利用にあまり手を加えない計画を構想した。また、一九四〇年代の労働党政権下で、戦前からの田園都市ウェルウィンがニュータウンに指定されたのに対して、もう一つのレッチワースでは、労働党多数の地方議会がニュータウン指定の受け入れを望む一方、第一田園都市株式会社は国家事業化に反対し、住民の多くも会社側に同調して、ニュータウン指定がみおくられるということがあった。

第二に、産業再建を無視して都市計画の理想が追求されたわけでも、都市計画が上意下達式に押し付けられたわけでもないことが明らかにされてきた。一九四〇年代の苦しい経済状況では輸出振興、すなわち工業生産が最優先された。政府が都市計画の優先順位を下げるなか、戦災都市のなかでもハルやサウサンプトンは高名なコンサルタントが作成した計画を放棄し、地元商業関係者が望んだ手っ取り早い復旧を目指した。実際、政府からの財政援助が滞り、戦災復興が遅々として進まないなかで、地方当局が計画を上意下達式に押し付けることなどおよそ不可能であった。コヴェントリーやプリマスでさえも、地元商業関係者にある程度譲歩し、あるいは、市民の計画への支持の確保に尽力する必要があった。そして、画期を成した一九四〇年代に華やかに活躍した在野の都市計画家が、一九四七年都市農村計画法にもとづくその後の地方当局の計画の作成に携わることはすっかりなくなった。

3　規制・介入基調からの脱却のゆくえ

規制緩和の加速化

一九四七年都市農村計画法にもとづく開発規制、すなわち地方当局の開発計画にてらし、個別の開発の許可（計画許可）が与えられて初めて開発が可能となるシステムに対しては、現実のニーズに適応できていないとの批判が高まった。開発計画では、本来示されるべき開発の基本的方向が往々にして不明確で、むしろ内容が詳細すぎて計画自体の承認に手間取り、また、個々の計画許可を得る手続も煩雑で、結局、開発の遅滞を引き起こしているというのであった。そこで一九六八年及び七一年都市農村計画法が相次いで制定され、開発計画が県レベルで策定され、開発の基本的方向を示す計画（ストラクチャー・プラン）と、市町村レベルで策定される詳細計画（ローカル・プラン）の二層の計画から成るシステムが導入された。

しかしこの二層の計画システムでも、計画許可を得る手続が煩雑で開発が遅滞しているといった批判が根強く残るなか、サッチャー政権の到来で、都市計画は抜本的な変革を迫られた。まず、一九八〇年地方政府・計画及び土地法によって、ストラクチャー・プランの承認を待たずにローカル・プランを策定、承認できるものとすることで、開発計画策定に関連する県レベルの権限を実質的に大幅に削減し、ローカル・プランに重心を移すようにした。また同法は、都市開発公社の設立や、エンタープライズ・ゾーンの指定なども盛り込んでいた。都市開発公社は、指定された地域の都市再生のための土地収用から基盤整備までを、いわば国の直轄で行い、整備された用地を民間に払い下げ、また、申請される民間開発に地方当局に代わり許可を与えた。エンタープライズ・ゾーンは、企業誘致を目的に、一〇年間の地方税免除や、エンタープライズ当局が策定した計画との適合を条件とした自動的な計画許可といった、税制・都市計画規制上の緩和を行うゾーンである。いずれも地方当局による開発規制を、民間による経済利益の追求にとっての障害とみなし、開発計画を決定する原理として市場のニーズを最優先したものであった。一九八一年には都市開発公社の皮切りとして、ロンドン・ドックランド開発公社が設立され、その翌年には地区内にエンタープライズ・ゾーンも指定され、大規模な再開発が進んだ。このウォーターフロントの再開発で、同地区のカナリー・ウォーフは、高層ビルが建ち並ぶ金融・ビジネスセンターに生まれ変わった。しかし、この国家と企業による再開発は、地方レベルでの民主主義を抹殺し、旧来の地域住民を蔑ろにしたものと厳しく批判されてもきた。

いずれにせよサッチャー政権下では、地方当局による公的介入を否定する諸政策が次々と行われた。公共住宅の建設戸数が、一九七九年の一〇万戸強から九二年には三万戸弱に落ち込む一方で、その間に約一七六万戸の公共住宅が売却された。都市計画の制度面では、グレーター・ロンドンをはじめとする大都市圏の地方当局は廃止され、これら大都市圏での開発計画は、従来のストラクチャー・プランとローカル・プランの内容を合わせもち、市町村やロンドン特別区によって策定される、統合開発計画に集約された。そのねらいは、ストラクチャー・プランを排除して、計画立案の迅速化や開発に関する手続の簡略化を図ることにあった。大都市圏以外についても、いずれストラクチャー・プランを廃止する方針が示された。また、一九八〇年代末までに多くのニュータウン開発公社が廃止され、住宅や土地を売却、移管するものとされた。

新たなシステムの模索

しかしサッチャー首相の退陣後、都市計画に関する規制緩和の加速化にある種のブレーキがかかった。環境問題への関心が増し、持続可能な発展の必要が強調されるなか、市場優先・開発促進型の規制緩和志向の都市計画に対する反省から、一九九二年の環境省の政策指針文書である計画政策指針一二は、都市計画分野での諸決定において環境を重視する必要を言明した。一方、一九八〇年代の住民主体の再開発が、都市再開発のあり方の大きな変化を促すようになっていた。これは、パートナーシップとよばれる組織形態にもとづく参加協働型の地域再生という形で進められた。その代表的な事例に、ロンドンのテムズ川のサウスバンクにあるコイン・ストリート地区で展開された、低所得層中心の地域住民組織による再開発がある。メイジャー政権では、地方当局、企業、ボランティア組織などにより構成される、パートナーシップの意思決定にもとづく地域再生の推進が図られた。とくに一九九四年の単一再生予算は、従来五つの省庁に縦割りに計上されていた地域再生関連予算の二〇の補助金を統合し、最長七年間の補助を行う包括補助金制度を柱としており、パートナーシップは補助金の申請に際して、地域住民の雇用や福祉の拡充、地域の環境の保護や治安の改善などを重視した事業計画を求められた。

労働党のブレア政権になって以降も、パートナーシップを重視したさまざまな地域再生政策が進められた。同政権の、より広域的な地域を単位としての分権強化志向のゆえに、ストラクチャー・プランとローカル・プランは結局廃止されたが、二〇〇〇年には再びグレーター・ロンドンが設立され、二〇〇四年には、市民の健康、機会の公平、イギリスでランドンプラン』が発表された。

の持続可能な開発への貢献を目的に謳った、グレーター・ロンドンの開発や土地利用に関する計画である『ロンドンプラン』が発表された。そのなかで、ロンドン東部の衰退した工業地帯であるロウアー・リー・ヴァリーを二〇一二年オリンピックの中核におき、同地区再生の原動力とすることが記されている。

こうした近年の地域再生に対する評価はさまざまであるが、長いスパンで考えれば、田園都市にみられたようなコミュニティ重視の部分が再び色濃くなってきているといえよう。同時に、土地利用や基盤整備の将来図を描いた都市計画という、実際には物的なものを中心にしていた都市設計のビジョンが、より包括的な諸要素を考慮した、ハードからソフト重視のものに変わっていることは確かであろう。

参考文献

相田武文・土屋和男『都市デザインの系譜』鹿島出版会、一九九六年。

W・アシュワース著、下總薫監訳『イギリス田園都市の社会史――近代都市計画の誕生』御茶の水書房、一九八七年。

岩見良太郎『「場所」と「場」のまちづくりを歩く――イギリス篇・日本篇』麗澤大学出版会、二〇〇四年。

岡田章宏『近代イギリス地方自治制度の形成』桜井書店、二〇〇五年。

J・B・カリングワース著、久保田誠三監訳『英国の都市農村計画』都市計画協会、一九七二年。

菊池威『田園都市を解く――レッチワースの行財政に学ぶ』技報堂出版、二〇〇四年。

香山壽夫『都市デザイン論』放送大学教育振興会、二〇〇六年。

白石克孝編『英国における地域戦略パートナーシップへの挑戦』公人の友社、二〇〇八年。

高寄昇三『現代イギリスの都市政策』勁草書房、一九九六年。

武川正吾「住宅政策」毛利健三編著『現代イギリス社会政策史――一九四五～一九九〇』ミネルヴァ書房、一九九九年。

ゴードン・E・チェリー著、大久保昌一訳『英国都市計画の先駆者たち』学芸出版社、一九八三年。

ニック・ティラッソー他著『戦災復興の日英比較』知泉書館、二〇〇六年。

東郷尚武『ロンドン行政の再編成と戦略計画』日本評論社、二〇〇四年。

都市みらい推進機構編、イギリス都市拠点事業研究会著『検証イギリスの都市再生戦略——都市開発公社とエンタープライズ・ゾーン』風土社、一九九七年。

都市みらい推進機構編『都市をつくった巨匠たち——シティプランナーの横顔』ぎょうせい、二〇〇四年。

中井検裕「イギリス」民間都市開発推進機構都市研究センター編『欧米のまちづくり・都市計画制度——サスティナブル・シティへの途』ぎょうせい、二〇〇四年。

西山八重子『イギリス田園都市の社会学』ミネルヴァ書房、二〇〇二年。

西山康雄『アンウィンの住宅地計画を読む——成熟社会の住環境を求めて』彰国社、一九九二年。

馬場健『戦後英国のニュータウン政策』敬文堂、二〇〇三年。

エベネザー・ハワード著、長素連訳『明日の田園都市』鹿島出版会、一九六八年。

日端康雄『都市計画の世界史』講談社、二〇〇八年。

福士正博「環境政策——土地利用を中心に」毛利健三編著『現代イギリス社会政策史——一九四五～一九九〇』ミネルヴァ書房、一九九九年。

横山北斗『福祉国家の住宅政策——イギリスの一五〇年』ドメス出版、一九九八年。

ケン・リビングストン編、ロンドンプラン研究会訳『ロンドンプラン——グレーター・ロンドンの空間開発戦略』都市出版、二〇〇五年。

扉図出典：E. Howard, *Garden Cities of To-morrow*, London, Faber and Faber, 1946, p. 52.

第十六章　社会思想のあゆみ

光永雅明

J・S・ミル（右）
ジョン・ブライト（左）とともに「貴族階級」の批判者として描かれている。ミルが自由党下院議員だった1867年２月に発表された諷刺画（ジョン・テニエル作，部分）。

1688	11. 名誉革命がはじまる
1689	10. ジョン・ロック『統治二論』出版
1759	4. アダム・スミス『道徳感情論』出版
1776	3. アダム・スミス『国富論』出版
1789	ジェレミ・ベンサム『道徳および立法の諸原理序説』出版。7. フランス革命はじまる
1790	11. エドマンド・バーク『フランス革命の省察』出版
1820	5. ロバート・オーウェン，『ラナーク州への報告』を提出（出版は1821年）
1832	6. 第一次選挙法改正
1834	8. 新救貧法制定
1843	4. トマス・カーライル『過去と現在』出版
1848	4. J・S・ミル『経済学原理』出版
1859	2. J・S・ミル『自由論』出版
1862	6. ジョン・ラスキン『この最後の者にも』出版
1867	8. 第二次選挙法改正
1872	6. ベンジャミン・ディズレーリ「水晶宮演説」
1874	2. 保守党第二次ディズレーリ内閣成立
1881	1. トマス・ヒル・グリーン，「自由主義的立法と契約の自由」を講演 6. 民主連合設立
1884	1. フェビアン協会設立
1891	ウィリアム・モリス『ユートピアだより』出版
1897	ビアトリス・ウエッブ，シドニー・ウエッブ『産業民主主義』出版
1899	10. 南アフリカ戦争開始
1902	J・A・ホブスン『帝国主義論』出版
1908	4. 自由党アスキス内閣成立
1911	L・T・ホブハウス『自由主義』出版
1918	2. 労働党，「生産手段の共同所有」を目的にうたう新綱領を採択
1924	11. J・M・ケインズ，「自由放任の終焉」を講演（1926年にパンフレットとして出版）
1936	2. J・M・ケインズ『雇用，利子および貨幣の一般理論』出版
1938	5. ハロルド・マクミラン『中道』出版
1942	12. ウィリアム・ベヴァリッジ『ベヴァリッジ報告』出版
1944	3. F・A・ハイエク『隷従への道』出版 11. ウィリアム・ベヴァリッジ『自由社会における完全雇用』出版
1945	7. 労働党アトリー政権成立
1956	10. アンソニー・クロスランド『社会主義の将来』出版
1960	1.『ニューレフト・リヴュー』創刊
1979	5. 保守党サッチャー政権成立
1997	5. 労働党ブレア政権成立
1998	9. アンソニー・ギデンズ『第三の道』出版

1　自由主義の台頭

経済的自由主義の誕生

本章では、近代のイギリスにおける主要な社会思想である自由主義、社会主義、そして保守主義の歴史を概観する。無論、これらの思想の起源はそれぞれ古くまで遡ることができよう。しかし「自由主義《リベラリズム》」、「社会主義《ソーシャリズム》」、「保守主義《コンサーヴァティズム》」という言葉が英語の語彙として登場したのは一八一〇～三〇年代にかけてであった。これらの思想がそれぞれ一定の独自性をもつものとして発展し、またそのように人々に認識されたのは、この時期以降といってよいだろう。そこで、本章は主として一九、二〇両世紀を対象として、これらの思想の展開を跡付けることとしたい。

まず本節では、ヴィクトリア時代中期に至る自由主義の発展を概観する。多様な思潮が混在する自由主義の定義は容易ではないが、人間を何よりも個人としてとらえ、その個人の自由を確立することに中核的な価値をおく思想と概括的に述べることも許されよう。その構成要素である政治的自由主義の基盤は、近世の自然権思想により形成された。すなわちジョン・ロックは名誉革命直後に刊行した『統治二論』（一六八九）において、人は生命、自由、財産への自然権を守るために社会契約によって共同体を結成したのであるから、共同体から発展した国家は人々の自然権を侵してはならないと論じたのである。

しかし、自由主義の大きな柱である経済的自由主義の思想は、一八世紀後半にようやく誕生した。当時のスコットランドではデイヴィッド・ヒュームなどによる啓蒙思想の興隆がみられたが（「スコットランド啓蒙」とよばれる）、そのなかで本格的に商業社会を分析したのがアダム・スミスであった。スミスは『国富論』（一七七六）において、個人が各々の自己愛にもとづいて生産物を交換することが、分業と商業社会の経済的発展を推進し、市場は需給関係の自動調整によって商品の価格を「自然価格」に近づけると論じた。すなわち個人による私益の自由な追求こそが、「見えざる手」によって公益を生み出すのであり、重商主義政策はこの観点からも批判された。スミスの経済思想を発端に、市場の自己調整メカニズムに信頼が寄せられ、国家による経済への介入を最小限に留めようとする経済的自由主義の礎石が築かれたといえよう。スミスの思想はイングランドにも移植され、自由貿易理論を精緻化したデイヴィッド・リカードらにより、体系的な「政治経済学」として発展した。

経済的自由主義をさらに推進するとともに急進的な民主的改革を提唱したのが、法学者のジェレミ・ベンサム、東インド会社に勤務するジェイムズ・ミル、J・S・ミル父子らである。哲学的急進派とよばれた彼らはまず、スミスの経済的自由主義を受け継ぎ、J・S・ミルの『経済学原理』（一八四八）など影響力のある政治経済学の著作も彼らから生まれた。他方、彼らはベンサムの功利主義思想にもとづき、急進的改革を提唱していった。すなわちベンサムは『道徳および立法の諸原理序説』（一七八九）において、人は苦痛を避け快楽を求めることが自然により定められており、社会はかかる個人の総和に他ならないとした。さらにこの快楽主義的な人間観と原子的社会観をもとに、「最大多数の最大幸福」の実現こそが統治の目的であるとの主張が展開された。哲学的急進派は、この統治原則にもとづき土地貴族など特定利害による支配を批判するとともに（扉図参照）、急進的な民主的改革を——たとえばベンサムは、原理的には女性を含む普通選挙の導入を——提唱したのである。

なお国家や社会からの個人の自由を強調する議論は、J・S・ミルの『自由論』（一八五九）で補強された。ミルはロマン主義の影響のもと、個人がその個性を能動的に発展させることが幸福に不可欠であるとした。しかもミルは、同調圧力が強い大衆社会の到来によって、個性の自由な発展は危機に瀕しているととらえ、他者に危害を与えない限り、個人は思想と行動の完全な自由をもつべきだと主張したのである。ミル父子の著名な植民地論にも触れておこう。ミル父子はスコットランド啓蒙思想などに影響された比較的単線的な文明発達史観にもとづき、イギリス側がインドなど「遅れた」植民地を統治するのは正当とした。ただし人種ないし民族間の生得的・固定的な差異は少なく、イギリス側による賢明な統治が、植民地側の住民と社会の改善を生むと論じたのである。

古典的自由主義の成立

以上のようにヴィクトリア時代中期までには、国家に対する個人の自由、とくに市場における経済活動の自由を重視する自由主義思想が発展し、これは今日、古典的自由主義とよばれている。もっとも、古典的自由主義は個人の自由の無条件な礼讃ではない。人は公平で中立的な観察者の「同感《シンパシー》」が得られるように行動すべきだとスミスが『道徳感情論』（一七五九）で説いたように、自由は何らかの徳性や道徳感情で抑制されるべきであった。商業社会における徳の可能性というスコットランド啓蒙の問題関心が、スミスらを介して古典的自由主義に流れ込んでいるともいえよう。自由競争原理のみにもとづく社会経済体制への懸念もJ・S・ミルにはうかがえる。ミルはサン＝シモン主義の影響のもと、社会制度の歴史的可変性を認め、労働者間での協同組合事業の拡大などを通じて、将来的には競争と協同の双方の原理に基づく社会経済体制がとられることを、『経済学原理』などで展望したのである。

だが貧困や経済不況など、新しい経済社会のなかで生じる諸問題を国家が積極的に解決すべきとの議論は、十分に展開されなかった。スミスが『国富論』で国防、司法、道路などの整備、民衆の子どもへの教育を国家の正当な任務としたように、古典的自由主義においても国家の一定の役割は認められていた。とくに、新救貧法の制定（一八三四）など、自由競争市場の条件整備は国家の重要な役割とされた。しかし、国家が個人の自由を抑圧することへの警戒心もまた強く、国家の機能は必要最小限なものを除き、できる限り縮小することが望ましかった。したがってJ・S・ミルは、労働時間の法的規制など多くの例外を認めつつも、個人の自由の保護、政府の専制的権力の抑制などの理由をあげて、「自由放任」が「一般原則」であると『経済学原理』で宣言したのである。

2　社会主義と保守主義の展開

初期社会主義と社会主義の「復活」

古典的自由主義とほぼ並行して、その対抗思想としても発展していったのが社会主義と保守主義である。社会主義の

図16－1　ウエッブ夫妻

ウエッブ夫妻は『産業民主主義』（1897）など多数の共著によってフェビアン社会主義の発展に貢献した。写真は「文明的な生活のナショナル・ミニマム」の達成を求めて救貧法の解体キャンペーンを展開した1909年から1911年頃のもの。

出典：Beatrice Webb, *Our Partnership,* ed. by Barbara Drake and Margaret I. Cole, London, Longmans, Green, 1948.

定義も困難であるが、人間を本質的に社会的存在と把握し、人々の協働により生産された富の社会的管理を目指す思想と概括することも許されよう。その基礎を築いた初期社会主義者の代表がロバート・オーウェンである。裕福な工場主のオーウェンは、ナポレオン戦争後の不況期に現行社会への批判を強め、『ラナーク州への報告』（一八二〇）において、自給自足的で分業原理の克服をも目指す共同体の設立を提唱した（実験的な共同体は英米両国で建設されるがまもなく破綻）。またオーウェンの信奉者は生産協同組合事業も開始した。オーウェンは、人間の性格は環境により形成されるため、適切に組織された共同体において人々の教育と労働を科学的に管理すれば、人間を合理的にして豊かな富を生産することは可能だと論じた。哲学的急進派らが提唱しているのは「徹底的な個人的競争制度」であり、それに代わる社会経済体制が必要だとオーウェンは主張したのである（『オーウェン自叙伝』〔一八五七〕）。

しかしオーウェン主義の運動は、消費協同組合運動を除き、一九世紀半ばには衰退へと向かう。オーウェンとは異なり、社会主義が国家権力の積極的な行使も展望する思想として復活したのは、一八八〇年代においてである。「復活」にはマルクス主義者が少なからず貢献した。一八八一年には、カール・マルクスの『資本論』を読んでいたH・M・ハインドマンが、土地国有化などを提唱する「民主連合」（後に「社会民主連合」と改称）を設立した。また「社会民主連合」を離脱し、エリノア・マルクス（マルクスの娘）らと「社会主義者連盟」を結成したウィリアム・モリスは、ジョン・ラスキン（後述）にも影響されて、労働における芸術性と創造性の回復を訴え、小説『ユートピアだより』（一八九一）では社会主義的な理想郷を描き出した。

だが中流階級以上の世論への影響力において勝っていたのは、社会主義の漸進的な実現を訴えるフェビアン協会であった（協会名は、好機到来までハンニバルとの正面戦を避けたファビウス・マクシムスによる）。同協会は一八八四年に結成され、指導層にはシドニー・ウエッブら中流階級の知識人が多く含まれていた。そのウエッブは協会のマニフェスト『フェビアン社会主義論集』（一八八九）において、過去一世紀の間にイギリスでは、当初は優勢であった「産業上の個人主義」が衰退する一方、国や地方自治体による産業の運営や管理などが進行しており、「社会主義の進歩」は歴史的趨勢であると論じた。現在必要なのは、その趨勢をさらに推し進めることであった。その基本的な手段の一つとして、ウエッブが妻ビアトリスとともに共著『産業民主主義』（一八九七）などで提唱したのは、教育、衛生と安全、余暇、賃金などの「ナショナル・ミニマム」（最低限の国民的水準）をさまざまな国家干渉を用いて達成することであった（図16-1）。その達成は「国民的効率」を高めイギリスの国際的地位を確保するという点からも意義づけられ、協会は南アフリカ戦争時には帝国主義政策も支持した。またこれらの政策は、新政党の設立ではなく既存政党への各種圧力によって実現することが目指された。とくに南アフリカ戦争前後に、ウエッブらはローズベリ卿ら自由党内の帝国拡張派に接近していったのである。

近代的保守主義の誕生とワン・ネイション保守主義

一九世紀における保守主義の展開に目を転じよう。近代に特有の保守主義とは、啓蒙的合理主義に根差す急進的な政治的、社会的変革に抵抗し、伝統的制度や価値観による社会秩序の維持や回復を目指す思想と概括できよう。その基礎を築いたのは『フランス革命の省察』（一七九〇）を著したエドマンド・バークである。バークは、啓蒙的理念としての「人間の権利」など抽象的な原理にもとづく統治は破壊的であるとし、不完全でしかあり得ない人間が過ちを犯さないためには、先人の知恵の結晶たる伝統を重んじ、イギリス国制など歴史的試練を経た（バークの用語では「時効」にもとづく）統治権力や政治制度を尊重すべきだと論じた。しかし、バークは経済思想においてはスミスに近い面を有しており、経済的自由主義への保守派の理論的な批判は、主としてロマン派の文学者から生まれた。トマス・カーライルは『過去と現在』（一八四三）などにおいて、政治経済学にもとづく自由放任主義を批判し、有能な指導者を頂点とする恒久的な雇用関係を保障した、権威主義的産業体制を確立することを提唱した。なおカーライルは「黒人問題に関する特別講演」（一八四九）において、怠惰な黒人は「生まれながらの支配者」である白人によって労働を強制されるべきだと論じた。カーライルの議論は、この時期以降強くなっていく、人種・民族間の生得的な差異を強調する多様な議論の端緒の一つとなったのである。またジョン・ラスキンは、中世の職人世界に範をとり労働の創造性や芸術性を強調する一方、『この最後の者にも』（一八六二）で政治経済学の中核的概念も批判し、生産物それ自体は富ではなく、人間的諸能力を発展させた多数の人々が消費することによってのみ富となると論じた。

より現実的な、また大衆民主主義に対応した保守主義は保守党の内部から生じた。ベンジャミン・ディズレーリは小説『シビル』（一八四五）などにおいて、工業化の進行によりイギリス人が「富者と貧者」という「二つの国民」に分裂して両者の対立が深まることを懸念し、それを回避するためには支配層が被支配層を温情的に保護すべきであると訴えた。その後ディズレーリは、一八六八年に首相として労働者階級の上層部に参政権を拡大し（第二次選挙法改正）、野党時代の一八七二年には、自由放任主義から一線を画した、民衆の健康的生活に配慮する政党として保守党を位置づけ（ロンドンの水晶宮での演説など）、第二次ディズレーリ内閣では公衆衛生の拡充なども進めた。支配階層が社会改良政策を進めつつ国民統合を図る保守主義は、後に「ワン・ネイション保守主義」とよばれていくが（ランドルフ・チャーチルの「トーリー・デモクラシー」もここに含まれる）、ディズレーリはその礎石を築いたといえよう。またディズレーリは一八七二年の演説で、国教会、貴族制、君主制の擁護に加え、帝国の維持も保守党の主目標に据えた。国内の社会改革と帝国主義的拡張政策を一体化して進める「社会帝国主義」は、世紀転換期にジョゼフ・チェンバレンらによって推進されるが、その萌芽的な形態をディズレーリの保守主義のなかにみいだすこともできよう。

3　現代的自由主義への転換

新自由主義の展開

一九世紀末になると、社会調査による貧困の再発見や、社会主義、保守主義の発展にも刺激されて、自由主義は大きな変貌をとげる。個人の自由のためには国家のさまざまな機能の拡大がむしろ必要であるとする、今日でいう「現代的自由主義」（「社会的自由主義」ともよばれる）が二〇世紀半ばにかけて台頭するのである。

まず一九世紀末から二〇世紀初頭にかけては、古典的自由主義を離脱して国家によるさまざまな干渉政策をより積極的に認める、新自由主義《ニュー・リベラリズム》とよばれる自由主義思想が広がった。その端緒を切り開いたのは、オックスフォード大学のトマス・ヒル・グリーンである。グリーンはドイツ観念論などの影響のもと原子的社会論を排し、個人は共同体と本質的に不可分であるとした。したがって「自由主義的立法と契約の自由」（一八八一）などでグリーンが論じたように、人間の真の自由は、他者からの干渉の単なる欠如ではなく、むしろ共同体の「共通善《コモン・グッド》」（公共善）の実現に貢献するよう万人の能力を「解放」する「積極的な」自由であった。しかし現実には、人々の能力の発展や行使は、しばしば劣悪な労働条件や無知などにより妨げられている。そこで、かかる障害を工場法や教育法の拡充などにより除去して能力の発展・行使の条件を整えることは、国家の適切な任務であるとグリーンは論じたのである。

グリーンの影響もあってオックスフォード大学では古典的自由主義への批判が広がるが（経済史研究などを通じて市場経済の歴史的相対化を試みるイギリス「歴史学派」も同大学を拠点とした）、そのオックスフォード出身者で新自由主義の議論を本格的に展開したのが、社会学者のL・T・ホブハウスやジャーナリストのJ・A・ホブスンである（新自由主義という言葉も彼らが関与した雑誌『プログレッシヴ・リヴュー』で新しく作られた）。ホブハウスは、『自由主義』（一九一一）において、グリーンの議論を自らの社会哲学（個人と社会との調和を強調した有機体論的な社会観）に接合しつつ、「労働権」や「生活賃金への権利」の保障、老齢年金や国民保険制度の導入など、さらに積極的な役割を国家に求めた。健康な市民が自らの労働によって自分と家族を養うための「経済的条件」は、国家が整備すべきだったのである（したがってそれでも生じる貧困などは、一転して、個人の責任とされた）。このような国家干渉を支える経済理論をもっとも明瞭に発展させたのは、ホブスンであった。ホブスンは、ラスキンの影響もあって正統的経済学に反逆し、『産業の生理学』（一八八九）などにおいて、不労所得による富者の過剰貯蓄がもたらす過少消費こそが経済不況の原因だと論じた。したがって社会改良による所得の再分配は、国民経済の改善という点からも意義づけられた。以上の新自由主義思想は、アスキス内閣（一九〇八年成立）などが進めた自由党による社会改良政策の理論的な背景の一つともなった。

なおホブスンは『帝国主義論』（一九〇二）のなかで、過剰貯蓄に支えられた海外投資こそが帝国主義的膨張政策の根底にあると主張し、国内の社会改良に帝国主義の抑制という意義を加えた。グリーンの思想を引き継いだ人々の帝国認識は多様であったが（「歴史学派」からはむしろ積極的な帝国支持者が生まれた）、ホブスンやホブハウスの場合は世紀転換期の主要な帝国批判の一翼も担ったのである。

経済計画の思想

第一次世界大戦から第二次世界大戦までの期間は、総力戦の開始、ソ連の成立、大量失業の出現などのもと、国家による何らかの経済計画を模索する思想が左右を問わずに広がった。その先鞭をつけたのはフェビアン社会主義者である。まず同協会は労働党に接近し、労働党は一九一八年、シドニー・ウエッブの主導のもと作成された「生産手段の共同所有」を目指す新綱領を採択した。同時にウエッブは、政府によるナショナル・ミニマムの推進を訴える党の政策宣言も作成した。フェビアン協会は労働党による政権掌握を通じて、より直接的に社会主義的目標を推進する方向に進んだのである。協会内では一時、産業民主主義を重視するギルド社会主義の思想が広まったが、その主導者の一人G・D・H・コールは一九三〇年代までには立場を大きく修正し、『経済計画の原理』（一九三五）や『実践的経済学』（一九三七）などにおいては、国家による包括的な経済運営を積極的に主張した。すなわちコールは、資本主義の枠内での部分的な計画ではなく、国家が主導的に物資を豊富に生産し管理する経済計画こそが「人間の福祉」のためには必要だと論じたのである。

しかし、イギリス社会により大きな影響力を広げていくのは、自由党員J・M・ケインズによる経済計画の思想であった。ケインズによれば、経済学者は「自由放任」の信奉者ではなく、むしろ「政府がなすべきこと」と「なすべきではないこと」の峻別を課題としていた（『自由放任の終焉』）。その課題に自ら答えたともいえるのが『雇用、利子および貨幣の一般理論』（一九三六）である。同書でケインズは、労働市場の自己調整作用により失業問題は解決するとした従来の経済学を批判し、非自発的失業の大量発生という現在の問題は、投資不足を主因とする有効需要の低下によると論じた。この議論は、金融政策や公共投資などによって政府が積極的に有効需要を創出することに大きく道を切り開いた。ただしケインズによれば、政府の主たる役割は完全雇用に近い状態の達成であり、それ以上の経済活動は民間の意思決定と責任に委ねられるべきであった。かかる経済活動は効率性に優れるだけではなく、個人的選択の領域を拡大することにより、「個人の自由」ならびに「生活の多様性」――ケインズによれば「同質的ないし全体主義的国家」では喪失される「生活の多様性」――を守るからである。以上のようにケインズは、国家による限定的な経済計画を、自由市場及び自由主義的な価値観の擁護という観点から正当化した。新自由主義の後、ケインズの経済思想によって現代的自由主義がさらに明確に姿を現したともいえよう。

ケインズの経済思想は、第二次大戦末期までに、左右の対立軸を越えて支持を広げていった。自由党内ではウィリアム・ベヴァリッジが、ケインズ思想を吸収した『自由社会における完全雇用』（一九四四）を著し、『ベヴァリッジ報告』（一九四二）で社会保障政策の前提として位置づけた完全雇用を達成するために国家が果たし得る役割を論じた。フェビアン協会では、ヒュー・ゲイツケルなどの若手がケインズの経済思想に傾倒していった。他方、保守党内では、ハロルド・マクミランが『中道』（一九三八）を著し、穏健な中道を歩むワン・ネイション保守主義の枠内に、ケインズの経済運営の手法を盛り込んだ。戦後のいわゆる「コンセンサス」の思想的な基盤が、『一般理論』を軸に形成されていったのである。

4　第二次世界大戦後の社会思想

社会民主主義と新左翼

しかしケインズ理論に何らかの影響を受けた左右の思想は、戦後社会のなかで深刻な動揺をみせていく。本節では、社会主義と、保守主義及び自由主義の双方からこの変貌を跡付けよう。まず戦後の社会主義であるが、労働党右派を中心に勢力を伸張したのは、ケインズ主義に支えられた社会民主主義の思想であった（「社会民主主義」は論争的な概念であり、その意味は歴史的にも大きく変遷するが、ここでは福祉国家と混合経済によって何らかの社会主義的目標を達成しようとする理念を指す）。その代表的な論者はアンソニー・クロスランドである。クロスランドは『社会主義の将来』（一九五六）において、所有と経営の分離や福祉国家の進展などによって資本主義は大きく変貌しており、現在必要なのは生産手段のさらなる国有化ではなく、経済成長の成果を用いた平等の実現と、私生活における自由の拡大だと論じたのである。

しかし、クロスランドの主張は労働党内でも完全には支持されず、党外ではより急進的な、新左翼思想も台頭した。新左翼は、フルシチョフによるスターリン批判などを契機に、イギリス共産党を離党した人々を中心とする緩やかな集団であり、やがて雑誌『ニューレフト・リヴュー』がその知的拠点となった。歴史家のE・P・トムソンらその第一世代は、「社会主義ヒューマニズム」の旗を掲げ、経済決定論に象徴される硬直的なマルクス主義を脱却した、人間の創造性や主体性に根差す社会主義のあり方を――たとえば階級意識や文化の歴史研究を通じて――模索した。彼らは「スターリン主義」だけではなく資本主義的な物質文明もまた、「人間疎外」を生み出すものとして批判した。したがってトムソンは、クロスランドの主張にも、物質的繁栄の実現のなかに社会主義の目標を埋没させるものとして強く反発したのである（「社会主義ヒューマニズム」〔一九五七〕）。だが一九七〇年代に入りイギリス経済の停滞が顕著になると、経済成長を前提としたクロスランドの主張は説得力を減じていった。他方、新左翼は、文化研究の推進など人文諸科学の発展には貢献し、平和運動やフェミニズム運動、環境保護運動などのいわゆる新社会運動への影響も少なくなかったが、その組織的な力は脆弱で、直接的な政治的影響力は限られていたといわざるを得ない。

ネオ・リベラリズムと新保守主義

戦後の保守党内では、福祉国家やケインズ主義を前提にしたワン・ネイション保守主義が支配的であった。他ならぬマクミランが一九五七年に首相に就任したことは、そのことを端的に象徴していた。しかし、一九七〇年代に入ると党内では、新右翼と総称される急進的な思想が台頭し、やがてはサッチャー政権を理念面で大きく支えることになる。それはネオ・リベラリズムと新保守主義の二つの潮流が、緊張感をはらみつつ混合したものであった。

ネオ・リベラリズムは、自由な市場経済と、市場経済の維持など限定的な機能をもつ最小限の国家を提唱する自由主義の潮流である。それが目指すのは、単純化していえば古典的自由主義の再興であった。代表的な論者は、ウィーンに生まれ、一九三二〜五〇年までロンドン・スクール・オブ・エコノミクスの教授を務めたF・A・ハイエクである。ハイエクは、『隷従への道』（一九四四）や『自由の条件』（一九六〇）など多数の著作のなかで、市場経済を柱とする自由社会の積極的な擁護と社会主義批判を展開していった。ハイエクによれば、たとえば市場経済は、「現場の人」が断片的な知識をもっとも効率的に利用することを可能にする。また政府は諸個人の経済活動を指揮、統制する権限はもちえず、経済に関して政府が積極的に立法によってなし得るのはむしろ、市場経済を円滑に機能させる条件を整えることである（たとえば労働組合の規制）。逆に、生産手段の国有化と中央集権的な計画経済（アトリー政権のそれも含む）や、その思想的淵源とされたサン＝シモンらの「設計主義的合理主義」は、「自生的秩序」たる市場経済を根底から脅かすものとして批判されたのである。

他方、新保守主義は、戦後のリベラルな価値観のもと社会秩序が解体することを懸念し、いわゆる伝統的価値観の再興及び「法と秩序」の徹底、そしてナショナル・アイデンティティの強化により、社会統合を図る保守主義の潮流である。アメリカ合衆国起源ともいわれるが、その基本的な主張は、たとえばマーガレット・サッチャーの著作に窺うことができる。サッチャーは回顧録『私の半生』（一九九五）のなかで、戦後のイギリス社会において犯罪発生件数は激増し、

「福祉依存」も大幅に拡大し、婚外出産や「片親」の増加など「家族の崩壊」は急激に進んだと指摘した。そして「伝統的」な（とくにキリスト教的な）「美徳」の復興や「法と秩序」の強化、さらに福祉制度の改革や「伝統的」な家族形態の奨励を、その処方箋としてあげた。またサッチャーは同書で、多様な利害を有する諸個人が共通の利益へと向かって協働し、かつ犠牲を払うことを可能にするものとして、ナショナリズムを高く評価したのである。

第三の道

新右翼思想は、一九八〇年代を中心に保守党とイギリス社会を広く覆った。しかし二〇世紀の末には、ポスト新右翼ともいえる新しい思想状況が生まれている。ここではそのなかから、新労働党政権に近い社会学者のアンソニー・ギデンズによる『第三の道』（一九九八）のみに触れておく。同書は、アトリー政権下の「旧型の」「社会民主主義」と、保守党政権下の「ネオ・リベラリズム」（本章でいう新右翼）の双方を批判的に克服することによって、「社会民主主義」を刷新することを謳っている。すなわちグローバルな市場経済を前提としつつも、国家、市民社会、市場のバランスを取りながら諸個人の自律性と能力を発展させることを重視し、そのことによって、経済的効率性と社会的公正の双方を達成しようと試みるのが同書といえよう。ただし『第三の道』が刷新すると謳う「社会民主主義」は、「イギリス労働党を含む改革左派の政党や集団」と定義され、社会主義への直接の言及は避けられている。また同書には、地球温暖化への対応など旧来の左右の対立軸では整理できない課題が浮上してきたとの主張もあり、「左派」概念の有効性にも一定の疑問が出されている。『第三の道』や、広くいえば現在の思想状況が、イギリス社会思想史上どのように位置づけられるかについては、なお検討を要するといえよう。

参考文献

安保則夫著、井野瀬久美惠・高田実編『イギリス労働者の貧困と救済——救貧法と工場法』明石書店、二〇〇五年。

伊東光晴『ケインズ——〝新しい経済学〟の誕生』岩波書店、一九六二年。

アンドルー・ヴィンセント著、重森臣広監訳『現代の政治イデオロギー』昭和堂、一九九八年。

大田一廣・鈴木信雄・高哲男・八木紀一郎編『経済思想史――社会認識の諸類型』(新版) 名古屋大学出版会、二〇〇六年。

小野塚知二編著『自由と公共性――介入的自由主義とその思想的起点』日本経済評論社、二〇〇九年。

アンソニー・ギデンズ著、佐和隆光訳『第三の道――効率と公正の新たな同盟』日本経済新聞社、一九九九年。

A・ギャンブル著、小笠原欣幸訳『自由経済と強い国家――サッチャリズムの政治学』みすず書房、一九九〇年。

小関隆『プリムローズ・リーグの時代――世紀転換期イギリスの保守主義』岩波書店、二〇〇六年。

小峯敦『ベヴァリッジの経済思想――ケインズたちとの交流』昭和堂、二〇〇七年。

近藤康史『個人の連帯――「第三の道」以降の社会民主主義』勁草書房、二〇〇八年。

マーガレット・サッチャー著、石塚雅彦訳『サッチャー　私の半生』(上・下) 日本経済新聞社、一九九五年。

R・スキデルスキー著、浅野栄一訳『ケインズ』岩波書店、二〇〇九年。

杉原四郎『杉原四郎著作集二　自由と進歩――J・S・ミル研究』藤原書店、二〇〇三年。

田中秀夫『社会の学問の革新――自然法思想から社会科学へ』ナカニシヤ出版、二〇〇二年。

田中秀夫・山脇直司編『共和主義の思想空間――シヴィック・ヒューマニズムの可能性』名古屋大学出版会、二〇〇六年。

リン・チュン著、渡辺雅男訳『イギリスのニューレフト――カルチュラル・スタディーズの源流』彩流社、一九九九年。

都築忠七『エリノア・マルクス――一八五五―一八九八：ある社会主義者の悲劇』みすず書房、一九八四年。

永井義雄『ベンサム』講談社、一九八二年。

中澤信彦『イギリス保守主義の政治経済学――バークとマルサス』ミネルヴァ書房、二〇〇九年。

西沢保『マーシャルと歴史学派の経済思想』岩波書店、二〇〇七年。

西沢保・服部正治・栗田啓子編『経済政策思想史』有斐閣、一九九九年。

日本イギリス哲学会編『イギリス哲学・思想事典』研究社、二〇〇七年。

F・A・ハイエク著、田中真晴・田中秀夫編訳『市場・知識・自由――自由主義の経済思想』ミネルヴァ書房、一九八六年。

浜林正夫『ロック』研究社出版、一九九六年。

ロイドン・ハリスン著、大前眞訳『ウエッブ夫妻の生涯と時代――一八五八～一九〇五年：生誕から共同事業の形成まで』ミネルヴァ書房、二〇〇五年。

土方直史『ロバート・オウエン』研究社、二〇〇三年。

水田洋『アダム・スミス――自由主義とは何か』講談社、一九九七年。

山下重一『ジェイムズ・ミル』研究社出版、一九九七年。

ジョン・ラスキン著、飯塚一郎・木村正身訳『この最後の者にも／ごまとゆり』中央公論新社、二〇〇八年。

A・L・ルケーン著、樋口欣三訳『カーライル』教文館、一九九五年。

若松繁信『イギリス自由主義史研究――T・H・グリーンと知識人政治の季節』ミネルヴァ書房、一九九一年。

扉図出典：*Punch,* 2 February 1867, p. 47.

あとがき

二一世紀のグローバル化の時代の真っただ中にいる私たちにとって、一六世紀以降、現在に至るまでのイギリスの歴史を学ぶことに、いかなる意味があるのだろうか。これは、日頃の教育・研究において、伝統的な一国史の枠組みを超えた新たな世界史、グローバルヒストリーを提唱している一人の編者として考えざるをえない課題である。

第二次世界大戦後からの約三〇年間、近代化、工業化のモデルとされたイギリス近代史研究は、日本が高度経済成長を遂げる一方で、イギリス自体が「相対的な衰退」を経験する過程で意味を失った。今や、東アジア諸国の経済発展が世界経済の牽引車となり、中国が「世界の工場」の地位を獲得し、経済的にも、地政学的にも、世界全体が大きな転換点にさしかかっていると言える。

こうした世界史の転換期において、他の世界諸地域・諸国に先駆けて、近世以降にグローバル化をいち早く経験し、一九世紀にはその過程の原動力になったイギリスの歴史は、私たちに何がしかのヒントや教訓、指針を与えてくれるであろう。たとえば、グローバル化の下でのヒト・モノ・カネ・情報・文化の国境を超えた活発な移動や移転、その結果もたらされた、産業の「空洞化」現象と金融・サーヴィス経済の繁栄、かつての植民地・コモンウェルス諸国からの移民流入とそれへの対応策としての多文化主義、ヨーロッパ地域統合（EU）への関与と新たなアイデンティティの模索など、東アジアの日本にとっても参考となりそうな事例を見出すことは容易であろう。だが、世界と東アジアにおける私たち自身の立ち位置と今後の指針を考えるためには、かつてのようにイギリスのたどった歴史をモデルにするのではなく、イギリス＝日本（東アジア）の間での対等で「双方向的な比較」（reciprocal comparison）を行うことの方が有益であろう。

本書では、一九七〇年代後半から重視されるようになった、近代イギリスの帝国的性格、「帝国史としてのイギリス近現代史」に引き続き重点を置いている。さらに、近年のヨーロッパ統合の進展と深化との関連で強調されるようになった、「ヨーロッパの中のイギリス」という視点にも配慮した。いわば、グローバル、リージョナルの重層的な視角から、近現代イギリス史の特徴、独自性を明らかにしようとした。

本書の企画と編集に取りかかったのは二〇〇七年の初頭であり、諸般の事情から刊行までに約四年を要したことになる。この間、数回にわたり執筆者を交えた編集会議を開催して全体の意見の調整を図ってきた。各章の内容については協議の末、最終的に各執筆分担者に一任したうえで、提出された原稿に編者が目を通して若干の補正を加えた。編集作業を物心両面で支えていただいたミネルヴァ書房編集部の皆さまに対して、改めて謝意を表したい。

二〇一一年一月

秋田　茂

《編著者紹介》

木畑　洋一（きばた・よういち）

1946年　生まれ。
1972年　東京大学大学院社会学研究科国際関係論専攻博士課程中退。
現　在　東京大学・成城大学名誉教授。
主　著　『支配の代償――英帝国の崩壊と「帝国意識」』東京大学出版会，1987年。
『帝国のたそがれ――冷戦下のイギリスとアジア』東京大学出版会，1996年。
『二〇世紀の歴史』岩波書店，2014年。
『帝国航路を往く――イギリス植民地と近代日本』岩波書店，2018年。

秋田　茂（あきた・しげる）

1958年　生まれ。
1985年　広島大学大学院文学研究科西洋史学専攻博士課程後期中退。
2003年　博士（文学）（大阪大学）。
現　在　大阪大学大学院人文学研究科教授。
主　著　『イギリス帝国とアジア国際秩序』名古屋大学出版会，2003年。
『帝国から開発援助へ――戦後アジア国際秩序と工業化』名古屋大学出版会，2017年。
The International Order of Asia in the 1930s and 1950s（共編著）London and New York : Ashgate, 2010.

近代イギリスの歴史
――16世紀から現代まで――

2011年３月30日　初版第１刷発行　〈検印省略〉
2023年４月30日　初版第５刷発行

定価はカバーに
表示しています

編著者　木畑洋一
　　　　秋田茂
発行者　杉田啓三
印刷者　江戸宏介

発行所　株式会社　ミネルヴァ書房
607-8494　京都市山科区日ノ岡堤谷町１
電話代表　(075)581-5191
振替口座　01020-0-8076

共同印刷工業・坂井製本

ISBN978-4-623-05902-7

Printed in Japan

執筆者紹介（所属，執筆分担，執筆順，＊印は編著者）

＊木《き》畑《ばた》 洋《よう》一《いち》（東京大学・成城大学名誉教授，はしがき・第八章）

鶴《つる》島《しま》 博《ひろ》和《かず》（熊本大学名誉教授，第一章）

西《にし》川《かわ》 杉《すぎ》子《こ》（東京大学大学院総合文化研究科教授，第二章）

坂《さか》下《した》 史《ちかし》（東京女子大学現代教養学部人文学科教授，第三章）

君《きみ》塚《づか》 直《なお》隆《たか》（関東学院大学国際文化学部教授，第四章）

＊秋《あき》田《た》 茂《しげる》（大阪大学大学院人文学研究科教授，第五章，あとがき）

松《まつ》永《なが》 友《とも》有《あり》（横浜国立大学国際社会科学研究院教授，第六章）

市《いち》橋《はし》 秀《ひで》夫《お》（埼玉大学大学院人文社会科学研究科教授，第七章）

後《ご》藤《とう》 春《はる》美《み》（東京大学大学院総合文化研究科国際社会科学専攻教授，第九章）

小《お》川《がわ》 浩《ひろ》之《ゆき》（東京大学大学院総合文化研究科教授，第十章）

浜《はま》井《い》 祐《ゆ》三《み》子《こ》（北海道大学大学院メディア・コミュニケーション研究院教授，第十一章）

高《たか》神《がみ》 信《しん》一《いち》（大阪産業大学経済学部教授，第十二章）

富《とみ》田《た》 理《り》恵《え》（東海学院大学人間関係学部心理学科准教授，第十三章）

奥《おく》田《だ》 伸《のぶ》子《こ》（名古屋市立大学名誉教授，第十四章）

長《は》谷《せ》川《がわ》 淳《じゅん》一《いち》（慶應義塾大学経済学部教授，第十五章）

光《みつ》永《なが》 雅《まさ》明《あき》（神戸市外国語大学外国語学部教授，第十六章）

人名索引

［ア　行］

アスキス，ハーバート（Asquith, Herbert Henry 1852-1928）　*123, 129, 137, 138, 285*
アダムズ，ジェリー（Adams, Gerry 1948- ）　*206*
アトリー，クレメント（Attlee, Clement Richard 1883-1967）　*164-168, 241, 245, 248*
アハーン，バーティー（Ahern, Bertie 1951 - ）　*289*
アルバート公（Prince Albert 1819-61）　*104, 105*
アルフレッド王（Alfred the Great 848頃-899）　*11*
アンウィン，レイモンド（Unwin, Raymond 1863-1940）　*330, 331*
アン女王（Anne 1665-1714）　*27, 55*
イーデン，アントニー（Eden, Robert Anthony 1897-1977）　*151, 171, 233, 244-246*
イェイツ，W・B（Yeats, William Butler 1865-1939）　*285*
イノセント4世（Innocent IV 1200?-54）　*17*
ヴィクトリア女王（Victoria 1819-1901）　*89, 92, 93, 104, 105*
ウィリアム3世 → オラニエ公ウィレム3世
ウィルクス，ジョン（Wilkes, John 1727-97）　*62, 63*
ウィルソン，ハロルド（Wilson, James Harold 1916-95）　*175, 176, 179, 182, 183, 188, 247, 249, 250*
ウエッブ，シドニー（Webb, Sidney James 1859-1947）　*346, 347, 350*
ウエッブ，ビアトリス（Webb, Beatrice 1858-1943）　*346, 347*
ウェリントン公爵（1st Duke of Wellington 1769-1852）　*86, 87*
ウォルポール，ロバート（Walpole, Robert 1676-1745）　*56, 57*
ウブロン，ジョン（Houblon, Sir John 1632-1712）　*52*
エセルスタン（Athelstan 895-939）　*11*
エドガー王（Edgar 944-975）　*10, 12*
エドワード1世（Edward I 870頃-924）　*11*
エドワード6世（Edward VI 1537-53）　*26, 35*
エドワード7世（Edward VII 1841-1910）　*105, 227*
エドワード8世（Edward VIII 1894-1972）　*159, 160*
エリザベス1世（Elizabeth I 1533-1603）　*35-41*
エリザベス2世（Elizabeth II 1962-2022）　*169*
オーウェン，ロバート（Owen, Robert 1771-1858）　*329, 346*
オールコック，ラザフォード（Alcock, Sir Rutherford 1809-97）　*222*
オコンネル，ダニエル（O'Connell, Daniel 1775-1847）　*89, 283*
オラニエ公ウィレム1世（Willem I 1533-84）　*39*
オラニエ公ウィレム3世（Willem III 1650-1702）　*27, 46, 48, 49, 52*

［カ　行］

カースルレイ子爵（Viscount Castlereagh 1769-1822）　*83, 95*
カーライル，トマス（Carlyle, Thomas 1795

-1881)　*348*
カニング，ジョージ（Canning, George　1770-1827)　*84, 86, 95*
ギデンズ，アンソニー（Giddens, Anthony　1938-　)　*204, 354*
キノック，ニール（Kinnock, Neil Gordon　1942-　)　*203*
キャサリン・オヴ・アラゴン（Catherine of Aragon　1485-1536)　*26, 31, 33, 35*
キャサリン・オヴ・ブラガンザ（Catherine of Braganza　1638-1705)　*47*
キャメロン，デーヴィッド（Cameron, David William Donald　1966-　)　*210, 212*
キャラハン，ジェームズ（Callaghan, James　1912-2005)　*178, 182, 183*
キャリントン卿（Lord Carrington　1919-　)　*192, 194*
グスルム（Guthrum　?-890頃)　*13*
クヌート（Canute　995-1035)　*13*
グラタン，ヘンリー（Grattan, Henry　1746-1820)　*65*
グラッドストン，ウィリアム（Gladstone, William Ewart　1809-98)　*93, 94, 113-116, 284, 285*
クランマ，トマス（Cranmer, Thomas　1489-1556)　*26, 34, 35*
グリーヴ，ロバート（Grieve, Sir Robert　1910-95)　*305, 306*
グリーン，トマス・ヒル（Green, Thomas Hill　1836-82)　*349*
グレイ伯爵（2nd Earl of Grey　1764-1845)　*87-89*
クレッグ，ニコラス（Clegg, Nicholas William Peter　1967-　)　*210*
クレメンス７世（Clemens VII　1342-94)　*34*
クロスランド，アンソニー（Crosland, Anthony Raven　1918-77)　*352*
クロムウェル，オリヴァー（Cromwell, Oliver　1599-1658)　*25, 27, 44-46*
クロムウェル，トマス（Cromwell, Thomas　1485頃-1540)　*33*
クワント，マリー（Quant, Mary　1934-　)　*177*
ゲイツケル，ヒュー（Gaitskell, Hugh Todd Naylor　1906-63)　*167, 203*
ケインズ，J・M（Keynes, John Maynard　1883-1946)　*148, 311, 351*
コール，G・D・H（Cole, George Douglas Howard　1889-1959)　*350*
コブデン，リチャード（Cobden, Richard　1804-65)　*101, 102*
コメニウス，ヤン・アモス（Comenius, Johann Amos　1592-1670)　*45*
コリンズ，マイケル（Collins, Michael　1890-1922)　*287*
ゴルバチョフ，ミハイル（Gorbachyov, Mihail Sergeevich　1931-2022)　*251*

［サ　行］

サッチャー，マーガレット（Thatcher, Margaret　1925-2013)　*191-199, 210, 212, 214, 250, 251, 314, 325, 353*
シーモア，エドワード（サマセット公爵）(Seymour, Edward　1506頃-52)　*35*
シーモア，ジェーン（Seymour, Jane　1509頃-37)　*26, 35*
ジェームズ１世（ジェームズ６世）(James I　1566-1625)　*26, 41-43*
ジェームズ２世（James II　1633-1701)　*27, 47-49*
ジェームズ４世（James IV　1473-1513)　*32*
ジェンキンズ，ロイ（Jenkins, Roy Harris　1920-2003)　*195, 268*
シャフツベリー伯爵（1st Earl of Shaftesbury　1621-83)　*47*
ジョージ１世（George I　1660-1727)　*27, 49, 55*
ジョージ２世（George II　1683-1760)　*60*
ジョージ３世（George III　1738-1820)　*62, 66*

ジョゼフ，キース（Joseph, Keith 1918-94） *192*
ジョンストン，トム（Johnston, Tom 1882-1965） *304*
ジョンソン，ボリス（Johnson, Boris 1964- ） *212*
ストープス，マリー（Stopes, Marie Carmichael 1880-1958） *321*
スノードン，フィリップ（Snowden, Philip 1864-1937） *146*
スミス，アダム（Smith, Adam 1723-90） *64, 343, 345*
スミス，イアン（Smith, Ian Douglas 1919-2007） *194*
スミス，ジョン（Smith, John 1938-94） *203*
ソールズベリー侯爵（3rd Marquis of Salisbury 1830-1903） *116, 117*

［タ・ナ 行］

ダービー伯爵（14th Earl of Derby 1799-1869） *93*
ダーラム伯爵（1st Earl of Durham 1792-1840） *100*
ダンスタン（カンタベリー大司教）（Dunstan 910（25）頃-988） *12*
チェンバレン，オースティン（Chamberlain, Austen 1863-1937） *143, 147, 149, 150*
チェンバレン，ジョゼフ（Chamberlain, Joseph 1836-1914） *116, 117, 120, 147, 285*
チェンバレン，ネヴィル（Chamberlain, Arthur Neville 1869-1940） *146, 147, 150-153, 232, 233*
チャーチル，ウィンストン（Churchill, Sir Winston Leonard Spencer 1874-1965） *139, 144, 153-156, 194, 229, 241-245, 247, 248, 253*
チャーマーズ，トマス（Chalmers, Thomas 1780-1847） *301*
チャールズ1世（Charles I 1600-49） *26, 27, 43, 45*
チャールズ2世（Charles II 1630-85） *27, 46, 47*
ディー，ジョン（Dee, John 1527-1608または1609） *40*
デイヴィッド1世（David I 1084-1153） *14*
ディズレーリ，ベンジャミン（Disraeli, Benjamin 1804-81） *93, 94, 112, 113, 348*
デ＝ヴァレラ，イーモン（De Valera, Éamon 1882-1975） *287*
テューダー，ヘンリー → ヘンリー7世
ドゴール，シャルル（de Gaulle, Charles 1890-1970） *174, 179, 249*
トムソン，E・P（Thompson, Edward Palmer 1924-93） *352*
ドレイク，フランシス（Drake, Francis 1545頃-96） *40*
ナイティンゲール，フロレンス（Nightingale, Florence 1820-1910） *97*
ノルマンディー公ウィリアム（William I 1027（28）-87） *12*

［ハ 行］

バーク，エドマンド（Burke, Edmund 1729-97） *347*
パークス，ハリー（Parkes, Sir Harry Smith 1828-85） *223, 224*
ハートリブ，サミュエル（Hartlib, Samuel 1600頃-62） *45*
パーネル，チャールズ・ステュアート（Parnell, Charles Stewart 1846-91） *284, 285*
ハイエク，F・A（Hayek, Friedrich August von 1889-1992） *353*
ハインドマン，H・M（Hyndman, Henry Mayers 1842-1921） *346*
パウエル，イーノック（Powell, Enoch 1912-98） *178, 264, 275, 276*
ハウ，ジェフリー（Howe, Sir Geoffrey 1926-2015） *192, 199*

バッキンガム，J・S（Buckingham, James Silk 1786-1855） *329*
ハドリアヌス4世（Hadrianus IV 1100-59） *17*
ハノーファー選帝候 → ジョージ1世
ハリス，タウンゼント（Harris, Townsend 1804-78） *222*
バルフォア，アーサー（Balfour, Arthur James 1848-1930） *120, 140, 226*
ハロルド2世（Harold II 1022頃-66） *24*
ハワード，エベネザー（Howard, Ebenezer 1850-1928） *330, 331*
ヒース，エドワード（Heath, Sir Edward Richard George 1916-2005） *181-183, 248-250*
ピール，ロバート（Peel, Sir Robert 1788-1850） *85-88, 90, 91, 282*
ピウス5世（Pius V 1504-72） *38*
ピット，ウィリアム（小ピット）（Pitt, William 1759-1806） *66, 68, 69, 85*
ピット，ウィリアム（大ピット）（Pitt, William 1708-78） *62*
ブーリン，アン（Boleyn, Anne 1507-36） *26, 33, 35*
フェリペ2世（Felipe II 1527-98） *35, 36, 40*
ブッシュ，ジョージ・W（Bush, George Walker 1946- ） *209, 252, 253*
ブライト，ジョン（Bright, John 1811-89） *101, 341*
ブラウン，ゴードン（Brown, James Gordon 1951- ） *203, 204, 207, 209, 210*
フランシス1世（Francis I 1494-1547） *21*
ブレア，トニー（Blair, Anthony Charles Lynton 1953- ） *201-207, 252, 253, 271, 289, 314*
プロヒューモ，ジョン（Profumo, John 1915-2006） *174*
ベヴァリッジ，ウィリアム（Beveridge, William Henry 1879-1963） *157, 163, 311, 351*
ベヴァン，アナイアレン（Bevan, Aneurin 1897-1960） *167*
ベヴィン，アーネスト（Bevin, Ernest 1881-1951） *145, 155, 243, 245*
ペリー，マシュー（Perry, Matthew Calbraith 1794-1858） *221*
ベンサム，ジェレミ（Bentham, Jeremy 1748-1832） *344*
ヘンダーソン，アーサー（Henderson, Arthur 1869-1935） *138*
ヘンリー2世（Henry II 1133-89） *15, 16*
ヘンリー7世（Henry VII 1457-1509） *26, 31*
ヘンリー8世（Henry VIII 1491-1547） *21, 26, 31-35, 37*
ヘンリエッタ・マライア（Henrietta Maria 1609-69） *43*
ボールドウィン，スタンリー（Baldwin, Stanley 1867-1947） *143, 144, 146, 150, 160*
ホブスン，J・A（Hobson, John Atkinson 1858-1940） *350*
ボブハウス，L・T（Hobhouse, Leonard Trelawney 1864-1929） *349, 350*

［マ・ヤ　行］

マーガレット（Margaret. Tudor 1489-1541） *37*
マウントバッテン卿（Lord Mountbatten 1900-79） *184*
マクドナルド，ラムゼー（MacDonald, James Ramsay 1866-1937） *137, 143, 146*
マクミラン，ハロルド（Macmillan, Harold 1894-1986） *148, 171-173, 244-247, 249, 351, 353*
ミル，J・S（Mill, John Stuart 1806-73） *92, 93, 341, 344, 345*
ミル，ジェイムズ（Mill, James 1773-1836） *344*
ミルナー（Milner, Alfred 1854-1925） *118*
メアリー1世（Mary I 1516-58） *26, 32, 35, 36*

メアリー２世（Mary II　1662-94）　*27, 46, 48*
メアリー・ステュアート（Mary Stuart　1542-87）　*26, 37, 39*
メイジャー，ジョン（Major, John　1943-　）　*199-202, 252*
メルバーン子爵（2nd Viscount Melbourne　1779-1848）　*89, 90*
モリス，ウィリアム（Morris, William　1834-96）　*346*
モンマス公（Monmouth, James Scott　1649-85）　*27, 48*
ヨーク公ジェームズ → ジェームズ２世
ヨハネス22世（Johannes XXII　1370-1415）　*14*

［ラ　行］

ラスキン，ジョン（Ruskin, John　1819-1900）　*348*
ラッセル，ジョン（Russell, John　1792-1878）　*91, 93, 282*
ランフランク（Lanfranc　1004頃-89）　*13*
リース＝ロス，フレデリック（Leith-Ross, Sir Frederick William　1887-1968）　*232*
リヴァプール伯爵（1st Earl of Liverpool　1727-1808）　*85, 86*
リチャード３世（Richard III　1452-85）　*31*
リットン伯爵（2nd Earl of Lytton　1876-1947）　*230*
ルイ14世（Louis XIV　1638-1715）　*46, 48, 49, 51, 55*
ルター，マルティン（Luther, Martin　1483-1546）　*32*
レーガン，ロナルド（Reagan, Ronald　1911-2004）　*195, 251*
ロー，ボナ（Law, Andrew Bonar　1858-1923）　*138, 143*
ローズ，セシル（Rhodes, Cecil John　1853-1902）　*117*
ローズヴェルト，フランクリン・D（Roosevelt, Franklin Delano　1882-1945）　*154, 242, 247*
ローチ，ケン（Loach, Ken　1936-　）　*214, 215*
ローレンス，スティーブン（Lawrence, Stephen　1974-93）　*270*
ロイド＝ジョージ（Lloyd-George, David　1863-1945）　*123, 129, 138, 142, 143, 146*
ロック，ジョン（Locke, John　1632-1704）　*343*

事項索引

［ア　行］

［カ　行］

［サ　行］

［タ　行］

［ナ　行］

［ハ　行］

［マ　行］

[ヤ　行]

[ラ・ワ　行]